老莊思想與共生哲學

賴錫三　主編

五南圖書出版公司 印行

編著代序

中山大學中文系　賴錫三

　　「共生」（co-existence, co-living, co-becoming），是自然界的存在實情，也是生物界演化不歇的基本道理。用古典中國哲學的概念來說，「共生」乃「天道」運行與彰顯之所在。「我（人）」做為「天地與我並生，萬物與我為一」的「在世存有者」（being-in-the-world），參贊天地生生之化育，承擔萬物共生之道義，本是分內事。無奈「人之道」經常異化成為「損不足以奉有餘」的極端化，背離「損有餘以奉不足」的「天之道」之失衡，造成「人道」支離「天道」。人類「自是／自見／自明／自伐／自有功」的私我欲望，若無以節制而一味剛強、無限擴張，將讓原本共生的雙贏場域（win-win situation），墮化為贏者全拿（winner takes all）的零和遊戲（Zero-sum Game）。這種「剛強鬥剛強」的劇碼，在人類歷史上不斷演出各種意識型態之爭，乃至規模不一的殺傷性戰爭。生存與競爭，雖也有內屬生物人性之基礎，我們也不至相信有一永恆寧靜之烏托邦，況自然界實亦不存在沒有競爭系統的單純演化，但是人類所偏執的剛強欲望，卻一再將共在共生的辯證張力，極端化地推向生殺予奪的獵奪遊戲。眼下時局，再再呈現人類剛強手勢下的征用景觀：生物滅絕，溫室效應，環境荒蕪，種族衝突，美中相抗、烏俄戰爭……而臺灣也挾縫在「強—強」對抗中，被視為地理政治局勢下的凶危之地，浮沉不定而命運難測。近來，臺灣在新一波疫情（Covid-19）衝擊挑戰下，從政治意識型態的鬥爭，又擴張為「疫苗政治化」的人權與階級之爭。凡此種種，皆讓我們對人類未來，美中未來，東亞未來，臺灣未來，充滿憂患意識而不能不迫切呼籲「共生」。《老子》言「吾有大患為吾有身」，奈何吾人身處

當前「強—強」對抗境遇中。然《老子》主張:「以天下之至柔,馳騁天下之至堅」。《莊子‧齊物論》主張:「和之以是非而休乎天鈞,是之謂兩行」。倘若老莊並不虛言,當今時局必要求我們思考,如何從《老子》之慈柔,《莊子》之兩行,發出「莫若以明」、「以柔化強」的「共生」力道。

正是緣起於上述「時代感受」與「共生需求」,我和莫加南(Mark McConaghy),在中山大學發起「漢學之島:中山大學跨文化國際漢學的共生哲學」一平臺。而平臺的核心精神類似〈齊物論〉「彼是莫得其偶,謂之道樞。樞始得其環中,以應無窮」的「道樞」。這一「道樞」平臺,是為了讓各式各樣的兩邊對立觀點,能在「一分為二」的思想鬥爭之餘,獲得「兩行調中」的休養生息,甚至「兩行互化」的共生餘地。我們,一者希望讓臺灣島上各言爾志、各執己見的是非立場,能夠展開辯證對話的轉化契機。二者希望在跨文化視域下,積極開發古典漢學「通古今,通東西」的價值重估之潛力,尤其做為回應當前時勢所需的「共生哲學」之思想資源。而這本《老莊思想與共生哲學》的集體創作,正是邀集各方學者一同苦思困頓時局,所結籽出來的第一顆果實。這本書應該是華人世界(乃至全球),第一次以「共生哲學」角度,挖掘闡發老莊思想的創新之作。我們所以將「老莊思想」與「共生哲學」,如此緊密鏈結起來,完全是接受時代刺激下的思想回應。可見,哲學概念的開採與興發,原離不開時代的挑戰與回應。本書是建立在十個講次的平臺對話之記錄、增補、改寫上。而對話者分別來自多國家、多城市的優秀學者:芝加哥大學的任博克(Brook A. Ziporyn)教授,北京師範大學的劉笑敢教授,北京中國人民大學的曹峰教授,臺灣大學的林明照教授,上海華東師範大學的陳贇教授,新竹清華大學的楊儒賓講座教授,加拿大布洛克大學的陳榮灼榮退教授,香港中文大學的鄭宗義教授,東京大學的中島隆博教授,東京大學的石井剛教授,以及臺灣中央研究院歐美研究所的鄧育仁特聘研究員。上述學者群,在各自專業領域上的學術成就,都屬各領風騷的魅力人物,彼等

著作之擲地有聲，常能引發學界風起雲湧熱議熱論，我個人十分受益於他們的學術觀點。此次，我和莫加南助理教授，很榮幸地能邀請他們共同聚集在「漢學之島與共生哲學」這個跨文化國際漢學平臺上，各抒己懷，交流心聲，一同為人類2020年代充滿挑戰的時代衝突，共同思考、一齊留下「老莊思想與共生哲學」的回應印記。

　　本書在形成的過程中，要感謝眾多因緣力量的會聚，沒有這些微妙善緣的付出與貢獻，這本近乎四十萬字的書，不可能無中生有地化生出來。這些善緣諸如多位學子協助各講篇章的「整理校訂」，茲臚列如下：

　　中山大學中文所碩士楊陽露：第一講（刊於《商丘師範學報》37卷第11期）。中山大學中文所碩士陳曉妍：第二講、第八講、第十講（刊於《商丘師範學報》37卷第11期，38卷第4期，38卷第5期）。中山大學中文所博士陳慧貞：第三講（刊於《商丘師範學報》38卷第1期）。中山大學中文所碩士蘇泓璋：第四講（刊於《商丘師範學報》38卷第1期）。中山大學中文所碩士郭映容：第五講（刊於《商丘師範學報》38卷第2期）。中正大學中文所博士李志桓：第六講（刊於《商丘師範學報》38卷第2期）、第九講（英文稿中譯，刊於《思想》45期）。中山大學中文所碩士李家郡：第七講（刊於《商丘師範學報》38卷第4期）。中山大學中文所碩士賴奕瑋：第九講（英文稿，刊於《現象學與人文科學》13期）。更要感謝李志桓博士對全書進行了若干編輯與加注的學術工作；也要感謝《商丘師範學報》的寧智鋒先生，《思想》的錢永祥主編，以及《現象學與人文科學》的游淙祺主編。

　　此次「跨文化漢學的共生平臺——發微《老子》和《莊子・齊物論》的共生哲學之潛力」的線上對談活動，我們除了獲得教育部標竿計畫的大量資源支持外，也獲得了國家圖書館漢學研究中心的大力支持，對此要一併感謝曾淑賢館長，黃文德組長，蔡慶郎先生。最後，我要對我的計畫伙伴莫加南助理教授，計畫的博後研究莊家瑋博士，致上最深的謝意與敬意。我們在一連串大量工作的同心齊力之下，印證了我們仁的革命情感。

平臺不只是平臺，計畫不只是計畫，它更是活生生的人文實踐、人格印證、人情交織的煉金過程，我們的友誼經此火候淬鍊，越醇越香了。

賴錫三

記於高雄西灣　海風揚帆之際

CONTENTS
目　錄

第一講

《老子》：「損有餘補不足」的「天均永續」之道

時　間：2021年7月13日，上午9:30-12:00
導讀人：賴錫三（臺灣高雄中山大學中文系）
與談人：任博克（Brook A. Ziporyn，芝加哥大學神學院）
主持人：莫加南（Mark Frederick McConaghy，臺灣高雄中山大學中文系）
整理者：楊陽露（臺灣高雄中山大學中文所碩士）

賴錫三（臺灣高雄中山大學中文系）：各位朋友，大家早，因為線上的朋友非常多，很多師長，學界的同好，還有年輕朋友們，因為人數太多，我們就不一一跟大家打招呼了。

這個活動，首先要感謝中山大學的莫加南老師，我們兩人共同執行一項標竿計畫，想通過中山大學搭起一個共生的平臺。要特別感謝「漢學研究中心」，這兩年將會跟我們密切合作。大家知道漢學研究中心在臺灣推廣漢學已經有四十年的歷史了，對於漢學在全球華人世界的推廣，以及如何在臺灣落地生根，做了非常巨大的貢獻，我們的活動能夠獲得它的支持，非常有意義。

這個線上會議，共有十個場次的導讀與對談活動，每個場次各有特色。大約一個半月，每個禮拜都有兩場研讀跟對話活動。各位朋友在海報上可以看到，我們邀集了學界多位有卓越貢獻的學者群，一起來共同研讀所謂「共生之道」或者「共生哲學」。這個線上對話是個開端，我們希望明年正式舉辦一個共生哲學的國際研討會。這幾年來，不管是國際局勢或臺灣內部，以及Covid-19的疫情，使得世界產生了非常巨大的變局。生活在臺灣島嶼上，這兩三年，讓人感覺未來越來越不確定，命運曖昧難明。整個國際局勢，一再走向剛強跟剛強的極端對抗。生活在臺灣這塊寶島上，各行各業，腳踏實地，誰不希望安居樂業，安身立命？但眼前國際局勢、地理政治的詭譎氛圍，讓質樸溫良的臺灣風土人情，受到極大的挑戰。面對這樣的變局，除了憂患之外，我想學者只能不斷學習，並從學術

文化這種柔性的力量出發，發出「在世共生」的誠懇聲音。如果可能的話，讓共生的話題，成爲一種思想運動。我想接下來的十場活動裡，每一位學者朋友們，會根據各自的觀察角度，提出有關共生哲學的有趣想法，讓我們拭目以待，共襄盛舉。我把時間給莫老師，讓他也說幾句話。

莫加南（Mark Frederick McConaghy，臺灣高雄中山大學中文系）：非常感謝賴老師，而且非常感謝各位同仁、學者參與今天的活動，我們非常榮幸有那麼多線上朋友跟我們一起參與這樣的討論。「共生哲學」或者「共生」，這個概念非常重要。賴老師已經提到臺灣現在的處境，可以說，我們面對一個非常複雜的島嶼，以及它的海外的情況。接下來，這六個禮拜的討論，有各自的問題意識和背後的關懷，我們非常榮幸可以得到各位的支援跟參與。我自己很期待，這六個禮拜，當做你們的學生，可以多聽多學。今天，賴老師會對《老子》進行研讀跟分析，而我也要特別感謝任博克（Brook A. Ziporyn）老師，現在是紐約時間晚上九點半，他仍願意參與我們的討論。因爲時間有限，我不要多說，再一次強調非常榮幸，今天可以看到那麼多的朋友。現在，把時間交給賴老師，我們可以正式開始，謝謝大家。

第一節　「損有餘而補不足」的天之道

賴錫三：接下來，我要進入跟任博克的討論，我先拋磚，希望引出後面的玉來。第一場報告，我邀請了芝加哥大學任博克教授來作為我的對談人。他是天臺佛教研究的國際卓越學者，他出版的幾本有關天臺佛教的英文著作都受到非常高的關注。我這幾年來也在跟他學習一些天臺佛教的觀點。任老師同時也是《莊子》最新全文英譯本的譯者，[1]在我看來，這是有史以來，《莊子》英文翻譯最深刻的一個譯文，可能會影響三十年、

1　Brook A. Ziporyn, *Zhuangzi: The Complete Writings* (Indianapolis: Hackett Publishing Company Inc., 2020).

五十年的西方讀者，透過任博克的英譯而進入《莊子》的文本世界。我跟任老師的《莊子》對話很深入，他也跟臺灣《莊子》學圈的朋友們有愈來愈深入的對話。今年任老師也在進行《老子》英文的新翻譯，聽他說這個月已到了最後定稿的關頭了。而我自己也從去年開始重解《老子》，所以今天我就邀請任博克老師作爲第一場的對話人。首先，我先提出我對《老子》七十七章、三十六章、二十二章的解讀，尤其從共生角度嘗試闡發《老子》的共生哲學。再來會邀請任博克參與對話與回應，最後希望留下三十分鐘，讓線上朋友一起來對話。

《老子》第七十七章是這樣說的：「天之道，其猶張弓與！高者抑之，下者舉之；有餘者損之，不足者補之。天之道，損有餘而補不足。人之道，則不然，損不足以奉有餘。孰能有餘以奉天下，唯有道者。是以聖人爲而不恃，功成而不處，其不欲見賢。」[2]

底下我要分幾個部分，來詮釋《老子》的七十七章。第一個部分是「張弓」的隱喻。《老子》用「張弓」來隱喻「天之道」，談到了「高者抑之，下者舉之，有餘者損之，不足者補之」。可以說，它透過張弓力量的均衡現象，來比喻「天之道」或「天地之道」，就像張弓的力量必須在有餘跟不足之間，或損或補。如果要維持良好的力量協調，張弓這一運動運作，一方面不能夠拉力太強，一旦拉力太強就會造成偏高，所謂「高者」現象，偏高那一端就會產生失衡狀態。另一方面，也不能拉力不足，拉力不足會造成所謂「下者」現象，也就是偏低這一端造成了鬆弛。所以就必須要在「有餘」跟「不足」之間，進行或損或補的「調中」活動。我特別要提出「調中」這一概念，或「調中」這樣的解讀。而「調中」又意味著什麼呢？

依第七十七章的脈絡，「調中」就是在力量之間，進行精微的調節、

2　〔魏〕王弼注，樓宇烈校釋：《老子道德經注校釋》（北京：中華書局，2008年），第七十七章，頁186。

調度，以求權衡與中道的運程。也就是說，天地之間的種種力量，是「非同一性」的力量較量，不會只是一種力量。例如，單就拉弓的作用力，就一定有反作用力。你跟物、物跟物、人跟物之間的互動，一定會產生力量跟力量的關係。而處於力量關係的過程中，需保持動態的精微調節，這樣才有辦法在「張」跟「弛」之間，「有餘」跟「不足」之間，動態性地調節出力量的適中狀態。所以力量之間的動態性是進行式過程，它並不是一定永定的。《老子》或《莊子》的道，都指向於不斷生成變化的活動過程，而在變化過程中，力量跟力量之間不斷起著相互作用，在相互作用之中，自然又產生出力量的「非同一性」的辯證關係。而「調中」正是為了在動態的過程中，調節出力量的「適中」狀態。力量的「適中」，我們可以說是一種暫時性的均勻或均衡狀態。這個「適中」之「適」也很重要，這個「適」是一個動態性的不斷調節，它同時帶出了「權衡」的「權」及「衡」的意味。我用「調中」跟「適中」來解讀《老子》七十七章用「張弓」對「天之道」的隱喻，然後要把「均勻」、「權衡」、「趨衡」這些相關概念給暗示出來。其實類似我這樣的解讀，在古典注解中就可以看到了。

其實，我們並不難從類似於「張弓」的身體經驗中，體會到力量之間的調中與適中的感受。可以說，「調中」與「適中」，是為了避免事物或力量的運行，戲劇性地掉入或過亢、或過卑的兩個極端。比如前面提到的「高者」或「下者」，便是偏於一端的現象，這將會使得力量嚴重失衡而產生惡性擺盪。如此一來，「張弓」這個動作，就無法合宜（適）地達成張弓活動（張弓之道）。沒辦法讓力量合宜呈現，也就沒有辦法完成張弓或射箭的良好活動（技進於道）。

進一步說，「調中」或「適中」，是為了促使「張中有弛、弛中有張」，或者在「一張一弛」的力量辯證中，讓「非同一性」的力量，能夠彼此推動並轉化對方，以促成變化的良好節奏。我特別要強調「非同一性」的力量，比如說，作用力與反作用力之間，能夠均勻而「兩行」地相

互轉化。張跟弛之間，一方面有抗衡，有張力在。但如果只有相抗的張力，而沒有「兩行」的調節，來使得「張中有弛，弛中有張」，那麼力量必然要偏離中道而住於一端，這樣就會使「張弓」失衡而失效。對於《老子》來說，天之道或天地之道，正處處顯示出：唯有透過力量與力量之間的「兩行」、「調中」、「趨衡」，來推動彼此與相互補救，才能夠成就種種活動之道的均衡而走向生生不息。

其實，均勻、適中、權衡這些概念，某個意義下，也間接把《莊子》的「天均」、「陶均」等概念帶進來了。它們都暗示我們：不管是大到整個大宇宙的運動，還是小到每一事物的微型活動或現象，只要它是活生生的現象，必然都具有力量的關係在，都具有「非同一」的「兩行」力量在其中。而且力量與力量「之間」，需要有著力量「相反又相成」的豐富互動。比如「陶均」的手作活動，就是個明顯的身體性經驗。在從事「陶均」的活動時，必須左手跟右手之間，作用力與反作用力之間，進行動態性的精微調節，偏左手也不行，偏右手也不行。在力量與力量之間，「得之於手而應於心」，然後「中間」有個中空調節器或力量轉換處（所謂「環中」），陶者不斷地在圓轉的運動中，既讓左手的力量運轉到右手的力量，又讓右手的力量運轉到左手的力量。左手跟右手，作用力跟反作用力，力量跟力量之間，彼此既有明顯的張力存在，可是它又可以彼此過渡，進而推動對方，轉化對方。看似一件簡單的「陶均」手作運動，其實內在已經具有了精微的調中過程，而當「調中」藝術達到合宜狀態的時候，便以趨衡方式而有了一件陶器形式的創造。不管是「天均」還是「陶均」，都具有「兩行調中」的力量關係，而《老子》在七十七章則是利用「張弓」，來暗示天地之道的調中原理。

七十七章很重要地談到「人之道」跟「天之道」的對比，談到「人之道，損不足以奉有餘」，「天之道，損有餘而補不足」。對此，我想用兩個遊戲的概念來比擬和解讀：「天之道」它就像是一個「無限的遊戲」（infinite game），而「人之道」讓「無限的遊戲」墮化為「有限的

遊戲」（finite game）。有限的遊戲，你可以說它是一種壟斷的遊戲，它是製造monopolistic winner（唯一富翁）的競爭模式。「天之道」也有競爭，自然界也有競爭，生物跟生物之間必然都有競爭，可是從來沒有一種物類（除了人類）能夠獨大獨強，而把所有的物類統合在他權柄宰制之下。

對《老子》來說，「天之道」它屬於無限的遊戲。「無限遊戲」用競爭的概念來說，可說是perfect competition，因為它是能夠共創繁榮的遊戲，而不是製造單一大富翁的遊戲。用這兩個概念，來比擬說明「損不足以奉有餘」跟「損有餘而補不足」。比如說在資本主義的時代，聽說99%的財產集中在少數人身上，這就是明顯的「損不足以奉有餘」，結果窮人越窮、富者越富，這種遊戲能夠玩多久呢？對於《老子》來說，它不可能長治久安。所以「有限遊戲」，就好像當某一種物類過分生長、過分獨大的現象發生，它會破壞整個生態的有機連動、交互關係和平衡共生。單一物類的獨大獨贏，很快就會產生整個生物鏈的斷裂跟惡性發展，它最終也會返回過來傷害自身。

所有的物類都是「在世存有」，《莊子》所謂「天地與我並生，而萬物與我為一」，我們都共生在國際世界之中，我們都共生在宇宙的關係網之中。如果某種物類、某種階級、某種富翁，擴張到幾乎宰制性、壟斷性的支配狀態，它反而會回過頭來破壞、傷害整體的生機與平衡。《老子》提醒我們，「天之道」屬於「無限遊戲」的共生的循環系統，所以萬物之間能維持多元並生的繁榮生態。也就是萬物是均富的，不是只有一個monopolistic winner，而是multiple winners，大家都是贏家。所以萬物能夠各得其自在、自生、自長、自化。萬物都能夠擁有自身生命的道路，並且共同安居在「天地並生，萬物為一」的繁榮大家庭。

對《老子》來說，天地之道是自然而然地「損有餘而補不足」，可是如果有某一種物類過分獨大，渴望無窮擴張——其實，我所謂某一種物類，就是指「人類」，人類對我來說，可能是最不可愛的動物。所有動物

都是很可愛的，所有動物雖然也都有欲望，但它們的欲望有它的自然性邊界，如《老子》所謂「爲腹不爲目」。[3]可是人類的欲望模型，經常從「爲腹」走向「爲目」，眼睛的欲望象徵著不知止的過度索求，而順著「爲目」這種「損不足以奉有餘」的擴張邏輯，到頭來，反而大家都是輸家。

《老子》的「天之道，損有餘而補不足」，告訴我們說：天地之道或萬物之道或者自然之道，之所以能夠永續循環，能夠不斷共同生存而持續演化，就是因爲它自然而然地「損有餘而補不足」，這樣才能夠天長地久地遊戲下去，這樣的遊戲才是好的遊戲。我認爲，這樣的遊戲就是共在（co-existence）、共生（co-living）、共化（co-becoming）、共榮（co-flourishing）的遊戲。到底「共生哲學」的「共生」要怎麼翻譯？可能無法以定於一義的方式來翻譯，因爲漢語的「生」字意蘊豐富，我想在這十場對談活動中，各位朋友將會從不同面向來豐富「共生」的內涵。

「人之道」爲什麼會背離「天之道」？癥結在於人類的自我中心，人類「以自爲光」，所以《老子》談到人最容易「自見、自是、自明、自伐、自矜、自有功」。天之道總是自然而然地進行「損有餘而補不足」的「趨衡」運動，可是人之道呢？透過「爲目不爲腹」地以自身欲望爲中心，不斷地「自見、自是、自伐、自矜」地一味擴張，結果形成了權力意志的支配性。這樣就會讓人道支離了天道，往「損不足以奉有餘」的極端性發展，而不斷破壞平衡，片面走向有限遊戲的「贏者全拿」。在人類的歷史上，我們不斷看到軍國主義的高漲、帝國主義的侵伐，而在擴張過程中造成地緣政治的緊張和衝突不斷。對《老子》來說，就「天之道」來觀察「人之道」，「損不足以奉有餘」是不可能行之長遠的。這就像「張

---

[3] 《老子》第十二章：「五色令人目盲；五音令人耳聾；五味令人口爽；馳騁畋獵令人心發狂；難得之貨令人行妨。是以聖人爲腹不爲目，故去彼取此。」〔魏〕王弼注，樓宇烈校釋：《老子道德經注校釋》，頁27-28。

弓」的道理一樣，力量的一味增強，反而會加速弓的折斷和張弓的失敗。

　　如何從「人之道」向「天之道」來復歸，我們乃要從「自見、自是、自伐、自矜」轉化爲「不自見、不自是、不自伐、不自矜」。[4]我們知道《老子》不斷地運用「不」、不斷地運用「無」，對我來說「不」跟「無」都是佛教傳進來之前，道家式的一種否定性表達。這個否定性表達也是一種否定性修養，甚至否定性的創造作用。它是「除病不除法」，它是爲了除病、爲了治療。所以《老子》說：「不自見故明，不自是故彰，不自伐故有功，不自矜故長。」請注意，「故明、故彰、故有功、故長」都是否定性修養所帶來的積極作用，從「自見」轉向「不自見」，這個時候就從「不明」轉向了「明」。而「故明」、「故彰」、「故有功」、「故長」，其實是雙明、雙彰、雙功、雙長，也就是共創繁榮。所以人之道向天之道的轉化，或許也可說是「人均」參與「天均」的雙贏甚至全贏的生生不息之無限遊戲。關於「天均」這個概念，《莊子》在〈齊物論〉、〈寓言〉篇也提到，我們可以看到《莊子》在使用「天均」這一概念時，既橫跨人的是非問題，同時也涉及萬物問題，所以「天均」應該可以涵蓋人和天。[5]而對《老子》來說，「人之道」也應該「人法地、地法天、天法道」地走向「天均」之道，也就是「天地與我並生，而萬物與我爲一」的共生共榮之道。

第二節　「柔弱勝剛強」的微明覺察

　　接下來，我想接著闡述《老子》三十六章：「將欲歙之，必固張之；

---

[4]　《老子》第二十四章：「自見者不明，自是者不彰，自伐者無功，自矜者不長。其在道也，曰餘食贅行。物或惡之，故有道者不處。」與《老子》第二十二章：「不自見故明，不自是故彰，不自伐故有功，不自矜故長。夫唯不爭，故天下莫能與之爭。」〔魏〕王弼注，樓宇烈校釋：《老子道德經注校釋》，頁60-61、56。

[5]　〈齊物論〉：「是以聖人和之以是非，而休乎天鈞，是之謂兩行。」〈寓言〉：「萬物皆種也，以不同形相禪，始卒若環，莫得其倫，是謂天均。天均者，天倪也。」〔清〕郭慶藩輯，王孝魚點校：《莊子集釋》（臺北：河洛，1974年），頁70、950。

將欲弱之，必固強之；將欲廢之，必固興之；將欲奪之，必固與之。是謂微明。柔弱勝剛強。魚不可脫於淵，國之利器不可以示人。」[6]

　　第一個我要解讀「固張」、「固強」、「固興」、「固與」，這些行為的背後都有一個「以自為光」，「自是、自見、自明」的自我中心的一種「固」。這個「固」，你可以說是偏執，也可以說是極端化，往單邊發展然後自我鞏固，形成力量的自我增強而構作出一種剛強的主體。

　　首先需要澄清的是，《老子》這些章句要儘量避免一種誤讀，這種誤讀就是把它當成權謀之術。比如把「將欲弱之，必固強之」、「將欲奪之，必固與之」，當成是一種以「目的」跟「手段」為框架的權謀之術。大概從韓非子開始就有這樣的讀法，所以余英時也順此把《老子》視為中國政治傳統的一種反智論、控制術。[7]這種讀法流於字面解讀，沒有統貫或深入《老子》的思想骨髓，沒有把《老子》的思想統整起來看，容易把這些章句簡單地看成目的跟手段的框架，一種操控的權術。形成底下這種理解——為了達成弱化對方這個目的，你無妨先施以增強對方的手段；為了達成奪取對方的目的，你不妨先施以給予對方的手段。先給予或先增強對方作為一種策略，它可以為你帶來瓦解對方或奪取對方的後果或目的。這種解讀雖然可以開啟權謀之術的應用，但是權謀之術的濫用，也會完全掩蓋《老子》最核心的關懷，例如「慈」、「柔」、「讓」、「無為」、「無作」、「無欲」。

　　但要如何解讀《老子》這樣的章句呢？我提出以下的看法。《老子》的「將欲弱之，必固強之」這類表達，其實是為了提醒我們「為者敗之，執者失之」的剛強之弊。「為」和「執」，帶有偏執、控制、主宰之意，想以自己的方式控制一切變化，想以自我方式解決所有問題。這種「為

---

[6]　〔魏〕王弼注，樓宇烈校釋：《老子道德經注校釋》，頁88、89。

[7]　余英時：「道家的反智論影響及於政治必須以老子為始作俑者。」氏著：〈反智論與中國政治傳統——論儒、道、法三家政治思想的分野與匯流〉，《歷史與思想》（臺北：聯經出版事業公司，1976年），頁11。

者」跟「執者」，由於它是一種自我中心的同一性力量，不管它是出以眞理之名、道德之名、理想之名，當它把自己當成是絕對正確的一方、絕對眞理的一方，對《老子》來說，其實這種剛強有它的限度，不只帶來反效果，而且加速潰敗。習慣於「爲者」、「執者」的自我狀態，其人最容易養成剛強而偏執的power of will，讓欲望走向增強、增盛自我擴張的力量邏輯。可是在《老子》看來，當人一味地「必固張」、「必固強」、「必固興」、「必固與」，這種有爲跟偏執的習性，它一定有其極限，而且更快地會把自己推向衰退，敗落，崩解——也就是遭遇「反者道之動」的反轉現象。[8]這裡面有《老子》對於「天之道」（天均之道）的「物極必反」或「反者道之動」的洞察在背後。這也就連接到《老子》在這一章爲何要談論「柔弱勝剛強」，那種轉化剛強獨占爲共在共榮的共生哲學之內涵。

　　另外，《老子》在這一章還提到一個概念叫做「微明」，它涉及到對「反者道之動」、「物極必反」的敏銳覺察跟調節。《老子》善於體察天道與人事的消長與趨衡之機微。對《老子》來說，萬事萬物一旦往極端化的一端、一邊去擺動，事物幾乎要往而不返地朝向極端（polarization）而去，例如當作用力往一極方向而偏執地想要「固」、想要「必」，這個「固張」跟「必張」的內部，卻隱含了「反者道之動」的反動趨勢。這個反向的動勢，對《老子》來說並非有什麼神祕之處，而是因爲事物與事物之間，力量與力量之間，自然會有「非同一性」的力量在其中，自然會有新的「趨衡」之機微在其中蘊釀。

　　也就是說，道的運動變化，從來不偏於一極，而「負陰抱陽，沖氣爲和」的「相反相成」狀態，使它在不斷轉化的過程中，不會偏住於任何極端。因爲一旦偏住一端而不返的時候，也就沒有辦法持續形成「有無玄

8　《老子》第四十章：「反者，道之動；弱者，道之用。天下萬物生於有，有生於無。」〔魏〕王弼注，樓宇烈校釋：《老子道德經注校釋》，頁110。

同」的眾妙生生現象。[9]但是「人」卻容易因循自我剛強的順取習慣而追逐趨勢，因為趨勢會讓人感覺到大勢所趨，集體性的力量會讓我們感覺到那裡有最大的可能性，有令人狂迷的力量讓我們不斷地競逐追求。這樣一來，很容易盲目於一味追求「必固張之」。然而，一味地追求擴張，會導致過分擴張。一味地追求增強，會走向過分增強。一味地追求興盛，會過分興盛。一味地追求施予，會造成過分的施予。這都是「固」「執」於一偏，這樣極端化的「心狂」狀態，就不容易體察事物變化的一種隱微「內勢」，這個內勢肌理的非同一性力量，隱含著「反者道之動」那種反復的、均衡的天理運動在其中。也就是說，擴張的作用力同時會隱含著收斂的反作用力，增強作用力同時內在會隱含著拉回的反作用力，興盛的作用力同時必然會隱含著沒落的反作用力，給出的作用力會隱含著收回的反作用力。這些物極必反的眾多現象，都一再反應出「反者道之動」的趨衡天理。所以《老子》就提醒我們說，我們應該對事事物物的活動變化、力量關係，尤其內部隱含的「反者道之動」的趨衡現象，那種力量的非同一性的複雜變化，要保持精微而細敏的「微明」之覺察。換言之，我對「微明」的解讀是，對於「反者道之道」的天理運行，保持著最精微、最敏銳的覺察。《老子》的這種洞察，當然可以解釋很多現象，由於時間關係，我不能引申太多。這裡的重點在於，對「微明」的覺察，是為了擺脫一味剛強所帶來的相抗邏輯和物壯則老，並讓我重新思考如何在力量之間的內部運動中，保持兩端動態平衡的「調中」餘地。

「反者道之動」對我來說，它並不是神祕的，也不是一個抽象的、形而上的理念。我認為《老子》是在事事物物的觀察之中，發現了這樣一種普遍性的現象，它沒有什麼神祕之處，它更不是為了要懲罰什麼。比如

---

[9]　《老子》第四十二章：「道生一，一生二，二生三，三生萬物。萬物負陰而抱陽，沖氣以為和。人之所惡，唯孤寡不穀，而王公以為稱。故物，或損之而益，或益之而損。人之所教，我亦教之。強梁者不得其死，吾將以為教父。」〔魏〕王弼注，樓宇烈校釋：《老子道德經注校釋》，頁117-118。

說，爲了懲罰人們，刻意使得強盛的事物衰敗。它只是一個天之道的變化，或者說變化的原理，一種自我趨衡的普遍的現象，也就是說，一旦作用力朝向極端化去發展，嚴重失衡的時候，反作用力就會呈現戲劇化作用。你一旦越往一個極端化發展，反作用力就會以戲劇化方式表現的更加強烈。例如心理學的分析告訴我們，人越過分的自我壓抑，被壓抑的那些心理能量從來沒有消失，它下一次將以更強大的火山爆發去衝破我們人格表層的穩定性。這也是一種自我心理「反者道之動」的趨衡運動，只是它以一種戲劇性方式地從一端擺到一端。而《老子》提醒我們要「襲明」於「反者道之動」，這基本上是一個不斷微調以趨衡的自覺過程。但由於人失去了「襲明」的覺察，甚至以「人之道」不斷破壞「天之道」，而讓自己戲劇性地落入兩邊極端性的惡性擺蕩狀態。

而這一章最重要的關鍵就是，「柔弱勝剛強」這個概念的提出了。首先，這是一種修養的態度，它是建立在轉化自我中心的剛強意志──那種處處想要主宰和控制的習性。其次，柔弱的主體領悟到我們一定存在於關係之中，任何的力量都不是憑空作用也不會獨立作用，它一定會引發力量的作用力與反作用力，產生一連串的變化關係、互動關係，所以他要能「襲明」地覺察事物彼此之間的力量變化，處在彼我之間要互留餘地。顯然「柔弱」是爲了對應「剛強」，剛強是一種同一性的力量，因爲剛強的力量是以自我爲中心，以欲望爲中心，一種推動自我焦點化的意識意向性。這樣的力量容易把自己帶向一個「必固」、「必強」、「必興」的同一性、單向性的強度支配。

但是《老子》提倡的柔弱，不是要跟剛強對立的軟弱。請注意，不是跟剛強對立的軟弱的這個部分。柔弱的修養也不是無力的虛弱，而是警覺、意識到非同一性的力量之間，要能保持不斷調節的柔軟修養。所以《老子》的柔軟，同時把作用力跟反作用力，或者力量的關係都考慮在主體之內，此時的主體不是一個同一性主體，主體內部就跟他人、他事、他物共在，而且不斷地進行力量之間的互動。只有不斷地考慮到「之間」，

力量與力量「之間」，主體與主體「之間」，你才能夠思考柔性的調節作用，保持最精微的柔軟狀態，甚至把相反的力量轉為相輔相成這樣的共生調節性。

可見《老子》的「柔弱勝剛強」，不是用柔弱去戰勝、去鬥爭剛強。剛強的主體才走向了是非的鬥爭、走向了輸贏競爭，使得輸贏對決成為了生死鬥爭。可是《老子》的柔弱，剛好是要把這種輸贏的對決轉變為共生，讓力量跟力量之間，彼此能夠進行相互調節的雙贏的無限遊戲。柔弱的修養，就是把剛強好勝的、強硬的主體，轉化為善於調節的、柔軟的主體。這個時候，柔弱或者說柔軟，它成為能夠保有兩端力量，成為了「兩行」的調中機制或調中狀態。「柔弱勝剛強」，要讓剛強柔化下來，使得剛強轉化為柔軟，彼此意識到力量跟力量之間，一定共在共化共生，否則鬥爭到最後大家都是輸家，連強者最後也是輸家。因為強者也在世存有，逃不出「反者道之道」、「物壯則老」的力量邏輯，在「固張」、「固強」的過盛過程中反而提早衰敗，我們可以立刻想到秦帝國在一統天下之後，很快也就能趨疲地自我耗竭了。

最後，第三十六章提到「魚不可脫於淵，國之利器不可以示人。」我簡單地給出一個說明。魚在淵也是《莊子》很喜歡的一個意象：「魚相忘於江湖」。[10]而《老子》也有類似的「魚不可脫於淵」，「淵」就是魚兒共生的場域、共生的江湖。如果你把魚兒都撈出來，「脫於淵」地把它們擱在岸上，那麼魚兒彼此為了求生存，大家就會為了求個我保存而爭鬥一口「濡沫」。換言之，當魚兒被撈上岸的時候，為了爭那一口濡沫，反而會因為高度相爭而加速了彼此的傷亡。所以在《老子》三十六章結尾的「魚不可脫於淵」，大概也是在暗示我們，人之道（魚兒）不可以脫離天之道（淵水），這個可以悠遊的共生之道。

---

10 〈大宗師〉：「泉涸，魚相與處於陸，相呴以濕，相濡以沫，不如相忘於江湖。」〔清〕郭慶藩輯，王孝魚點校：《莊子集釋》，頁242。

　　而所謂「國之利器不可以示人」的「國之利器」，大概就是《老子》所說的「兵」的「不祥之器」。因爲國之利器，如兵器、軍隊、戰力這些威脅性的東西，主要是爲了展示國家、主權，甚至強權、帝國的象徵性，但對《老子》來說，國之利器是帶有高度殺傷性的不祥之器，如果國與國、人與人，時時都耀武揚威地展示利器來示強，就容易把彼此雙方逼成「剛強對剛強」的相逼相抗狀態，這樣的話，很容易失控。這也就使得原來「魚不可脫於淵」的共生之道，被視爲幾乎不可能而完全被遺忘。所以《老子》特別談到「國之利器不可示於人」，這一點跟《老子》中對用兵的反省與思考，還有大國與小國都要回到「下」，「以大事下」、「以小事大」的共生思考有關係。[11]《老子》對「兵」的思考，我這裡暫時無法再深入討論。

第三節　「反者道之動」的天均兩行之道

　　今天的報告，我要以解讀第二十二章來作爲收尾：「曲則全，枉則直，窪則盈，弊則新，少則得，多則惑。是以聖人抱一爲天下式。不自見，故明；不自是，故彰；不自伐，故有功；不自矜，故長。夫唯不爭，故天下莫能與之爭。古之所謂曲則全者，豈虛言哉！誠全而歸之。」

　　《老子》提到「曲」、「枉」、「窪」、「少」，這是一種柔軟迂回的主體狀態，或者柔軟迂回的道路，我們也可以用「逆向思維」或「減法思維」來說明它。這種逆向針對什麼？針對自我中心。自我中心最容易走向單行道而離開兩行。也就是不能意識到「之間」，沒有意識到「關係」，或是以自我中心來抹除「非同一性」，讓自我陷溺在同一的單行道上。而「曲」、「枉」、「窪」、「少」，則是要逆轉自我剛強的「單一

11　《老子》第六十一章：「大國者下流，天下之交，天下之牝。牝常以靜勝牡，以靜爲下。故大國以下小國，則取小國；小國以下大國，則取大國。故或下以取，或下而取。大國不過欲兼畜人，小國不過欲入事人。夫兩者各得其所欲，大者宜爲下。」〔魏〕王弼注，樓宇烈校釋：《老子道德經注校釋》，頁159-160。

行」，逆向轉化爲關係性的「兩行」之道。

　　比較一般人所習慣的自是、自見、自明，也就是自我增強或自我累積的順向習慣，「曲」、「枉」、「窪」、「少」，可以說是逆向思維。而順著我的慣性，我的欲望，不管是個人或集體，都很容易走向剛強思維。這種剛強的特質就是：絕不委屈，絕不屈服，絕不示弱，絕不居後，絕不少拿。我們看看現代的國際外交，國與國之間常常就是這種「絕不處下」的狀態，一旦示弱就好像失掉了國格似的。而《老子》提出的「逆向」或「柔軟」的減法思維，顯示出「日損」的模式，而這種減法或後退，會帶來什麼樣的轉化效果呢？《老子》說，迂回彎延的「曲」，除了能夠保全自身，也能夠成全他人。「曲則全，枉則直」，你彎下來、你低腰了，你就考量了別人，你讓自己轉個彎，「反而」能夠重新帶來彼此的新契機。「枉則直」，這不只是個人的生長，也同時讓關係性的兩邊都重新生長。「窪則盈」，我們把自己放下來，把自己放到一個處卑、處下的位置，「反而」會帶來更多的聚集、匯聚，更多的豐盈。然後「弊則新」，有時候事物老舊的時候，「反而」正好是事物要更新的開端。「少則得」，越少佔有「反而」越不怕失去。「多則惑」，越多佔有「反而」才越怕失去。

　　我用了一連串的「反而」來解讀這一章句，這一連串「反而」的這個「反」，我要呼應的是「反者道之動」的「反」，或者，「正言若反」的「反」，它帶有逆轉順向的轉捩效果，或者解構剛強的「反諷」效果。而這樣的轉捩之「反諷」，可以帶來意想不到的豐盈生機。關於「反諷」，任博克有專書談論反諷與非反諷的思維，[12]等一下也許可以請他再做補充。

　　接著，我要解讀這一章句中很重要的一句話：「聖人抱一爲天下

---

[12] 或可參Brook A. Ziporyn, *Ironies of Oneness and Difference: Coherence In Early Chinese Thought: Prolegomena to the Study of Li* (Albany: State University of New York Press, 2012).

式」。「抱一」，我的解讀是：彼此環抱、環抱彼此，構成休戚與共的命運共同體。為什麼我要這樣解讀？《老子》或逆向或柔弱，或減法或後退的思維方式，不是建立在以「手段－目的」為框架的謀略運用，而是深刻地體會「一」，懷抱「一」。這個「一」，呼應於〈齊物論〉：「天地與我並生，而萬物與我為一」的「一」。[13]天地萬物、事事物物，他人他事他物，都跟「我」共在於這個一體性的唯一世界。「聖人抱一為天下式」，就是要我們深刻體會，沒有孤立孤存這件事，任何存在都必然存在於徹底的關係性之中，所以當《老子》說「天得一以清，地得一以寧」時，宣告了沒有獨立的天，沒有獨立的地，「神得一以靈，谷得一以盈」，也宣告了沒有獨立的神，沒有獨立的谷。同樣，也不可能有獨立的聖人，一切一切都必須「得一」或者「抱一」，它才能顯示出存在生機與義蘊。[14]也就是我們必須要深刻地意識到，我們活在天地並生、萬物為一的共在共生的世界。你必須以「得一」、「抱一」為最高原則，存在之所以為存在，就是要萬事萬物彼此環抱，且要共同跳一場圓舞，一場「你中有我，我中有你」的圓環共舞。

這個圓舞，當然也呼應於前面所謂的「天均」，無窮無盡地、不斷地循環反復的一種交互關係，共同構成的一個命運共同體。所以對我來說，《老子》這種減法或後退思維，由於深刻體認「抱一」、「體一」的一大關係網，所以必須思考關係處境中的伸縮之道、進退之道。如此一來，「道」一定在伸縮之間，在進退之間，在損益之間，在權衡之間。這樣的道，一定是迂迴漫遊的曲線之道，不是剛強獨我（要怎麼樣，就怎麼

13　〈齊物論〉：「天下莫大於秋毫之末，而大山為小；莫壽於殤子，而彭祖為夭。天地與我並生，而萬物與我為一。既已為一矣，且得有言乎？既已謂之一矣，且得無言乎？」〔清〕郭慶藩輯，王孝魚點校：《莊子集釋》，頁79。

14　《老子》第三十九章：「昔之得一者，天得一以清；地得一以寧；神得一以靈；谷得一以盈；萬物得一以生；侯王得一以為天下貞。」〔魏〕王弼注，樓宇烈校釋：《老子道德經注校釋》，頁105-106。

樣）的直線之道。「一」很容易被當成一個形而上的超越性原理或實體，可是《老子》、《莊子》的「一」，必須要落實到「萬」之中。所謂「萬法歸一，一歸何處？」這個「一」還要歸於森羅萬象，也就是歸於「天地與我並生，而萬物與我為一」的天地萬物之中。一旦能夠體會到這種「抱一」，我們的行動就必須學習迂迴、盤桓、彎腰、謙卑，修養出自我調節的柔性能力。

《老子》的柔性之道，不是軟弱也不是脆弱，而是超越「強與弱」（或者「強與強」）的鬥爭思維，逆轉兩極對立而打開第三種可能性。透過這種修養實踐與逆向思維，才比較好解讀為什麼《老子》要說「曲則全，枉則直，窪則盈，敝則新，少則得，多則惑」。而在二十二章的最後，《老子》也終於提到了「不自見、不自是、不自伐、不自矜」，解放了我們慣性的「自是非他」，不把自己的脈絡當成唯一的脈絡，透過一連串的「不自」，把自己空出來，使得自己能夠「化」，而且能夠「遊」。這個時候，我能夠讓自己的位置被轉動，甚至轉化到別人的位置上，使得我跟不同立場，甚至對立的一方，能夠「兩行」地轉化對方，補充對方，豐富對方。「不自」，才可以帶向雙贏、雙明、雙彰，這裡面就有了「兩行」的空間。所以《老子》最後說「夫唯不爭，故天下莫能與之爭」，這也不能當成「術」來理解，不是用「不爭」作為手段，然後「天下莫能與之爭」成為他的目的。《老子》不再以剛性的思維、增強的模式去爭勝爭霸，經由「不自」的轉化之後，才能夠實現「天下莫能與之爭」的「共生」「共榮」之自然效益，而不是因為我最剛強或者我最善用謀略，才形成「天下莫能與之爭」的稱霸局面。

最後，我想用河流曲道這個比喻來說明二十二章的總精神，如果想像每一個人都是一條河流，都是一條「生之流」，這條河流必然同時也有兩岸，一條河流沒有兩岸，它要怎麼流動呢？換言之，河流與涯岸的共在關係性，才構成了長河大流的可能性。推擴出去想想，我們的生命如果沒有天地萬物、空氣、水分、朋友、父母這些關係，這一切切旁侍左右的各種

關係情境，個人的生命故事又如何可能啓動？同理，河流的曲道一定是在兩岸局勢中，而且兩岸局勢也隨著它的流動過程而不斷轉向與變化，它必須與兩岸共生共化出蜿蜒有致的風景。

　　河流之所以能夠不斷流下去，就是因爲它不是土石流，不是〈秋水〉篇中那個河伯暴漲的土石流，它能夠在該彎延的時候因循兩岸而彎延。彎延不是委屈，彎延是爲了讓河流能夠繼續流淌，能夠在跟涯岸關係中不斷共創風景，共運局勢，這樣的河流才是生生不息的巨河流。對我來說，《老子》的「曲則全，枉則直」告訴我們說，彎延曲折的生命道路，才能夠讓我們生命河流不斷變化，而且與兩邊的涯岸共存「你中有我，我中有你」的巨河流，這樣才是「曲則全」的柔軟共生之道。「曲則全，枉則直，窪則盈，少則得」，《老子》感嘆地說「豈虛言哉！」河流的美麗，彎彎曲曲。你從高空看，你看它轉了多少彎，每轉一次彎，它其實都在兩岸的關係之中回應局勢，既依循局勢回應了那個局勢，同時也沖刷了兩岸。它在這個關係中，在不斷的彎延中豐富了兩岸，所以河流因爲柔軟、彎延而偉大，這個就是《老子》的「曲則全」的柔軟的哲理，而且有一個共生哲學的暗示在其中。我的報告先到這裡，我要把時間交給博克。

第四節　對談與回應：處後處柔以調中

任博克（Ziporyn A. Brook，芝加哥大學神學院）：我可能要提一些想法，回應賴老師的解讀，這幾點也許錫三可以直接回應，或者各位朋友也可以說一下你們的想法。

　　第一個，針對七十七章的「張弓」的比喻，我覺得錫三講得很有趣，直接從身體感覺或者從張弓的體驗，講到「調中」的一種經歷，一種經驗。從張／弛那兩邊——你可以說是從藝術性或者技術性的實踐的一個意識來說明，我覺得這個很有趣而且有用。但是我也想補充一下，可能提出來對於比喻的另外一個想法，看是不是也可以互補錫三的說法，因爲我覺得錫三給我們看的圖像很有趣。

「張弓」——那個很大很高的弓，你想想看，如果要「高者抑之，下者舉之」的東西，如果你直接去那兩邊，永久、直接、有爲的按下去——我不是從身體感的角度來說明，而是從弓本身的高點跟低點、上下的那兩端而說的。我一直都這麼解讀這個比喻，認爲是說，你拉著那個弓的時候，是不是上面的那一邊就自然而然往下「抑」下來，下面的就提高了。但是這個動作就很有趣，因爲一邊是說，這個東西就像天道一樣，不可能直接到這兩端去安排：「爲者敗之」。因爲這個東西當然比你身體高了，你只是在其中間，在「中」，在中間拉。但是那個拉也很有趣，你其實沒有任何直接針對那兩端的調和，而只是在「中」的這個部分下工夫。

那個工夫也是蠻有深意的一種工夫，爲什麼？因爲如果你要發矢、你要發箭的時候，目的在前面，但是你的動作不是直接往前面去攻擊它，也不是在往你的目標而動作的。正好是相反的，你要退——你在中而退了，離開你的目標而退到後面去。正好你自然而然，一邊是中一邊是退，我覺得這個「退」在今天的脈絡裡頭，關聯很多類似的一些觀念。

錫三講的各種否定詞，無論是下面的、或者雌性的，或者是無的，或者是無爲，相對於有爲、相對於高的、相對於雄性的等等。當然退跟進也是，所以一邊是中，一邊是那種代表無、或者代表退、或者代表雌性的東西，也是一種無爲——一種跟自己目標相反的動作。這個在等一下的三十一章也會見識到。這樣子的話，自然而然就調整了這兩邊，而且沒想到也會有另外一個效用，反而會反動地發矢、發箭。所以這個比喻下得很巧妙，有很多含義要跟整個《道德經》的一些意象的結構去解讀，這有一點牽涉到我們如何去讀這一類的文學。因爲《道德經》也許我們可以另外談，現在我正在做《道德經》的英譯。每一個翻譯的人對於文本的出處跟歷史的看法有不同的一些方法，其中最明顯的就是，你如何看它的一致性？特別是現在我們所了解的出土文獻，很可能下一個蠻有說服力的結論，這個《道德經》流通本應該不是一個老聃（或者一個作者）所寫的，既然如此，我們如何看這個文本內部互相發明的，或者對應的，或者用了

不同角度比喻的地方。我最近對這個問題非常有興趣，因為這個會影響到你如何翻譯、你如何詮釋。你能不能合法地用另外一章去解讀某一章的意思，我覺得當然——八十一章中互相發明的地方非常多，而這並不需要它們是一手所出的一個文獻。可能在問答的時候，我們可以討論看看。

　　所以，錫三提到韓非子對「將欲弱之，必固強之」那一類話的權術的解釋。你要看全體的《道德經》體系來解讀，或者一章一章的解讀，這個是非常棘手的問題。我等一下也會提到專門對於那一章的一些想法。但是我也是覺得，雖然應該說沒有老聃、李耳這樣的單一作者，但是《道德經》真是很緊密的一個思想體系——而那種緊密是很特殊的。我們可以這樣看，按照七十七章的那種比喻，看那個結構，比如說我剛剛提的「中」跟「退」跟「無」的那幾個概念是怎麼結合起來的，中間有一些怎麼樣的關係，然後其他章卻用完全不同的一個比喻、或者不同的一個意象來說明、來理解，我可能下個禮拜會更進一步講這個問題。

　　好，就是說那個「張弓」，因為我看來也有另外這一層意思，但是這個意思當然不能從七十七章本身發揮出來，要看其他地方的一些「張」、一些「中」、一些「無」、一些「退」那一類的意思，你才會想到那是不是可以成立的。這是第一個問題。

　　第二個，「有限遊戲」跟「無限遊戲」，這個題目我覺得也很有趣。這應該是James Carse所出的那本書，對吧？[15]現在錫三把無限遊戲跟「天道」連合在一起，有限遊戲放在「人道」那一邊，我覺得這個很通了，在《道德經》系統裡頭來說，可以說很通了。但是我想再進一步問，如果說那個是雙贏，如果無限跟雙贏是有關聯的，我們應該怎麼想這個雙贏？

　　當然有共存的意思，有取消最終極的結局的一個意思。我不知道我是不是把握了你那幾個比類。我以為你的意思是，譬如說「塞翁失馬，焉知

---

[15] James P. Carse, *Finite and Infinite Games: A Vision of Life as Play and Possbility* (New York: The Free Press, 2011)。中文譯本參見〔美〕卡斯（James Carse），馬小悟、余倩譯：《有限與無限的遊戲：一個哲學家眼中的競技世界》（北京：電子工業出版社，2013年）。

非福」那一類的東西，有贏者、有敗者，一直在輪流。如果是無限的，當然沒有終極的最後一個贏，只要是無限的遊戲，雖然我們定義一個贏一個敗，有時候，任何一個參加者，每一個玩者都是贏者，都是敗者，right？都是輸家，都是贏家了，這是一個意思。

另外一個意思是說，如果共存或者遊戲下去，本身不是說一直無限了，我們是不是要重新來界定什麼是目的？因為目的評審跟終結有關係，跟那個結局有關係。就像錫三提到了手段跟目標的關係，如果在一個無限的脈絡裡頭，是不是我們要重新地去理解什麼叫做贏，什麼叫做敗，什麼叫做目的，什麼叫做手段？我覺得一提到無限、或者無窮——什麼叫做無窮呢？或者無涯、無極那一類的東西，其實跟這幾個問題有直接的關係。那這樣子的話，參加那個遊戲是不是也已經無論贏敗就算贏了，繼續玩下去，有一點像pinball彈珠檯遊戲，贏者就是你還可以繼續玩，只有這個意思嗎？或者還有其他的意思？我不知道。

還有補充一下，或者另外一個有趣的問題，我覺得你說「無限遊戲」就應該牽涉到天道了。有趣的是，如果在比較文化的意思下看人跟天的對比，比如說某些宗教意識把「天」跟最後審判的概念放在一起，是不是正好顛倒過來，說「天」就是要把原來自然界的無限遊戲建立極限，上帝的作用就是限化了自然界的無限——要有開端，要有結束，要有創世，還要有最後審判，我們要怎麼看待這種問題？我給大家提出來。

還有一個，錫三提到「為腹不為目」。第十二章我也覺得這是很重要的一句話，這個會牽涉到我們要如何理解有限跟無限。因為在某一層意義也許會有人覺得，像錫三也提出了，「為目」——「目」有一種無限的意思在裡頭，串起來，至少表面上，「為目」平常的意思好像是解釋為無限的一個欲望，可以累積無量的財富，或者權力那些東西。但是「腹」是有限的，我吃了一些，無論我多麼地貪吃，吃了幾分鐘我就吃飽了，就算我概念上想再吃，我也吃不下了，對不對？就像錫三最後提出來的那個河流，它自然而然會有一個來回，一個循環性——餓了就吃，吃飽了就不吃

了，而到時候又再餓了，滿了就知足，對不對？

　　所以我覺得這個蠻有趣的，因爲它自然而然有它的極限，有它的有限。但正因爲它有它的極限、它的有限，它才能長，才能「恆」，它才能繼續下去。所以錫三最後在跟我們說明河流的時候說，就是因爲它彎彎曲曲的，因爲它有它的被限制，它才能無限地引申、生存下去，流下去。因爲有限，才無限，所以「爲目」「爲腹」是不是這個意思？可能要稍微雙重地用有限／無限的意思來說明，有一點複雜化這個概念。「目」的那方面是直接的無限，因爲無限而反而有限，這個也是「反者道之動」，越有限就越無限，越無限就越有限。「爲腹」、「爲目」就可以說明這一點，我覺得蠻有意思的。

　　再者，對於三十六章我也覺得蠻有趣的，我想錫三的讀法應該算蠻另類吧？把它讀成一個警戒詞，「將欲歙之，必固張之」等等，好像這個解釋也是有一點反諷的。就是說，那個「將欲」好像在錫三你的說法，並不是說你眞正地「欲」，而是說你要小心了，如果你要死的話，你就這樣做吧，這個意思是不是：你要「歙之」，好吧，你就這樣做吧！這個文法有一點蠻特別的，如果這樣子讀。不過我也很同意，很贊成你說的，如果把它直接從「手段－目標」的權術的意思來理解，而不看整個《道德經》或者道家思想的脈絡，也是不適當的，像韓非子解讀的那樣。這個跟剛剛提的手段／目標、有限／無限的那些比較大規模的一些問題，我覺得還是有關係的。但是當然也是直接跟柔軟、或者退、雌等否定的一類東西也有關係，所以我基本上可以理解錫三這個想法，不過那個解讀的文法我還是有一點在掙扎了。

　　此外，還有另外一層意義，這個跟錫三有提到，我們常常在談道家思想跟天臺宗思想的一些觀念比較。我看這三十六章，有時候會覺得把它直接解讀爲一種權術的鬥爭、一種狡猾的方法，不太適合。但是呢，如果把這個意思看成在另外一個領域裡頭，也許可以有另外一個解釋。就是說，你也知道，不只是在後期的天臺的一些修養，心靈內部如何對應自己的煩

惱的一些方法，有所謂的「觀惡」法門。智者大師（538-597）在《摩訶止觀》中說，有時候你要控制你的煩惱，或者實際上最後也知道壓抑的不成功，不可能全部是直接壓抑的東西。智者大師有提出，如果遇到這種情況，另外一個方法就是，放著它，先去把它養大了，把它大而化之了。[16]我總是覺得這有一點像《孟子》對齊宣王的情況，「寡人有疾」、「請王大之」那一類的修行手法，把煩惱、貪、瞋、癡，要把它當做一個「觀」的對象，你要先把它強化、暫時強化了。所以如果說你要強調那種「將欲弱之」的解讀，如果那個「之」不是對方、敵手，而是修養所面對的一些問題，是不是也有這個解讀的一個可能性？

其實《莊子》，在〈庚桑楚〉就有這個故事，庚桑楚有一個弟子去找老聃，他說我一直在想修改，我內心的一些好的要增長，不好的要挑掉了。然後老聃，你看老聃那一句話是蠻有爭議的，怎麼詮釋那章對話？[17]因為我看了也是有這個意思在的，就是說，你要這樣直接清除你覺得你自己內心不好的東西，是永遠不會成功的，要用另外一個間接的方法。所以，這個是不是也可以看成是修養的「反者道之動」的一個運用？就是說，有時候你要順著，甚至於增加偏的一面了。你有一「偏」——有時候你可以拉著那個「張弓」的工夫，或者直接調整那個「高者」跟「低者」，這個是不是，到了另外一層工夫提出來的一種方法？我向大家問這個問題。

---

[16] 或參《摩訶止觀》卷2下：「若人性多貪欲穢濁熾盛，雖對治折伏，彌更增劇，但恣趣向，何以故？蔽若不起，不得修觀，譬如綸釣，魚強繩弱，不可爭牽，但令鉤餌入口，隨其遠近，任縱沉浮，不久收穫。於蔽修觀，亦復如是，蔽即惡魚，觀即鉤餌，若無魚者，鉤餌無用，但使有魚，皆以鉤餌隨之不捨，此蔽不久堪任乘御。」〔隋〕智者大師說，門人灌頂記：《摩訶止觀》，收於《大正新脩大正藏經》（中華電子佛典協會CBETA，2016年）第46冊，頁17c。

[17] 〈庚桑楚〉：「南榮趎請入就舍，召其所好，去其所惡，十日自愁，復見老子。老子曰：『汝自洒濯，熟哉鬱鬱乎！然其中津津乎猶有惡也。夫外韄者不可繁而捉，將內揵；內韄者不可繆而捉，將外揵。外、內韄者，道德不能持，而況放道而行者乎！』」〔清〕郭慶藩輯，王孝魚點校：《莊子集釋》，頁783。

最後，我覺得「抱一為天下式」這一句也蠻有趣的。錫三也知道我對這個「式」字在《道德經》中也有一些想法，我現在提出來，看是不是能跟錫三對於這一句話的說法有互相發明？因為我其實也在掙扎這個問題，所以我覺得討論這個對我也很有幫助。

「式」，當然有模式的意思，一個可以效法的對象，但是我也覺得……這個是Sarah Allan提出來的一個說法，在早期的文獻，那個「式」有更具體的一個含義，就是所謂的「式盤」。[18]「式盤」那個東西，不知道你們看過那個東西嗎？這個東西是一個「式」，一個模式——天地的一個模型，或者是天的一個模式。天的模式那個部分，上面會畫出來北斗，北斗跟著天而轉。有時候也畫出來北極星在中間，有時候不用畫出來。北極星處中而不動，北斗當然無論怎麼轉都直指北極星，所以北極星可以不畫出來，但是它也隱形的在這個「式盤」的模式中顯現。所以我現在在翻譯的時候，或者我在考慮，等一下要定稿了，所以這個是很焦慮的一個問題。把這句話，或者所有《道德經》中的「式」，把它翻成是：Models both Polaris and the Dipper……，Polaris是北極星，and the Dipper——北斗。一個是「周」，周圍，一個是「道樞」之類的，一個是「兩行」的、轉的……，這個可以用來說明很多文獻。比如說「為天下式」、「抱一」，這兩邊都在這個「式盤」顯現出來，一個是中，一個是兩邊轉來轉去的「兩行」，這樣是不是可以跟我們剛剛談的，無論是「張弓」，或者其他的共存，跟「中樞」的線索也可以關聯起來？我想問錫三還有其他各位朋友的想法，也許我們可以從那邊開始討論，謝謝！

賴錫三：博克正在做《老子》的重新英譯，最近快要定稿了，所以提出來的問題也特別細，我先嘗試做些回應，然後再把時間開放出來一起討論。

第一個，你對「張弓」的形象考察，很有意思。「張弓」，拉的位

---

[18] 或可參Sarah Allan, "The Great One, Water, and the Laozi: New Light from Guodian," *T'oung Pao* 89 Fasc. 4/5 (2003):237-285。

置就是在「中」，而「中」剛好可以調節兩邊。因為處中，力量用在中而不是兩邊，所以反而可以進行「高者抑之，下者舉之」的調節活動。也就是說，「處中」且能「調中」，也因而能夠產生「適中」。更有趣的是，當你把「中」的「退」，甚至它的「無」的特質，給帶進來觀察與思考，「張弓」的內涵也就更豐富了，而且這樣解讀也可以呼應《老子》的核心思想。《老子》每一章都很短，所以解讀《老子》的時候，最好考慮概念之間、章句之間的詮釋循環。

我很同意，拉弓、張弓的形象，有「中」的調節作用，一直在整個活動歷程中發生著。而調中之所以能夠發生調節作用，我認為透過《老子》的「無」這一概念，或者《莊子》「環中」的「虛」的特質，可以獲得更進一步的說明。也就是說，當你處在「中」時，它並不只是固定的物理位置而已，它必須精微地覺察一張一弛之間、力量跟力量之間，其中非常細微的平衡與變化。

拉弓狀態的「處中」身體感，如果不把自身的意識控制性給予適度地虛化、無化，就容易以心控身地固著在某種自我慣性狀態，焦點化地變成單一性的力量（從而偏上或偏下），因而不善於柔軟而細微地進行調中。所以在張弓的身體感中，主宰性意識的讓開，讓身體的作用力和弓的反作用力，產生兩行的均衡調節，便反映出「技進於道」的「調中」、「處後」、「為無為」之藝術。博克也特別提到拉弓時的「退」和「處下」，以至於這不只是目標性射擊，更是一種調中的藝術，如果他一直處在射箭的目的性對象之欲望或焦慮狀態，反而沒辦法既專注又放鬆於虛、無的身體感之「調中」與「適中」狀態。

第二點談到無限遊戲、有限遊戲，這個概念我是間接從安樂哲（Roger T. Ames）那邊轉用過來的。有一次聽他演講role ethics的時候，強調儒家的關係性跟西方個人主義的差異時，他也用了無限遊戲、有限遊戲這些概念。我同意任博克的提醒，當無限遊戲的「無限」被帶進來的時候，所謂輸贏的看法，也就會跟著改變，這個是很重要的哲學問題。

　　我故意用雙贏，或者multiple winners，多贏、全贏，是為了要描述共生的「各得自在」，也就是說，讓所有的萬物都得到自身的道，都有它「自在」、「自生」、「自長」的繁榮空間，而這在大富翁的有限遊戲下，由於過度的輸贏競爭，很多存在將被剝奪掉最基本的存活需求，所以我故意用雙贏去對照於輸贏。不要有一個終極的贏家來終結這個遊戲，使得遊戲沒有辦法再遊戲下去。對我來說，《老子》的天之道，就是一個無限的遊戲，它沒完沒了，永未完成，「大─逝─遠─反」地不殆、不止。「天之道」的這個遊戲，大家都可以是贏家，它讓遊戲能夠不斷地玩下去，而且在不斷玩下去的過程中，新的生命會不斷地產生出來，演化下去。而在參與遊戲的過程中，除了我們本身的自生自長，同時也促成對方生長。這裡的所謂的贏家，已不是目的─手段脈絡下的贏家，你也可以說，它已經超出了輸贏，走向了「無輸無贏」的共生共榮。而且《老子》「天之道」，它沒有一個終極目的，沒有明確的起點和終點，背後也沒有一個Designer或Creator。所以它說：「吾不知誰之子，象帝之先」。[19]

　　連結到你談到的「為腹」跟「為目」，當無限、有限這組概念，被放到這個欲望的脈絡來的時候，這組概念又會跟著複雜地變化起來。比如說在「為目」的脈絡下，人經常誤以為自己的欲望可以無限地膨脹，其實這是一種虛妄的想像欲望。明明你的生理（「為腹」），已經吃不下了，可是因為某種情結，你自己被某種心理想像的欲望給推著走的時候，好像欲望永不得滿足而可以無限綿延似的，而這種無限的虛妄想像經常帶來更大的自我傷害。換言之，心理虛擬的無限欲望，結果扭曲了欲望，讓欲望變成極度不自然的麻煩，這是《老子》「為腹不為目」所要反省與轉化的課題，也就是正視欲望自自然然的有待和有限。「為腹」式的欲望，一定有

---

[19] 《老子》第四章：「道沖而用之或不盈。淵兮似萬物之宗。挫其銳，解其紛，和其光，同其塵。湛兮似或存。吾不知誰之子，象帝之先。」〔魏〕王弼注，樓宇烈校釋：《老子道德經注校釋》，頁10。

其條件和限度，你的身體、你的胃就這麼大，怎麼可能吃太多？飽了也就滿足了，也就不成問題了，而這種自然有限的欲望來去，也就是《莊子》所說的天機。[20]我們的欲望，在各種條件的限制中，有一種自然餓、自然飽、自然睡、自然醒的天機（自然的機制），尊重這種脈絡下的有限，反而可以讓我們不會逼迫自己而提早「中道夭折」。可見，有限跟無限的語意，看你放在什麼脈絡中來使用，它的辯證義涵就會隨之變化起來。我和博克的想法，沒有矛盾。

對於第三十六章，我的解讀脈絡是把它放在共生哲學，想把「調中」的修養給凸顯出來，把共生思想給深描出來。而任博克對三十六章的解讀，則是把它看成是工夫論文獻，我覺得這是另一種解讀可能性。而我們怎麼解讀《老子》的某一章句，會跟我們的前識（前理解）有相當關係。比如我個人就把《老子》四十七章的「其出彌遠，其知彌少」這類說法，看成是工夫論文獻，所謂「不出戶，知天下」[21]，如果不從工夫語的暗示來理解，我個人目前就解不太通。至於任博克把三十六章看作工夫論、修養論的文獻，並把天臺的思維方式帶進來，也就是說，不是用壓抑欲望的修行方式，反而是當你順著自然欲望走到極端或放大到某個地步的時候，它會戲劇性地轉向而頓然讓你領悟到，或突然讓你頓悟到某一種限制並回歸其本然狀態。我也覺得頗有意思，每個人解讀文獻一定有他的特殊角度，可是天臺的修行方式，跟《老子》所談的「無欲」、「為道日損」、「為腹不為目」，這些工夫論的表達方式與內涵，需要做細節的描述與對話，這個還可以再討論。

當然，我也不認為《老子》的「無欲」，就是簡單地否定欲望，否

---

20 〈大宗師〉：「古之真人，其寢不夢，其覺無憂，其食不甘，其息深深。真人之息以踵，眾人之息以喉。屈服者，其嗌言若哇。其耆欲深者，其天機淺。」〔清〕郭慶藩輯，王孝魚點校：《莊子集釋》，頁228。

21 《老子》第四十七章：「不出戶，知天下；不闚牖，見天道。其出彌遠，其知彌少。是以聖人不行而知，不見而名，不為而成。」〔魏〕王弼注，樓宇烈校釋：《老子道德經注校釋》，頁126。

則它不會強調「為腹不為目」、「弱其志強其骨」。我認為《老子》的修行方式，確實是要破掉一種有為的修行。因為大部分的修行，大部分的工夫論，對《老子》來說，都仍然是在增強自我的狀態中，也就是說，都在增強自我控制的有為狀態中，去進行所謂的修行。這樣的修行對《老子》來說，仍然不免於自我增強、自我剛強的自是、自見、自有功的方式。我一直認為《老子》跟《莊子》的工夫論比較像，是「去工夫的工夫」，他反而是在治療有為的工夫，鬆解「有為」工夫論的錯用工夫，正所謂「為無為」（讓無為來為，而不再是由我來為）。[22] 而什麼叫做「去工夫的工夫」，或為「為無為的工夫」？暫且無法在此深論，但我覺得通過「為腹不為目」或許可以獲得一種解讀取徑，而《老子》這種另類工夫，是否跟你所描述的天臺工夫，比較接近？我覺得這是個有潛力的對話課題。

最後一個小問題，是有關「式盤」的問題，這個是很好的提示。我也注意到，「式」可以解讀為「式盤」，不管說艾蘭（Sarah Allan）或者李零，他們都做了早期「式盤」的考究，[23]「式盤」其實就是天圓地方的圖像。而且「式盤」同時也提供了原型概念，宇宙的轉化變動的生生概念，而且它有天之圓心，也有地之四方，所以它能夠「負陰抱陽」。換言之，「式盤」的意象，是可以連結到「即二而為一」的「抱一為式」，如《老子》也談到「載營魄抱一」，「營魄」一般解讀為魂跟魄，也就是同時有營跟魄、陰跟陽這兩邊，但「營」、「魄」兩邊又能夠「載一」。所以「抱一」、「載一」，同時又是使對立兩極的東西能夠不偏於一極，使得兩極能夠在圓中不斷地相互懷抱而圓轉不息。我在解讀「抱一以為式」的時候，有意識地把這些概念帶進來，也會跟《莊子》「天均」、「環中」鏈結起豐富的關聯性。而我對「一」的解讀，明顯是要破除同一性形上

22　「去工夫的工夫」或可參賴錫三：〈《莊子》的養生哲學、倫理政治與主體轉化〉，《中國文哲研究集刊》第47期（2015年9月），頁49-90。

23　李零：〈楚帛書與「式圖」〉，《楚帛書研究（十一種）》（上海：中西書局，2013年），頁163-170。

學，那種取消對立，取消差異的純粹同一性，是我要避開的誤區。轉而將「一」解讀爲天地萬物互有關聯的徹底關係性或者命運共通體。但在這一大關係網之中，各種衝突矛盾與張力，都沒有被簡單取消或超越，而是走向「相反又相成」的弔詭共生。

　　我不知道有沒有完整回應博克的問題？我們大概還有一點時間，是否把時間開放出來一起討論？

任博克：我覺得我們可以開放出來，跟大家一起討論吧。

第五節　問題與討論

莫加南：首先非常感謝賴老師跟博克老師很精彩的對話，我相信，在線上有很多朋友同仁都對共生哲學，像《老子》柔軟跟剛強的這些概念有問題。朋友們，這個軟體（Webex Meet）下面就有一種功能，你可以提問。如果可以，用這樣的功能，我就會知道誰要提問，或許你直接把你的麥克風打開，自我介紹，然後提問。相信各位關於今天的討論有很多想法要跟我們分享。

鄧育仁（中央研究院歐美研究所）：我問錫三一個問題，這個問題也是一個疑惑——就是說「反者道之動」。可是在《老子》的文本，還有你的詮釋裡邊，太過剛強，會容易折斷。那「反者道之動」，如果按照字面上來了解，太過柔弱也是一個問題。可是《老子》的文本要「負陰而抱陽」，要處在柔弱的位置，大概是這樣。「反者道之動」的話，過於柔弱這一面，你會怎麼去從《老子》的文本來了解？太過剛強不好，那太過柔弱也不好，《老子》會怎麼去講這個問題？以上。

賴錫三：謝謝鄧老師提了這個問題。我是比較擔心《老子》的「柔弱勝剛強」被簡單化理解。一般可能會舉例來說明《老子》的「柔弱勝剛強」，例如滴水可以穿石，又如小草因彎腰而不被風折斷，而大樹抵抗強風反而被吹倒。這些例舉雖不無幫助，也有立即的顯明作用，但是過分依

賴則很容易簡化了《老子》。我所謂的簡化，是說這樣的理解仍然不脫柔弱跟剛強的兩端對比，而且有把某些特定的自然現象給予普遍化的盲點，其實我們在自然世界中，一樣可以找到大量剛強勝柔弱的例子。可見，這些例舉沒有辦法把「柔弱勝剛強」給普遍化，因為我們也經常觀察得到，柔弱也會被霸凌，柔弱也會被欺負，柔弱有時很難生存，而剛強時而能讓自己在資源競爭中生存下去。

用上述那樣的舉例來理解《老子》的柔弱，可能也會為一些弱者提供一種自我合理化的說辭，對逃避的軟弱提供一個避風港。而我對《老子》的「柔弱」理解，完全不是軟弱，而是隱含著鄧老師所提及的「反者道之動」。「道之動」，其實是以「負陰抱陽」的方式，把對立的東西環抱在一起。「反者道之動」這個「反」，可以有兩個意思，一是相反的「反」；一是返回的「返」。合起來看，其中的非同一性力量，呈現「相反又相成」的弔詭共在性。就像「沖氣以為和」，陰陽力量既帶有張力的「沖」性，可是也同時帶有共生的「和」性。既沖又和，才是「反者道之動」的全體內涵。而《老子》的「柔弱」，正是保有讓非同一性力量，既沖且和的轉化能耐。

《老子》的柔弱，是高度覺察力量的共在複雜性，它並不是一味的軟弱，需要剛強時它也可以調節為適度的剛強。只是不能「固」而不化地停在一味的剛強，這樣會掉入「必固」、「必張」的危機中，誤以為剛強可以解決所有問題。《老子》的柔弱或者柔軟，其實是不斷微調、保有精微調節的「襲明」警覺性。它的「柔」是同時包含了各種可能性在其中的「負陰抱陽」狀態。這樣的話，他要剛強的時候可調節為剛強，例如當有人太過柔弱的時候，則需要適度調整為剛強以救治過分柔弱之弊。保有善於調節的最大可能性，才是《老子》高度覺察與修養意味的柔軟。這樣才是能不斷調中、適中的柔軟主體。我不知道這樣有沒有碰到鄧老師的問題。

鄧育仁：我覺得剛剛錫三講的很有道理，如果要繼續問下來的話，就整體而言，《老子》的文本裡邊的確是特別強調柔弱這一面，他特別強調是從——文本，或者說文本出現的時代，或者剛剛也提到過的，《老子》文本很可能是很多人或好幾個人這樣一步一步完善寫成的——這個完善寫成之下，其實它整體看起來是比較偏向和重視柔弱，那麼這個時候要怎麼去理解？我會覺得，從錫三講的大方向來看的話，有沒有就文本的部分，舉幾個例子，讓我們了解一下。

賴錫三：我提供一個思想史的背景。我們知道《易經》也講變易，也講「一陰一陽之謂道」，可是一般認為《易經》更強調「乾」的剛健性。而有一種說法認為《老子》跟《歸藏易》更有關係，而《歸藏易》是主陰主柔，所以傾向用母性或女性的隱喻去說。其實母性和女性也只是比喻，重要的是說它強調柔軟與包容，而且是在關係的境遇中去調節對立。

如果這樣來觀察，《老子》為什麼強調柔軟？可能有它對於戰國時代，還有人類欲望那種自我中心的自是、自見、自明等等反省有關。也就是剛強的戰國年代，以及擴張的人性欲望，帶來了難以止息的爭奪暴力。所以柔是為了要調節剛，不斷地治療剛強之弊病。可是語言的表達有它的限制，當它強調柔這一面的時候，其實不是要我們執著於柔的形式或偏執於柔態，它的內涵還是在於「調中」跟「適中」的修養轉化。這個「調中」隱含著《老子》的超越之道。博克有沒有要補充？

任博克：我對這個問題很有興趣，我覺得這個問題是最關鍵的。可能下個禮拜我要談的，也多多少少有一點關聯到這個問題。先說一下我大概的方向，我覺得《道德經》的體系的特點，可以說《道德經》那一群作者，最重要的發現是「有」跟「無」的不對稱關係。我是這麼看的，其實「有」跟「無」代表所有兩面的相反、反對的那些範疇，所以柔、雌性、嬰兒、地、玄啊，這些都是反價值的。

我是從這個角度去探討。有一點跟錫三剛才提的有關，當時社會所

描述的反價值的東西，就是與那個社會的價值相反的東西。也就是因為欲望的構造、有為地追求我們的目標，挑出來的有價值的東西，或者社會所規定有價值的東西，它剩下來的垃圾，周圍的沒有去「取」的那些東西，都是在反價值的範疇。所以我有時候有一點諷刺地說，這個「道」跟垃圾其實是同類的一個概念，垃圾跟需要的東西是不對稱的，垃圾更大，這些垃圾什麼都可以包括，沒有一個特定的形式。無性跟有性也不是對稱的，因為它是相對於挑出來的一個價值觀所定的目標了。欲望或目標所不取的那些東西，其實有一個一邊可以包含，另外一邊也接到錫三剛提的那種想法。就是說，柔其實可以強、可以柔，但是強不能柔，這是差別的所在。

　　反價值、垃圾那一邊，可以包括——它排斥兩邊，它也包含兩邊的。我下個禮拜會有六個不同的意義可以去分析。所以我覺得，如果忽略不對稱的關係，那就會有這一類的問題，會覺得這個很費解了：為什麼反而就偏到柔，或者無形的那一邊去，但有的時候卻還是出現「知其白，守其黑」，這種同時包含兩邊，一個「知」一個「守」的講法。[24]我覺得，要解決這個問題，要看整體的八十一章，它會形成一個解讀的方法。

莫加南：非常感謝博克老師的回應。我看到有三位老師想要提問，我就先請宋家復老師，謝謝！

宋家復（臺灣大學歷史學系）：你好，我介紹一下我自己，我叫宋家復，我在臺大歷史系教書，我想因為很豐富的演講，所以有蠻多值得進一步探討的地方，我想挑三個問題來請教。第一個，如果我們去看Roger Ames他們的《老子》英譯本，「孰能有餘，以奉天下」——他們是用了一個中文比較少用的版本，只稱之為「孰能有餘以奉天」，而不是「奉天

24　《老子》第二十八章：「知其雄，守其雌，為天下谿。為天下谿，常德不離，復歸於嬰兒。知其白，守其黑，為天下式。為天下式，常德不忒，復歸於無極。知其榮，守其辱，為天下谷。為天下谷，常德乃足，復歸於樸。樸散則為器，聖人用之則為官長，故大制不割。」〔魏〕王弼注，樓宇烈校釋：《老子道德經注校釋》，頁73-74。

下」。我不知道這個版本問題，賴老師怎麼看？

　　第二個問題是，我很同意Brook這個「張弓」的metaphor或者是analogy，對這樣一個意象要認真地考量。而且我們注意到，這邊是說「其猶張弓」，有一個「猶」字，用英文修辭學裡面的話來講，這還不只是一個metaphor，它實際上是一個simile，中文叫做直喻，就是說，她的臉「如同」月光一樣的美，有「如同」二字，有as，有like，它是一個直喻。那剛剛Brook已經把「張弓」可能的豐富意涵作了說明。可是我想另外一方面，在使用直喻的時候，也就意味著這個比喻的意象不是被比喻的本體。「天之道」它是「猶如張弓」，可是它不是「張弓」本身，因為「天之道」不可能有高下之別，「天之道」不可能有餘或不足，也就是說，天本身作為一個超越的或者自然的本體，它不應該有這些兩元對立的狀況。用「張弓」、用兩元對立的狀況來比喻「天之道」的時候，這個比喻也同時表明了它跟道的本體之間的距離。換言之，這段用張弓的比喻，其實已經是把「天之道」應用到「人之道」的領域當中，才會出現的狀況。這一點我是聽了Brook剛才對「張弓」很豐富的解釋之後，做的一點回應跟提醒。

　　第三個是Brook剛提的，我其實很想進一步聽賴老師多講一點，到底什麼叫共生，什麼叫做雙贏？尤其是剛才Brook也提到了，究竟要怎麼思考這個雙贏？我贏一次，你贏一次，大家輪流，alternate，叫做雙贏？顯然我想大家不會覺得《老子》或《莊子》是採取這個觀點。

　　另外，回應Brook提出的問題，如果我們是從Judeo-Christian tradition，這個所謂的目的、終極的，有一個last judgement、有一個最後的末世的來臨，從這個觀點來看，似乎又無所謂雙贏了——只有一個贏，也無所謂「共生」可言。我的意思是說，當我們用《老子》或《莊子》去討論雙贏跟共生，尤其在跨語言、跨文化乃至跨宗教的對話範圍，就必須要盡可能地詳盡說明，而不只是自然而然地相信這世界上有雙贏、有共生這回事。謝謝！

賴錫三：我先回應宋老師，尤其後面的問題，是有點挑戰性，激發了可對話的樂趣。第一問題較小，我想不管是用「天」或「天下」，都可以解得通。而第二個問題是有關活的隱喻，或者隱喻的活讀。對《老子》來說，不管是用概念方式、隱喻方式、敘事方式，這些都已經有所「道」、有所「名」了，但這些「可道」、「可名」的暫時性表達，都不能窮究可以不斷表達的不可窮究性。所以《老子》又強調「非常道」、「非常名」，提醒我們不可停住在「常道」、執著於「常名」。

　　所以不管是「張弓」，還是「天地間其猶橐籥」[25]，這些都只是《老子》用來容狀「道」的活隱喻，我們既不必停止在單一特定的容狀上，也不宜將活隱喻給死讀。《老子》這些隱喻要活讀，活讀就是不要把隱喻給實體化。《老子》的變化之道，正可通過各種方式去比擬、隱喻。《老子》「天之道，其猶張弓與」，絕不是說不可以用張弓比喻，反而是說張弓現象呼應了損益權衡的力量調節之中道。這種張弓隱喻，正顯示出「即物而道」的精神，不宜將《老子》的道，設想為超然物外的純粹形上本源或本體，然後透過形上／形下的兩分而把萬物看成是隔離於道之外的形下物。這樣，除了會造成「道」和「語言」的二元斷裂，也無法肯認透過活的隱喻（可名）來「即物而道」的妙方便。所以「張弓」我認為是個好隱喻了，也可以跟《老子》很多的概念結合起來。

　　第三個問題更有挑戰性，你說如果有一個終極性目的，如上帝祂可以做最後審判，上帝就是最後贏家。或是有一個最後可以終極決定的、有目的性的「道」，不管是哪一種宗教所許諾出來的，它就是最後的贏家、唯一的贏家。這種思考會對我們現在談的雙贏、共生，產生什麼挑戰或問題？我認為《老子》最富挑戰性或創發性，剛好就是破掉了這種終極性的、終結性的東西，其實任博克所提的，也是在反諷基督教的傳統。《老

---

[25] 橐籥之喻，參《老子》第五章：「天地不仁，以萬物為芻狗；聖人不仁，以百姓為芻狗。天地之間，其猶橐籥乎？虛而不屈，動而愈出。多言數窮，不如守中。」〔魏〕王弼注，樓宇烈校釋：《老子道德經注校釋》，頁13-14。

子》並不指向一個終極的道，它不許諾一條唯一的真理道路，道更不會給予裁判與懲罰，它只是讓開最廣大最無為的空間，讓萬物各自發展可能性的道路，這正是共生哲學的生機之處。每個宗教都說它擁有最高真理，擁有唯一道路，那麼最高與最高，唯一與唯一，又要如何共生？這反而容易掉入無窮是非的無窮鬥爭，爭取唯一之道的結果，反而沒辦法許諾共生。所以雙贏這些概念、或是說全贏，也不過是譬喻，不過是要讓我們不要墮入「人之道」的「自是非他」和「損不足以奉有餘」。而某個意義上說，《老子》的「人之道」、「天之道」，其實還是不必二分的，《莊子》所謂「天人不相勝」：天中有人，人中有天。可是問題在於，當人沒有意識到天、遺忘了天，才把人自己暫時地關在封閉性的人之道。事實上，人之道依然不可能完全脫離於天之道，而且也沒完全不跟人相干的天之道。老莊的天人關係，是個複雜而重要的問題，暫時無法在這裡展開討論了。

　　我想共生的問題，連續十個場次的朋友們，將會以不同的方式來繼續豐富它，這也是我們搭這個共生平臺的心願，希望我們共同展開思想的綿延對話。不知道博克有沒有要補充的？

任博克：就說明一點點。就是說明一下，我提出來這個問題，沒有錯，有一點是要諷刺那個西方宗教中的上帝概念。但是主要的就是說，要避免人家聽到「天道」兩個字，就好像全世界所有對於所謂的「天」或者「上帝」，在最後有統一的、一致的一個立場。那些差異要認真的看，那些差異有很深遠的、思想上的一些後果。甚至於某一個文化所崇拜的天道，正好是另外一個文化心目中的天道的相反。西方一神教都有一個最後審判、世界末日等等概念，正好是在盡量避免無限天道的敞開性。我個人當然偏愛中國天道的方式，尊重宇宙的無為，自然，沒有終極目標，無限敞開。但是很可惜，在整個世界來看，這是很例外的，甚至於是整個西方文化最忌諱的。不過，這只是個人的主觀喜好。重點是要注意「天」這個概念的文化差異。不要把極端相反的概念，因為用同一個「天」字而混雜不分。

　　所以無論是真的很具體的相信，信教或怎麼樣，或者就是文化後遺症有陰影在思想的構造裡頭，它會大大的影響到你看這一類的問題——雙贏的可能性、無限的遊戲的可能性，或者無限的不可決定性等等，還會無形中影響你聽了某些概念覺得舒服不舒服，願不願意接受，會支配你如何去處理這一類的問題。所以這個地方可能要注意一下。

莫加南：非常感謝三位老師很有意思的對話。我們還有大概十分鐘的時間，所以我先邀請李志桓老師發言。

李志桓（臺灣高雄中山大學中文所博士後）：兩個問題，第一個是呼應宋家復老師問的。賴老師在演講的時候，談到共生跟無限遊戲，我覺得宋家復老師會有一個困難，或者說會有一個被嚇到的原因，是因為共生跟無限遊戲的畫面很容易被誤讀成為一種漂亮的、和諧的哲學畫面。所以我會覺得，思考共生或無限遊戲的時候，也可以從另一個角度來描述，就是犧牲。生活在世界上，我們每個人都在交換，必須拿出一些東西，也從別人那裡拿回另一些東西，這種交換或許也不見得是自願的，從犧牲來描述共生這件事情的時候，可以逼我們去想像一些不太容易的倫理感受，這是第一點。

　　第二點我想要問任博克老師，在談《老子》的時候，你談到《老子》的章節，有一些章節或許可以幫助我們想像，修養工夫不是去刪除欲望、不是去壓抑欲望。可是，這個談法並不新鮮了，因為在宗教除魅之後，現代人面對的另一個問題是，資本主義時代、電視機的時代、商業時代，它鼓勵大家有很多欲望，欲望的正面意義是自由，但是事實上，很多人也會說商業時代我們招來更多的不自由。所以重談欲望，把欲望放大，具體是什麼意思？可以多說一點嗎？

任博克：這是錫三要先回應的。

賴錫三：你先，你先。

任博克：我簡單的說，因爲主要的應該是問你不是問我，但是我覺得這個問題很有趣。我認爲其實錫三也提出來了，就《道德經》全部來看，我覺得正是因爲它是很多不同人所寫的，它有一些差異性在裡頭，但是從此也有了一個一致性，所以要處理這個問題，當然是很巧妙的一個問題——A delicate question。我在翻譯這本書的序裡頭有打一個比喻，我覺得《道德經》，我們可能不要把它看成一本書，或者一個作家的作品，要把它看成一個人去收集——某一個很特殊的場所的——很多不同的人共同寫的一些東西，不同的時間點，也有一些立場有點不一樣，但是爲什麼還是會有一點一致性？

你可以想像，比如說美國國會的廁所裡頭的一個牆壁上的一些塗鴉，如果我去收集所有塗鴉，很多不同的人寫的，但是他們會因爲是國會裡頭的廁所，他們會有一些共同的趣味。有的人可能偏這邊，有的人偏另外一邊，但是可能他們有一個編輯或者累積起來的一些選擇——我覺得《道德經》作者他們的共同點在對於反價值的一些偏好，或者發揮反價值，或者我剛剛稍微提的，有／無或者正反的兩面的這些話題。但是有很多不同的一些角度去談這些問題，而且風格也很不一樣，就是說文字的風格，在《道德經》裡頭其實是有很多不同的風格的。

所以對於欲望的問題，其實我很同意錫三的說法，雖然有「無欲」那一類的話，這是一層的，但是就算在講「無欲」的時候，我也就覺得要看它對於「無」——所有否定詞在《道德經》脈絡裡頭是怎麼用的，有什麼含義。現在這個是比較複雜的一個詮釋的問題，但是至少我們可以說是另外一層的，依我看來，第一章當然解讀方法有很多不同。但是「常有欲」、「常無欲」這兩邊，或者我剛剛提的「知其白，守其黑」，第二十八章，白、雄、榮三個都是欲望追求的對象，都是知而守，所以在某一個結構上是被肯定的。

我們談到「爲腹不爲目」。雖然是說「五色令人目盲」等等，但是那個是要保護目，而不是說你不要用你的目去觀色，而是說「五色令人目

盲」。所以它其實不是反對「目」跟「耳」跟那些功能，而是像我們剛剛看有限、無限的「目」跟「腹」，它是感官的功能的保護者，而不是感官的功能的超越者，不是柏拉圖（Plato，427-347 B.C.）那一類的，有另外一個超離、脫離感官的世界。我覺得，《道德經》裡頭的欲望——有所謂「目」的欲望是被反對的，但是那個「腹」的欲望是被肯定的。

還有一個例子，好像是五十五章，不是說嬰兒的勃起了嗎？[26]你說這是有欲或者無欲？它是「腹」的欲望，「未知牝牡之合而朘作」，所以這是「腹」不是「目」，「未知」就代表沒有「目」，沒有定一個明確的目標。他還有衝動在，但是他沒有外在的目標。所以這裡有一個微妙的，對於欲望的處理的方法、構成，在某些地方、在這個文本——是這樣覺得。如果三十六章，我從工夫論這麼看它，它是蠻特例的一章了。是不是可以直接把它解讀成工夫？我也不敢很肯定的這麼說，但是我一定是這麼看它，因為我就覺得它有一個脈絡。從《孟子》的那個想法一直演變到《莊子》裡頭也有一些地方類似，我提出〈庚桑楚〉，而其實還有其他地方也可以指出來。到了天臺的大發揮，當然也大大豐富了這一類的想法，透過一些佛教的特殊資源或者想法，或者不同的概念也輸入了，在這個中國傳統的基礎上很創造性的發明一個龐大的思想體系去大大發揮這一類的對於中國固有的無欲與有欲的雙照雙遮的概念。所以我覺得「常有欲」、「常無欲」跟其他的地方，有足夠給我們說，不是全盤地否定欲望，而是從它整個體系的價值跟反價值那兩個範疇的調和，有一個新的方法來處理欲望跟否定的關係。我是這麼認為，不知道這個算不算具體。

賴錫三：因為時間的關係，我很快接著博克的棒子。我現在對《老子》的「無」跟「不」，都採取一種詭辭的、弔詭的理解方式。它不是簡單的

---

[26] 《老子》第五十五章：「含德之厚，比於赤子。蜂蠆虺蛇不螫，猛獸不據，攫鳥不搏。骨弱筋柔而握固。未知牝牡之合而全作，精之至也。終日號而不嗄，和之至也。」〔魏〕王弼注，樓宇烈校釋：《老子道德經注校釋》，頁145。帛書本寫作「朘作」、河上公本寫作「峻作」。

否定，對我來說，比較好的表達是：「無－欲」。「無」與「欲」同時共在，也就是在肯定欲望的前提上，對欲望進行「無」或「不」的治療與調節，「無」乃是除病的工夫與修養。因為「欲」本身容易形成極端化、焦點化、對象化、固著化。而「無」不是壓抑也不是取消欲望，剛好是在欲望的活動之中（它是生命力嘛，不可能取消），不要讓它偏住於一端，不要讓它「固而不化」。所以「無－欲」剛好是讓欲望處在一個非控制的不斷變化與調節狀態，同時觀看到它「化而無常」的無住現象。不要加強它，也不用取消它，讓它在自然來去中，顯示「夫固將自化」的「即有而妙無」之性格。

李志桓說，現代人不都肯定欲望了嗎？這有什麼特別？其實，現代人是被欲望給控制。傳統的人傾向於想用控制欲望，讓生命朝向精神性的超越追求，不管你追求的是成道、成聖、成賢。但當你實踐一種追求到過分偏執的時候，比如說當某人自以為行菩薩道，但他已經偏執到沒有人味時，這反而是一種菩薩病，這也是維摩詰要破除菩薩病的原因。[27]反過來，現代人則是走向了欲望解放的極端化，幾乎被欲望拖著走，這也會失去調節能力，從一端掉入另外一端的危險中。

《老子》的「無－欲」，不管是對於傳統脈絡或現代脈絡，都有它用來「除病（不除法）」的調理作用。至於共生，《老子》在第一章談「道」的時候，就已經用「非」來破掉「常道」了，所謂「道可道，非常道」，絕不用一條「常道」來把大家關在「同一性」的「有封有常」之唯一道路上。《老子》的共生，不是要我們走在同一的道路上，這種烏托邦

---

27 或可參《維摩詰所說經‧文殊師利問疾品》：「文殊師利言：『居士，有疾菩薩云何調伏其心？』維摩詰言：『……設身有苦，念惡趣眾生，起大悲心，我既調伏，亦當調伏一切眾生；但除其病，而不除法，為斷病本而教導之。何謂病本？謂有攀緣，從有攀緣，則為病本。……彼有疾菩薩應復作是念：如我此病，非真非有，眾生病亦非真非有。作是觀時，於諸眾生若起愛見大悲，即應捨離。所以者何？菩薩斷除客塵煩惱而起大悲。愛見悲者，則於生死有疲厭心。若能離此，無有疲厭，在在所生，不為愛見之所覆也。……」〔姚秦〕鳩摩羅什譯：《維摩詰所說經》，收於《大正新脩大正藏經》（中華電子佛典協會CBETA，2016年）第14冊，頁544c-545c。

式的共生，反而是《老子》、《莊子》反對的。因爲《老子》一開始就破掉了常道：「道可道，非常道。」用「非」來破掉常道的執著，老莊強調的是「不道之道」，是容納千差萬別的各種道路可能性，所謂「聖人無常心，以百姓心爲心。」[28]所有的萬物都在不同脈絡情境下，有時不免矛盾與衝突，可是在它們各自情境下有其自適、自處之道，你不可以輕易把你的脈絡套加在它們身上。這樣的共生，才可能保持最大的差異性，可是這個最大差異性絕不是互不相干性，反而要求我們必須意識到徹底關係性的「並生爲一」。所謂「天地與我並生，而萬物與我爲一」，森然萬物指向了千差萬別的不可取消性，並生爲一指向共在共生的命運共通體。

莫加南：非常感謝賴老師的回答。接著，朱弘道可以用1到2分鐘的時間問問題，我們就做一個很快的回答。

朱弘道（臺灣大學哲學系）：各位老師好，我是臺灣大學的哲學系博士生，我這裡簡單敘述一下我的問題。我的問題大概可以分成四點：第一點，我想謝謝賴老師的演講，給我很多收穫。但是在賴老師的演講中，我第一個好奇的點是，老師說這個張弓的metaphor，它好像是意味著幾種力量間的調節，我想問的是老師覺得這個調節是——例如說人與自然之間，還是人與人之間？詳細一點問的話，我想問的是這個調節領域大概包含哪一些？

如果有看網球比賽，最近喬柯維奇（Novak Djokovic）他才連得了三個大滿貫，那是不是在這種情況下，他已經是一個過度強勢的狀態了；那是不是如果按照剛剛的一種說法，比如說他不要再參加下一屆大滿貫比賽之類的，或者嘗試著不要去贏，避免過度，這是第二個問題。

第三個問題是，在老師剛剛說的「天之道」這個詞語裡面，它好像

---

28 《老子》第四十九章：「聖人無常心，以百姓心為心。善者，吾善之；不善者，吾亦善之；德善。信者，吾信之；不信者，吾亦信之；德信。聖人在天下，歙歙為天下渾其心，百姓皆注其耳目，聖人皆孩之。」〔魏〕王弼注，樓宇烈校釋：《老子道德經注校釋》，頁129。

指涉了兩種意思。第一種是，在「天之道」的運行中是損有餘而補不足，好像「天之道」它本身就已經在作用了。但是第二種好像是我們人在行為的時候，應該效法的一個對象，它好像也叫做「天」──天之道。我想問的是，老師認為「天之道」是指哪一種？為什麼要這麼問，我舉例來說，現在社會碰到的一個狀況是，我們人類似乎已經過度地開發自然了，自然環境不斷在變差，人已經處在一個過強的狀態，我們要如何面對這個狀態？如果凡事採取，一個既有規律的想法，我們好像就可以說，既然「天之道」它本身就會運作，我們就讓人繼續這樣破壞自然，反正「天之道」會作用，整個世界會恢復到一個比較好的狀態。但如果「天之道」是指涉一個人應該依從的規範的話，做法就不一樣了，我們應該要順著「天之道」，把那些過度開發的地方重新復原起來。

　　最後一個問題，在老師的說法裡面，好像認為說，為什麼我們人會做出一些損不足的行為？──因為人有一些欲望，然後他過度的發展。我比較想問老師的是，老師說的過度發展這個「度」。因為「度」感覺是一個criteria，那判準的標準到底在什麼地方？因為我們人畢竟有一些食欲，有一些睡眠欲，這些欲望好像是一定要滿足，我們人才會活下去。那到什麼樣的程度，它才會變成過度的滿足？大概是這四個問題，謝謝老師，也謝謝大家。

賴錫三：你是問這種實踐要落實在什麼地方？「調中」之道要在什麼範圍或什麼脈絡下實踐？我認為無所不在啊。當然是這樣，你的存在處境都在關係的力量互動之中。譬如，我等一下可能去騎自行車，如果我沒有調中的能力，騎車就會失衡而跌倒。又譬如夫妻相處之道，也要在力量的一張一弛之中來進行，我要不斷微調，她也要不斷微調，像跳探戈那樣一進一退的關係性藝術。調中與適中之道，是很日常性的課題，所謂中庸之道也。因為我們一定活在各種互動關係之中，必須不斷地學習回應，必須不斷地嘗試調節，否則就會相刃相靡而傷己傷人。也就是說，《老子》的調

中之道，《莊子》的天均之道，本來就無所不在，而且是在當下切近的生活不同脈絡中不斷發生，它的實踐場域絕不是固定在抽象的哲學範疇或者精神理念之中，大概是這樣。

　　另一個問題，《老子》的天之道，並不是在描述像自然科學那樣的實然對象世界，《老子》並不切分實然與應然。我們就在生活在「天之道」的浩瀚世界之中，然而這也是被人所觀察、領會、感受、回應出來的天之道，而不是冰冰涼涼、與人無涉的客觀外部之道。可是人之道經常遺忘了天之道，誤認爲萬物都要繞著人旋轉，以一種單行道的主宰控制方式，把萬物逼到牆角（其實也是把自己逼到牆角），「損有餘補不足」的結果，也掏空了共生的根基。人類的欲望，「度」在哪裡？如果這麼多物種都幾乎要滅絕了，生態都破壞到這種地步了，人類「過度」膨脹、「過度」擴張，還不夠明顯嗎？「人類」幾乎瘋狂了，從《老子》天之道的角度來看，「人」已經是最不可愛的物類了。開個玩笑，如果眞有上帝的話，上帝不會想要修理一下人類嗎？人類欲望的極端過度，幾乎讓萬物無法和人類共生了，甚至人類與人類自身也難以共生，這是非常嚴肅的危機，荒謬的困境。

莫加南：非常感謝賴老師的回答，因爲時間有限，所以我覺得我們今天可以先到這裡。但是我再一次強調今天只是個開始而已。如賴老師所說，拋磚引玉，希望可以把今天看成是一個開頭。我稍微帶個廣告，這個禮拜五，同樣的臺灣時間，早晨9:30，我們邀請了北京師範大學的劉笑敢老師，他會作爲我們的導讀人，人民大學的曹峰老師，跟賴老師會作爲對談人，這個禮拜五的活動也會非常精彩。最後，再一次感謝賴老師跟博克老師，不知道賴老師有沒有要補充？

賴錫三：沒有。只有希望我們兩人能夠共生到第十場。謝謝大家。

莫加南：非常感謝大家！我們就先到這裡，星期五見，謝謝大家。

第二講

《老子》：「我無
為而民自化」的
「自發秩序」之道

時　間：2021年7月16日，上午9:30-12:00
導讀人：劉笑敢（北京師範大學哲學學院）
與談人：曹峰（北京中國人民大學哲學院）、賴錫三（臺灣高雄中山大學中文系）
主持人：莫加南（Mark Frederick McConaghy，臺灣高雄中山大學中文系）
逐字稿整理：陳曉妍（臺灣高雄中山大學中文所碩士）

莫加南（Mark Frederick McConaghy，臺灣高雄中山大學中文系）：大家早，我們先請賴老師介紹今天的活動。

賴錫三（臺灣高雄中山大學中文系）：大家早！先感謝莫加南的幫忙。關於這個活動，本來很多場次是由我扮演主持人的角色，因爲莫老師在八月中下旬會有另外一個系列活動，不好意思讓他這麼辛苦，但莫老師很熱情也很有興趣，所以主持人的角色就託付給他。

今天的主角當然是劉笑敢老師，還有曹峰老師，基本上希望讓他們多發言，看他們怎麼談《老子》跟「共生」的問題，尤其今天觸及《老子》最核心的概念——「自然」。

如果大家對道家研究有關注，對劉老師一定熟悉。從他的博士論文，對於《莊子》內、外雜篇的考辨，到現在都還有被討論；他對於《老子》的研究，也花了很大的工夫。很早的時候，他就曾在傅偉勳（1933-1996）的邀請下，在臺灣出版過《老子》的相關著作。劉老師對《老子》文獻版本的研究，下了紮實的工夫。

另外一位是曹峰老師，我也認識蠻久了。曹老師是日本東京大學留學博士，之前在北京的清華哲學所任教，許多年前轉到了北京的中國人民大學。曹老師對於中國古代的「名」跟政治思想有蠻多的研究成果，例如：《中國古代「名」的政治思想研究》（《中國古代における「名」の政治思想史研究》），治學相當嚴謹。對於黃老、對於出土文獻，都做了許多

的研究，也翻譯過日本學者池田知久關於「自然」的討論，所以今天邀請
他來談這個主題，跟劉老師做一個搭檔對話，是非常好的組合。現在就把
時間交給劉笑敢老師。

第一節　詮釋與定向：研究《老子》「自然」的方法論

劉笑敢（北京師範大學哲學學院）：謝謝二位主持人，很高興有機會跟
大家談一談有關《老子》「自然」的問題。正好賴教授他這個項目談到
「共生哲學」，我覺得我所理解的《老子》的「自然」，就是「人類文明
社會中自然而然的秩序」，這種自然而然的秩序簡單地說就是：「內無衝
突、外無壓迫」。在《老子》中，對於「人」是沒有分類、沒有分別的，
所以我覺得是一個非常廣泛、非常包容的、所有人共生的「自然而然的秩
序」。所以我覺得「人文自然」和「共生哲學」有一種親緣關係，或者是
相容的、相互支持的關係。所以我就用了這個題目，當然我主要還是講
《老子》的「自然」。

　　關於《老子》的「自然」，近一二十年來研究特別多，發表的文章
特別多，包括曹峰老師也發表過重要的文章。我的研究大概是八○、九○
年前後，傅偉勳約我寫書，我就開始研究《老子》，也特別注意「自然」
一詞。研究分析「自然」這個概念實在是太難了，難的一個原因就是：它
太普通了，太常用了，用的太普遍、太廣泛了，你把它作為一個「哲學
術語」來用就沒有那麼典型。假如你說羅爾斯（John Rawls, 1921-2002）
的概念，你查羅爾斯的書，容易查得很清楚；你要查阿奎納（St. Thomas
Aquinas，約1225-1274）的概念，你查阿奎納的書很清楚。但《老子》的
「自然」，你查《老子》的書，就很難抓到確切的意涵。他在五個地方講
到自然，這五個地方都沒有「定義性的表述」，而王弼（226-249）才有
類似於定義性的解說，放在整個的思想演變的潮流來看，王弼的解釋和發
揮是最清楚的。但王弼是公認的哲學家，他的獨創性主要就變現在《老子

注》中。我們不能拿他的獨創性解釋當作《老子》本文的思想。這種解釋對於理解《老子》本身的「自然」有啓發性，但同時也帶來歧義性干擾。

　　回來再說研究「自然」一語的困難，它太普通、太常用，太靈活，因而歧義太多。而我們作爲學術研究所聚焦的「自然」，往往難以避免地受到日常語言中的「自然」的干擾和牽引，這是第一個方面。在《老子》的研究中，無可避免地一個「現代語言」的干擾就是近現代「自然界」、「大自然」或者「natural world」這些概念的間接的或者直接的干擾。專業研究者把《老子》的「自然」跟大自然連繫起來的實例也是有的，我也跟相關的出版人和主持研究的人說過這個問題，那位作者後來做了修正。但是，在我們無意的講話中，往往還是會把《老子》的「自然」跟天地或大自然連繫起來。這是一個受現代漢語的「自然」和「nature」的干擾的實例。

　　第二個干擾來自於《老子》之後各家所用的「自然」。「自然」這個詞在《老子》出現以後，《莊子》、《荀子》、《韓非子》、《呂氏春秋》，甚至《春秋繁露》、《淮南子》、《文子》、《論衡》等一系列的著述中都大量地使用了「自然」這個詞。《文子》和《論衡》中都有〈自然篇〉，專門以「自然」命名的篇章。到了後來的河上公（約200-150 B.C.）、王弼、郭象（約252-312）他們是正式注釋老子《道德經》和《莊子》，這時「自然」的用法就更多了，這期間大約是四、五百年。我是說從先秦到郭象，大約就有了四、五百年的變遷史了。這是「自然」之詞義衍化多變、無限豐富的過程（我有兩篇連續展示「自然」一語之蛻變的文章）。[1]學界對這樣長期的、多樣的、豐富的演變關注不夠，往往受了後來的影響來解釋《老子》的「自然」。也就是說，我們往往是用類似

1　參考劉笑敢：〈析論《莊子》書中的兩種「自然」──從歷史到當代〉，《哲學動態》第12期（2019年12月），頁39-45；〈「自然」的蛻變：從《老子》到《論衡》〉，《哲學研究》第10期（2020年10月），頁50-64、129。

的，或者相關的文獻來解釋《老子》的思想，比如，用《莊子》的、用《淮南子》的、用《文子》的、用王弼的、用郭象的「自然」來解釋《老子》的「自然」，認爲這種解釋是可靠的，是有依據的。但實際上往往忽略了《老子》的「自然」跟《莊子》及其以後的各種「自然」的不同。實際上，《莊子・內篇》的「自然」跟〈外雜篇〉的「自然」，《呂氏春秋》、《韓非子》的「自然」跟《淮南子》的「自然」，《春秋繁露》的「自然」，都有某些重要的、明顯的、或不明顯的區別。而這一點我們辨析不夠，往往直接拿《莊子》來解釋《老子》，或者拿《淮南子》來證明《老子》「自然」就是什麼。這當然不利於我們更深入地、更準確地理解《老子》的「自然」。

　　再有一點就是，我們在理解《老子》之「自然」的時候，往往過多的，或者是相當大的精力，根據「自」加「然」這個構詞方法來推斷它的意義。這個方法是必要的，是我們做學問的一個基礎，一個起點，但是它距離我們更準確的理解《老子》的「自然」差的還很遠，因爲「自」加「然」，是「自然」的造詞義。我現在就想區別一下，一個詞的「造詞義」和它的「語辭義」的不同，而造詞義和語辭義加起來還不等於「自然」在一個思想家的思想體系中的這個「體系義」。所以我講了三個意思，一個意思是「造詞義」，這個詞是怎麼來的？第二個是它的「語辭義」，它作爲一個語辭，一般的辭書、辭典，或者一般的詞語解釋是怎麼解釋的，這是它的語辭義。這個語辭義有相當的廣泛性，但是它並不是專門說《老子》的「自然」，莊子的「自然」，《淮南子》的「自然」，所以它不是在講一個人、一個思想家的「自然」，這些在他的思想體系中所特有的含義。這個也是造成我們對「自然」的理解會有很多不必要的分歧，你說你的、我說我的，表面上說的很熱鬧，其實討論缺少焦點。

　　我想簡單的解釋一下什麼是造詞義，語辭義和體系義。造詞義很簡單，字就是「自」加「然」，我想不用多解釋了。語辭義的一般的解釋就是「自己如此」，有人發明了一個說法也很好：「自然就是非他然」，這

個說法也沒錯，換了一個方向來說。我的說法就是：「自己如此，本來如此，通常如此，勢當如此。」我是用現代漢語來表達。在「自己如此」是指「本體」和「他者」的關係，「本來如此」、「通常如此」、「勢當如此」是指的一個發展趨勢，是從歷時性來講。這是我理解的《老子》的「自然」或者是「自然」的一般的語辭義。但是最重要的是：這一個概念，在一個思想家的思想體系中「特有的含義」，而這個特有的含義跟他的思想體系是結合為一體的，是他的思想體系的一個反映，或者集中反映、聚焦，或者某一個側面的反映。因為每一個概念在一個思想體系中，它所具有的「地位」是不同的，所以這個體系義不一定就是一個思想家的核心概念，但是《老子》的「自然」在《老子》的思想中，我認為它是核心概念。在《莊子》裡它就不是，在《淮南子》這裡它也不是。這需要多講一講體系義的含義。

　　「體系義」這個詞是我發明的，不是標新立異，而是不得不為之。我覺得我跟很多同行、朋友、先進的分歧就在於：我更注意「自然」這個詞在《老子》的「思想整體」中的特殊地位、特殊意義，而不是從語言分析，從語句分析上做出一個理解老子之自然的結論，那種結論你用在《淮南子》、用在王充（27-約97），或者用在郭象那裡大概都講得通，那就忽略了「自然」在《老子》思想體系中特有的理論含義，此即我說的「體系義」。其實，我們不會將孟子的「性」和荀子的「性」混淆起來，不會將《莊子》中的性命之情和董仲舒的萬民之性相混淆。這就是看到了體系義的不同。體系義是一個新概念，這個概念提醒我們，研究一個思想家的思想概念的時候，要注意這個概念在特定的思想體系中特有的重要意義，這就是體系義。那麼什麼是《老子》之自然的體系義？在我看來，老子之「自然」的體系義就是與《莊子》、《韓非子》、《淮南子》以及王弼《老子注》中之自然所不同的獨特意義。具體說來，就是老子之「自然」，它有一個「最高義」，有一個「整體義」，還有一個「價值義」，這是其他思想家和著作中的「自然」中所沒有的，或不突出的。

「最高義」就是說：「自然」在《老子》思想中，是有最高的價值。有人說：「劉老師，『道』應該更高啊，你為什麼說『自然』更高？」我覺得「道」，是最高的概念；「自然」，是最高的價值，這二者是沒有衝突的。「道」，它作為一個宇宙萬物的總根源、總根據，它是一個實體性的高，最後的根源、最終的起源，或者最根本的決定性因素，它是最高的，沒有錯，若作為我們勉強用所謂的「本體論」、「宇宙論」的角度來講的話，勉強說它是「本體論」的最高的概念，或者說是「存有論」的最高概念。我的說法就是說，「道」是在講宇宙萬物的總根源和總根據，這似乎也可以說是西方的形而上學。不過，我現在也意識到這樣的形而上學（metaphysics）不適於中國哲學的語境，為什麼？說起來，大概三十年前，在一次國際會議上我就說到《老子》的「道」是一個metaphysical的concept，有個德國教授Guenter Wohlfart就說：「你們中國根本沒有metaphysics！」當時我覺得很奇怪，他為什麼這樣講？休息時候我就跟他討論，他說：「我們講的metaphysics是跟真實的物理世界相隔絕的，不是連貫的，你們中國沒有這樣的概念，你們中國的世界是『上下貫通的』。」我想他講得對，有道理，可是我們大家都在用metaphysics或用形而上學的概念，在用的時候，往往感覺和西方的亞里斯多德（Aristotle）、柏拉圖（Plato）的形而上學好像沒有區別。你用相同的概念表達的似乎是相同的意思，但這就把中國哲學特有之處，且不管它是優點或缺點，沒有關係，就是把它的獨特性，跟西方哲學的不同之處給抹煞了，在用metaphysics這個概念時，就把中西之間這個「不同」掩蓋了。

那要怎麼處理這個問題呢？這個比較複雜了。我跟安樂哲（Roger T. Ames）教授討論過，他早意識到類似的問題，而且嘗試作過一些處理。比如，三十年前他談到翻譯人性的「性」字時，他就說：「不能翻譯成『nature』，『nature』是本質主義的。」我說：「那怎麼翻譯呢？」他說：「翻譯成『character』。」我說：「翻譯成『character』就沒有哲學的『普遍性』的意義了。」他發現了問題，但解決問題的方法不夠

好。最近一二十年，他又發明了一個新的翻譯法，叫「becomings」。「becoming」加「s」，這個我也不同意。比如《孟子》講的「人性」，雖然不是本質主義的本性，但它還是有穩定性內容的呀，不是純個人的、隨時在變的東西。所以用「becomings」也不是對《孟子》思想的準確反映。當然，我這裡強調的是如何準確地反映中國古代思想家的特性，而不是討論如何對中國古代思想進行改造發展的問題。這涉及研究中國哲學的兩種取向的問題，這裡就不多說了。

好！回來繼續談我們用中文翻譯的西方哲學概念的問題，或如何解釋中國哲學的問題。我們往往在「無意中」就被引到了一個不準確的方向，或者引入了好像跟西方哲學概念很一致的理解，但實際上不符合中國哲學思想的實際和特點。當然，我是強調比較準確的、比較客觀的理解中國哲學思想的特點，但是我並不反對，比如說牟宗三先生（1909-1995），他利用宋明理學，利用朱熹（1130-1200）、王陽明（1472-1529）建構一個「當代新儒家」，我絲毫不反對。我只是說：建構一個現代新儒家和努力探求孔子、孟子、荀子或者朱熹、王陽明他們本來講的什麼意思，這是兩個不同的工作取向（orientation），是在中國哲學研究中的兩種不同的目標和方法，把這兩種不同的工作攪在一起討論，那就是「公說公有理，婆說婆有理」，就沒有學術討論的基礎了。

所以我有一本書叫《詮釋與定向》，專門討論這個問題。[2]我主張：在中國哲學的研究中，注意準確的、客觀的理解「歷史上的哲學文獻、哲學思想」和「現代人利用歷史資源建構新的體系」，這是兩個層次、兩個方向、兩個目標的工作。對這兩個不同的工作，有人認為這個高、那個低，有人認為那個高、這個低，對我來說無所謂，這是自己的興趣和選擇，是自己的專業或專長，你做哪個都可以。但是攪在一起就會帶來問題。比如，王弼講《老子》，王弼《老子注》我認為是非常好的一部書，

2　劉笑敢：《詮釋與定向：中國哲學研究方法之探究》（北京：商務印書館，2009年）。

王弼永遠是世界上最年輕的一個優秀的哲學家，這是毫無疑問的。但是王
弼講的《老子》是王弼的「老子」，不是戰國時期的老子哲學。那王弼講
的《老子》哲學或者「自然」、「無為」、「道」，都是王弼的哲學思想
的反映，他跟老子思想有直接的連繫，但不等於他講的就是《老子》的思
想。所以我就主張：要區別王弼講的《老子》和老子本人的思想之不同。
問題很簡單，如果我們認為王弼是哲學家，那麼他的哲學著作《老子注》
就不可能是對《老子》原文的忠實解說。如果他只是忠實地再現了《老
子》的哲學思想，那麼我們就沒有理由將王弼本人當作哲學家。當然，要
嚴格區分客觀的歷史研究和現代創造的工作，有時會有困難，沒有客觀的
明確的標準。但是有沒有自覺的意識還是基本的，如果自己不知道到底要
做什麼，那就談不上學術研究了。

　　在盡可能忠實地理解原文這一點上我似乎很固執，這個固執大概跟我
的求學經歷有關。我是1978年到北大開始讀研究生的，那個時候是所謂的
「撥亂反正」的時期，我是文革以後的第一批研究生。那個時候的口號就
是把四人幫顛倒的歷史（儒法鬥爭代替思想史）再顛倒回來，那時叫撥亂
反正，就是要回到正確的、實事求是的軌道上來。在所謂十年動亂中，政
治大批判統領一切，把學術研究的基本原則和方法都破壞了。那不是在探
求學術著作中這些篇章、這些經典、這些記載講的是什麼意思，而是怎麼
樣把它們解釋成和當時所要批判的政治敵人相一致的反動思想，從而進行
批評。那是沒有人可以抗拒的風潮。馮友蘭先生（1895-1990）也在最後
的時刻宣布加入批孔的戰鬥。

　　我到北大時遇到的主流問題就是怎麼樣把「被顛倒的歷史」再顛倒過
來，所以我有比較頑固的中國哲學史的背景和關切。但是九十年代以後，
大陸就不把中國哲學史當做一個重要的學科了，中國哲學史的位置向後退
了，代之而起的是「中國哲學」。因為我考北大的時候沒有中國哲學這個
專業，只有中國哲學史、西方哲學史、馬克思主義哲學三大塊，我進的是
中國哲學史這個領域，所以這個「史」的概念比較強。後來，教委或教育

部改變了哲學的分科，西方哲學、中國哲學、馬克思主義哲學或者科學哲學這樣分類，所以中國哲學史就不是一個單獨學科了。就沒有人再講我做中國哲學史了，而是講我做中國哲學。這樣做有好處，有道理。但是帶來的問題就是：對中國歷史上的思想真相的探求和現代哲學概念的發揮、討論、運用、創造就不大分了。這樣一方面有利於思想的活躍，理論建構的活躍，另外一方面，淡化了我們對歷史上的思想的可能真相的探求的動力。大趨勢是對歷史真相的探求意願動力在弱化，我的追求就顯得有點老舊或不夠哲學。

我當然知道，唯一的絕對真相是得不到的，但放棄這種追求，那就各有各的理解，各有各的視閾融合，那就可能與學術研究無關了。有人會用哲學詮釋學的視域融合的理論來批評我，為比較隨意的解釋發揮辯護，但是，流行的哲學詮釋學有一個根本的誤解，那就是誤把哲學詮釋學當作隨意解釋的自我辯護的盾牌，好像哲學詮釋學鼓勵自由發揮。但實際上，伽達默爾（Hans-Georg Gadamer, 1900-2002）反覆強調，他的詮釋學是「哲學」，是what happens，是關於理解的過程的，不是關於如何詮釋的，不能拿詮釋學為隨意解釋做盾牌。

第二節　《老子》「自然」的體系義

所以我在講《老子》的「自然」時還是特別側重於《老子》的「自然」在那個時代、在那個語境中到底是什麼意思？或者可能是什麼意思，不可能是什麼意思。由於我特別重視《老子》之自然特定的時空語境，所以我發現了《老子》之「自然」有別於他人的獨特的體系義，這個體系義由三個層面構成，這就是：「最高義」、「整體義」、「價值義」。

我先講「最高義」。因為賴教授希望每個人講重點，講《老子》的某一兩個或兩三個章節，因為《老子》中有五章裡明確講到了「自然」，所以我就以這五章為重點。五章裡講到自然的最高的意思，很明顯的就是第二十五章。二十五章講「道」：「吾不知其名，字之曰道。強為之名，曰

大。」如果我們認真讀原文的話，應該看到老子說：「我不知道『道』叫什麼？所以我給它一個表字叫做『道』。」所以「道」並不是那個東西的真名，老子說我不知道這個「道」是什麼，「道」只是給它一個表字。[3] 我不知道現在臺灣的朋友是不是還有既用名、又用字的。大陸已經不用「字」了。因為「字」不是真名，是相互尊稱，這在新時代看來是繁文縟節。代表本人是什麼都是名，而老子不知道它的名，就是「強為之名，曰大」，這一點很重要，說明老子承認他不知道「道」究竟是什麼，「道」不過是一個表字，或一個符號。但是，不管怎麼說，「道」這個符號指向了宇宙的總根源和總根據。這就是「強為之名曰大」，這個「大」不是形體的大，因為它是無名無相的，所以應該是功能的大，意義的大。

在中國思想文化傳統中，沒有西方式的形而上學，沒有西方式的本質與現象的區分。所以要給「道」，或者是「自然」，這樣的概念一個本質性的定義是非常困難的，你說道的essence是什麼？自然的本質是什麼？我覺得不好這樣問，中國古代哲人沒有希臘人那種ontology或存有論的思考角度。從本質主義（Essentialism）的角度來思考中國哲學中的概念，很難有恰當的回答。所以我避免對「道」和自然作本質性的判斷和定義。我跟袁保新有過一點爭論，因為他從西方哲學的角度考慮比較多，而我避免用現成的西方哲學的概念來定義中國哲學的概念，所以我不說「道」是不是本體，是不是價值，是不是本源。我就想儘量避免用現成的西方哲學概念來說明道是什麼。當然，在古漢語中也找不到「道」的對應語詞，因為它不是任何已知的具體的東西，所以沒有一個現成的名稱。你用一個不太準確的概念來解釋它，同時就帶來了誤解。

既然沒有辦法為「道」作一個本質性的定義，或者用自然科學的

3　《老子》第二十五章：「有物混成，先天地生。寂兮寥兮，獨立不改，周行而不殆，可以為天下母。吾不知其名，字之曰道，強為之名曰大。大曰逝，逝曰遠，遠曰反。故道大，天大，地大，王亦大。域中有四大，而王居其一焉。人法地，地法天，天法道，道法自然。」〔魏〕王弼注，樓宇烈校釋：《老子道德經注校釋》（北京：中華書局，2008年），頁62-64。

「種」加「屬差」的辦法為它作解說,我就想到了用一個「功能性的描述」來解說什麼是道。我試圖描述它的功能:「道」是什麼?道是萬物的總根源,「道生一,一生二,二生三,三生萬物」、「天下萬物生於有,有生於無」,宇宙有一個起源,起源的根源在哪?就是這個「道」。[4]所以道德的功能是:萬物的總根源,在萬物產生之後,「道」就是萬物的總根據。「道」不是自然神論的概念,不是產生了萬物以後就不再管它了。不是!「道」還在維繫著這個世界的存在。

放在西方哲學的背景下,「道」這個概念很複雜,或者說很模糊。它可以從物理學的意義上維繫這個世界的存在,也可以從政治、道德、倫理的意義上維繫這個世界的存在。我就想重點強調這個「道」,它是一個宇宙萬物的總根源、總根據。它要「法自然」,而這個「自然」就獲得了很高的地位。因為「道」從實體的意義上它是最高的概念,它要效法「自然」,這個「自然」就有最高的地位。不過「道」是實體性存在,而「自然」不是,它是道所要體現的價值或原則。「道」是存有論意義上的最高,而「自然」是價值意義或原則意義上的最高。這是兩種不同領域,或不同角度的最高。這是「自然」的最高義。

這裡我跟一些同行有一個不同。有些同行似乎很欣賞河上公將「道法自然」解釋為「道性自然」。[5]在我看來,河上公的解釋完全不能接受。道法自然的「法」是動詞,而且這不是偶然的動詞,「人法地、地法天、天法道、道法自然」,四個「法」都是動詞,句式完全一樣,它明顯的是

---

4 《老子》第四十二章:「道生一,一生二,二生三,三生萬物。萬物負陰而抱陽,沖氣以為和。人之所惡,唯孤寡不穀,而王公以為稱。故物,或損之而益,或益之而損。人之所教,我亦教之。強梁者不得其死,吾將以為教父。」《老子》第四十章:「反者,道之動;弱者,道之用。天下萬物生於有,有生於無。」〔魏〕王弼注,樓宇烈校釋:《老子道德經注校釋》,頁117-118、110。

5 河上公注「道法自然」言:「道性自然,無所法也。」參王卡點校:《老子道德經河上公章句》(北京:中華書局,1997年),頁103。

主—謂—賓結構。河上公突然解成「道性自然」，變成了「主—謂」結構。這從語法上講就講不通。四個一樣的排比句，怎麼突然就改了一句，而且是把動詞換成了名詞，這樣隨意的改動也可以名之曰「注釋」？居然有人把它當作對老子之自然的解說而引以為據？這讓我感到不可思議。

　　「道性自然」的說法就把「自然」變成了「道自身的屬性」。而「道法自然」的「人法地、地法天、天法道、道法自然」，這個「法」都有一個外在的對象：人要法地，地對人來說是外在的；地法天，天對於地來說是外在的；天法道，道對於天來說是外在；道法「自然」，「自然」對於道來說它是一個外在的，我說這個「外在」不是物理意義上的外在，而是價值意義上的外在。所以你說「道」它體現不體現「自然」的原則？它當然會體現的，既然是「法自然」，它當然會體現自然，但這不等於自然是它的內在屬性。正如我們說一個軍人應該或會體現一個軍人應有的素質，但這不等於軍人質素是天然內在的。所以有一些學者用河上公的「道性自然」來解釋《老子》「自然」，這是我不能同意的，我們還是要從語法上、詞性上、語義上來解釋「道法自然」。如果說「道性自然」，那麼「自然」就是道之性，這是《老子》原文中完全沒有的。實際上，《老子》中一個「性」字都沒有。「道性」的說法是河上公強加給《老子》的。《老子》原文四個排比句通過人、地、天、道四個修辭層次將「自然」推到了最高的價值地位，而「道性自然」的說法在《老子》原文中沒有任何根據，又扭曲了原文的句式和句義，是不能成立的。總之，「人法地、地法天、天法道、道法自然」，這是一種修辭手法，表達了作者對道和自然之關係的根本看法。這裡的關鍵是人—地—天—道—自然構成的鏈條，鏈條的關鍵是起點和終點。這一修辭手法要表達的實際上就是：「人」要「法自然」。《老子》通過「道法自然」為人類提出了「法自然」的應然的要求。

　　總之，是人要法這個「自然」，人要追求和實現「自然」的價值、「自然」的原則、「自然」的理想，也就是天下的「自然而然」的秩序。

為什麼用了這麼囉嗦的詞語？我就是想說，我們用現代漢語來表達中國古代思想，你很難找到一個簡單的詞確切地對應或代表古漢語的一個關鍵詞。所以我就用幾個類似的、接近的詞語來描述同一個詞，告訴大家它有可能是這些意思，但你很難確切地說它就是什麼。簡而言之，這個「道法自然」就把這「自然」推到了一個最高價值的位置。

此外，在「道之尊，德之貴，夫莫之命而常自然。」（五十一章）這一章裡你也可以看出來，「自然」是很高的，是專門與道和德連繫在一起的。[6]「道」和「德」的尊貴地位的獲得，不是任何更高的東西給它的爵命，而是「它自己就是這樣」，而且「經常就是這樣」，也就是「自然如此」。這裡的道之尊、德之貴不是作者言說的重點，重點在於「常自然」，在於道和德的尊與貴之地位是自然而得的，自然如此，無需追求，從不炫耀，也就是「常自然」。尊和貴本身是很高的價值，但作者強調的、更值得注意的是它自然如此，沒有企求，沒有圖謀。這些都是在講自然的「最高義」。

第二個重點就是自然的「整體義」。我強調《老子》的「自然」不是個體的「自然」。現在講《老子》的「自然」很多都講到「個體的自然」。這個講法，也有很強的根據。王弼說：「在方而法方，在圓而法圓」。王弼認為，萬物以「自然」為性，在方而法方是自然，在圓而法圓也是自然。[7]這樣講強調自然就是放棄自我主宰，放棄主觀執著，僅就詞義來說，這也是很精彩的講法。然而，這種講法把「自然」徹底地個體化了。這與老子的自然無關。

6　《老子》第五十一章：「道生之，德畜之，物形之，勢成之。是以萬物莫不尊道而貴德。道之尊，德之貴，夫莫之命常自然。故道生之，德畜之；長之育之；亭之毒之；養之覆之。生而不有，為而不恃，長而不宰，是謂玄德。」〔魏〕王弼注，樓宇烈校釋：《老子道德經注校釋》，頁136-137。

7　王弼注《老子》第二十五章：「道法自然」，參〔魏〕王弼注，樓宇烈校釋：《老子道德經注校釋》，頁64。

　　自然的個體化，或個體化的自然並不是王弼個人的發明。荀子已經開始把「自然」和「性」連繫起來，他說「生之所以然謂之性」，又說「不事而自然謂之性」（《正名》）。荀子從兩個方面將性與自然連繫起來。一是生而就有的就是自然，二是無意圖而有的就是自然。一個強調來源天生，一個強調沒有主觀意圖，這是性的特點，也是自然的特點。「自然」與「性」完滿結合。荀子這樣講性，講自然，相當清晰明確，沒有任何問題。但是，如果我們用荀子的自然來理解或代替《老子》的自然，那就圓枘方鑿了。

　　關鍵在於老子的「自然」著眼於天下萬物的整體狀態，荀子和王弼的自然著眼於性所體現的某個種類的抽象共性，抽象共性表達的是抽象的一，不是現實世界中的具體的一，無法複數化，沒有複數化表達的可能。當然，牛有牛之性、馬有馬之性，這裡的性是所有馬的性，所有牛的性。所有的牛是複數，但所有牛的共性、所有馬的共性都是抽象的一，不能是複數。你不能說「牛之性」等於「馬之性」，所以這個「性」總是表達抽象的「個別性」的特點。馬、牛、羊、豬、人、狗有一個共同的「性」嗎？當然沒有。有人會說，馬、牛、羊、豬、人、狗有共性啊，都是動物啊。這時你說的就是動物性，而不是馬、牛、羊、豬、人、狗的性。所以「性」，或者是個體的，比如張三的「性」，李四的「性」、王五的「性」，或者是類別的，如人類的「性」、馬的「性」、牛的「性」、豬的「性」。所以「性」無法指向同類的複數，只能指向個體性、個別性，或區別性。這樣，一旦把這個「性」字和「自然」連繫起來，「自然」在《老子》原文中的最高的、整體的意思就沒有了。

　　《老子》原文中「自然」作為整體的意思，表達最明顯的就是六十四章：「以輔萬物之自然。」輔萬物之自然，這個「萬物」之「自然」，就說明《老子》關心的「自然」不是某些人的「自然」、不是某類動物的

「自然」、不是地球的「自然」，而是「一切東西的自然」。[8]萬物是包容一切的，當然也包括人，實際上是以所有人為中心的。所以老子的自然是很高的「整體的」自然，這跟「最高義」是一致的。

　　這裡面我要特別強調，我用的是郭店楚簡本的甲本。通行本是「是以聖人欲不欲，不貴難得之貨；學不學，復眾人之所過。以輔萬物之自然，而不敢為。」最後「以輔萬物之自然，而不敢為」這句話的意思很不清楚，語義似乎含混，所以D. C. Lau，也就是劉殿爵先生，他翻譯和解釋道：「『以輔萬物之自然，而不敢為』就是說：聖人能輔萬物之自然，但他不敢去輔萬物之自然，因為他要堅持『無為』的原則。」這個解釋我就不能接受了，我覺得這是首鼠兩端的解釋。能輔萬物之自然又不敢去輔，你的「自然」跟「無為」又產生了衝突，要堅持「無為」就不能「自然」，不能去輔萬物之「自然」，這不等於作者自我否定了嗎？你把「輔」否定了，把「輔萬物之自然」的全句否定了。怎麼能這樣理解呢？

　　幸運的是有了郭店楚簡本的甲本，原文是：「是故聖人能輔萬物之自然，而弗能為。」丙本也是類似的。[9]關鍵是甲本文字多一些，好像有點囉嗦，被後來的通行本簡化了，簡化成「以輔萬物之自然，而不敢為。」顯然郭店甲本是比較早的版本：「是故聖人『能』輔萬物之自然，而弗能為。」這裡面有幾個關鍵點：一個是明確的點出是「聖人」輔萬物之自然，另一個是點出了「能」和「弗能」的對比，再一個就是指出了「輔」和「為」的不同。聖人就是耳聰目明的人，當然是能幹的，但是不能「為」。能幹什麼呢？是能輔萬物的「自然」，關鍵是「輔」。不能幹

8　《老子》第六十四章：「其安易持，其未兆易謀。其脆易泮，其微易散。為之於未有，治之於未亂。合抱之木，生於毫末；九層之臺，起於累土；千里之行，始於足下。為者敗之，執者失之。是以聖人無為，故無敗；無執，故無失。民之從事，常於幾成而敗之。慎終如始，則無敗事，是以聖人欲不欲，不貴難得之貨；學不學，復眾人之所過，以輔萬物之自然，而不敢為。」〔魏〕王弼注，樓宇烈校釋：《老子道德經注校釋》，頁165-166。

9　或可參廖名春：《郭店楚簡老子校釋》（北京：清華大學出版社，2002年），頁133-134。

什麼呢？就是「為」，即通常意義上的為，是大有作為的為。這裡面就有了「輔（萬物之自然）」和「為」的明顯對照。這樣說來，「輔萬物之自然」就不是一般的「為」，《老子》的「無為」否定的就是一般的「為」，但是「輔萬物之自然」不是《老子》之「無為」所要否定的那種「為」，所以《老子》原文明明白白地說聖人「能」輔萬物之自然，而弗能「為」。

　　進一步說，「弗能為」和「無為」是一致的，「弗能為」的「為」和「無為」的「為」都是一般的「為」，在《老子》中常常是否定的對象。但是「輔萬物之自然」是一種特殊的「為」，不屬於要否定的一般的為。所以聖人應該「輔萬物之自然」，但是不能做一般的「為」。一般的「為」，就是我們一般人，特別是在上位的有權力的人，在一般的價值觀念（或者倫理道德，或者政治體系）中，通常所做的「為」。那就是《老子》所要否定的「為」。所以「輔萬物之自然」和「為」是一個對應，或者對立、相反的關係。《老子》肯定了「輔萬物之自然」這種聖人特殊的為，而否定了一般的「為」，即無為所否定的為。

　　為什麼從楚簡本最後變成了通行本？通過對《老子》的各個古本和通行本作對勘，觀察《老子》流傳中出現的語言趨同和思想聚焦的現象，我發現《老子》的語句，在早期流傳中是不斷的被「簡化」和「規範化」的，句式、說法變得越來越整齊，越來越一致。在這個過程中，《老子》思想中，比較曲折、比較複雜的意思就被丟掉了。這也就是通行本「以輔萬物之自然而不敢為」帶來理解困難的原因。

　　有人會問了：「『輔萬物之自然』不就是一種『為』嗎？你怎麼能說『為』不包括『輔萬物之自然』？」我說：「就現代漢語來說，你這樣理解、這樣提問很正常，但是我們看《老子》的原文，它的『能』和『弗能』是相對照、相排斥的。所以這個『能』和『弗能』不是統一的，是不能等同的。『能』的是『輔』，不能的是『為』。」《老子》否定了「為」而肯定了「輔萬物之自然」。以現代漢語來講：「我就認為『輔萬

物之自然』也是一種『爲』。」一般地說，你這樣講沒有錯，但在《老子》原文中不是這個意思，《老子》是用「輔萬物之自然」和「爲」來做一個對照，所以《老子》提倡「輔萬物之自然」，反對一般的爲。你可以說《老子》表達得不好，所以造成通行本的誤改，這也是語言的貧乏、語言的無力吧。

回過來看，輔萬物之自然這個「萬物」，也是一個「整體的概念」，它要輔所有的物的自然，不是一部分物、某些物的自然。這跟「人法地、地法天、天法道，道法自然」的「人」和「自然」也都是一致的，都是整體的、全體的「自然」，這也是一個整體的概念，是自然的「整體義」。

《老子》體系第二個意思就是它的「整體義」。第一個是「最高義」，第二個是「整體義」。第三呢？第三就是它的「價值義」。爲什麼說它是一種價值？想到價值這個字也經過很長時間。我一直在想《老子》的「自然」是什麼？它不是實體，它也不是一個倫理道德規範，但它是正面的值得肯定的東西。想了很久，最後想到它是一種「價值」。價值跟倫理道德是有關係的，但不等於倫理道德。倫理道德更具體，跟某個人群、某個倫理體系連繫更密切，而這個價值，它是一個更普遍、更一般的說法。

價值是什麼？我查看《劍橋哲學辭典》和《哲學百科全書》，突然悟到：價值就是值得不值得的那個「值」，就是物有所值的那個「值」。它是「值」，值得你爲它去付出的一個東西、一個原則、一個態度、一種狀態等等。而「自然」就是《老子》發現的值得爲之去付出的一種狀態、一種秩序、一種存在、一種期待、一種理想、一種目標等。經過反覆思考，我認爲把這種「自然」解釋成一種「價值」是最恰當或比較恰當的，比把它看成一種政治原則，一種道德原則，或者一種生活原則，可能更全面、更周到一些。所以我說老子的自然有一個「價值義」。

這就是說，因爲「道」要法自然，我們也應該跟著道去效法自然。換言之，自然是值得我們去效法，去追求，去實現的，它是值得我們的追求

和努力的。比如：錢是「值得」去掙的，你應該去掙錢；這個工作是有意義的，值得你去爭取；保衛同胞是一種職責，值得你為之拿起槍上戰場。所有這些值得我們去付出、去爭取、去維護的對象或目標都是一種價值，是一種寶貴的東西。老子的自然也是這樣一種值得去實現的目標。不過，這個目標與奮戰和爭鬥無關，而是以和諧、和平、和睦、共生、共存為主要方向。

以上重點講的是《老子》的「道法自然」（二十五章）和「輔萬物之自然」（六十四章），這兩章中的自然都是名詞，值得特別分析。我也提到了「夫莫之命而常自然」（五十一章），此外還有「希言自然」（二十三章）、「百姓皆謂我自然」（十七章），今天不能細講了。總括這五處自然，有一些共性。它們都表達一個正面的、肯定的，值得重視的意思。所以也都可以籠統的說，它就代表一種價值。我想不到更好的詞，相對來說，用「價值」這個詞來概括《老子》之「自然」的獨特性，比用其他的概念，比如原則、道德，政治理想可能更好一些，更全面或者更準確，這是我個人的考慮。歡迎大家來討論。

簡單地說，《老子》的「自然」有它在《老子》中特有的「體系義」，這種體系義讓它有了不同於《莊子》、《荀子》、《韓非子》、《淮南子》以及河上公、王弼、郭象等等所不同的特殊含義。具體說來，就是《老子》的自然有「最高義」，「整體義」，以及「價值義」。它既然是價值，就值得我們去追求，這裡隱含的一個意思就是值得我們「自覺」地去追求，而不是無意識地去碰巧實現「道法自然」。碰巧我們就實現自然了，在生活中這是可能的，但《老子》不是這個意思。《老子》主張你「有意識」地去實現它，因為它是一種價值。所以這個價值義就隱含著一個「自覺義」，凡是價值都是值得你自覺地、有意識地去追求、去實現的。所以我就講《老子》的「自然」，它作為體系有「最高義」，有「整體義」，有「價值義」，再從「價值義」中引申出來一個「自覺義」，說明它是一個應該自覺地去取法、去追求、去實現的一個價值目

標。

　　我們習慣於老莊並稱，講老莊或道家崇尚自然。實際上，老子的自然跟莊子的自然相當不同。莊子開始講：「順物自然而無容私焉」（〈應帝王〉）、「常因自然而不益生也」（〈德充符〉），這兩個「自然」都是你只能應順而不能改變它的，你要想改變它就是你的私了。很明顯，從《老子》到《莊子》就有一個很大的變化，這裡的「順物自然」、「常因自然」、「不益生」、「無容私」都是說你要因順這個「自然」，你不應該保有你自己的私心雜念和長生欲望了。所以《莊子》的內篇裡的兩個「自然」，都是外在的，是你不能改變的，只能順應它，這個「自然」，這跟《老子》說的要取法於它，要實現它、要自覺的去輔萬物的那個「自然」，不是一個領域和層次的。《老子》的「自然」是值得追求的一種價值。而《莊子》的「自然」已經是一種外在的、不可改變的，只能順應的一種客觀化的狀態。這種自然也變成了後代關於「自然」的一個重要的說法，一個有代表性的解釋。這種「外在自然」，套用今天的話來說就是「客觀必然性」了，或曰客觀外在必然趨勢，人類只能順應，不能也不應該試圖改變它。

　　後來關於「自然」的另一種解釋就是前面提到過的「本性自然」（荀子：「生之所以然謂之性」、「不事而自然謂之性」）。還有一種趨勢是把「自然」跟「無為」聯合起來，變成一種治理、統治天下的一種方式或原則。我稱之為「社會自然」。我有兩篇長文章講「自然的蛻變」，展現從《老子》到郭象這三四百年間「自然」的詞語義的蛻變過程。我用蛻變一詞，因為這個演變過程是從最高價值變為普通語詞，從整體關照變成了個體本性，從一個努力去實現追求的目標，變成外在的不可抗拒的、只能順應的一個趨勢、一種現象。這種概括是以《老子》的「自然」為起點，分別研究《莊子》、《荀子》、《韓非子》、《呂氏春秋》、《春秋繁露》、《淮南子》、《文子》、《論衡》，以及《老子指歸》，《想爾注》直到河上公、王弼、郭象，總共包括八本子書，五種注釋。歷史的梳

理讓我們發現《老子》之後的「自然」也是各說各話，爭奇鬥豔。但大體上還可以歸納為「個體自然」、「外在自然」和「社會性自然」（或曰「方法性自然」）。這是我對「自然」的一個大體的解釋。時間是不是到了，就講這些，謝謝大家。

莫加南：非常感謝劉老師精彩的報告，很有啟發性。接下來我們就歡迎曹峰老師，讓他來跟劉老師對話一下。謝謝！

第三節　對談與回應㈠：「道法自然」——我無為而民自化的人文自然

曹峰（北京中國人民大學哲學院）：賴老師好，謝謝賴老師的邀請。謝謝Mark老師主持。剛才聽了劉老師精彩的演講，劉老師一貫的思維非常清晰，邏輯非常嚴密的演講，讓我再次得到了享受。剛才賴老師介紹我時說，讓我跟劉老師做一個搭檔，搭檔我是不敢做的，我雖然自己也做過一些「自然」的研究，寫過幾篇這方面的文章，但是跟劉老師幾十年的努力相比還差得很遠，所以我最多只能是在聆聽了劉老師的報告以後，談一點自己的感受和體會。剛才劉老師的講演，雖然只有四十分鐘，時間比較短，但是我覺得他基本上把他所理解的，這麼多年積累下來的關於《老子》「自然」的想法講得非常清楚了，有很多地方我是非常贊同的。

　　他首先講「自然」這個概念，在《老子》這裡是「內無強制，外無壓迫」的意思，我覺得這個詞用來形容道家的「自然」很合適，但是在《老子》那裡，我個人感覺，可能是「外無壓迫」的層面更多一些，這個我在後面會再展開。

　　我也非常贊同劉老師研究「自然」的一種立場：不能用後人的解釋去強加到《老子》頭上，比如說莊子的、荀子的，或者說嚴君平的（嚴遵，約86-10 B.C.）、王弼的等等，不能用後面的解釋去加給《老子》，這點我完全贊同。劉老師也說了，他是一種中國哲學史的研究進路，這樣的進路我非常欣賞，也是願意走這條路的。劉老師還講到，要從《老子》思想

的整體去理解「自然」，這點我也是非常贊同的。不過，今天劉老師只講
了《老子》書中的五個「自然」，我覺得可以再適當再延伸一點。既然是
《老子》思想整體中的「自然」，那在「老子自然思想的整體意義」這樣
一個立場下面，有很多《老子》其他的語言，其實跟「自然」也是有關
的，我們在後面會提到。

劉老師講了《老子》的「體系義」裡面包括了「最高義」、「整體
義」和「價值義」這樣三個方面，然後強調「道」我們不能僅僅從形而上
學這樣一個角度去加以觀照，而更要強調「道」它的「作用的層面」和
「功能的層面」，這點我也是非常贊同的。

劉老師還提到「道性自然」這樣一個我們平時習以爲常的用法，其實
是後人追加上去的，尤其是從河上公本開始的，我也非常贊同。「道性自
然」說法完全是後起的，在原來《老子》文本裡面沒有「道性自然」這個
說法。

接著，劉老師講到「自然」這個東西，不是一個個體的東西，它是
「萬物的自然」，因此萬物的自然又具有「普遍性」，這點我當然完全贊
同，但是我也覺得「個體的」和「普遍的」可能未必這麼絕對地可以對立
起來。就是說萬物的所有的個體，它的總和其實就是整體義。

最後，劉老師尤其從自然的「價值義」這個角度，提到了「自然」
是一種可以追求的目標，這點我是非常贊同的，在這點上我和劉老師的想
法完全一致，「自然」是什麼？「自然」就是老子所追求的理想價值和目
標。我覺得這點劉老師講的非常透澈，因此《老子》的「自然」不是一個
後來的道家或者當代一些學者所講的那種可以「外在順應」的東西。那麼
它是什麼？在我看來，它實際上是一個《老子》所要追求的目標。

以上我是對劉老師四十分鐘講演做的一個總結，我不知道是不是準
確，大部分的觀點我非常贊同。接下來我想稍微講一點自己的理解和感
受。

我非常贊同劉老師所說的，老子之「自然」和後人的「自然」不能

夠混爲一談，比如說《老子》「自然」和《莊子》「自然」。我經常用這樣一句話來做區別：《老子》的「自然」更多是不要去「干涉」萬物的自然，或者是人的自然；《莊子》的「自然」更多是不要去「破壞」萬物的自然，或者說是人的自然，這個區別何在？在這一點上，我和劉老師有所不同，就是說：我認爲一定要說清楚「自然」究竟是「誰的自然」？劉老師認爲這個「自然」，當然即是「道」的自然，也是萬物的自然。而在我看來，在《老子》裡這一點還是要分清楚，分清楚以後我們才能夠和後面所談的另外一個話題，也就是「共生」這個話題關聯起來。

　　我們認爲《老子》毫無疑問是一種政治思想。它當然也是哲學思想，但是這種哲學思想，最終是要爲政治思想服務的。那它怎麼樣把這樣一種哲學思想轉變成爲政治思想，這裡面我覺得就要分清楚了：「究竟是『誰』的自然」的這樣一個問題。在劉老師報告當中，我認爲可以有兩個問題值得提出，第一個就是：「『道』要實現的自然」，和「『道』的功能、『道』的作用，是自然的」，這兩者是同一個問題嗎？其次，我們說「『道』體現了『自然』的原則」和「『道』實現了自然的目標」，這兩者是不是同一個問題？我認爲這實際上是兩個問題，所以我覺得要理解《老子》的「自然」義，我們有必要突破《老子》書中五個「自然」，把它放在《老子》書整體當中去觀照、去理解，可能更好一些。這方面我更多強調的是、更加重視的是第五十七章。[10]以前哈耶克（Friedrich Hayek, 1899-1992）也喜歡引用這段話：「我無爲而民自化，我好靜而民自正，我無事而民自富，我無欲而民自樸。」這樣一個非常清晰的對照結構，我認爲是體現《老子》「自然」思想的極好例證。體現了老子的什麼「自然」思想？就是通過「道」的「無爲」（或者是「玄德」），以及聖人的

---

[10] 《老子》第五十七章：「以正治國，以奇用兵，以無事取天下。吾何以知其然哉？以此。天下多忌諱，而民彌貧；民多利器，國家滋昏；人多伎巧，奇物滋起；法令滋彰，盜賊多有。故聖人云：我無為而民自化；我好靜而民自正；我無事而民自富；我無欲而民自樸。」〔魏〕王弼注，樓宇烈校釋：《老子道德經注校釋》，頁149-150。

「無爲」（或者是「玄德」），去實現百姓的，換而言之就是「萬物」的自然，這點我不知道爲什麼劉老師沒有提及，我覺得這個是非常重要的一件事情。

在《老子》這裡，我完全贊同劉老師所說的一個觀點：「『自然』，它是一個有待於實現的目標。」這個目標是什麼？實際上就是「萬物之自然」，就像《老子》所說的「輔萬物之自然而不敢爲」。這個「不敢爲」剛才劉老師也說了，實際上不是不爲，而是儘量少爲，不妄爲、不亂爲。但是聖人還是有所作爲的，就是做一個保姆，做一個輔助的角色。這裡面我們一定要分清楚，這個「自然」究竟是「誰」的自然。

《老子》這裡我認爲有一個非常清楚的結構：「道」跟「萬物」兩分。「道」生萬物，在「道」那裡萬物是平等的，是沒有貴賤之分的。這和後面我要講的「共生」思想，有相當多的關聯，因此我更多的把「自然」看成是一個「結果」，是道的作用的結果，是「無爲」、是「玄德」的結果，不然《老子》爲什麼要講那麼多的「無爲」？講那麼多的「生而不有，爲而不恃，長而不宰」？他的用意我們可能把它給淡化了。

那麼何謂「道法自然」？我比較贊同這樣一種說法：在這裡《老子》玩了一個語言遊戲，這裡面的「法」當然都是動詞，「人法地、地法天、天法道、道法自然」，前面「人法地、地法天、天法道」中的「法」確實是效法的意思，即「人以地爲效法對象、地以天爲效法對象、天以道爲效法對象」，我們很容易發問，而爲什麼人不直接以「天」、以「道」爲效法對象？原理上這是完全可以的。顯然這裡通過這個語言遊戲，就是爲了轉出「自然」的重要性，如果是「道以自然爲效法對象」，那就變成「自然」高於「道」了，《老子》裡面顯然沒有這個意思。「道法自然」這裡不是眞的說「自然」高於「道」，「道」以「自然」爲效法對象，而是用「法」的遞進來表示一個最高級，這個最高的目標就是「道」要實現萬物的「自然」。這就是《老子》文本裡面所體現出來的自然義，和後面《莊子》的、《淮南子》的、《文子》的、王充的、嚴遵的、郭象的、王弼

的，都不一樣，我們要嚴格的區分開來。

　　以上，我把我所理解的《老子》「自然」，贊同劉老師的地方以及我個人有所區別的地方，都做了一個說明。不知道大家有沒有聽明白。

　　接下來我轉入到第二個話題，也就是老子怎麼講共生的問題。當然《老子》文本裡面沒有提到「共生」這兩個字，但是我認為老子確實有可能是中國最早講共生的哲學家。「共生」又是在怎樣的意義上去講的呢？我覺得這又離不開「道」跟「萬物」二分的《老子》基本結構。我們用這個結構理解老子，同時也用這個結構理解道家。這個最基本的結構說的是：「道」不同於萬物，「道」主宰萬物，但是又「不有意識地」去主宰萬物，這樣一種思想結構造就了老子特殊的共生的思想。所謂的「共生」首先指的是什麼？指的是「萬物」跟「道」不一樣，「物」一定是有分別的、有區別的。正因為萬物是可以分別的、可以區別的，不像「道」那樣是一個整體、是統一的，因此萬物的舞臺一定呈現為千姿百態，五花八門。也就像我們這個世界，它是無限精彩的，每個人跟每個人都不一樣，每一片樹葉跟每一片樹葉都不一樣，這個「不一樣」，就是萬物的特徵。

　　雖然萬物是道所生，但是萬物又千姿百態，那麼道如何去面對這樣一種千姿百態？我們在《老子》裡面很多地方都能看出老子的態度。比如《老子》講道是「無情的」，「以萬物為芻狗」，聖人也一樣的非常無情，「以百姓為芻狗」，視萬物為芻狗、視百姓為芻狗，表面上看起來非常絕情、非常冷漠，但實際上是一種平等的愛，因為如果你有偏愛，對某一種物、某一件事有了偏愛，必然就會出現偏私，那就會出現不公平。因此，所謂的以萬物為芻狗，以百姓為芻狗，正好表示了《老子》萬物平等、萬物共榮的觀念。[11]

11　《老子》第五章：「天地不仁，以萬物為芻狗；聖人不仁，以百姓為芻狗。天地之間，其猶橐籥乎？虛而不屈，動而愈出。多言數窮，不如守中。」〔魏〕王弼注，樓宇烈校釋：《老子道德經注校釋》，頁13-14。

　　所以我覺得這實際上背後體現的是《老子》的「愛」，類似這樣的說法，在《老子》的書裡面是非常多見的，比如說：「天道無親」，意思也是一樣的，天道對萬物沒有偏私，任何一個物都應該有它自己生存的、發展的空間，這樣一種想法，其實和我們剛才所講的《老子》「自然」觀念是一脈相承的，也就是老子所要實現的最高理想，最高目標，就是「萬物之自然」，讓萬物都有自己伸展的空間，和自己自我實現、自我成就的可能性，這就是老子的自然。

　　老子講了兩次「不害」的問題，一次是在八十一章：「利而不害，爲而不爭。」非常有名。另外一個地方是在三十五章：「執大象，天下往。往而不害，安平泰。」雖然萬物千姿百態、五花八門，雖然萬物之間也互相矛盾，互相之間產生是非、貴賤、對錯等等問題。但在《老子》看來，聖人所要起的作用，聖人所要做的事情，就是讓萬物能夠最大程度地減少矛盾，同時相安無事。所以我覺得《老子》首先承認萬物是共生的，萬物是平等的，萬物的欣欣向榮、萬物的千姿百態，這是「自然」的，這是「正常」的，是值得欣賞的一件事情。但《老子》的偉大之處在於，它進一步講了如何才能夠保證和同時實現「萬物的自然」。如同我剛才所說的：一定要確認「自然」在《老子》裡面，它是有「主語的」、它是有「主體的」，這個主體就是「萬物」，「道」的功能和目標就是爲了要保障和實現萬物的以及百姓的自然，那麼如何去實現萬物的自然，我覺得《老子》這方面是非常有趣的。它還是一貫沿襲了它「無情的」特徵，「無形的」特徵。

　　我可以舉一個小例子，例如第七十七章說：天之道「損有餘而補不足」，而人之道，恰恰相反，是「損不足以奉有餘」。[12]在這點上，我想

12　《老子》第七十七章：「天之道，其猶張弓與？高者抑之，下者舉之；有餘者損之，不足者補之。天之道，損有餘而補不足。人之道，則不然，損不足以奉有餘。孰能有餘以奉天下，唯有道者。是以聖人為而不恃，功成而不處，其不欲見賢。」〔魏〕王弼注，樓宇烈校釋：《老子道德經注校釋》，頁186。

可能這是中國古人，受到了中國古代特定的、特殊的地理形勢的啟示而產生出來的一種觀念。因為我們經常講，中國人的思維是一種從天道到人事的思維，這點在《老子》裡可能也不例外。因為在郭店楚簡裡面就有一個文本叫做〈太一生水〉。〈太一生水〉提到，中國的東部大地是不足的，因為東部是「海」，所以「大地」不足，窪下去了、變成了海，而天是廣大的，因此〈太一生水〉說「天道貴弱」。怎麼來體現天道貴弱呢？就是在中國的西北部地區把大地抬升起來，使得大地變得有餘，而天變得不足。這不就是「損有餘以補不足」嗎？

我把「損有餘以補不足」理解為《老子》的中庸之道。也就是說，《老子》認為天道通過這樣一種「犧牲」，或者說「損益之道」，來實現平衡，通過這樣一種平衡，最終使萬物得到了「自然」。也就是使每個物都得到基本的滿足。如果你怕在這兒有所減損，那麼天道會讓你在另外一個地方有所彌補。

所以《老子》想方設法要實現萬物的自然，它這種實現萬物自然的思想，在共生思想上也得到了一個很好的體現，也就是通過「損益之道」，通過「損有餘而補不足」這樣一種平衡之道來實現、來完成《老子》的理想。我就先講這些。謝謝大家。

莫加南：非常感謝曹峰老師的回應，提到「共生」的問題，還有他對「自然」的想法，特別是提到了「誰的自然」，這是非常有意思的提醒。接下來我們聽聽賴錫三老師的回應。

第四節　對談與回應(二)：詮釋與視域的方法論問題

賴錫三：剛剛曹老師對劉老師一氣呵成的精彩演講，表示很多贊同的意見，也做了一些補充。我來提一些從「不同角度」，甚至「不一樣」的意見來進行對話，然後再把時間開放出來。

劉老師剛剛特別談到一個很有意思的自我陳述：他處在後文革時代，看到歷史的文本被過分的、政治的偏狹解讀與濫用，所以在他治學的過程

中，非常真切地想要回到歷史實相、歷史本然的企求──他用了一個有意思的說法叫做「固執」。對照於我治學的時代，當時臺灣剛好處在「詮釋學」非常流行的時代，伽達默爾的詮釋學告訴我們：任何解讀者、詮釋者，不可能處在空白的、沒有視域（horizon）的白板狀態，也不可能獲得所謂純然客觀的文本唯一事實，這主要是從海德格（Martin Heidegger, 1889-1976）的基本存有論洞見出發，人本身必定是視域性的存在，屬於歷史性存在。詮釋學對理解活動的方法論反思，明白告訴我們「人」不可能沒有「前見」，絕對客觀的事實研究是一項近乎形上學的誤置預設。可是在劉老師的描述中，從他的博士論文到現在，我覺得他儘管做了更複雜的陳述，在我看來，他或多或少保有「歷史還原主義」的治學態度，因此他會批判大部分的解讀，都沒有還原歷史、回到文本的原汁原味。

　　例如從他對《老子》「自然」的描述過程，可以看得出來，他把explanation跟interpretation非常二分地區分開來，而他要做的學術工作就是explanation（客觀的解釋），而不是interpretation，也就是不做主觀的或自身過多的解讀，因為對他來說這些詮釋大都超出文本而不合於客觀性。可是在我看來，這種二分法也會受到挑戰，當代的方法論反省告訴我們，過去實證科學自以為在做純粹客觀的、自然的、對象化的物理事實研究，其實也不能夠離開觀測者，沒有離開科學家所處的知識典範，也就是科學家有科學家的「視域」，各有他不同時代的視域前見。所以，他誤以為正在研究一個純粹客觀的自然物理對象，事實上，他也有主體的interpretation的成分隱藏其中。

　　我知道劉老師的嚴謹性態度在於：我們不能夠過分地去講文本沒有的問題與內容。但有意思的是，劉老師在講「自然」的造詞義、語辭義之後，也特別提到了更為重要的「體系義」，他注意到要了解《老子》的「自然」，不可能只從構詞著眼，尤其「自然」是《老子》這麼具有原創性的概念，所以要理解《老子》的「自然」還必須進到《老子》思想的體系。剛剛曹峰也談到，我們不可能只是從出現五次「自然」的概念本身，

就可以單獨講明《老子》「自然」的豐富性。對我來說，「自然」還要跟「道」、「自化」、「天地」、「萬物」、「無為」等等其它概念，進行概念群組的詮釋循環，這樣才能夠掌握所謂《老子》「自然」思想的多層遠近意義，其實這也就是涉及了劉老師所謂的體系義了。問題在於，既然劉老師也這麼強調《老子》的體系義對解讀「自然」概念的重要關鍵性；而且劉老師也承認每個人對《老子》思想體系的理解，不可能都一樣。就好像曹峰也強調「史」的文本文獻之客觀研究，可是他對《老子》思想體系義的理解，也跟劉老師不一樣，這代表什麼？這代表我們在理解《老子》思想的多層遠近的系統性內容時，絕不會得到唯一的客觀答案，因為我們其實都帶著我們的前見和洞見去理解《老子》的思想體系，雖然我們依據的是同樣的文本、同樣的章句，但理解和詮釋永遠會帶入差異性，這是避不開也克服不了的。

舉個例子，劉老師從早期研究《莊子》，其實也強調《莊子》的「道」是類於西方本體宇宙論的形上實體。而在解讀《老子》的時候，他想要迴避用西方人的metaphysics概念去套加在《老子》身上，例如：他提到的安樂哲也非常反對用西方的形上學、超越性，加諸在中國先秦的文本翻譯和解讀，我也覺得這個東、西的區分很重要。

可是在劉老師的描述裡，「道」還是被當成「根據」，被當成哲學的抽象實體，然而所謂的根據、實體，這些其實都已經是西方哲學的概念，而且還是典型的西方metaphysics思維下的產物。因為西方的metaphysics，就是要在「physics」背後去尋找一個奠基式的、解釋萬物的起源。也許從劉老師對文本的客觀解讀來看，會認為「道生一，一生二，二生三」，這樣的章句本身已經清楚地顯明了，它就是在講述「道」的生化：從「一」到「多」的生化過程，而且還可以有古典文本的佐證。例如像曹峰也很熟悉的〈太一生水〉，那些帶有早期類於創世神話的隱喻，從渾沌的「道」到世界的「流出」過程。可是對我來說，《老子》只是借用了生化的metaphor，一旦我們把「道」實看或看實為「根據」、「本源」、「實

體」，這樣的話，其實換湯不換藥，我們還是掉入了西方的形上學思維模式去理解「道」。

　　事實上，牟宗三就是想要徹底克服這種「實有形上學」、「實體形上學」的解《老》問題，所以才會偏向另一極端而採用「境界形上學」去理解《老子》。而且他透過「境界形上學」的解讀取徑，進一步把「自然」和「無為」連結起來，把「道心」、「自然」、「無為」都一以貫之地解讀為心靈的境界作用。牟先生的解《老》方式，我也曾經做過檢討和批評，尤其我對他把《老子》的「自然」完全收攝為「道心」的「任其自然」，忽略了「自然」同時還有涉及萬物「自賓自化」的「自然而然」，確實也是減少《老子》自然的豐富意義。但是牟宗三堅持不把「道」當成形上實體，當成形上根據，其實也有他區分中西思維的基本判分，以及要克服西方本體宇宙論那種獨斷形上學的用意。也就是說，如果我們把「道」理解為萬物最終極的、奠基式的實體或本源，這樣的「道」就很可能會變成價值優先性的「主宰」。因為當「道」成為真正的、能生的、本源的根據時，它也就很難逃脫「道為主宰」（以一統多）的形上學思維。

　　劉老師特別重視「道」要「法自然」，所以「自然」在他的解讀中，是更高位的價值概念，因為它要讓「道」的實體轉化為「功能」，而對於這個功能作用，他進一步使用了「人文自然」、「自然而然」、「秩序自然」等概念來說明，來讓「自然」的位階更能「浮」上來。也可以說，「道」的位置，讓位給「自然」。「道」讓位給「自然」，這一點我也非常同意，在我的看法裡，「道法自然」之所以那麼重要，正是因為它暗示出了「道」的虛位化，去主宰性。《老子》的「道」就是要泰然任之，就是不主不宰，正如《老子》用「橐籥」來隱喻天地之道，它就像橐籥那樣只是敞開生機的最大空間，然後不主不宰地讓萬物去自賓自化。也就是說，根本沒有在天地萬物之上，另有一個「形上實體」的「道」，去命令萬物、去主宰萬物，或者以愛之名去主領萬物。事實上，《老子》的天地之道，也只是「天地不仁，以萬物為芻狗」。沒有一個道主會去偏私、去

偏愛任何萬物，道只是「法自然」地把自己虛位，而把真正的主位交付給萬物的自生自長。道只是無為地讓開，然後天地萬物自然而然地自賓自化。對我來說，「道法自然」確實是關鍵句，而且「自然」也要連接上自然萬物或者天地萬物。

正如劉老師也提到《老子》的「輔萬物之自然」，所以這個「自然」，同時涉及到天地萬物的「自然」，以及「人」法「天地萬物」的「自然」。劉老師大概也不想要落入「實然／應然」的區分，也就是說他想要把《老子》拉回到一個人文義，而不是在談西方的nature那種對象義的physics，也就是「自然物」的「自然」。他要談的是人自覺的修養所轉化出的那種消除有為有欲的控制之後，所產生的自發秩序的「自然」，以成為他所謂「人文自然」的最高價值理想，在這一點上我大體是同意的。

但是我認為《老子》的「道法自然」之所以這麼重要，還因為它可以解構西方形上學的思維模式，也就是「道」必須「生而不有，為而不宰」地讓位給萬物，所以天地萬物「咸其自己、使其自己」，不必再找一個外部的、超絕的「道」，來作為總根源、總根據。而且這樣的解讀正好可以讓「共生」這個概念落實下來或湧現出來，因為「共生」一定要涉及千差萬別的存在萬物。「天地與我並生，而萬物與我為一」，而人只是與萬物共在共生中的一物，可是人偏偏「以自我中心」、「以自我觀之」來宰物，這個時候為者有為、執者有欲，人反而破壞了「自然而然」的自發秩序。結果，人自我孤立為「人之道」，成為萬物的主宰者和主導者，甚至認為自己擁有了「道」，可以提供一條給萬物的真理之道，這樣就不再是「輔萬物（之自然）」，而是在「宰萬物（之有為）」。

再者，人自覺地從自身的「有為」，轉化出「為無為」的讓開之後，這時候人跟萬物之間有一種平等共在的關係，這個「自然而然」的價值義，甚至帶有規範義的「自然」，到底要不要把它描述為「人文自然」？也許劉老師也是想要破除西方「實然／應然」二分下偏於客觀、實然的「nature」（自然界），而他認為《老子》有工夫義、有自覺義、有修養

義，所以用人文的價值義來談「人文自然」。這樣的談法雖有它的用意和功能，可是當我們回到《老子》自身本來就不屬於西方「實然／應然」二分、「主體／客體」二分，也就是說，《老子》不會把應然價值完全歸於主體，也不會把實然切割出應然之外而完全歸於客體。換言之，《老子》的「人之道」與「天之道」，根本從未割絕分離。

　　《老子》的「自然」既是人自覺地修養出「任其自然」、「法自然」，同時也是在描述天地萬物「自然而然」的自發秩序，它並不是一個人之外的，純粹外部的對象化之「自然」，而是「實然／應然」二分之前的「天地之自然」。我認為《老子》的「自然」概念在這兩方面都是俱在的，而且兩者沒有冰冷地區分開來。所以凸顯「人文自然義」，雖然有它的用意，可是也要避免只將《老子》的「自然」，限縮在狹義的「人文自然」，其實《老子》的「自然」是整個天地萬物都含在裡面的，一個前「主／客」、前「實然／應然」，一個更完整的天人共在而相參的自然。

　　最後，劉老師的報告，對「共生」這個議題，一開始就做了一個定義：「外無壓迫，內無衝突」。曹峰老師也做了一點補充調整，我覺得可能沒有這麼理想。我認為《老子》的「自然」無法取消衝突；也就是說，天地萬物之間（包括人類文明）並沒有完全和諧這件事。它其實也有它的競爭、衝突在。我十分同意，《老子》的「自然」有和諧義。可是這個「和諧義」，是不是要把它講成完全是一個美好的、沒有衝突的境界？我認為《老子》的「沖氣以為和」，既有harmonious的「和」意，但也有張力在彼此之間的「沖」意。而那個「沖」，其實也是差異性帶來的辯證張力，但也是讓彼此豐富對方的生產力，我覺得就算是《老子》談的「自然而然」，同時包含了「既沖又和，既和又沖」的雙重性。我大概做這些回應。

莫加南：好！非常感謝賴老師的回應，我相信劉老師可能想要跟賴老師和曹峰老師對話一下，所以我們現在就歡迎劉老師。

第五節　回應與對話㈠：人文自然與共生哲學

劉笑敢：感謝曹峰教授和賴教授，對我的發言的一個反思、補充或者是建議。曹峰在我的心目中永遠年輕，是新秀，但實際上他已經是領軍人物了，我有點不自覺地把曹峰看年輕了（笑），就有點抱歉。接下來我會討論曹峰教授提出的問題，以及最開始講的「共生」的問題。

我理解的「自然」，它是一種天下的、萬物的、百姓的整體的「自然而然」的秩序。這種「自然而然」的秩序，就給一切不同的存在提供了一個生存的空間。它沒有等級、沒有親疏、沒有遠近、也沒有道德的選擇。這是《老子》特有的自然，是一種過去沒有注意到的最高、最廣的自然，好像是我們從來沒有過的自然。我們所熟知的、所習慣的自然一定是屬於什麼的，說自然就一定要說是什麼的自然，所以就很容易陷入道的自然，萬物的自然這種說法。在我看來，這種理解矮化了、窄化了老子的自然這一最高價值。

剛才曹峰說我太集中在原文中的五個「自然」上了，沒有看到《老子》的整個體系，實際上不是這樣的。我首先從五個確實存在的「自然」的詞義、語意開始，這是寫作、演講、研究的必經步驟或起點，不等於我只注意了這五個自然的意思。其實我注意到，《老子》的「自然」有一個獨特的、對整體的、天下的、萬物的觀照，我注意到一點，據我所知還沒有同行注意這一點。《老子》講自然，其實是有一個整體的觀照，一個實例就是對「天下」的觀照和關注。研究《老子》的人，好像很少有人強調「天下」這個詞。「天下」這個詞在《老子》五千言裡出現了六十次，占的頻率是1.2%，明顯高於《論語》，《論語》才是0.014%，《孟子》裡0.5%，《莊子》裡0.4%。而《老子》裡使用天下的頻率是數倍於《莊子》、《孟子》、《論語》。我們都知道《論語》、《孟子》都是關心天下、關心萬物、關心百姓的，但他們提到天下的次數反而不多，不如《老子》多。

更值得注意的是《老子》的「天下」跟儒家的「天下」的內容不大一樣。《老子》的「天下」是沒有中心的，它並不是以「道」為中心，不是以「聖人」為中心，更不是以「某國」為中心。而儒家的「天下」，它是跟「統治權」相連繫的，儒家的天下常常代表君王的視野和眼光。周天子的天下就是他所知道的、他能看到的、他鞭長能及的範圍。秦王的天下，就是他能看到、想到，勢力能夠抵達的範圍，這就是他的天下。簡單地說，儒家傳統的天下觀是以「統治者」或者「言說者」為中心向外擴展的。《老子》的天下則沒有這種中心和層次，不代表任何人的視野和疆域。

儒家的或傳統的天下觀體現的就是費孝通（1910-2005）所講的「差序格局」。[13] 就像往水裡扔一個石頭，水面就會泛起波紋，然後一圈圈逐漸向外擴大，也就是從個人到家，從家到國，從國到天下。簡言之，儒家的天下、傳統的天下，是以「自己」為中心、向家、向國、向天下，逐層向外擴展的，而《老子》的天下沒有這種層次，不以任何個體為中心，也沒有逐級向外的步驟。

《老子》也承認「家、鄉、國、天下」的層次，但是《老子》推崇的是「修之於天下，其德乃普」。他直接修之於天下，強調：「以身觀身，以家觀家，以鄉觀鄉，以國觀國，以天下觀天下」，而不是說要從修身、到齊家、到治國、到平天下，不必經過以個人修身為中心逐層向外擴展的步驟。《老子》說的是以身觀身，以家觀家，以鄉觀鄉，以國觀國，以天下觀天下，每一層次都有一定的獨立性和正當性。他的身不必以家族或氏族為目標和重心，家族或氏族不必以鄉為目標或重心，鄉不必以國為目標或重心，國也不必以天下為目標或終點。在《老子》這裡，身、家、鄉、國、天下是一個多層次共存的秩序。這個秩序就跟《老子》講的「自然而然」的環境、「自然而然」的秩序是一致的，沒有人為、人造的階梯

13　可參費孝通著：〈差序格局〉，《鄉土中國》（香港：香港中和出版，2017年），頁45-58。

和等級。《老子》的觀照可以是直達天下的，不必經過層層擴展外延的程式。《老子》的天下是無中心、無疆域、無邊界的天下，大小遠近皆為同一天下，這種「天下」的觀念和「輔萬物之自然」的「萬物」觀念，都是《老子》思想的天下觀、整體觀、社會觀、人類觀的一個鮮明的表現。所以《老子》直接講到的五個自然是無具體歸屬的，如果要說有一個範圍的話，那就是無中心、無層次的天下。

為什麼儒家要講「身、家、國、天下」的順序，而道家不講這種階梯層次呢？可能的原因就是儒家從修身的角度講，而修身必須從自身做起，逐步向外擴展其影響；從治國的角度講，也只能從士之家到君之國，再達到天子，天子就代表天下。這種天下是現實政治結構的摹本，只能一層層向上看，不可能直達天庭。而《老子》關心的就是理想的秩序，天下的秩序，完全沒有世俗的階梯層次的觀念。這裡有理想的成分，但理想不等於空想。理想有實現的可能，值得去追求，空想是不可能實現的，無法去追求。

現在我回應曹峰教授所說的萬物的自然。如果一般地說，《老子》的自然是萬物的自然，我不大反對，因為《老子》說過輔萬物之自然，萬物都是自然的，在這個意義上說《老子》的自然就是萬物的自然我也同意，我也有過類似的理解。我不贊成的是，將《老子》的自然定義為萬物的自然，說「道法自然」也就是「道法萬物的自然」。這種定義性的說法放到《老子》原文中是不準確的，從語詞和語法分析的角度來看是不能自洽的。

第一，在「輔萬物之自然」的句子中，自然是中心詞，萬物是自然的定語，是形容詞功能，限定了自然的範圍，並不是對自然的普遍的本質性判斷。這種句式不是排他性的，講萬物之自然不妨礙說聖人自然、百姓自然。但是，如果將「萬物之自然」解釋成自然的實質內容，說《老子》的自然「就是」萬物的自然、「等於」萬物的自然，那在語法上、邏輯上就有問題了。為什麼呢？比如，這是紅色的花，這樣說沒有問題，但是你由

此推論出花都是紅色的，那顯然是不成立的。同樣，從「輔萬物之自然」推出《老子》的自然「就是」或「都是」萬物之自然也是不能成立的。

　　第二，如果我們姑且假定《老子》的自然就是萬物的自然，那麼這個萬物包括不包括人呢？應該包括吧？如果萬物包括人，那麼所謂「萬物」是以人為主，還是以物為主呢？如果以人為主，那麼就不應該強調《老子》的自然就是萬物的自然，如果以物為主，那麼「百姓皆謂我自然」如何講？「希言自然」如何講？「以百姓心為心」（四十九章）如何講？「輔萬物之自然」與百姓還有多少關係？二十五章「人—地—天—道—自然」的系列中作為起始的「人」該放在哪裡？難道《老子》是自然萬物的守護者而不是對人類文明的關注者嗎？如果《老子》關注的是萬物，那麼「天道無親，常與善人」（七十九章）又該如何講呢？顯然，《老子》的中心關切是人，是民，是百姓，而不是物。《老子》的萬物包括人，但仍然以人為主，所以將《老子》之自然解釋為萬物之自然是不妥的。

　　另外，曹峰教授批評我不重視五十七章。其實我早年寫文章，也特別強調五十七章，認為聖人無為、好靜、無事、無欲，而百姓自化、自正、自富、自樸。這都是通過聖人「無為」實現了「自然」的秩序。我的書也是這樣寫的，我現在也仍然同意這種分析。但是和直接講「自然」的文本相比，這一段就沒有那麼重要。「自化、自正、自富、自樸」的精神和百姓之自然是一致的，但「自化、自正、自富、自樸」都是相對具體的表述，體現自然的精神，但不如「自然」的表述更為直接、更為普遍、更有概括性。所以我認為首先還是分析清楚「自然」一語為好。

　　有人認為自然就是「自＋X」這樣的詞語，把這個「自＋X」看成是「自然」的一個表達。「自＋X」是造詞義，考察一個概念的造詞義是必要的，但也是很初步的，過多強調造詞義可能限制了其思想的整體性意義。用「自＋X」這樣的構詞結構來解說《老子》之自然是一個起點，幫助讀者理解基本詞義，但不足以表達「自然」在一個思想體系中的理論意義。各種「自＋X」不都等於自然，即使是自然的意思，也不如自然的表

達更有普遍性和概念的屬性。比如，自化、自正、自富、自樸，都是正面的意思，是《老子》提倡的，與《老子》之「自然」的大方向一致，但是自愛、自恃、自生、自伐、自矜，卻是《老子》所否定的。所以用「自＋X」的表述來解釋《老子》的「自然」不十分貼切和準確，意義也不大。

　　我還是強調「輔萬物之自然」，它著眼的是一切個體構成的作為整體的「萬物」，不是抽象的整體，也不是單獨的個體。如果過於強調「自＋X」的詞義，那就會把《老子》的自然個體化，忽視了《老子》對天下、萬物、百姓的整體的關切。《老子》重視不重視個體？他當然重視個體，他給個體留下了很多的空間，因為他沒有家、國、天下、君王的層層羈絆，所以他的個體是相當自由的，這也是我為什麼講，他是跟「共生哲學」相一致的。我理解的「共生」是大家都在一起平等地生活、共存，裡面如果有高低貴賤、親疏遠近、正確與錯誤的區別，那麼「共生」就要打折扣了，可能變成不同等級的「共生」，或者是一種僵化的表面上的秩序，而《老子》追求的是「自然而然」的秩序，沒有人為的界限，「家、鄉、國」這個界限是沒有的或不重要的，道德的判斷也變得不重要。所以《老子》說「善者，吾善之；不善者，吾亦善之」、「信者，吾信之；不信者，吾亦信之」、「人之不善，何棄之有？」他講的天「無棄物、無棄人」。[14]而且「戰勝以喪禮處之」，打了勝仗不要開慶功會，要舉辦喪禮。為什麼？因為「殺人眾」，即殺死的人太多。這裡的「眾」字只是自己的戰士嗎？不是。這裡的「眾」包括了敵方的死亡。所以《老子》的「自然」它真的是包羅一切人、一切物的，這是一個非常廣泛的，你用「博愛」這個詞也不算錯，但是《老子》它不是從「博愛」的觀念出發的，而是從天下的「自然而然」的秩序為目標和出發點的。曹峰好像講到

14　《老子》第四十九章：「聖人無常心，以百姓心為心。善者，吾善之；不善者，吾亦善之；德善。信者，吾信之；不信者，吾亦信之；德信。聖人在天下，歙歙為天下渾其心，百姓皆注其耳目，聖人皆孩之。」〔魏〕王弼注，樓宇烈校釋：《老子道德經注校釋》，頁129-130。

自然要放到《老子》體系裡，這是對的。《老子》的體系追求的天下是包括所有人、所有物的，是一個平等的，沒有界域，沒有道德判斷，沒有政治判斷，也沒有人種判斷的一種「自然而然」的秩序，所以我覺得這個是非常適合共生哲學的理論框架。剛才講的比較簡單，我還有多少時間，我不知道我還該不該繼續講？

莫加南：可以繼續，沒問題。

劉笑敢：我回應一下賴教授講的問題，賴教授說我是從糾正十年動亂開始的，而賴教授是從詮釋學這個階段開始的。其實詮釋學對我也有很大的影響。我的《詮釋與定向》那本書就是受詮釋學的刺激，面對詮釋學，跟詮釋學對話的。我絕對、並且從來不贊成歷史還原主義，因為歷史還原是不可能的，這一點我清楚地知道。但是，客觀效果你達不到，不意味著你主觀上不應該有一種追求。

我們說飛行員絕對不能出事故，你說這太絕對了，誰能不出事故？我們說醫生千萬不要出事故，你說不可能，醫生不是神仙，怎麼能一點事故都不出？我們說法官判案千萬不要判錯案，你說不現實，誰做得到？的確多麼高尚、多麼智慧的人都不能保證零錯誤，零失誤。事故率千分之零點幾，也仍然是有事故。但是這不能作為放棄要求一個飛行員、醫生、法官避免錯誤的理由。同樣，作為一個學者，反正我發現不了絕對的真相，所以我就可以隨便講，你也不要跟我太認真了，我是自由發揮，你也自由發揮，誰都免不了自由發揮。我說：「好，你自由發揮，我不反對。自由發揮得精彩，那就成了一個新的哲學體系。」比如郭象、王弼，他們的注釋有相當多的自由發揮，結果發展出一個新的思想體系，有它的價值，有它的貢獻。但是這不等於我們要完全放棄對可能的真相的一種探求。我不是講歷史還原主義，我也不相信我能還原或者誰能還原，但是這是一個努力方向，這是我們共同討論的一個方向，我們都是要避免手術出錯，所以我們就在一起討論怎麼樣避免手術出錯。我們是法官，我們都要討論怎麼樣

避免誤判、判錯。

同樣，我們雖然不能達到對老子、莊子、孔子、孟子思想的絕對的、唯一的歷史真相，但是不等於我們不應該有共同的努力來討論如何更好的達到、無限的逼近可能的真相。簡單地說，這就是我的兩種取向的理論。有兩種取向：一種是「個人的、創造的、現代的」取向，還有一個是「歷史的、客觀的、文本的」取向，兩種取向（approach），不是兩種結果。

還有講「天地自然」和「人文自然」，我用「人文自然」這個詞是被逼無奈，不是我的最好選擇，我找不到一個更好的選擇，但我用「人文自然」就足以區別《老子》的「自然」跟很多其他的自然。比如《莊子》講的「常因『自然』而不益生」、「順物『自然』而無容私」，這種外在的、絕對的不可改變的「自然」，可以與「人文自然」相區別。還有用「人文自然」可以區別統治術中的方法性的「自然」，以及個體本性的自然。我們每個人的本性是飲食男女，這是我的「自然」，它有它的合理性，但是《老子》講的「自然」不是奠基於這種合理性，它講的不是個體欲望的「自然」，它講的是「社會的、整體的、天下的」「自然」，是不分善惡、對錯、敵我的一種「自然而然」的秩序，「自然而然」的共生的人際關係。所以我要強調這一點，勉強用了「人文」這兩個字，我不覺得這兩個字多麼好，但是我想不出更好的字。

講「天地自然」如何？「天地自然」給人的聯想更多的是物理世界，是「自然界」。那就把《老子》對人、對人的生命、對人類社會的關懷淡化了，這可能是我們對《老子》的解讀不同。我100%承認詮釋學的道理是對的，你有你的解讀，我有我的解讀，我有我的前見，你有你的前見，因為我們的前見不同，最後我們解讀的結果就可能有兩種結果。一種說，既然都是自己的前見，都是自己的解讀，那就不必交流了，交流也沒有意義。另一種是認為學術切磋還是必要的。你的解讀是創造新的思想，我這也是新的解讀。這兩種解讀各有什麼特點、各有什麼目的，對現代社會到底有哪些積極意義？把它理清了，對你我、對大家、對學術界都有好處。

不然各說各話，你講你的、我講我的，那就不需要學術交流，所謂學術交流也都是假的，每個人上臺表演一下，你上來唱首歌，我上來唱首歌，唱的好壞都沒有關係，這好像是一種學術交流，但其實是有交沒流，各講各話。

如果我們都想探求《老子》的「自然」，哪個更符合這五千言，和那個時代所可能有的思想，作為我們一個共同的關鍵、作為我們共同的目標，我們一起來討論。有人說我想創造一個現代《老子》哲學，我呢，我就想知道兩千年前《老子》這個思想，這是兩個不同的取向，不同取向交流空間比較小，也比較困難，或者就可以不交流，但是如果我們都想討論《老子》五千言可能的歷史真相，我們就可以交流。我們都想利用《老子》哲學創造一個現代的「共生哲學」，我們就有共同的目標，我們就可以交流。所以我覺得應該區別兩種取向，取向是approach，不是results，這一點我想強調一下。

另外，我講「道」是總根源、總根據，賴教授說你這不還是本體論嗎？我覺得跟本體論的關切是一致的，但它畢竟不是本體論的概念。據我所知，本體論裡沒有人講總根源、總根據，這是我個人的講法，如果我冒犯了別人的講法，我要抱歉，有誰講過我不知道。那位德國教授說，中國沒有形而上學的關鍵，在於西方的形而上學是「本質主義」的，本質和現實是區隔的，是永遠不能溝通的，形而上的世界和物理世界是永遠不能溝通的，形而上學和經驗論之間是有界限的。而中國哲學、儒家、墨家、佛家，各家講的思想沒有這種界限，沒有西方式的形而上、形而下的界限，我就用「總根源」、「總根據」這種功能性概括來迴避類似於本體論的概念，迴避形而上、形而下絕對的分離。

我有一個很笨拙的建議，講西方哲學的，你可以講形而上學，講本體論，講中國哲學的，就可以用「形而上者」和「形而下者」的說法。因為《周易》講：「形而上者謂之道，形而下者謂之器」。這形而上者和形而下者之間沒有絕對分割的界限，形而上的和形而下的，這兩者是連續的世

界。所以我的「總根據」、「總根源」的說法就是想迴避西方式的形而上學。你說這個還是西方的形而上學，那我也想不出更好的辦法了（笑）。還有其他問題，我沒有回答嗎？

莫加南：好的，謝謝笑敢老師！

第六節　回應與對話㈡：對「道法自然」的再商討

賴錫三：我做些小補充。笑敢老師剛剛提到《老子》「天下」概念很特殊，這是蠻重要的，因為較少人注意《老子》的「天下」概念，尤其「天下」跟「天地」的關係也值得探討。而這次共生論壇的第七個場次，會邀請陳贇來評論汪暉對於章太炎〈齊物論〉的延伸解讀，然後應用到建構「新天下體系」的一個評論，我想這個問題到時候會再浮現出來。因為解構單一中心的主宰性，可能更接近《老子》、《莊子》非中心（或遍中心）的思維方式。另外，有關《老子》的「善者，吾善之；不善者，吾亦善之」、「無棄物、無棄人」等等倫理內涵，在共生論壇的第四個場次，林明照會從這個地方談《老子》的「和光同塵」與共生的關係。我先把這些場次之間的後續連結，給揭露出來。

莫加南：非常感謝賴老師的補充，而且非常感謝劉老師那麼完整的回答，提出了很重要的方法論上的問題。剛才你們說到「天下」，其實我自己不知道，「天下」在《老子》出現了六十多次，高於《論語》、《孟子》，這個現象非常有意思！我們等一下可以開放提問，不過在這之前，我想再問問，不知道曹峰老師或賴老師，有沒有要回應笑敢老師？

曹峰：好的，謝謝！像主持人說的那樣，劉老師的回答非常完整，非常有耐心，娓娓道來，給了我們很多的啟發。我在這裡再回應幾點。

首先關於「道法自然」，這個「自然」究竟是誰的「自然」的問題？確實就像劉老師所說的，王中江教授曾經寫過這樣一篇論文，做過詳細的論證，在「道法自然」的「自然」前面加入了「萬物的」這樣的限定，我

也基本上贊同這種觀點。[15]當然這樣一個觀點，其實最初是一位叫盧育三的一個天津的教授提出來的，後來我的指導教授池田知久也堅持這個觀點，所以給我產生了比較深刻的影響，我到目前還是認為這樣一種解讀對《老子》來說可能是更為契合。當然這個問題很複雜，我們就不展開了，這已經成了一個學界的公案了。

　　我們有一個學術組織，叫做「老子學研究會」，是二級學會，是掛在「孔子學會」下面的（笑），老子應該不會在乎這一點，是嗎？因為我們國內現在已經沒有辦法再成立一級學會了，雖然「老子學研究會」是一個全國性的組織，規模也非常大，但只能是一個二級學會。這個二級學會每年都有一期學術雜誌，現在準備要一年出兩期了。這個學術雜誌叫做「老子學期刊」。我在這裡順便給這個學術雜誌做一個廣告。這個學術雜誌每期都會有一個專題，我們曾經有兩期的主題就是「自然」。把關於「自然」的年會論文，以及以往的重要論文都放在裡面。各位老師同學如果有興趣可以去找一找這個雜誌，找不到來問我就行。雜誌裡面基本上把各種相關的觀點，尤其是像劉老師的觀點都放在了裡面，有興趣的老師同學可以去參考，這是我要說的第一點。

　　第二，在「道法自然」的「自然」前面加入了「萬物的」這樣的限定，是不是把「自然」的崇高性給取消了，我覺得不能這樣理解。因為一個概念，比如說「自然」這樣的概念產生以後，會在後世發生巨大的影響。在後世的道家裡面，「自然」無疑是一個核心的觀念，甚至有時要超過「道」。這樣一個重要的概念出現之後，後世一定會對它產生新的解釋和新的使用。

　　可是你說「自然」一開始就是十全十美、萬無一失的嗎？可能也不見得。剛才提到，五十七章的「自化、自正、自富、自樸」可以說是「自

15　王中江：〈道與事物的自然：老子「道法自然」實義考論〉，《哲學研究》第8期（2010年8月），頁37-47。

然」的另一種表達，但這種表達並不是一個絕對的價值判斷，過分的「自然」可能會發生問題。例如三十七章說：「道常無為而無不為」，侯王如果能夠守這一點，萬物將自化，但是三十七章馬上就講到萬物自化之後「化而欲作」如何如何，面對這種情況，老子說：「吾將鎮之以無名之樸」。[16]所以說「自然」這個詞，至少在《老子》這裡我們不要把它說的十全十美。同時也不能因為有所謂的「自生」、「自恃」等等一類負面意義的詞，就認為「自然」不能理解為萬物的「自然」。總之，我覺得「道法自然」還是需要通過語詞上的，也通過哲學上的分析，來做一個完整的理解。

最後，我為什麼特別強調「道」和「萬物」的兩分，以及「道生萬物」、「道的『無為』導致萬物的『自然』」這樣一個觀念。我認為這是理解《老子》政治思想的最好的途徑，同時也在理解剛才所說的共生思想時比較通暢。因為萬物都是「自然」的、充滿生機的、活潑潑的，都是各有特色的，所以才需要一視同仁，這不就是「自然義」嗎？「自然義」裡面並沒有說萬物一定是十全十美的，它們可能各有長、各有短，彼此之間可能互相補充，也互相矛盾。所以這個「自然義」，我們今天理解的話，可能不能把它過於的拔高。

《老子》要實現萬物的自然或者天下的自然，這個「自然」我覺得跟它對整個天下和諧的期待，是有密切關係的，我完全贊同劉老師剛才所講的，《老子》「天下觀」非常值得研究。這個天下實際上是無中心的，沒有什麼「家、身、國、鄉」的限制，因此「自然」就是在天下之下的自然。但這樣的「自然」必然會導致兩種傾向：既是具有「統一性」意義上的自然，同時也是「差異性」意義上的自然，我覺得劉老師有點過於強調了「統一性」意義上的自然，而忽視了「差異性」意義上的自然。其實每

16　《老子》第三十七章：「道常無為而無不為。侯王若能守之，萬物將自化。化而欲作，吾將鎮之以無名之樸。無名之樸，夫亦將無欲。不欲以靜，天下將自定。」〔魏〕王弼注，樓宇烈校釋：《老子道德經注校釋》，頁91。

一個物、每一個體的「自然」，同樣是《老子》想要強調和尊重的。我想補充的就是這些。謝謝！

莫加南：非常感謝曹峰老師，賴老師是不是也有話想說？

賴錫三：好！劉老師眞的是很全面、很紮實的回應，我簡單的回應如下。其實劉老師說這是兩種approach，我是同意的，但是我認爲這兩種approach也不是那麼可以截然分開的。我認爲劉老師自己也不斷在豐富《老子》，雖然劉老師強調他永不放棄想要追求《老子》的眞相，可是在我看來，不管是用「人文自然」，或帶進「共生」的概念，或使用「本體」概念，其實都已經是在豐富《老子》了，在我看來，學者都已自覺或不自覺地不斷地再詮釋《老子》而豐富《老子》。與其認爲這個可以逃開或超越的限制，不如轉個方式想，每個時代的學者剛好都處自身的horizon而有所關切，所以才會以不同而獨特的眼光去闡述《老子》。其實也跟我們眼前的關懷，比如用「共生」、「人文自然」來說明《老子》的文本，其實已經具有「通古今」的「視域融合」的用意與效果了。

當然我同意這裡應該有一個「度」的問題，作爲人文研究既然以「研究」爲名，就不可能全無根據的胡亂解讀，胡亂解讀不會獲得學術社群的基本共識。我們可以辨別出毫無根據的誤讀和有文本根據又有洞察力的「創造性詮釋」（如傅偉勳所言），其間的重大差異。我只是要強調，過度強調文本的原意還原或唯一實相，也會大大限縮解讀文本的可能性潛力。事實上，我們觀察歷代的注腳，就可以發現這種經典文本與詮釋者之間，不斷相互發明的多義化歷程。這是老問題，相關的論辯已經非常多了。

第二個，有關「輔萬物之自然」，我比較接近曹峰的立場，認爲「道法自然」也可以或應該跟萬物之自然連接起來。解讀「道法自然」，不必只停留在這四個字的構詞義，應該擴大從體系義來解讀它，例如《老子》文本多處談及「道」跟「物」的關係時，眞正要榮耀的不只是「道」，

「道」其實還要讓開，反而榮耀了「萬物」。「道」的主宰要放開，這是
《老子》極重要的意涵，這時萬物獲得最大的自化空間，所以道不是一個
仁心有為的道，它是一個「不（私）仁」的無為之道，任讓萬物隨機展
開，這時萬物的個體性是被保障的，當然這裡所謂萬物的個體性，並不同
於西方所說的「individual」。《老子》「道法自然」的自然萬物，仍然
「共生」在天地的場域中而共在共化，「個體性」、「差異性」獲得了保
障，可是萬物仍然有其命運共同體的共生關係，這兩者也是交織一起的。

　　臺灣學者袁保新老師過去也曾談過類似的問題，《老子》的天地萬物
本身就是一個意義的「無盡藏」，它是在「實然／應然」、「天／人」二
分之前，不斷興發人類、啓發人類，讓人類能夠意識到如何從「人之道」
的「有為造作」，轉化為「人法地，法天，法道，法自然」的靈感、興發
源頭。所以再怎麼強調「人文自然」，這個「人文自然」的「人」，也必
然活在天地之間，我覺得如果「人文自然」跟原來「天地萬物的自然」連
接起來，在《老子》的文本中既有文獻根據，而且也可以貫穿起來。好
的，我想應該把時間交還給各位朋友。

莫加南：非常感謝賴老師的回應。現在，我們就把時間交給現場的朋
友，okay！鄧育仁老師舉手了，我們歡迎鄧育仁老師發言。

第七節　問題與討論

鄧育仁（中央研究院歐美研究所）：請教劉老師一個問題，剛剛聽劉老
師提到「體系義」。我對這個觀念，還有做學問的方式非常的感興趣。我
們知道，《老子》文本其實是有一個編纂的過程，一直到王弼手上，才形
成比較通行的定本。也就是說，《老子》這個文本有一個時間過程，有不
同作者、編纂者參與其中，它比較不像我們現在常看到的那種「單一個作
者」寫的文本。面對這樣的情況，「體系義」要怎麼把它從文本中發掘出
來？或者說，要怎麼比較嚴格的進行「體系義」的研究？以上這個問題，
謝謝！

莫加南：非常感謝鄧老師，我們讓劉老師來回答。

劉笑敢：《老子》版本很多，文字歧異也非常的多，但是這個「多」，它有不同的情況，很多是字、詞、句的不同，而思想上的不同比較少。我有一本書叫《老子古今》這個書寫的有點太大了，所以流通可能有點困難。[17]《老子古今》有兩個〈導論〉，其中〈導論一〉是以在《哈佛亞洲研究學報》（*Harvard Journal of Asiatic Studies*）發表的文章為基礎，得到孟旦（Donald J. Munro）教授的高度肯定。我考察了《老子》文本的演變過程，完成這個研究我自己覺得是非常幸運的，幸運在哪裡？賈德・戴蒙（Jared Diamond）寫過一本書，叫《槍炮、病菌與鋼鐵：人類社會的命運》（*Guns, Germs, and Steel: The Fates of Human Societies*）。[18]他在波利尼西亞群島做研究，在那裡發現人們的生活方式跟它的地理環境有著非常密切的關係。這些島離得都很近，但是有的島上是漁獵，有的島上是農業，有的島上是採集，有的島上是農牧。戴蒙就說，如果你要做一個實驗來研究客觀環境對人的生活方式的影響，這是不可能的，你不大可能做這樣的實驗。可是，他卻在波利尼西亞群島上發現了一個天然的實驗成果：天然的環境對人的生活方式的影響。所以他寫那本書，那個書非常有名，也翻譯成中文了，我看了以後就有點激動。

　　我研究《老子》的版本郭店楚簡、馬王堆，郭店楚簡是三組，馬王堆是兩組。現在有了北大簡，另外我們又發現了「傅奕本」它最接近古本，在所有的流傳本裡只有傅奕本最接近古本，這些版本都是我重點考察的對象，逐字逐句的檢查它們的差別，發現了一些線索，這些線索讓我感到非常的興奮。你要是做一個實驗，比如說我們請張三寫一本書，讓這本書在

17　劉笑敢：《老子古今：五種對勘與析評引論》（北京：中國社會科學出版社，2006年）。

18　Jared Diamond, *Guns, Germs and Steel: The Fates of Human Societies* (New York: W. W. Norton & Company Press, 2017)。王道還，廖月娟譯：《槍炮、病菌與鋼鐵：人類社會的命運》（臺北：時報出版，1998年）。

社會上流傳，我們來觀察它會有哪些演化，這個實驗是做不成的。你要看一本書在眾多人手下無意識的演化，這是不可能的。而《老子》這些古本、竹簡本、帛書本，通行本，這些版本的流傳是一個無意中的流傳，不是按照任何人的意志或安排流傳的，但是在無意識的流傳中經過了很多人的校對、抄寫、改編，這又是一個自然而然的演化過程。在這個演化過程中，你會發現類似於規律性的演化，比如四字句明顯增加，句式越來越整齊，虛詞逐步減少，重要概念逐步增加。這和戴蒙在波利尼西亞群島的發現是類似的，是在無意識的歷史中發現了規律性的存在。有人批評他是地理決定論，但是他發現的都是實實在在的事實，證明客觀環境對人的生活方式有重要影響。

我們通過這些古本到通行本的演化，也發現它是有些規律性的現象。比如，後人總是想改動前人的文本、文字，而改動的目的往往是為了改善這個文本，基本趨勢就是後人想改善文本，他覺得不通的他改，他覺得不整齊的他改，他覺得這個前後不一致的他改。所以，我非常清楚的看出來，文本加工的痕跡，它是一種改良的願望，是改善文本的願望。結果是五花八門，出了很多不同的版本，我們都覺得無所適從了。但實際上你仔細分析，絕大多數修改它是出於「改善文本」的願望。過於武斷的修改，我只在河上公注裡看到一例，他把四個「曰」，其中的一個「曰」改成「日」，這是非常武斷的。但是絕大多數修改、加工都可以看出來，它是為了句式整齊，他是為了前後文，比如「無為」在最早的版本大概只有7次，到了王弼本就有了11次；「道」在最早是72次，到後來就是76次。這個就可以看出來，他認為這個字重要，他就用這個重要的字代替了他認為不重要的字；他用更整齊的句式代替原來不整齊的句式。

所以這個也可以解釋我剛才用的郭店甲本：「是以聖人能輔萬物之自然，而弗能為」，通行本是：「以輔萬物之自然而不敢為」，「不敢為」這顯然是因為「不敢」這個字用的更多。另外就是說，「是以聖人能輔萬物之自然」這個句子太長，這是所有的版本裡最長的一個句子。後人就把

這個句子給改短了，便於流傳，但是它的句意變模糊了：能什麼、不能什麼，眾人要怎麼做，這些意思就斷掉了，而且「輔」和「爲」對應的關係丟失了，這是一個很可惜的事情。但是從總體上來說，你可以看出他不是肆意的篡改，他是想把它改得更便於流傳，更便於理解，但客觀上造成了一些損失。

我的發現，可以概括爲兩點，一點是「語言的趨同」，一點是「思想的聚焦」。比如「無爲」用得越來越多、「道」用得越來越多，這個就是一種思想的聚焦。語言的趨同更明顯，比如「四字句」在增加，整齊的三字句、五字句也在增加，句式越來越整齊，而且押韻越來越整齊，這個都是語言趨同的現象，總之，在文本的流傳過程中，它加工的主流趨勢是「改善原文」，但是改善的過程中有失誤，有的改錯了，改壞了，但是絕大多數改動是出於他的善意改善，但掩蓋了古本原貌。

我的意思是說，《老子》文本確實是歧義很多，但並不是不可理解的亂七八糟的多，你可以看出一個清晰的逐步改善的、逐步大眾化的過程。我覺得他改的不對，但是你可以看出他爲什麼這樣改，他背後的動機往往是想做某種改善。一個例子就是朱熹編《近思錄》時就把各卷的標題一律改爲整齊的兩個字。「爲學大要」改爲「爲學」，「格物窮理」改爲「致知」，「改過遷善克己復禮」改爲「克己」。很明顯是想把各卷標題弄整齊了，和後人加工《老子》是一類想法，我把它叫做「文本改善」。所以《老子》的文本歧義很多，但是作爲基本思想來說變化沒有那麼大，是有一些變化，但變化沒有那麼大。

比如說，安樂哲認爲馬王堆本，德經在前，道經在後，由此來說明《老子》原來的思想怎麼樣，後來思想怎麼樣，我覺得這不一定有很深的哲學思考，沒有那麼重要。德經在前，還是道經在前，你就說作者的用意、理論如何如何，我覺得這可能是overreading了，沒有必要這樣解釋。這押韻、不押韻，這裡多幾個字、那裡少幾個字，這句用的是這個字，那句用的是那個字，就基本思想來說影響不大，這是我的看法。

　　我現在研究《老子》不是用王弼本，或者河上公本，或者是馬王堆本，或者是竹簡本，不是！我是所有的版本我都看，我那本書《老子古今》把五種版本都列出來，非常好對照。當然現在又出了一個北大竹簡本，加上北大竹簡本，就應該再出一套六種對照，但是北大竹簡本，實際上改動的比較少，所以對照的必要性也沒有那麼大。我是用不同版本對照，然後取其中一個思想最清楚，語言更合理的版本，我不是專用某一個版本。對於我來說，作為《老子》思想的研究來說，基本上還是有一個大體共同的版本，它不是竹簡本、帛書本，或者王弼本，但是它的基本思想還是有相當多的共同語言來表達的，這是我的回答。

賴錫三：因為劉老師提到Roger T. Ames，所以做一個小補充，安樂哲的《老子》翻譯版本，就把「道」翻譯成「way-making」，而「making」就是要強調非實體性的變化過程，這個翻譯是為了顯示東方的「道」大不同於西方metaphysics的第一因的本源實體。他這個翻譯看似古怪，其實是考量到中國那種形上、形下沒有區分開來的變化過程的世界觀。

莫加南：好！現在我看到李志桓和蔡瑞霖老師都舉手了，我們讓他們發問。

李志桓（臺灣高雄中山大學中文所博士後）：我想請劉老師多談一點「共生哲學」，我們要怎麼把《老子》運用在當代社會？我們知道，當代社會需要思考「共生」，貧富的差距、環境的保育、民族文化之間的衝突，這類問題正在上演。所以，我的問題是：《老子》跟《莊子》可以思考harmony、和諧這樣的概念嗎？劉老師所謂的「自然」，人類社會「自然而然」的秩序，它的形成涉及了衝突之間的相互協調嗎？我們要怎麼思考這件事情？謝謝！

劉笑敢：這個問題很好，這個問題我思考過，但對於我來說還是未來的課題，所以我現在還沒有系統的回答。我一直在思考這類問題，為什麼我

說一看到「共生哲學」我就贊同？因為我講的「人文自然」，就是人類文明社會中，我特別強調是「人類文明社會」，不是野蠻社會，不是原始社會，因為的確有人這樣理解，所以我的用字是有針對性的，這是人類的、文明社會中的自然而然的秩序。所以我用「人文」這兩個字，它不是原始狀態，不是野蠻狀態，不是機器人或者動物的狀態，這是人類文明社會中「自然而然」的秩序。

這種趨勢從歷時性來看，它的特點就是「發展軌跡的平滑性」。是「本來如此，通常如此，勢當如此」，它是過去、現在、未來的一個趨勢，這是我過去對《老子》的「自然」的一個發揮。從歷時性的角度來說，它的特點是它的延續發展趨勢比較平緩，這就比較自然，如果它突然改變了，那就不自然了。如果改變是突然的，根本就不自然了。

從共時性的角度來說，如果現狀是被外力強制改變的，那就更不自然了。這是我過去的文章的講法，叫「外力作用的間接性」。比如你要培養孩子，父母一定要起作用，這個作用如果是間接的，就比較自然；若它是直接的，強制的，比如：「明天你必須給我把這個課文背下來。」這就是強制的。如果你說：「你看這篇課文好不好？你多唸一唸，看它好在哪裡。」你這樣引導他，他接受了，就是比較自然的。

總之，從歷時性的變化來說，如果變化的發展軌跡是平緩的，沒有突然的急遽中斷或改變，那就是自然的。從共時性的角度來說，就是「內無衝突，外無壓迫」。如果咱們開著會吵起來了，我和曹峰吵起來了，這個會議的氣氛就不自然了，或者別人說你們不許用這個設備，你們必須馬上停會，這也就不自然了。這是從共時性和歷時性的角度來講，基本的是沒有內在和外在的衝突，衝突越激烈越不自然。完全沒有衝突，當然是最好的，但不一定能夠實現。總會有一定的不和諧或者不一致，或者是有某些類似的齟齬，這種情況下，還是不是自然？這就有一個評價標準的問題。我想過是不是搞社會學那種辦法，列出一個「人文自然」的評分表，發生什麼情況，它就是一百分的「人文自然」，發生什麼情況就是零的「人文

自然」，但我覺得意義也不大。

其實今天我們開會氣氛自然不自然，我們每個人都有感覺，不需要主持人來下決斷，也不需要賴教授來下斷語。我們每個人都感覺得到：我們的會議氣氛自然嗎？這是每個人都會有的感覺。但是我們從社會科學的角度，你說最好拿出一個硬性的標準，量化的標準，這是可以嘗試做的，但是我覺得目前來說不需要，我們的整體的氛圍是不是自然的，我們都能感覺到。我覺得最重要的是歷時性地看，它沒有突然的中斷或轉向，從共時性的角度看，沒有激烈的衝突。內無衝突、外無壓迫，就是比較自然的。所以我簡單地說，從歷時性、共時性上，是不是達到了「人文自然」的理想？這其實是我們每個人都可以感受到的，只是我們沒有把它當做一個自覺的標準，而我現在講「人文自然」，就是把它作為我們人類文明社會的一種秩序的標準，一個目標，一個方向，這個是有待於去實現的。

在真實生活中有的地區它就很自然，我到臺灣去，我看到市民生活很自然，那麼小的飯店，那麼多人在排隊，秩序井然，氛圍很自然，沒有員警說：「站好了！排隊！」沒有的。如果是員警站在你們面前說：「必須排隊，不排隊就走」，那就不「自然」了。所以我們對於是不是「自然」的秩序都有直覺的感覺。我相信正常人都喜歡「自然」的秩序，而不喜歡被強制的秩序，不喜歡突然被改變的秩序，這就是我講的「人文自然」，而這個自然就跟「共生」是一致的，也是一種和諧、和睦、和平。我們如果要共生的話，就要減少衝突，比較好地處理衝突，最好是不發生衝突。我們共生的是一個群體，共生群體之外會不會有衝突？衝突怎麼處理？也是一個可以用自然、不自然來做一個判斷標準。我過去寫過一些文章，近幾年沒怎麼寫，因為近幾年發現「自然」的理解歧義太多了，所以我都在梳理「自然」的理解問題，先回答這些。

莫加南：非常感謝劉老師的回答，我相信關於「共生」、不被強制，劉老師剛剛提到的那種自然，是我們日常生活中，常常可以感受到的。蔡瑞

霖老師還舉著手……

劉笑敢：我看見曹峰教授也舉手了，是吧！（笑）

賴錫三：對，我看到曹老師也舉手了。

蔡瑞霖（臺灣警察學校）：那是由我先講嗎？

莫加南：可以！

蔡瑞霖：可以嗎？好的，不好意思，那我還是「敢爲」一下。第一個，您提到說關於傳奕本是最古的版本，但是它是唐代的太史令，它的版本事實上應該是王弼通行本之後的另外一個歧義本，不知道您怎麼樣來看它？照目前來看，應該還是以竹簡本爲最古老，竹簡本裡面的章句不到兩千字，而且基本上不分章，那麼它可不可以視爲核心文本？畢竟剛剛在教授專家們所提的這一些段落都有包含在竹簡本裡面，不管是甲、乙、丙三編尺寸如何不同，它的順序是一氣呵成的，所以在版本上面來講，還是以「竹簡本」這個核心文本爲主。當然北大還有別的竹簡還沒發表，這部分就不說。但剛剛劉老師提到傳奕本是最古版本，不知道是怎麼回事，這個是關於版本學問題的請教。

　　第二個是剛剛從「自然」切入到「共生」這個概念，劉老師講得非常有意思，從竹簡本講到「能輔」，把「能」字去掉，就變成「以輔萬物」，這裡面容易造成個人的主觀性情形，主動性過強，以至於「道」的概念在形上學或存有論上可能凌駕了《老子》原來的思想。若我用核心文本來看，第六十六章裡面提到了「弗爭」，也就是不爭，「弗」字比「不」字來得自然。雖然聖人能輔卻又莫能與之爭，所以民都能夠「弗厚、弗害、弗厭」，這樣才能夠共生於天下。不知道劉老師對這個看法如何？我的意思是說，對於「道」是什麼的理解可能要回歸到最初的「無名之樸」，才能說到聖人要去做什麼的問題，而這可能只是以「民曰我自然也」這樣的概念來呼應吧。我想，劉老師破題的時候所講的「自然」以及

大會主題要講的「共生」不知道是否可以聚焦到這個觀念上。前一個是版本學問題，後面是關於義理體系的問題，求教於劉老師，謝謝您。

劉笑敢：第一個問題是我當時講話的上下文沒有講清楚，我講的傅奕本是最古的本，指的是在通行本裡，在流行本裡，它是最古老的，過去大家都不理它，馬王堆帛書本出土以後，專家立即發現傅奕本跟馬王堆本最接近，所以在傳統的版本裡，傅奕本是最古老的，稱之為古本是有道理的。所以我比較重視傅奕本，把傅奕本看作是一個演變過程中的一個階段，它是古本經過後人加工的，這點是毫無疑問的。

至於你剛才講的思想的問題，因為時間不夠了，我也不想展開。《老子》有很多不同的文句，這些不同的文句，它不是同一個命題，同一個思想的簡單重複，它是從不同角度、不同上下語境當中做的不同的闡述。這些闡述看起來好像不一致，其實未必不一致，看起來有衝突，其實未必有衝突，而且他思想應該大體圓融，但不是一個現代意義上的邏輯嚴密的論文，所以思想有不一致，或者有類似於不圓融的地方，這也是正常現象。我的想法就是需要講分寸。我有一本書叫《兩極化與分寸感》，[19]我覺得我們要講一個分寸，其實今天很多人問的問題到最後都有一個分寸的問題。你說對還是錯，好還是不好，其實有一個分寸的問題。這個概念和那個概念是不是同一個意思，是不是連繫很密切，都是需要討論的，不是一個絕對的對和錯的問題，恐怕要在一定的尺度上來比較。時間不多了，就這樣回答吧。

曹峰：那我就用一分鐘時間，我覺得剛才劉老師說的那個吵架的事情，作為「自然」的例子來講太好了。比如說，在這兒我跟劉老師吵起來了，這是不是「自然」？這就是「自然」。如果我跟劉老師都是萬物，那麼萬物之間發生矛盾、衝突，這完全符合「自然」。如果劉老師是聖人，他尊

---

19 劉笑敢：《兩極化與分寸感——近代中國精英思潮的病態心理分析》（臺北：東大，1994年）。

重我的「自然」，他有他的分寸感，他漸漸就不吵了，這樣的話讓我感到「外無壓迫」。這就是通過他的「無為」實現了我的「自然」。同時兩位主持人以天道的方式進行協調，即「損有餘而補不足」的方式，使得語言環境最終歸於「自然」，也可以說是最終歸於共生。我覺得以這樣一種比喻，來講《老子》所要追求的「自然」，或許比較生動，謝謝！

賴錫三：我就最後幾句話總結。順著曹老師的話尾，我們或許可以這麼看：「自然」也是一種自覺的調解過程，我們每個人有獨特觀點與人格的差異性，可是我們也共存共活在一個場域中，彼此之間難免出入於不同觀點之間的張力，但在不斷來往中相互調節，這個「化而不固」的調節之道，其實「自然」已在其中矣。最後，劉老師看起來是有系統性的要處理《老子》「自然」這個課題，我們期待他的專書的出版。「自然」這個概念對整個中國哲學、東方文化影響太深遠了，像楊儒賓老師很早就編輯過關於「自然」概念史的論文集。[20]「自然」這個概念，可以說是東方文化對照西方文化的一個非常關鍵性概念，不管在哲學、思想、文學、藝術，還是日常生活的世界，「自然」都是一個影響重大的概念。而《老子》恐怕是這個概念最有創發性的開端。今天劉老師用他很紮實的文本研究跟解讀，為我們展示了《老子》思想的複雜性，隨著接下來的場次，我們還會陸續展開《老子》的其它討論，也要延伸到《莊子》的共生思想來。謝謝大家，我們一起探索，繼續共生。

莫加南：感謝曹老師、劉老師和賴老師，以及所有參與今天討論的朋友。在結束這場活動之前，我稍微打個廣告，下個星期二，會有第三場活動，是芝加哥大學的任博克（Brook A. Ziporyn）老師跟賴錫三老師對話，討論《老子》「正言若反」、「不笑不足為道」的「弔詭・反諷」之道。謝謝大家。

---

[20] 楊儒賓編：《自然概念史論》（臺北：臺大出版中心，2014年）。

第三講

《老子》：「正言
若反」「不笑不足
為道」的「弔詭・
反諷」之道

時　間：2021年7月20日，上午9:30-12:00

導讀人：任博克（Brook A. Ziporyn，芝加哥大學神學院）

與談人：賴錫三（臺灣高雄中山大學中文系）

主持人：莫加南（Mark Frederick McConaghy，臺灣高雄中山大學中文系）

逐字稿整理：陳慧貞（臺灣高雄中山大學中文所博士候選人）

文字編校補注：李志桓（臺灣高雄中山大學中文所博士後研究）

莫加南（Mark Frederick McConaghy，臺灣高雄中山大學中文系）：我是中山大學中文系的莫加南老師，非常開心可以擔任今天活動的主持人，今天是我們「跨文化漢學共生平臺」的第三場活動，非常榮幸可以再一次歡迎任博克老師跟我們一起討論《老子》的問題。今天任博克會當我們的導讀人，幫我們進一步了解《老子》，討論的題目是「正言若反」、「不笑不足為道」的「弔詭・反諷」之道。今天與任老師對話的是中山中文系的賴錫三老師，非常期待他們的對話。

首先，我稍微講一下今天的流程。賴老師發言之後，我們會直接邀請博克老師開始做報告，他報告完之後，賴老師會回應。他們會進行一個對談，對談結束之後，開放全場的朋友提問，像上次一樣，有兩種提問的方式，第一種是打開你的麥克風，直接跟老師們提問。第二種方式是運用留言的平臺，如果朋友們不要看鏡頭，不要自己提問，也可以把你們的問題寫下來，透過這樣的方式進行對話，這個差不多是今天的流程。最後，在提問的時候，希望各位朋友可以比較簡明扼要，用一兩分鐘的時間，直接問出你的問題，這樣我們會有很多朋友有機會參與對話，這個是今天的流程，我把時間給賴錫三老師。

賴錫三（臺灣高雄中山大學中文系）：各位朋友大家早！有一些朋友未必有參加第一個場次，我就簡單的對任博克老師做一點補充介紹，然後讓任老師進到他的討論和導讀。任老師對於天臺佛學的研究相當有代表性，有一些朋友是很熟悉的。很多朋友不知道，任老師年輕的時候跟臺灣有很

深的因緣：在臺灣修習佛學、學習中文，對臺灣的文化經驗留下非常深刻的印象。我很年輕的時候就從已故傅偉勳先生（1933-1996）那邊聽聞任博克。不久前，我重讀任博克對天臺的研究，大大地打開了我現在所做的莊子研究跟天臺的關係的視野，也重新思考任老師的天臺學跟牟宗三的異同，非常值得重估其價值。

　　任老師早期翻譯了《莊子》大概三分之二篇幅的選本，去年他把《莊子》全本完整英譯了，這個工程非常浩大。[1]讀《莊子》的人都知道，《莊子》難讀，很多地方像天書，要讀懂都很困難，更何況要全譯爲英文，可以說不亞於翻譯《西遊記》、《紅樓夢》的難度。任老師今年即將出版《老子》的翻譯，《老子》翻譯的數量聽說是僅次於《聖經》。本來任老師覺得既然有那麼多版本了，何必要再翻譯？但是我覺得任老師對《老子》、《莊子》的理解是非常有創造性的，等一下大家就會聽到非常獨特的談法，所以他對《老子》的重新翻譯，很有必要，而且重要。我就先補充到這邊，把時間交給博克。

第一節　「樸散則爲器」：淡價值與反價值談起

任博克（芝加哥大學神學院）：謝謝錫三，謝謝大家參加這次活動。很高興有這個機會，我今天要談有一個方法可以去了解《道德經》的全體，可能在問答的時候，我們可以再討論文本的形成如何可以用這個方法，來解決一些問題。但是我的看法是，無論是哪一章是什麼時候形成的，我們會發現《道德經》裡頭有一個多多少少的一致性，其實一致性並不是說每一章有完全共同的想法，或者寫法，或者風格，或者前提，或者結論，但是它們有一個共同點，就是有對比性。就是某一章是從某一個角度，另外一章可能從另外一個角度，但是我覺得一以貫之的概念對我來說比較有幫

---

[1]　參見Brook A. Ziporyn, *Zhuangzi: the essential writings with selections from traditional commentaries* (Indianapois: Hackett Publishing Company, Inc., 2009). Brook A. Ziporyn, *Zhuangzi: The Complete Writings* (Indianapois: Hackett Publishing Company, Inc., 2020).

助，去了解整體的思想構造，就是從「價值」跟「反價值」這兩個範疇去了解。

　　屏幕上可以看得到，我說A的範疇跟B的範疇，某些章有提到其中某些，我有時候混合在一起，有時候分別講，但是很多地方就有這一類的東西——後代稱之爲「陽」，或者稱之爲「陰」。我們可以問答的時候再討論。因爲在我看來，陰／陽這兩個範疇在《道德經》形成的時候，還不是正式的思想範疇，陰陽的系統化思想，可能是到了今天的思想演變，或者甚至於是要反對、要推翻它的一個行動。所以我認爲，方便我們來了解這兩個範疇，我想讀《道德經》的人多多少少都認識到有這種對比。基本上就是：

A（後代稱之為「陽」）	B（後代稱之為「陰」）
器	樸
有	無
有名	無名
有形	無形
實	虛
男，雄，牡	女，雌，牝
成人	嬰兒
高	下
白	黑
光	玄
榮	辱
有知	無知
道	非道
可道	不可道

我們可以注意「器」跟「樸」。我把「器」放在A（後代稱之爲陽，我稱之爲「價值」），「樸」就是「陰」，也就是我所謂的「反價值」，我覺得這算是很關鍵的祕訣，它能夠理解《道德經》提出來的很特別的一些思想構造，也會解決一些可能會覺得很費解的曲折。

我先把這個擺出來，然後我們再看四十一章開頭有一句話，大家都知道：「上士聞道，勤而行之；中士聞道，若存若亡；下士聞道，大笑之。不笑不足以爲道。」[2]爲什麼要「笑之」才算得上是「道」？我覺得這個「笑」字當然很有趣，你可以看是好笑的笑，但是我覺得可能主要就是嘲笑的意思，或者鄙視、藐視被嘲笑的東西，其實也是跟「反價值」有關係。所以現在讀起來，「道」就是被鄙視的無用之物，無價值的東西，我喜歡把它稱之爲垃圾。不被鄙視，就不是道。怎麼說呢？今天我們要從二十八章開始講這個問題，上面這些範疇很多是從這一章最明顯的提出來：

> 知其雄，守其雌，爲天下谿。爲天下谿，常德不離，復歸於嬰兒。知其白，守其黑，爲天下式。爲天下式，常德不忒，復歸於無極。知其榮，守其辱，爲天下谷。爲天下谷，常德乃足，復歸於樸。樸散則爲器，聖人用之，則爲官長，故大制不割。[3]

英文的翻譯其實我不必一句一句的跟你們講，但是也許你可以注意一點：

To know the masculine but hold onto the feminine as well

Is to be a channel for all the world.

2　〔魏〕王弼注，樓宇烈校釋：《老子道德經注校釋》（北京：中華書局，2008年），頁111。

3　〔魏〕王弼注，樓宇烈校釋：《老子道德經注校釋》，頁73-74。

Being a channel for all the world,

The power of what is constant remains undivided--

A reversion to the state of a newborn child.

To know the lucid but hold onto the opaque as well

It to be a model of both Polaris and the Dipper[4] for all the

world.

Modeling both Polaris and Dipper for all the world,

The power of what is constant remains unwavering--

A reversion to the boundlessness of utmost absence.[5]

To know the honorable but hold onto the disgraceful as well

Is to be a valley for all the world.

Being a valley for all the world,

The power of what is constant remains ever sufficient--

A reversion to the unhewn.

The unhewn gets shattered

To make vessels and tools

---

[4]　*Shi* 式.See note to Chapter 21 above, and Appendix B, "Notes on the Translation."（編按：參見任博克即將出版的老子英譯）。

[5]　*Wuji* 無極. This term later comes to be combined with the term *taiji* 太極 from the Confucian commentaries to the *Yijing* 易經, and adopted into the founding declaration of Song dynasty Neo-Confucianism, *wuji er taiji* 無極而太極. Here it could alternately be interpreted to mean "to the limitless," or "to what is without polarities."

each with its purpose.[6]

But when the sage puts them to use

He embodies a seniority extending beyond every such organ[7]—

The great carving that does no severing.

　　我們從這裡開始講起好了。此章提到「雄、白、榮」，相對於「雌、黑、辱」。前三者都是當時社會所重視，被人們當時價值觀所肯定的。後三者都是當時所輕視，所排斥，所避免，所否定。前者是我們以為有用，有價值，值得追求的事物，後者是以為無用，無價值，被拋棄的事物。而此章卻說，雖然我們必須認出前者（就是「知其白」，光明、有價值的東西）是怎麼回事，甚至知道怎麼做，但是並不要因此拋棄後者（黑暗、無價值的東西）。如此可為「天下谿，天下式，天下谷」。

　　《莊子‧天下》篇有一句講老聃的思想，引用類似這一章說「知其雄，守其雌，為天下谿；知其白，守其辱，為天下谷。」[8]缺乏中間的「式」一句。所以我先問，「式」如何被插進去，跟「谿」、「谷」平行，它跟這兩個是不是有不一樣的構造，或者如何看待三者，至少在《莊子》或者是《莊子》以後，變成另外一個版本傳統平行地放進去。

　　依我看來，這個「式」就是所謂的「式盤」，古代用來算命的天圓

---

[6]　*Qi* 器, meaning "vessels" and "tools," is a term commonly used for a functionary in an organization who is employed because a ruler sees value in him. Confucius had famously said, "The noble man is not a tool." 君子不器 (*Analects* 2:12). The reference below to "functionaries" *guan* 官—primarily meaning government officials—plays on this connection.

[7]　*Guan* 官 means primarily government officials (see previous footnote), but in Chinese medicine and physiological cultivation is also a term for the physical organs of the body, conceived as structured on the model of a state. "Seniority extending beyond" translates 長; see "Notes on the Translation."

[8]　〔清〕郭慶藩撰，王孝魚點校：《莊子集釋》（臺北：河洛，1974年），頁1095。

地方的模型，圓天的模型那一塊中心有一個洞，掛在豎立的釘子上而可迴轉，顯示天繞著中間的樞紐運轉。大家看得到嗎？[9]當然天圓的部分它會轉，這個地方它是靜的，漢代的時候就有這種圖案，有的畫北斗，但是中間又放北極星，北極星其實不在這個地方，應該在外面，但是它們都混在一個地方，它轉的時候，中間跟周邊都是同一個地方的樞紐，蠻特別的，我覺得按照考證，把「式」解釋爲「式盤」，在早期的文獻，也許是比較有一點啓發性的。

　　因爲我們看看這三項（谿、谷、式），谿是水流注進去的小河、谷是水注進去的虛溝，都是處在下方或虛處，而使得在上、在實處之四方事物，自然往之歸或繞之轉，自願投進去，自動向之服，無爲無形，地位低下而因此包含潤澤應付所有來者的象徵。三者合起來則有共同意思：虛而處中心位置或下方位置，無爲而萬物自然歸的象徵。因爲所有中間轉的歸向也在其中。所以此章等於說：如果能夠知道被肯定爲有價值的事物都在那，而不拋棄被否定爲無價值的事物，就會變成無爲而萬物自然歸的那個中心，或下方的虛位。

　　「下」、「虛」很明顯相應於無價值的意思，現在又加上「中」、「樞紐」的含義。被認爲無價值的事物就是所謂「垃圾」。此章則提出此垃圾有一種未預料到的功能，就是中間樞紐的那個功能，此章稱之爲「常德」，也有三種說明：「復歸於嬰兒」，「復歸於無極」，「復歸於樸」。嬰兒、無極、樸也都是同樣意思的三面向的說明。嬰兒相對於成人是在社會上沒有地位，沒有知識，沒有能力的、無價值的「垃圾」。但很明顯也是將來有價值的成人的開端、根本、來源。再進一步說，嬰兒正因爲如此無用而一點支配命令的能力都沒有，大人都會繞著伺候他、照顧他、正像眾水繞著虛谷而自實自服。我覺得《老子》這個寫法蠻幽默的

9　式盤的樣式與說明，可以參考Sarah Allan, "The Great One, Water, and the Laozi: New Light from Guodian," *T'oung Pao* 89 Fasc. 4/5 (2003): 246-253.

吧？完全無為（不用有爲、命令、支配），而自然而然大家都隨他而爲，無爲而無不爲。這是嬰兒的功能。

「無極」這兩個字，就是第二個無，常德的說明。有兩個說法，一個是「極而徹底的無，全盤的無」，一個是「完全沒有極限」。我覺得兩個都可通。全盤無是沒有東西，貧窮缺乏到底，相對於「有」的充滿富有而有價值，也就是徹底無價值的垃圾的象徵。「沒有極限」是無形，沒有形狀而等於沒有可用之處，當不了有價值的器物。《道德經》認爲此「無」像嬰兒一樣：無價值而當有價值之事物的開端，根本，來源。最後就是「樸」（嬰兒、無極、樸），也有同樣的意思。樸是相對於下文的「器」。器是有價值的文物，無論是工具或是禮器，都是社會所肯定爲有價值的有形而合乎某種目標的東西。樸乃是未刻未割的原料，就是還沒有被砍成器物的木頭。「樸散則爲器」。樸要「散」才能爲「器」，就是說那無定形，無價值的東西要被分裂才能有器物出來。莊子〈馬蹄〉篇有一段說明此「樸／器」關係的意思：

> 故純樸不殘，孰爲犧尊！白玉不毀，孰爲珪璋！道德不廢，安取仁義！性情不離，安用禮樂！五色不亂，孰爲文采！五聲不亂，孰應六律！夫殘樸以爲器，工匠之罪也；毀道德以爲仁義，聖人之過也。[10]

犧尊、珪璋就是器物。「殘樸以爲器」很好的說明了「樸散而爲器」，所以散字跟殘字一樣，是蠻有道理的。樸是原料，當我們從此原料挖出一個器物的形狀而得到此器物所待有的價值，我們同時產生兩種忽略的副作用：一則殘害原來的樸；二則同時產生樸中不被採用造成器物的部分而拋之爲廢物，就是所謂的垃圾。你挖出那個器物的時候，同時一劃就有兩

10　〔清〕郭慶藩撰，王孝魚點校：〈馬蹄〉，《莊子集釋》，頁336。

段，一段是肯定有價值的，就是器，你不要的那一部分就變成廢物，就是垃圾。但是你創造價值之物的時候，同時在創造垃圾，一挖出一個善，就破壞原來非善非惡的樸，而同時產生了惡。

莊子的〈天地篇〉有一段可以更補充說明此義：「百年之木，破爲犧尊，青黃而文之，其斷在溝中。比犧尊於溝中之斷，則美惡有間矣，其於失性一也。跖與曾、史，行義有間矣，然其失性均也。」[11]「犧尊」與「其斷」就是器物與垃圾。其一被肯定爲有價值，其一被否定爲無價值，而兩個都一樣失去原來的樸的未分全體，而此全體才是兩邊的來源，當然也是器物有價值肯定爲善的部分的來源。而對《道德經》來說，此來源與其說在於犧尊器物有價值那一部分，不如說在於其斷、垃圾無價值的那一部分。

今天我們就要論證這個道理，這個根本思想模型在道家思想到處可以看到，含義非常廣。並不只涉及價值論，也涉及到很根本的存有論、認識論的模型。因爲在道家那裡，價值論本身就涉及存有與認識的所有問題。這層意義可以從「樸」跟「名」的關係看出來。

《道德經》第三十二章曰：「道常無名。樸，雖小，天下莫能臣也。侯王若能守之，萬物將自賓。天地相合，以降甘露，民莫之令而自均。始制有名，名亦既有，夫亦將知止，知止所以不殆。譬道之在天下，猶川谷之與江海。」[12]這個「制」字，我們剛剛看二十八章也有提到：「大制不割」、「始制有名」。「制」也是一種砍或者一種挖，但是「割」是完全割掉了，「制」就畫出來一個東西，但是沒有完全斷掉了那個關聯。一開始，制出來有名，名只有一章，知止就是不割。如果繼續畫，繼續挖，那個東西一再地割，就是不知止，而知止所以不殆。

三十七章也講：「道常無爲而無不爲。侯王若能守之，萬物將自化。

---

[11] 〔清〕郭慶藩撰，王孝魚點校：〈天地〉，《莊子集釋》，頁453。

[12] 〔魏〕王弼注，樓宇烈校釋：《老子道德經注校釋》，頁81。

化而欲作，吾將鎮之以無名之樸。無名之樸，夫亦將無欲。不欲以靜，天下將自定。」[13]你可以看名跟制、樸跟器、價值跟無價值的關係，我剛剛列出來有名／無名，名是價值的一個代號，如果看早期道家的思想。當然「名」有命名的意思，但是我覺得更根本就是所謂有名的含義，就是凸顯出來並肯定有價值而出名的意思。所以這個「名」一邊是命名、定義出來、界定一個東西，畫出來一個界限，但是同時把它當做被肯定的價值所追求，所以跟「欲」有關係。追求之欲、目標跟名有關係，跟器物有關係，跟價值有關係。相反的，有「樸」的幾段，有廢物、垃圾、無名、無形等等「樸」的意思。中間兩句可以看出「樸」是無名的，「名」也是從「樸」、「制」出來，就是像上面所說的割出來的意思，其實「名」在這脈絡已經是指謂「價值」的字，光說「有名」其實就是說「有好名」。就像「五色令人目盲」那一類的東西，那個「色」就是「名」，那些中間的無名的顏色，是不被肯定的，你可以了解價值跟定形的關係在這裡已經凸顯出來。

因此東西有形有象，可以被指定而看得見，被社會價值觀給定位的地位與身分，合乎已經被設定肯定的界定的事物。像儒家「正名」的名，「刑名」的名，名就指一個事先指定的標準，一個職業該做得到的責任，這個就是所謂正名的名。君君、臣臣、父父、子子等等，就是一個價值標準。這裡就含著《道德經》很大的洞見之一：一個事物被認識為一個不折不扣的「東西」，必先有一個成見標準判定它是何物，必合乎其中先有價值定位的期待位子，才算得上「有」此「物」。所以我說價值論會牽扯到存有論跟認識論，換言之，「無／有」的關係，「無名／有名」的關係，都是透過「樸／器」關係而了解的。我覺得這個非常重要。

「有」是從「無」割出來的，「有形」是從「無形」割出來的，「有名」是從「無名」割出來的。割出了以後，一樣會有兩種副作用：一則迫

13　〔魏〕王弼注，樓宇烈校釋：《老子道德經注校釋》，頁90-91。

害原來的無、無形、無名。二則又會產生不被採用而生下來的廢物。而奇怪的是：此廢物㈡與原來的未刻未割的東西㈠，兩者是同一個語言，就是我剛剛唸出來的「陰」的排列，它指涉所有這個名單上的字，虛／嬰兒／無名／無極，一邊是指廢物，已經被割了以後不要的那個部分，也同時是還沒有的、未刻、未割的全體，沒有分「有價值」跟「無價值」，也叫做樸／無／無名等等。同一個文字所指的，都是一字兩義的雙關語。我覺得這個才是《道德經》思想脈絡的關鍵。

未割的樸叫做無／無形／無名，而割了以後的廢物也叫做「無」（貧窮，缺乏該有的）、「無形」（不可觀，亂七八糟）、「無名」（沒有名氣）。這兩個（未割未分的全體，以及割後分後的廢物／一分）正好是一名兩義。對我來說，這就是《道德經》所有古古怪怪的修辭的祕訣，也是道家哲學的大門。廢物，不被採取的部分，扔掉的垃圾，是跟未分的源頭分辨不了的。試著指出未分的全體其實不知不覺正在指垃圾之一分，試著指垃圾之一分其實不知不覺正在指未分全體。如此則垃圾廢物有一個特別功能，就是又意味著全體分散後的一分，又意味著未分全體本身。就是有這個雙關的意思。如此則同時是部分，同時是全體。吾人所謂中國哲學特有的「遍中論」的開端正在此出現了。上面引用的第二十八章因此說「守其雌、黑、辱」（就是不被肯定的，不被採用的，扔掉的廢物）才能「復歸於嬰兒」（就是未分的源頭）。

第二節　未分與有分：《老子》的「垃圾哲學」

我們既然已經活在有名、有物、有分的世界，如何了解、如何關聯到未分的源頭？如果說「未分」其實已經是「有分」，因為「未分」就是與「已分」分開而對立了，分了才能成立而成為有內容的指謂。如果更進一步把價值放在「未分」這一塊，又重演一樣的「有價值與無價值的分別」問題。如此則說什麼「無分別」、「未分」等話，其實只是火上加油，更增加分別，更增加價值偏見。要解決這個問題就似乎到了一個瓶頸，不可

能解決。但《道德經》就找出了一個活路。在「已分」的世界裡，唯一的指出「未分」的向度就是要借上述的「一字雙關」的巧合：「已分」世界裡拋棄為廢物的東西既然是跟原來的「未分」向度同義，我們可以直接說，廢物就會免不了同時帶著「未分」的意思。

後來的道教是不是比較忽略了這一點，我不知道，可以提這個問題。一般而說，神學、形上學有一個共同的弱點，就是對「原初」、「本體」、「本真」、「第一因」等完全而純粹未分、萬物之來源的幻想，以為我們的現狀不完整；片面偏離、不平衡的已分世界的不滿，可以透過一個直接回歸的作用而重新的接觸到萬物的來源、未分的整體全體等等，純粹的、未分的、至善的，與之連結起來而大團結，恢復我們失去的健全感。這個衝動本身沒錯。失去的未分的「天地之始，萬物之母」的重要性正好就是道家所要提出來，而且確實認為我們唯一可以健全活著的方法就是恢復與之連結。問題是，直接的方法是永遠不可能成功的。如上所論，邏輯上的不可行是很清楚：一把「原初未分」跟「現狀已分」分開來了，以前者為必取而以後者為必去，就更鞏固了分別的心態，一直蔓延下去而變得越來越嚴重。宗教、形上學的各種對己、對他的暴力都從此長出來。但是，幸好《道德經》早就有見於此問題而提出很驚人巧妙的解決方法。一邊不拋棄對萬物之母的追求，一邊了解，因為其有內在結構弔詭，不可能直接達到。答案就在「垃圾」的雙關意思。

何以論之？「垃圾」是一個分別的物嗎？又是又不是。其實，「垃圾」這個詞所指的並不是某某特定之物，而是廣指所有現在不要的東西。除了我認定為有價值，有用的東西以外，所有剩下來的東西都算「垃圾」。我在追求某某物，或很多物，或社會價值觀，或自己經歷所養成的習慣、所認定為有價值的所有之物，我的意識焦點所認取為「物」的東西就限定在這些東西上，忽略任何不合乎那些先定的標準的事物，不給它任何地位，甚至於把它看成是一堆不倫不類的無定性亂塊，就是所謂的垃圾。而在《道德經》來看，正因為是超出我們先定的定義界線，這些無定

性的垃圾才是我們活在這已分、這價值二元世界唯一能夠稍微接觸到那未分有用無用、未割破的「樸」的顯現。「垃圾」雖然是一部分，但是有特別帶著全體意思的一部分。垃圾雖然是分後的、用完以後所丟掉的東西，也是回到最初的重新開始。垃圾雖然是最後來扔掉的部分，但是也是唯一恢復原初的通道。要回到純粹而能湧現世界生生萬用的天地之始，只能通過最髒、最無用，最後而最弱的垃圾。「處眾人之所惡」也是《道德經》的陳述。垃圾就是新的開始的肥沃。

也可以說你看天地間任何一個東西，有時候都是包括在「垃圾」這個詞的含義裡頭，所以它是真正的無形、無所不包含的一個字，所有排列為B的反價值，我覺得都有這個特點。因此非常有趣，在《道德經》的形上學，因為樸跟器的關係，有兩種不同的含義。我就提醒你們一下，B，所有垃圾、反價值、樸、無那一類的東西，一邊指已分的廢物、不肯定的反價值，一邊指還沒有割的全體的樸，因此A、B的關係是不對稱的。

所以我們排列出要了解所謂的「陰」，你要把它看成是未分的，不是包含器。其實從樸挖出來的，剩下來的東西還是樸，但同時又是廢物了，就變成雙重意思。因此，有很有趣的一些後果，B就有如下六個不同含義，我剛說垃圾有特別的功能，B就延伸為道德經的「道」的意思。

1. B is the *opposite* of A, excluding A. This was its original meaning.

2. B is the *source* of A, and what it must return to. Whatever A we pinpoint, it can only have an origin in something that is non-A; thus B. However we define value, it must originate in non-value; however we define an entity, it must originate in non-entity—there is nothing else from which it can come if it comes at all. The formed originates in the formless, the carved comes out of the unhewn raw material.

3. B is actually *both* A and B, including both A and B. For B is the raw material from which A was cut, and A is still entirely made of what we now, after the cut, refer to as B. The wooden cup is still wood, so "wood" refers both to the

cup and to the scraps carved away from it.

4. B is really *neither* "A" nor "B" ; true B excludes both so-called A and so-called B. For we only use the name "B" in contrast to "A," and "A" only appears after the cut. We we name what precedes names with the name "namelessness," but then this "namelessness" is only another name. The real namelessness is named neither "name" nor "namelessness."

5. B is actually always *more B* than whatever we call B. Since it is neither A nor B, it is even more a negation of form and value than B, which was supposed to be the negation of all form and value (i.e., all A), but was still itself a form and a value, precisely because it had a specific delineation (i.e., constrast to and negation of A). It is even more "formless" than (the form we call) "formlessness," even more indefinite than (whatever we are defining as) indefinite. The real B is beyond B, more B than B.

6. B is actually always *more A* than whatever we call A. By definition, A was supposed to be the locus of value, where value comes from, how we get value. But it turns out what really does that is B—the course, the source, the end, the stuff of A. A means the exclusion of B, but A without B turns out not to be sustainable value at all. Conversely, B includes both A and B, so B is the only true A. Dao is an A term that is here used in a new B sense, enfolding all the previous senses. B is the real A.

「B is the *opposite* of A, excluding A.」它原來是這個意思，都是相對的，所以樸就是器的相反，或者其斷，或者無名，是兩個對稱的、互相排斥的範圍。所以B原來是A的相反，但是同時我們剛剛講那些雙關語，B所有那些（無極／嬰兒）都是一邊是A的相反，一邊是A的來源、歸處。

在第五章，所謂「芻狗」的形狀開始是無用的東西對不對？「天地不仁，以萬物為芻狗」，芻狗原來是沒有價值的，社會把它結成一個可以崇拜的、有價值的東西，然後又散掉了，被拋棄了，被丟掉了，這就是我

們所謂有形的東西的形成，對不對？所以又是A的相反，又是它的源出也是歸宿。其實你可以在邏輯上說，原本你可以指出的東西，它的來源是什麼？當然，最簡單的說法，任何東西是非「這個東西」而來的，因為它基本上是起點，那在起點之前都是沒有那個東西，所以如果那個東西一直指定為有價值，它是從沒有那個價值的狀況而出來。

這樣講來，B is actually *both* A and B, including both A and B. 所以說，樸跟其他是B的東西，都有這兩層意義，一邊是原料，如果我把器刻出來，刻出來的還是木頭，原來的原料還在，但也是被排斥的那個部分，就是它們共同點在於B不在於A了，這個很特別。So, The wooden cup is still wood, so "wood" refers both to the cup and to the scraps carved away from it.

但是這樣講起來，B is really *neither* "A" nor "B"，你也可以說，B是排斥A跟B。一邊是包含A跟B，但是B同時，如果說「有／無」是相對、有分別的，這樣子的話，無不是真正的無，這才要講到什麼「無極」等等，或者說，無名跟有名是相對的，無名還是一個名，所以真正的無名是排斥無名跟有名。

更有趣的就是，B is actually always *more B* than whatever we call B. 順著剛才那個意思，無名其實必須比任何一個否定價值更進一步，在這個方向的更沒有名，更沒有你所找的價值或者形狀，或者合乎限定的標準的東西了，所以它是比B還B，可以這麼說。但是《道德經》還有一個轉折，有時候會說「其名不去」或者說「常名」這一類的話，我覺得這一章的轉折就是說：B is actually always *more A* than whatever we call A.

這個就是最後的反諷，就是道家反諷思想的開端，和關鍵的地方。其實沒有價值是最有價值，而所有的價值其實都在於那個地方，所以《道德經》會說小，也會說大，它一邊是最小，但另一邊，比如三十二章，[14]又

---

14 《道德經》第三十二章：「道常無名。樸，雖小，天下莫能臣也。」〔魏〕王弼注，樓宇烈校釋：《老子道德經注校釋》，頁81。

是最大，大是價值，大小也是一個對稱的A／B。

　　但是《道德經》爲什麼說，它那麼小是因爲大。因爲無私而成其私，成其私就是A，就是萬物歸之，爲什麼歸之？因爲有大功成而不居，夫唯不居，故不去。那個不去也是它的A，所以眞正的A，你也可以說更徹底的A、實在的A，其實也就是在於B。這就是我認爲最重要的這六個意思：B是A的相反、A的開頭，包含A跟B，排斥A跟B，比B還B了，還有比A還A，這個就是《道德經》的「道」。我覺得我就講到這裡。

莫加南：非常感謝任博克老師那麼精彩的報告，讓我們了解「垃圾」這個概念也很重要，我覺得非常有意思。接下來邀請賴錫三老師做回應跟對談。

第三節　對談與回應：「垃圾哲學」的遍中論

賴錫三：任博克老師在談《莊子》的時候，創造了一個wild card的隱喻，在談《老子》的時候創造了一個garbage的隱喻，實在是太有趣了。你在陳述《老子》的「垃圾哲學」的時候，中間穿插《莊子》的觀點，很有啓發性。

　　我先繞一個彎路來跟你對話，也從《莊子》開始。莊子跟惠施的三大論辯，其中一個就是有用、無用之辯。對惠施來說，莊子的主張、言論都是垃圾，無所用之，不管是樹木、葫蘆，不合乎規矩，不合乎匠工眼中的可用之才，就是無用。莊子顯然某個意義下也繼承《老子》的垃圾哲學，也就是「無所用之」的哲學。這個無用跟他所要展開的逍遙之道是連接在一起的，這裡面有對於「價值／反價值」的反省，也有你說的存有論、認識論、價值論共構的問題。聽完你這個報告以後，我對垃圾產生新的看法了。我這幾天還在跟林素娟開玩笑說，以前我都會抱怨：爲什麼每次都是我在倒垃圾？從現在開始，我不再抱怨了。原來垃圾這麼富有深意！

任博克：在紐約，你知道到處都堆著垃圾。

賴錫三：垃圾是我們這兩天很有趣的話題，我想到以前曾經寫過一篇討論羅蘭巴特（Roland Barthes, 1915-1980）的「懶惰哲學」跟《莊子》、《老子》「無爲」關係的文章。[15]羅蘭巴特有一個很有趣的說法，他說他有兩個巴特，一個是巴黎的巴特，巴黎的巴特是一個名人，一個「有用」的人，每天都在收一大堆的信，走在街上的時候常常會有人要他的簽名，很多貼在他身上的形容詞——有才華的、在法蘭西學院任教的等等。可是他到後來很厭煩這個巴特——這個有價值的、有用的、天天被稱讚的巴特。他有一個儀式性的行爲：逃到鄉村。他談到他去了非洲摩洛哥的時候，在巴黎鄉村的時候，他是沒有用的、無名的，很少有人認識他。那時候他是一個無用的人（廢物），在那樣的日子裡，他過著一種無欲的生活。有趣的是，他對無欲的描述，其實在某個意義下是最有欲望的。在鄉村的巴特，他所做的事情都是業餘的，而不是職業的，都是無用的，比如說，業餘地畫他想畫的畫，聊他想聊的天，作他想作的曲，他發現在無用的巴特、垃圾的巴特、鄉村的巴特狀態下，他處於最大的愉悅，同時處於最大的欲望（無欲之大欲）。

　　巴特當時就很敏感的提到這種狀態，並連接到《老子》的「無爲」，很明確的談到《老子》的無爲以及禪宗的「任讓」。他說：我們應該勇於懶惰。這個觀點可以連接到惠施跟莊子關於葫蘆有用沒用的辯論，惠施會說葫蘆長得太大了，大而無用，惠施就用暴力把它剖之，也就是你剛剛談到的斷之。葫蘆浪費了很多的肥料，最後讓惠施失望，固定化的「用」的對象性失效之後，他就覺得這個葫蘆真的是垃圾，就把它整個暴力地破壞、丟棄了。

　　莊子說大而無用的葫蘆，雖然無用，但如果把它重新放到另外一個新的脈絡下的時候，就會產生新的意義與新的作用，比如說，把它綁在腰帶

---

[15] 賴錫三：〈道家的逍遙美學與倫理關懷——與羅蘭·巴特的「懶惰哲學」之對話〉，《當代新道家——多音複調與視域融合》（臺北：臺大出版中心，2011年）。

上面的時候，它變成了大樽，變成了游泳圈。莊子在談論有用無用的時候也談到樹，大樹不一定要把它砍下來做成合乎規矩繩墨的「材」，你也可以讓它樹立在無何有之鄉、廣漠之野，看似無用，可是它讓自己不遭受傷害、不中道夭折，而且還能夠轉化你跟它的關係，使得你也從有為有欲的固著狀態，轉化到無名逍遙的遊之狀態。

　　從你對垃圾的說明，尤其對後面的B，是非A且非B，或是既是真A也是真B的那個論述裡，我從中看到了一個非常有意思的「垃圾的中道觀」。什麼叫做垃圾的中道？你剛剛談到中國最早的「遍中論」可能開端於《老子》，我很贊成，希望等一下你多闡發。

　　我對所謂的垃圾的「遍中論」是這樣想像的：垃圾之為垃圾，是因為它離開原來用的脈絡，東西用舊了、用老了、用壞了，覺得不好用，你就把它拋棄掉。垃圾就處在一大堆原來一定的「用」的脈絡，而當被我們命名的、特定的功能脈絡暫時性失效之後，就成為一堆暫時失去脈絡的渾沌之物。我們觀察這一堆垃圾的時候，會發現一件有趣的事：如果仔細看detail，還是可以認得出來，在那一堆垃圾裡面，你仍然可以找到過去的脈絡形式的物的軌跡，它離開了原來「用」的固定化脈絡軌跡，暫時失去脈絡，可是又能夠找到過去痕跡，似乎還有一個「若有若無」的過去物的形式在那裡。但物的形式又被剝奪了原來特定有用的指涉性、整體性，它失效了，成為垃圾。這樣的垃圾對我來說，它就具有一個「即有形即無形」的「中道（兩行）」的特質，不是純粹的無形，也不是純粹的有形。它同時具有一個「相即」的暗示性，也就是等待被重新脈絡化，等待重新被放在一個用的脈絡下，重新獲得更新的意義。

　　這種垃圾的中道觀，就會連接到你在報告裡提到對於形上學的反省，或者說對於神學、對於無分別的絕對追求的批判反思。我們因為落入到名以定形的世界中，於是就在規範的架構下，在分別的世界產生很多限制和困境，很多不公平，很多在你說的兩種後遺症而產生的價值二元論的掙扎之中，所以宗教、形上學通常就會渴望一個非分別的世界，以求得到一種

解脫，或一種徹底的安頓。你做了很好的邏輯論證和分析，渴望絕對無分別的追求，事實上已經再度甚至更加落入了分別，已經離開了當下，已經把無分別跟分別更精微地做出分別，而且再把欲望導向絕對無分別的追求時，它已經變成一個更大的欲望和對象化的執著了。不管在佛教的修行，或在《老子》、《莊子》談「為無為」、「為腹不為目」，就是要破掉這種單純的、對於一個絕對無分別的形上幻象的追求。你從垃圾的分析裡面告訴我們：因為純粹無分別的追求也預設了超越的區分，結果使得無分別的追求變成另外一個新的價值高求，所以很多人就認為應該要找一個更高、更超越性的價值去追求，去追求形而上的道和絕對的純一境界。從你的分析看來，這是求不到的，而且反而會落入一種暴力，同一形上學的暴力，還有對於自身欲望的壓抑或壓迫的暴力，而在《老子》的弔詭表達或「正言若反」裡，你透過「垃圾」這個具有「遍中論」（非A非B，即A即B）的隱喻或思維，來回應「價值」與「反價值」的二分難題。

　　垃圾這個觀點，也讓我想到《莊子》的「下」這個概念。〈知北遊〉的東郭子問「道在哪裡？」莊子回答說：道在螻蟻、在稊稗、在瓦礫，甚至說道在屎溺。道就在垃圾裡，道就在最髒、最臭的糞便裡。[16]所謂「道無乎逃物」，而且「每況愈下」地不斷回到最卑下的眼前。這就解決了形而上跟形而下的二元對立，追求形而上本來是想要治療庸俗，可是它也可能造成了另外一種形上／形下的二元困局。返「下」，你也可以說是把形而上帶回到形而下，這裡面就有一個形上與形下的相即，或「無」跟「有」的「微妙玄通」的「中道」課題。換言之，可以從垃圾談出中道的工夫實踐模式，以及破除physics跟metaphysics二分，治療絕對超越性追求

16　〈知北遊〉：「東郭子問於莊子曰：『所謂道，惡乎在？』莊子曰：『無所不在。』東郭子曰：『期而後可。』莊子曰：『在螻蟻。』曰：『何其下邪？』曰：『在稊稗。』曰：『何其愈下邪？』曰：『在瓦甓。』曰：『何其甚邪？』曰：『在屎溺。』東郭子不應。」〔清〕郭慶藩撰，王孝魚點校：《莊子集釋》，頁749-750。

所帶來的困境與幻象。

　　你談到「遍中論」，但描述得不多，等一下希望你能再補充說明。回到垃圾本身，它有沒有超越性？它是否可以破除形而上、形而下的二元論，破除二諦論？從天臺說，天臺的三諦論還是不同於龍樹的二諦論：真諦跟俗諦具有一種細微的區分。一旦帶有細微的區分，真諦超越性的priority就一定會存在，這個時候就會徹底指向一個超越分別的、無名的世界，一個絕對沉默的追求。而天臺的「遍中論」，便為了解決這個難題。你對「垃圾」的表達同時是雙重否定又雙重肯定，也就是「遍中論」透過「雙重否定」跟「雙重肯定」的「非A非B」又「即A即B」的這種工夫論，而這種面對欲望的「不斷斷」的方式，它又具有何種意味或模式的另類超越性，要怎麼被談出來？

　　我覺得你剛剛的報告已經隱含了這些意涵，對於形而上學的陷阱、同一性暴力的再超越，這裡也涉及到所謂的「一字雙關」。這「一字雙關」或是「正言若反」，希望你能再多做解釋。一字雙關，不只是修辭的問題。一個字，或者一個「真正的B」，它的雙關是既關聯到A也關聯到B，可是它也不能停留在A也不能停留在B，但它也不能離開A和B，所以一字雙關就隱含了反諷的潛力在其中。這也是《道德經》難讀又最耐人深思之處。

　　而且反諷如果是「垃圾」的中道觀，似乎便具有一種雙邊反諷：它既反諷人們對形上學式的絕對無分別的追求，也反諷人們掉入了定「有」的追求，有用性的追求，反而因為遺忘了「非-價值」的源頭，反而在追求價值的過程中掉入了偏執，遺忘了「非-價值」能重新帶來脈絡的更新轉化。所以它可能是對於A、B雙邊都要反諷的，等一下希望多聽你談一談。

　　最後，如何把垃圾的中道觀連接到「共生哲學」來？你在描述價值與反價值的架構時，價值與反價值通常被當成是價值中心跟價值邊緣，價值中心比如美、善、光，是值得追求的；而反價值就被排斥了，變成一般世

俗意義的垃圾。大部分人都不想成為垃圾，不想成為一個無用的人，因為他會在這個社會上一直被霸凌，一直產生價值被否定的虛無感，這個問題若連接到《老子》的垃圾哲學的中道觀，或是垃圾哲學的辯證法，要怎麼描述？現在的年輕人有許多虛無主義的情調，強調廢的哲學或者耍廢，為什麼？因為立足社會，要擠到價值中心難之又難，很多人在追求過程中總是有所失落，慢慢就養成了一種那我就不要追，我就不參與，過「適性即逍遙」的生活好了，甚至耍廢的生活。耍廢姿態正在這個時代到處蔓延，可是在你所描述的垃圾哲學中，真正的B也不可以完全等於B，因為B是被價值所排斥的垃圾，而它也可以帶來價值的虛無主義，而真正的B和虛無主義的關係又是什麼？把這個問題講清楚，或許可以回應《老子》和《莊子》既能克服形上學的一偏，也克服了虛無主義的另一偏。廢物的哲學談出了非常深的妙意，可是如何防止廢物（垃圾）的哲學，被年輕人的耍廢情調給合理化？等一下也想聽聽你的想法。

再來就是共生，你在談價值與反價值時，已經隱含了所謂暗黑的東西，也就是「知白守黑」的黑，因為被排斥為反價值的東西，因而造成了道德的暴力、道德的排斥性，或是自我真理化、自我道德化的傲慢所帶來的虛偽。如何跟自我和解以形成更大的寬容？下一次林明照會談《老子》的「善者吾善之，不善者吾亦善之」的道德寬容問題，應該也會觸及到「知白守黑」的共生意味。而你在報告裡面談到，「花」跟「汙泥」兩邊不可偏廢的問題，是不是也隱含著類似的共生意涵在其中？也許你可以再闡述一下。

最後，你這個「遍中論」的談法可以克服二元論，在佛教的脈絡底下，它會涉及到對於體用論的回應。因為體用論也是為了要克服二元論，所以體不離用、即用顯體。可是體用論似乎還保有一個根源的本體，作為一個超越性或規範立理的根源。王弼把「無有關係」朝向體用論來解釋，這個「體」是不是隱含了一些可以澄清、對話的空間？我把這麼多麻煩的大問題拋給你，希望不要倒給你太多垃圾了。

任博克：這些問題很深，很重要，我覺得我們就聊一聊好了，看看能不能點到一些有趣的，也許可以再進一步去把握這個含義。我第一個就是要回應你剛剛提的「垃圾」的中道意思，我覺得非常重要，而且說得很好。所以我們說無形，或者無名，或者渾成、混沌之物，我覺得說的很清楚，整個道家思想其實它是無形是混沌的，一大堆有形的東西，不倫不類的，你遠看它就是模糊，沒有一定的形，而且任何一塊「無」你仔細看它，一大堆東西，一大堆形式，一大堆具體的東西都在那邊。你剛剛講的我覺得非常好，就是你要怎麼了解它，爲什麼變成垃圾，就是它脫離了原來的脈絡，原來的社會或個人的價值觀。因爲脫離了原來把它定起來，給它一個定位的脈絡，它就跟周圍的其他的垃圾的東西不組成一個可認出的一個形，但是其實無形中就有形了，我覺得這個方法就很具體的可以理解。

說到莊子跟惠施的對話，當然也正好是提到這個問題。你看它無用，它是零件，零件也是零，但是零件也是很多小東西，可以接通很多不同的東西。所以，我總是覺得，這個文字很有趣，中文現代語「零」字的用法有這個含義的。像惠子的葫蘆故事，我總是覺得，其實是在運用垃圾、無用、廢物那一類的意思，因爲在這個故事好像有兩層，我很想問錫三的想法。就是說第一個是宋人，有人要用做不龜手之藥，他先舉這個例子，這個例子是把某一個小用轉成一個大用，但是莊子這個葫蘆好像是把一個小無用轉到一個大用，在這裡，大用跟大無用重疊了，爲什麼？因爲浮於江湖，可以說也是一個用，也是一個無用。跟不龜手而戰勝的用，還是有一個很重要的差別。[17]

---

17 〈逍遙遊〉：「惠子謂莊子曰：『魏王貽我大瓠之種，我樹之成而實五石，以盛水漿，其堅不能自舉也。剖之以爲瓢，則瓠落無所容。非不呺然大也，吾爲其無用而掊之。』莊子曰：『夫子固拙於用大矣。宋人有善爲不龜手之藥者，世世以洴澼絖爲事。客聞之，請買其方百金。聚族而謀曰：「我世世爲洴澼絖，不過數金；今一朝而鬻技百金，請與之。」客得之，以說吳王。越有難，吳王使之將。冬，與越人水戰，大敗越人，裂地而封之。能不龜手一也，或以封，或不免於洴澼絖，則所用之異也。今子有五石之瓠，何不慮以爲大樽而浮乎江湖，而憂其瓠落無所容？則

　　我覺得，大有用跟大無用其實是同一件事，也是中道的意思。小有用跟小無用是分別的，天臺也發揮了這個意思，很巧妙的。上個禮拜我們提到把那個東西徹底化了，它就變化了。現在西方哲學也有這種意思，量會導致質的變化，徹底化、純粹化，大的有用，在這裡不是某一個特定的用，是浮於江湖的那種更無用的一個用。但是這個大無用其實就是跟垃圾一樣，很多小用在裡頭，很多小零件，你在浮於江湖的時候，有很多短暫的欲望或者目的，或者轉化了。那些東西就像上個禮拜你談的河流，他們不是直線的，統一的，一致的。所以也許你可以說，大無用是很多小用組成的，但是多元化的小用就是大無用，大無用就是大有用的。

　　我覺得還有兩個問題，我絕對要回應一下，我不知道能不能解決你說的耍廢，也許我們可以問大家，我有一些想法。我先講另外一個問題，《老子》、《莊子》、天臺那個脈絡的中道、「遍中論」的一些特點。我說《老子》可能是「遍中論」的開端，這是因爲在我看來，它第一次提出有一個又是部分又是全體的一個籌碼。那就是垃圾，或者樸／無／無形。因爲它是分開的一半，但是同時一直雙關也是整體的，因爲它的否定的位置，是以價值的否定爲主，「處眾人所惡」、「上善若水」，也是你剛剛講《莊子》的往下的趨勢。因此我覺得這個開端的可能性，以我看來，可以解決永遠的無窮的追求，無分別又建立了一個分別的惡性循環的那種問題。

　　但是《道德經》我自己認爲不是同一個作者，而且也不是同一個時候所寫的，是很多不同繞著這一類的思想，收集的一些精選集。在我看來，我剛剛講的那一類的思想構造是最有趣的。當然很多人有注意到，《道德經》一般而言是有達到「中道」的一種方式，我完全可以同意這種解釋。但是中道有一個特點，第一層意義就是B是A的相反，所以否定的意思也很強，所以雖然它還是會達到非A非B跟包含A和B，還有眞A、眞B。但

　　夫子猶有蓬之心也夫！」〔清〕郭慶藩撰，王孝魚點校：《莊子集釋》，頁36-37。

是通道一般而言都是要通過B，不能透過A。在這裡，我覺得《莊子》就變得活潑了，很多方向都可以通。在天臺更發揮了，因爲用方便論，開權顯實的那種思想和方法就多了。問題是方法多了，但是在佛教那邊還是要透過一個「空」。「空」也是否定的意思，當然有明顯的關係了，而在天臺那邊也不只是空，但是因爲它還是在佛教的脈絡裡，有時候就處在《老子》跟《莊子》之間。我覺得《老子》和《莊子》達到道樞，或者中道，或者兩行，兩邊都可以，「可」跟「不可」是平衡的、同等的，它的方法有進一步。我覺得大概就有幾個地方，我剛才說「知其白，守其黑」那一類，其實已經有開始開闢另外一個道路，不是完全偏向B了，是B但是還要注意到一點A，這也是做了兩邊的包含。還有錫三你上個禮拜談的三十六章「將欲歙之，必固張之」等等，這也是有開出另外一個活路，你的解釋也可以通。如果傳統的解釋，就是說A可以物極必反，善用物極必反，還是用A達到B。這在《道德經》很少見，我覺得在《道德經》一般的是要透過B才達到A跟B，跟非A非B，還是以B爲主。

你說共生之道，提到下個禮拜林明照也要談的善人跟不善人的說法在這裡也許是最明顯的。其實我應該也列出來，善／不善很明顯是A跟B的關係。我覺得「道者，萬物之奧」，或者馬王堆說「道者，萬物之注也」[18]，這個奧和注，跟式盤、谿、谷都可以合起來，了解這個意思。這個奧是看不到的、最內在的地方，也是注進去的那個虛，那個中位，所以我覺得還是很有共鳴的。

但是下面的善人之寶，不善人之所保，所保就是能保的意思，善人是有意識的追求，不善人不管「道」，但是「道」還是會保護他，那個就

---

[18] 《道德經》第六十二章：「道者，萬物之奧。善人之寶，不善人之所保。」帛書本作「道者，萬物之注也」。參《馬王堆帛書老子》，收入彭曉鈺校對：《老子四種》（臺北：大安出版社，1999年），頁27。

叫「善人，不善人之師；不善人，善人之資」[19]。所以資跟師的關係很明顯，強調兩邊，跟「知其白，守其黑」的想法相通。

　　所以我覺得《道德經》就有這幾個方法，有那個原初的洞見，從垃圾、中道可以這麼說。一般大多數它是強調B，但是其實它強調的B，有的地方還沒有《莊子》那麼大膽，沒有「為善無近名，為惡無近刑」那麼徹底，但是像二十章也有這種描寫的很生動的，一種無用的人的生活，垃圾人的生活。最後有一句對不對？「貴食母。」[20]我覺得可能要從這裡立足，當然《道德經》跟《莊子》比，有它保守的一面，可以這麼說，它還沒有《莊子》的徹底化，我不知道大家有沒有這麼覺得？所以它還是會定上「食母」。

　　我對「天下之母」的解釋也有一些意見，第一章的「天地之始」在馬王堆那裡是萬物之始，所以是「無名萬物之始，有名萬物之母」，馬王堆兩個都是萬物，不是天地。如果是這樣子的話，可以把它解釋為無名是萬物之始，如果給它一個名，那個名就是「母」，像五十二章說「以為天下母」，那個「以為」有一點類似二十五章說「強名」，所以天下之始、萬物之始跟萬物之母是同一件事情，同一個東西。但是一個是有名，一個是無名。[21]

---

[19] 語見《道德經》第二十七章：「故善人者，不善人之師；不善人者，善人之資。不貴其師，不愛其資，雖智大迷，是謂要妙。」〔魏〕王弼注，樓宇烈校釋：《老子道德經注校釋》，頁71。

[20] 參見《道德經》第二十章：「絕學無憂，唯之與阿，相去幾何？善之與惡，相去若何？……眾人熙熙，如享太牢，如春登臺。我獨泊兮其未兆；如嬰兒之未孩，儽儽兮若無所歸。眾人皆有餘，而我獨若遺。我愚人之心也哉！沌沌兮！俗人昭昭，我獨若昏。俗人察察，我獨悶悶。澹兮其若海，飂兮若無止。眾人皆有以，而我獨頑似鄙。我獨異於人，而貴食母。」〔魏〕王弼注，樓宇烈校釋：《老子道德經注校釋》，頁46-48。

[21] 《道德經》首章：「無名天地之始，有名萬物之母」，帛書本作「无名，萬物之始也。有名，萬物之母也」。參《馬王堆帛書老子》，收入《老子四種》，頁12。第五十二章：「天下有始，以為天下母」、第二十五章：「吾不知其名，字之曰道，強為之名曰大。」〔魏〕王弼注，樓宇烈校釋：《老子道德經注校釋》，頁139、63。

　　比如說無名,你命它為無名,我其實應該把「母」放在B,「母」是一個空洞的生產力,但是「無名」在中國古代社會是真的無名無姓的,也不在系譜上,「無名」是指下／虛／子宮／玄牝之門之類的,我覺得這也是「耍廢」,可以貼到二十章,其實它描述非常頹廢的生活,但是很重要那一句「貴食母」,它的價值觀、它的貴在於什麼都不在乎,什麼都不喜歡,什麼都不覺得有任何價值,但是它還是會移動它的價值觀在奇奇怪怪的B那個方面去,我覺得《道德經》的方法好像是認為你想要把欲望移到沒有形象的東西,這個叫做無欲,它的欲望就會開始有漂浮的活動在變化。所以它描寫的十五章也是很好的例子,講那個「古之善為士者」的樣子,[22]他們行動很慢,好像很謹慎,但是其實是等他們靜到一個極點,就開始慢慢萌發出來動,或者他們是非常「濁」,濁當然是B的範疇,但是「濁」徹底到「徐清」,就是慢慢清了,所以也許這個辯證的物極必反,B到底就是轉變的意思,如果可以跟耍頹廢的秩序對話一下,要看是不是很徹底的頹廢,真的頹廢到底會有一個反動,依《道德經》來看,不然的話可能無形中有一個東西還是保留在那邊,把它穩定化了。它還沒有碰到底、還沒有hit bottom。

　　《道德經》這個說法,我覺得有很多有趣的問題在其中,但是我覺得可能從那個角度可以開始探討,因為十五章和二十章我覺得可能是立足的地方,可以開始看到這種問題。你問得很豐富,很多問題我不知道有沒有碰到,可能還有一些我剛剛遺漏了,但是先答到這裡好了。

莫加南:非常感謝博克老師完整的回應,因為今天時間比較多,我們還有一個小時的時間,賴老師可能稍微回應一下,對談一下。

---

[22] 《道德經》第十五章:「古之善為士者,微妙玄通,深不可識。夫唯不可識,故強為之容。豫兮若冬涉川,猶兮若畏四鄰,儼兮其若客,渙兮若冰之將釋,敦兮其若樸,曠兮其若谷,混兮其若濁。孰能濁以之徐清?孰能安以久動之徐生?保此道者,不欲盈。夫唯不盈,故能蔽不新成。」〔魏〕王弼注,樓宇烈校釋:《老子道德經注校釋》,頁33-34。

賴錫三：任博克剛剛談到了真正的耍廢，比如說西方存在主義，對於荒謬、虛無的徹底化，當你真正徹底到那種地步，很真實的沉浸虛無主義到底的時候，好像內部隱含了一種虛無主義的自我克服或自我超越，或者還有另一種是活不下去了。

　　虛無主義的徹底化隱含著另外一種物極必反的生機，生命整個自我反轉的可能性。如第二十章就很有意思，《老子》說「眾人皆有餘，而我獨若遺。我愚人之心也哉！俗人昭昭，我獨昏昏。俗人察察，我獨悶悶。澹兮，其若海；飂兮，若無止。眾人皆有以，而我獨頑且鄙。我獨異於人，而貴食母。」大家都清清楚楚知道意義感、方向感，一起床就知道怎麼樣勤奮地走出人生漂亮的第一步，可是《老子》二十章把自己描述成真的像是廢人，完全茫然無方向。可是最後一句說「貴食母」，他是自覺的，不人云亦云地去跟風。比如說《莊子》談到「知效一官，行比一鄉，德合一君，而徵一國」，大家好像都知道那是光明之追求所在，但《老子》的「貴食母」，也不是宋榮子「舉世譽之而不加勸，舉世非之而不加沮」，因為宋榮子的「定乎內外之分」，他想要找到一條完全屬於內在本真的存在方式，於是把內在的本真和外在的關係，完全對立地區分開來了。而《老子》的「貴食母」，並不是存在主義式地想從內在找到一絕對的自我或絕對的支點。

　　《老子》是在自我轉化為「無―我」的前提下，才能談「食母」，「無―我」的掏空跟被價值拋棄的虛無感，非常不一樣，它其實隱含了否定的創造性自覺和修養在其中，是一個真正行動的支點。在我看來，它是能夠於各種有用、無用的價值共在時，不斷柔軟調節中道的能力。

第四節　問題與討論

莫加南：非常感謝賴老師的補充。朋友們，我們現在時間很充分，所以現在歡迎我們線上的朋友提問。

黃玉眞（臺灣高雄中山大學中文所博士候選人）：請任老師對於方才賴

老師提到「遍中論」是否仍不離有一實體自性的體用論再多加說明？天臺宗的「遍中論」是否仍屬於存有的形上學呢？

任博克：有一點可以關聯到我最後講的，《老子》跟《莊子》跟天臺的差別所在，就是說《老子》很多地方就是偏向B、或者是母那個方向去解決問題，在這裡可以找到一個中道，中道原來在一個特定的地方。但是如果看下去，它就是好像先要立一個弔詭的本體，以我看來，這是中國哲學第一次立了一個類似的本體（古代的天命我們另外談），而且一提到了本體，馬上是弔詭的本體，也就是無的本體、同時是無本體。

我覺得，因為看到很多在西方的否定神學，也有弔詭的含義，便會因為有一點忽略《道德經》系統的弔詭用途，錯認西方否定神學為類似於《道德經》的「道的本體無即無本體」的意思。其實不然，因為西方否定神學如果我們仔細的觀察與分析的話，會發現本體的實在性與形上意義始終沒有淡化，甚至於是強化了。這一點從其中一律A與B關係單單限制於對比的意思，也就是我們六層意義的第一層意義而已，很明顯的可以看出來。其實此種否定神學不過是把傳統神學以及柏拉圖主義的「重A輕B」思想形式的極端化的一種意外副產物，始終沒有改變西方哲學的二元論的價值觀，執著神聖絕對真善美的偏見。我們今天談的就是《道德經》六種意義合一的意思，它一立了真A，好像是真的一個本體，真的有「萬物之母」聽起來總是一種本體，但是如果了解全體思想的構造，把握其所以然，就知道意思完全不一樣。所以雖然勉強可以說《道德經》立了一個本體，但是因為馬上又要把它否定掉了，內在的包含必然即立即破的含義，所以肯定與否定是同等，甚至是同義，可以算夠徹底了。

我覺得如果王弼用本、體來說明《道德經》，其實是因為他對於《老子》、《莊子》要做一個輕微的批判或者保留，他注意《道德經》的十一

章「利」跟「用」的差別，還有在三十八章注中又提出來而指出「捨無以
為體」跟「貴無以為用」的差別，[23]因此他認為如果《道德經》明明談了
一個「無」作為本體其實不夠無了，孔子才是真正的體無了，無到沒有
無，根本不必談無。孔子已經捨了無，不談無，如此才表現他真的「以無
為體」。《道德經》裡的無，這不過是「以無為用」。所以，一立無為本
體，無就不是本體。

所以我覺得《道德經》就算在王弼的眼中好像是要必經過的階段，它
是自我否定的，或者我們剛剛談到頹廢的自我超越、自我否定，其實已經
包含在《道德經》的系統，這就是我要講的那六個意思，它要立一個本體
沒有錯，但是那個本體是弔詭的，又推翻了自己，到最後又立了又破了，
所以到處都是。常有名／常無名、常無欲／常有欲，它要兩邊都可以通。

但是我覺得這個跟「遍中論」還是有一些不同。我剛剛談的問題，
在天臺「空」的、否定的那一面，也是有轉折的特別用途，但是到最後的
發揮，「假」也有可以開權的能力，不只是「中」或不只是「空」可以
開。「空」可以開權「假」跟「中」，是沒問題的，這跟《道德經》的想
法是類似的，就是徹底的「無」，還有一個自我變成「假」，所以它也會
把所有原來固定的，或者有定形的，有自性的東西重新脈絡化，使得任何
假立之事物「X」當體同時顯現為「非─X」。但是在天臺那邊，任何假
事物一被如此開權，此假事物本身也具有開權其他一切假立事物的能力，
也具有開權「空」與「中」的能力。「假」也可以推翻「空」與「中」。
「假」也可以立也可以破，「中」也可以破也可以立，「空」也可以破
也可以立，「空」也可以絕對化，「假」也可以絕對化，這個是「圓融

---

23 《道德經》第十一章：「三十輻，共一轂，當其無，有車之用。埏埴以為器，當其無，有器之
用。鑿戶牖以為室，當其無，有室之用。故有之以為利，無之以為用。」〔魏〕王弼注，樓宇烈
校釋：《老子道德經注校釋》，頁26-27。另外，王弼對《道德經》第三十八章的注語是：「雖貴
以無為用，不能捨無以為體也，不能捨無以為體，則失其為大矣，所謂失道而後德也。」〔魏〕
王弼注，樓宇烈校釋：《老子道德經注校釋》，頁94。

三諦」，「圓融三諦」已經不能用體用論來說了。而且智者大師（538-597）文獻中幾乎都不出現典型體用模式的思想。

解釋「遍中論」可能要比較花一些時間，但是構造有一些不同的地方，像錫三說體用論原來是要克服二元，但是它有一點不完全成功，有遺漏的一些可能性。有時候，我覺得我們可以從這個角度來了解天臺的不同。如果是看《莊子》內篇，我覺得就不用透過本體，直接用「滑疑之耀」來解決這個問題，[24]但是〈外雜篇〉有的地方也比較接近《老子》，〈外雜篇〉常常引用《道德經》，但有各種不同的發揮。我覺得可能真的討論要一個一個講，剛剛〈知北遊〉也是一個好的例子，我覺得也是蠻接近《道德經》的。

莫加南：非常感謝任老師的回答。宋家復老師也有問題。

宋家復（臺灣大學歷史學系）：兩個問題：一、這樣的老子、佛家三論宗，甚至僧肇《肇論》有何不同？二、這樣的老子或道家要怎麼處理mysticism問題？還是根本已經沒有這方面問題？In your 2012 book pp.152-153, a similar argument was made. But there seems to be a bit different from today's. Would you care for elaborating on this?[25]

任博克：對，前面兩個問題我剛剛大概說了我的看法。不過，三論宗是另外一個問題。我覺得，三論宗以天臺的立場來說，是一個比較符合複雜而徹底發揮的一個「但中論」，它還是要看很多原文的地方，當然辯護三

---

24 〈齊物論〉：「古之人，其知有所至矣。惡乎至？有以為未始有物者，至矣盡矣，不可以加矣。……唯其好之也，以異於彼，其好之也，欲以明之彼。非所明而明之，故以堅白之昧終。而其子又以文之綸終，終身無成。若是而可謂成乎，雖我亦成也。若是而不可謂成乎，物與我無成也。是故滑疑之耀，聖人之所圖也。為是不用而寓諸庸，此之謂以明。」〔清〕郭慶藩撰，王孝魚點校：《莊子集釋》，頁74-75。

25 參見Brook A. Ziporyn, *Ironies of Oneness and Difference: Coherence in Early Chinese Thought; Prolegomena to the Study of Li* (Albany: SUNY Press, 2012)。

論的有很多餘地，這個很複雜。但是以我看來，簡單來講，它還是把否定跟肯定一層一層先分後超，每次一樣的形式，先做了一個分別，而後超越了這個分別，又繼續做另一個分別，或者把分別與不分別當一個分別而後又超越它，超越此分別放在語言之外，然後又立了一樣形式，分別語言與超語言，而有立了超越此分別的「中」，它其實給我們一個無窮的重複。以我看來，我會覺得是有一點像黑格爾（G.W.F. Hegel, 1770-1831）說的「惡性無窮」、bad infinite，雖然它是很巧妙的處理每一層，但是我覺得它「方便」跟「不方便」說的分別，到最後還是沒有完全徹底的解決。因為《道德經》不是系統化，所以比較有一些餘地，裡面可以包含種種不同的方法。

我們做思想史的工作，方法論的問題是可以討論的，但是如果像我剛才那個報告，我們就要抓住很多細節，有可能很不同的地方，那六層意思當然不是在《道德經》裡頭對不對？這個是我的推測分析，希望可以用這個來解讀各種各樣《道德經》的論述，因此跟上面來比，雖然它要提出一個本體，或者「母」或「弔詭」的目標，但是它會強調「弔詭」是比較沒有系統化的，所以反而以我看來是比較活潑一點，可以有多樣化的作用。就我剛才講，在工夫論《道德經》有至少三、四個不同的方向和方法。在天臺來講，變成系統化的多元方法，而且每一個方法都發揮很多細節，像別教中有無量法門的解決，圓教中保存別教的無量法門而一一開權，顯示每一個都空、假、中，就是說每一個都又破又立又是無外法界（絕待而遍一切時空的實相）。這個可以講很久……錫三好像要加入討論。

賴錫三：我發現我捅了一個「馬蜂窩」，把佛教帶進來之後，問題就會變得非常廣大，可能會蔓延到很多地方去，必須把問題再拉回來一下。佛教會連接到非常龐大複雜的問題，沒有辦法一次性地在此聚焦討論，我先把它拉回到剛剛宋老師提到：《老子》、《莊子》跟神祕主義的關係是什麼？能不能談神祕主義？它的超越性在哪裡？

　　神祕主義或宗教，是一個形上學的變形，對於一個徹底的無分別或是說神祕主義的基本命題，就是Holy One，絕對神聖的同一。當所有事物超越分別、超越語言、超越時間、超越空間之後，到最後匯歸到絕對的一。博克在報告時有談到道教問題，道教的內丹最明顯是追求先天的境界，其實就是要超越一切的分別，超越語言，甚至陰陽也要超越。因為陰陽涉及到變動的問題，一旦有變動就會有雜多，就會有差異化，從二到三到萬，差異不斷會演化出來，某個意義下就越遠離「太一」。〈天下〉篇曾經描述老聃「主之以太一」，「太一」可以用北斗那個中心來形容，但問題在於《老子》是不是住「太一」？是不是守住北斗的中心抱著不放？《老子》因為談沉默、無言，講無極、混沌，好像想要回到「母」。而要回到那個「母」，只有不斷地從多回到一，甚至歸零，歸於無窮無盡、沒有形式，沒有形象也沒有語言的絕對零，才是母，才是真正的不可道之道。

　　一般的神祕主義，大概是採取這樣的理解，所以採取逆反，要從後天返回先天，從陰陽和合為一。內丹就把《老子》的「道生一，一生二，二生三，三生萬物」倒過來讀，一定要從陰陽返回太極，太極再返回無極，並把它解讀為煉氣化神，煉神還虛。在我看來，內丹就是一個徹底的神祕主義追求的道路，取消了世界，取消了差異、雜多、變化，以為絕對無分別的東西才是終極之道。但我認為這樣來理解《老子》，也只得一偏。因為《老子》的「道」讓開，無為，完全不主、不宰、不命、不名。而「道」完全讓開之後，本體其實就弔詭地取消了自我，進入一個「即有即無」的兩端不住，這樣才能夠「有無玄同」，成就「眾妙之門」。換言之，《老子》的「母」，並不取消差異、走向超絕的「本無」，而是「即無即有，即有即無」的玄同狀態。「有無玄同」，有沒有神祕主義的意味？你可以說這裡面其實也有神祕主義，也有超越性，可是這個神祕主義剛好破掉了無的偏執，回到萬物，在萬物之中來「即無即有即中」，是平凡中即不平凡。我認為這裡面有大神祕，可是真正的神祕或大神祕，剛好是破掉了過分神祕化的那一極端，而回到「即平凡即超越」（或者「即俗

即眞」）的玄同之祕。

任博克：我要補充一下，我也很同意這個說法。我覺得錫三說的很好，我剛才說有「非A非B」那一層，如果認爲徹底否定語言、否定可思議，否定或者有形、有名的那種所謂神祕主義，我覺得在老子，這一步驟絕對不可避免，但是像我剛才說的，因爲未分別跟已分別，這樣的分別也是不穩定了，不成立了。一定要透過它這個不可避免的步驟，但是它的步驟完了，馬上就會弔詭，轉回到亦有亦無，亦有母亦有子，亦有名亦無名，亦有欲亦無欲。很多方面可能還沒有《莊子》那麼徹底，但是這裡很多已經立足了。比如，我們看這六層意義，你立了其中一個，其他五個一定也會跟著來，其中一個是絕對的超越，但是這一個超越在《道德經》我們會發現又回到完全內在，雙A雙B。我今天講的，跟家復提的那本書，那個時候只有五個點，現在又多了一點，但差別沒有很大。或者你覺得哪裡不同？前四個是差不多的，可能第五個的說明，因爲現在把它分開了，比較發揮了一點點，我不知道有沒有差異很大。

莫加南：非常感謝任老師的回應。我看我們在留言的平臺上還有兩個問題，我們就先讓蔡老師發言，謝謝！

蔡瑞霖（臺灣警察學校）：謝謝賴老師和主持人莫老師，還有任博克老師。我先做一個補充，然後請教一個問題。第一個是博克說到的「正言若反」，我非常欣賞您最後講的B比A還A，我先就這個來說文本問題。博克老師說《老子》通行本非一人一時之作，應該是一個選集，是那一類思想的集成，我非常贊同這個看法。所以我要就二十章裡面提到的「絕學無憂」來提問，如果照版本研究來講，它應該屬於上一段後來變成爲第四十八章的「爲學者日益，爲道者日損」的這一段之開頭才對。也就是說，依照未分章的竹簡本的順序，它應該歸到上面去，屬於上一段「日損之道」連著讀。

　　如果要用博克所說的方式來講，其實是要我們去掉一些學術上的支

解知見，才能關聯到後面的，就是分章本第二十章所說的「人之所畏，亦不可不畏人」上。這個段落的重讀正確了，就可以跟大會題目所說的「弔詭」，即《莊子》裡面說到的「大夢之中的夢」，醒過來之後，是「覺而大覺」的狀況相符合，從學術語言的泥淖中跳出來，然後才發現我們都意有所指，都是用名言、語言、名相去規定之概念遊戲。如此才能體會到《莊子》說「君乎，牧乎，固哉！」的灼見。君是主宰也、主體也，牧是被主宰、被動的，若都不再有主客觀或主被動之分，就能巧妙回到語言遊戲上面去。

　　如果這樣的弔詭可以弄清楚，反過來看「正言若反」，也許博克所說到的以天臺宗「遍中論」所提到的，B也許比A還更原始更真實，這個意思才能夠被我們深刻了解。正因為這個問題非常深刻，所以就牽涉到第二個問題，儘管天臺「空觀、假觀、中觀」的遍中整體論，如任博克老師書中所說的，以及剛剛錫三兄所提到的可以調中而調和調整的「調中論」，或者如儒家常講的「執兩用中」的「用中論」，其實都有一個共同的源頭。我們從整體源流來看，中觀思想裡面所講的是「辯中邊論」（也說辯中論或中邊分別論），它的推論其實很簡單，倘若不用方才五個A與B的關係加第六個來講，而是以「辯中論」來看，就很簡單了，就是「A是非A，所以是A」（A非A，所以A），這正是《中邊分別論》的分別思維模式，也是般若智，即空性。

　　所以它也是在強調一個唯名戲論，而戲論乃是佛教的一種根本教法，它也可以當做某個意思下的垃圾。在垃圾可用的時候，是調中式的用之，暫時保留地用之，順這樣，它用完之後上樓抽梯、過河拆橋的動作都變成了戲論，所以佛教說這一種語言來往也可以是戲論，就可以不用多論了。所以「般若智」可以拆掉自己所走過的足跡，也因此這種說法才能夠出現反諷的態度，來證成「正言若反」的恰到好處。這種反諷如任博克所提到的「垃圾之道」，也可能因為時間關係沒有講到後續的「不笑不足以為道」第四十一章的內容。

　　其實「下士聞聽道而大笑」，以為不足以為道，正是因為他大笑，所以他能真正了解「道」。因此，這個「反」字有一個特殊意義，正如《老子》在核心文本也就是竹簡本裡面所說的，「反」不僅是單純的字面上的反。「正言若反」四個字是後來的帛書版本才加進去的。我們要了解這個「反」其實是返回的「返」字，如果非要用帛書以後的版本不可，那就要將「正言若反」的「若反」兩個字當詞來連用，這才是重點。「若反」可以讓我們知道它不是真正的相反，它是有作用的反。如果不用帛書本的說法提正言若反，而是回到竹簡本，那是沒有這四個字的。我們應該回到《老子》本來所說竹簡本裡面、最原始的核心文本所提到的，也就是那不到兩字裡、不分章節的那一關鍵段落「反者，道之動也」之反（返），這個反是「大曰逝，逝曰遠，遠曰反」的回返的返，而且是大而遠，遠到無邊無際，就自然整體包容起來。恰恰是這種返回自身，回到跟問題根源點的「返」（反）才是真正的關鍵問題。

　　因此才能體會博克的比喻非常巧妙，「零件」也是零，但是零件又成為「組件」，這一套套的配置，可以為組合而備用的，當它沒有用的時候統稱為零件。所以這個關鍵是很有意思的，必須請教於任博克老師，關於六個A與B的關係，如果單純以中觀思想的「辯中論」，也就是《中邊分別論》來說，「A非A所以是A」的簡單表述，對於「空性」的理解，或說「性空唯名論」的理解原來是一種語言遊戲，這個看法不知道您怎麼看呢？謝謝！

任博克：我就簡單的回應一下，我覺得這是很深刻的一個問題。那個版本差別，真的很值得考慮。竹簡本跟王弼本特別對於「反」的解釋很有意思，跟絕學無憂也是，也可以跟我們今天談的有很漂亮的一些關聯。我覺得蔡老師提中觀的思路很有道理，內容也很豐富。剛剛提到道家的思路跟佛家的入手方法不一樣的地方，可能從這個角度是最直接的，完全沒有錯。我剛剛說在《道德經》我看到A跟B是不對稱的，因為B是樸，而A是

從樸挖出來的器，佛家的邏輯並沒有這種認識論的前提。所以，在般若思想，任何A與非A原來它們是很對稱的，可以直接反過來的。又透過A非A故A那種思路，又回頭說B非B，故是B，然後把這兩個就合起來了，其實這個思路的步驟跟《道德經》有蠻不一樣的內在構造。

當然有一點像家復提的三論問題，也許一進入般若思想的系統，你可以說是很簡單的祕訣，但是又使用在很多不同的方向，就變得是一個比較複雜的系統，但是我覺得謝謝蔡老師提出這個問題，因為對稱、不對稱的，我覺得是一個根本的不一樣。在天臺開始，他們可能有一點結合起來，或者有一個新的重視，但是我覺得這個差別是應該指出來的。

賴錫三：剛才蔡老師也談到一個關鍵性的〈齊物論〉的夢覺問題，「弔詭」這個概念第一次出現，就是在〈齊物論〉的脈絡，要回到這個脈絡裡面，才能看出原創性意義。其中的脈絡剛剛蔡老師已經點到了，他談夢、夢中夢，談到夢與日常意識，最後談到有一種叫「大覺」，可是最後孔丘依然「君乎牧乎，固哉」，然後莊子說這個「大覺」依然不離夢，這個寓言太重要。在我看來，沒有一個離開夢的大覺，才是真正的弔詭。所以對於那種追求絕對，以為終極解脫的無分別作為大覺的主體，或作為真君真宰，《莊子》說其實依然不離夢，沒有離夢，亦即沒有離變化，也沒有離開千變萬化的思考，沒有離開「攖」的「寧」，只有「即攖即寧」才是「弔詭」。

這樣它有什麼大用意？比如說，你不能夠離開言去找一個無言，所以《莊子》強調「言無言，終日言而盡道」，這個時候，語言就變成能夠不斷開權顯實的方便法門，不是離開語言去找一個大覺。其實你是在不斷的語言遊戲過程中，讓語言更新脈絡化，而在更新脈絡化的過程中，語言也已經在無窮盡的變化之中，不住於自身，而「言無言」的弔詭方式，打開了一個超越性。這正是《莊子》所要描述的「弔詭」很豐富的意涵，這個弔詭同時克服「絕對無言」與「名以定形」的任何一偏，它克服兩偏，所

以「言無言」的弔詭，就有從環中調動兩行的能力，這個是對蔡老師的問題做一個補充。

Daivane：感謝老師們的精彩呈現，受教良多。請益兩位老師：道家「環中雙行」的中道思想與佛家「雙照雙遮」的中道思想有什麼不同？第二個問題：儒家的「執中」、道家的「不執」與佛家的「圓照」之間有什麼具體區別，很想聽聽老師的解答。感謝！

任博克：我們好像一直在繞著這個問題，我覺得可能蔡老師剛剛提出一個開端，如果真的看般若思想到「雙照雙遮」思路的步驟，一開始是很整齊的、很對稱的思路所累積起來的，到了一個盡頭，最後那一段，就是三論跟天臺的差路所在了，差別在於兩家如何處理「方便」和「開權顯實」的問題。如果缺乏「開權顯實」那個部分，空的含義會很不一樣。你看佛家對於這個問題有各種不同的說法，如果你專門講般若，那是一回事，你講天臺又是一回事，僧肇又自成一家，三論也是，都是般若思想，但是各個又很有創造性，所以我覺得這個問題不能一概而論，其實是很複雜的。甚至對於「體用」的問題，我們剛剛談的體用問題很重要，各家處理的方法其實蠻不一樣的，很有討論的餘地，所以我覺得可能要說他們怎麼不一樣，你就要分開講。

　　我今天講這個不對稱的樸跟器的關係，我覺得在原來的佛教，其實不是這樣看否定，這是中國古代思想對於否定特有的理解，是很有趣的。比如「無」字，你看就算在文法上，「無」字你要說一個東西存在不存在，「無」在文法上不是普通的一個動詞，比如說你在白話文，有杯子、無杯子，有鬼、無鬼，但是一般中文的文法中，動詞是在名詞的後面。「無」跟「有」為什麼在中國沒有徹底否定，沒有像巴門尼德（Parmenides，約515-445 B.C.）的那種古希臘「有」跟「無」截然不同而不可能互通？中國古代為什麼也沒有創造世界的實體化創造主？我覺得，這都跟這個特有的對於否定的理解有關。其實照理，古文說「無X」是一個簡稱，應該是

「天下無X」的簡稱，只是漏掉了主詞。在中文的文法就沒有問題。但是從此就可以看出來，提到任何一個內容，必定同時假設此一內容所出的背景，講天地這個內容也是，必定有一個更大的還沒有天地的背景先具，才可以「有」天地或「無」天地。這個背景就是周圍還在的無形，就是樸，就是B。一提到本有，必定有比本有更大的背景，它就會馬上轉到或者變到弔詭，我覺得這個是中國特有的東西，可能要討論的比較久。這幾個問題都有關係。有／無是不對稱的，在印歐的系統裡頭是對稱的，在印歐系統否定是一個語言的文法直接簡單的「有」的相反的東西。但是「無」就是無形，此無形跟肥料、玄、樸，相對於名、價值、形等等，都很有關聯，我覺得那是中國古代特有的，如果你要一步一步的看，在《道德經》各章有不同的發揮，到了《莊子》當然有更大的變化。

　　到了中國佛教，以我看來，僧肇已經開始同時進行結合這兩個系統，所以我最簡單的回答你的問題，一個是對稱的有無觀，一個是不對稱的有無觀。不對稱的有無觀的否定，是像希臘和印度會問為什麼有世界，而不是沒有，像海德格（Martin Heidegger, 1889-1976）也有這個問題。這個問題在中國不直接提了，所以「有」「無」的對稱、不對稱，我覺得可能最根本的不同就在這裡。實際上是每一個年代的作家、思想家都會想如何處理，把那些東西組合起來等等，所以這個可能講不完。

　　有一個關於斯賓諾莎（Baruch Spinoza, 1632-1677）的問題我很快補充一下，為什麼他在西方的思想有突破性，其實也跟我剛剛談「有、無」的問題有關係。雖然有很多人會把斯賓諾莎跟巴門尼德並提，認為他們基本上是一樣的。但我覺得不一樣。因為斯賓諾莎的實體，或者自然，或者神，有西方未曾有的含義。因為斯賓諾莎的規定就是否定，所以內容就是否定，所以無限跟無內容終於在西方形上學結合起來，終於統一「有」跟「無」。雖然它是存有論，但是它的存有徹底到已經連無也是有，也是中道，所以也是物極必反，那是最實體論的物極必反的一個例子，實體等同於空，空等同於實體，突破了西方實體化的形上學，我覺得斯賓諾莎重要

性就在於此。

莫加南：非常感謝博克老師，不知道賴老師有沒有要補充？

賴錫三：剛剛提到佛教講「中」，儒家強調「中」，道家也說「環中」，而且中國本身就以「中」爲名，所以中國哲學這個概念在先秦已經非常豐富了，我覺得任博克「遍中論」的提法很有意思的地方是，它區分出一中論、但中論、遍中論，並透過佛教天臺的討論談到「遍中」，他把天臺跟老莊歸列爲「遍中論」，印度佛教的二諦論或者華嚴並沒有完全克服「但中」的問題。

　　這個問題之所以重要，比如說儒家非常強調「允厥執中」、不偏不倚、中庸之道，發展到宋明理學更重要了。朱熹也不斷在參「喜怒哀樂未發謂之中」，未發的「中」又被視爲是一個心性的本體或本源。可是問題在於，這個中很可能被當成是唯一中心，被實體化，或者被形上化、本質化了。如果你把最根源的本體、太一當成「中」，或者把無跟道當成「中」，萬物繞著「中」而轉。如果是這樣理解，《老子》的道、物的關係又會墮化爲「一中論」，道變成一個絕對的中心，萬物只能繞著「道」轉，看起來強調「中」，可是「道」變成了價值中心的本源，或是以一御多的中心，而被固定化下來。

　　所以如何區分一中、但中或遍中，在我的理解裡，很重要的判斷是，有沒有把「中」本體化、形上學化、本質化。再則，「遍中論」涉及弔詭的思維方式，這可讓「中」無所住於「中」，既可以從「有」來談「中」，也可以從「無」來談「中」，當然也可以從「調中」的「即兩邊又不住兩邊」的「遍中」來談「中」。以〈齊物論〉來說，就是「天籟」，「萬物咸其自取，使其自己」，背後沒有怒者，所以每一個萬物都是「中」，可是每一萬物都跟其他萬物互有依待的關係，不可能住於自己的「中」，所以它既是中心又是邊緣，這樣才有無所不在的「遍中」可能性被十字打開。

　　每個國家經常都會認爲自己就是世界的中心，伊利亞德（Mircea Eliade, 1907-1986）在研究「中」的時候就告訴我們，在神話或宗教人的思維裡，每個國家都認爲自己是「地中」，而且都要找到「地中」來建立都城，認爲北斗星都在他頭上，擁有權力的時候你就變成是「中」。但是「遍中論」的弔詭之中，會不斷地解離自我的中心化，並允許「中」無所不在。儒家的「允執厥中」，有沒有達到遍中，如果從老莊來看，儒家可能沒有達到遍中，可是從它也不斷想談一個活活潑潑的「中」，它是有這個傾向性的，但因爲它缺乏對「無」創造性的否定的思考，以至於它有一個細微的本體作爲「中」的堅持，使得它可能沒有達到「遍中論」的思維，這個是值得再對話的有趣問題。

莫加南：非常感謝賴老師的回應，眞的很有趣，我們大概還有六分鐘，我覺得李志桓這個問題是可以幫我們今天做一個總結。

李志桓（臺灣高雄中山大學中文所博士後研究）：從這種重新看待「垃圾」、「沒有用」的哲學出發，怎麼思考「共生哲學」？一群頹廢的人，眞的可以一起生活嗎？頹廢的人和不頹廢的人，可以相安無事嗎？

任博克：我先說幾句，錫三可以說最後。我覺得《道德經》絕對是可以實踐的，你有什麼原因覺得是這個是很難相信的，也是可以再討論，你覺得它不實際。但是《道德經》提到了「不善人者，善人之資」，還有「無棄人，無棄物」，「聖人常善救人而無棄人」等等。

　　也許可以談論聖人，或者我們剛剛談論耍廢的問題有提到了，《道德經》肯定有虛無到底的自覺者的角色重要性，所謂的聖人，在《莊子》比較複雜一點，但是在《道德經》是我們說的徹底的垃圾，徹底的頹廢，這是大無用，不是小無用了，是大無用就等同於大有用了。所以我提到十五章的「濁而徐清」，「物極必反」好像有萬物歸之的作用，它要徹底的虛無。你看莊子〈德充符〉的一些人物，也許你可以看到這個差別所在，當然有一般的頹廢人，但是眞的頹廢到那個程度讓國王費解，把國家讓給

他，這是很徹底的頹廢人，所以這個是「為道日損」的工夫，一般的頹廢是小頹廢，還不合格。這是我的想法，我不知道錫三怎麼說。

賴錫三：你舉〈德充符〉的例子，哀駘它頹廢到魯哀公要把整個國家讓給他，這實在是太反諷的說法。[26]而李志桓的問題確實可以作為今天討論的總結。社會上很多失意者、邊緣人，在有用的追求、血淋淋的競爭下，逼迫自己追求的過程中落後，或是那些不合乎標準而受傷的人，他們都被當成是無用的人。但是有時候我們想一想，那些所謂成功人士也苦不堪言，讓自己在有用的過程中，把自己用盡了、耗光了，而且下不了臺。平常在舞臺上很累人，離開舞臺之後失魂落魄，其實他們也是另外一種傷心人。任博克引到《老子》的「善人者不善人之師，不善人者善人之資」，提供了另外一種共生的中道。有時候被邊緣化，其實平心想一想，可能比中心保有更大做自己的空間，或者你反而可用另外一種更新的方式去反轉，提出一種更完整的思考方式。

比如說，思考女性主義，不一定是要跟男權爭權對抗的形式，女性主義可以從柔軟的B的角度去批判思考，A的思維方式走向一種剛強的、競爭的主體之後，其實也走向了片面化。所以女性除了一方面在社會中要爭取公正平等的權利，也有可能從《老子》的B那個角度，提出一種既是A也是B，既是非A也是非B的更完整思考，也就是說，在邊緣中可能破開剛強主體的一中論思維方式，反而能達成創造性思考的「反者道之動」的新可能性。傷心失落的人也同時要去思考，要不要頹廢到底，如果只是小廢，那還是住在廢的世界中，其實你就沒有機會翻身。如果根據博克的說法，真正無用到底就物極必反地谷底翻身，由「大無用」弔詭地轉化為「大有用」。其實，「大無用」終究還是有一個「用」字藏在其中，你的存在、存活，其實也已經在影響身邊，你已經在以某一種方式祕響旁通地回應著這個世界，換言之，「大無用」本身已經隱含了「大無用之大有

---

26 參見〔清〕郭慶藩撰，王孝魚點校：〈德充符〉，《莊子集釋》，頁206-210。

用」的「無用之用」了。

莫加南：非常感謝賴老師，博克老師真的對我們非常好，願意跟我們開會到十二點，博克老師還會參加我們下個星期的活動，所以我們也會有機會跟博克老師繼續談共生哲學的問題。非常感謝任博克老師、賴老師今天那麼精彩的對談，很熱烈的掌聲，感謝大家。

任博克：謝謝！再見。

第四講

《老子》：「無棄
人，無棄物」的
「和光同塵」之道

時　間：2021年7月23日（週五），上午9:30-12:00
導讀人：林明照（臺灣大學哲學系）
與談人：陳贇（上海華東師範大學哲學系）、賴錫三（臺灣高雄中山大學中文系）
主持人：莫加南（Mark Frederick McConaghy，臺灣高雄中山大學中文系）
逐字稿整理：蘇泓瑋（臺灣高雄中山大學中文所碩士）
文字編校補注：李志桓（臺灣高雄中山大學中文所博士後研究）

莫加南（Mark Frederick McConaghy，臺灣高雄中山大學中文系）：大家好，今天是我們跨文化漢學共生哲學的第四場活動。林明照老師是我們今天的導讀人，今天討論的題目是〈《老子》：「無棄人，無棄物」的「和光同塵」之道〉，非常有意思的題目。然後，我們非常榮幸能夠邀請上海華東師範大學的陳贇老師當對話者。那除了陳老師之外，賴錫三老師是第二位對談人，所以今天的活動一定會非常的精彩。現在，我就把時間交給賴老師，他做一個更詳細的介紹，賴老師麻煩你了。

賴錫三（臺灣高雄中山大學中文系）：今天討論、導讀的主角是臺大哲學系林明照，我想臺灣的朋友都很熟悉，他對於道家的研究可能有二十年功力了，非常專注，寫的每一篇有關道家、《老子》、《莊子》的論文，都有所貢獻，尤其這七、八年來，我們互動蠻多的，在我的觀察裡，林明照對於《莊子》的倫理學的重講相當有系統，而且非常集中。我們一直認為，道家有它的倫理關懷，而且跟儒家是有一些有意思的對照跟差異性的，可以互補，甚至可以調節儒家的倫理學關懷。在這個部分，我跟明照擁有類似的想法，但是明照對《莊子》的倫理學的重構，跟當代很多倫理學觀點進行了更細緻的對話，我個人非常期待他對於道家的倫理學重構的研究能夠在近幾年內，出版一本有代表性的專書，今天邀請明照來談《老子》的這個問題，是一個非常合適的人選。另一位受邀對談的就是陳贇教授，他在華東師範大學哲學系，也是老朋友了。陳贇教授在我的觀察內，

是中國大陸做中國哲學這方面非常有創造力的學者，而且知識系譜很廣。他做了中國哲學研究，除了文本的細緻分析之外，哲學的闡述深度和系統性都非常令我佩服。這些年來，他的關懷寫作知識系統拉得非常廣，包括了歷史哲學的文化向度，但是他對於《莊子》的整個重構，我覺得跟臺灣的朋友們互動越來越深，有一種如切如磋的互動。陳贇教授接下來也有一個主講場次，我邀請他來評論汪暉的天下觀，這是個很艱難的工作，所以委託給他。我希望今天讓陳贇跟林明照對話的時間更多，你們盡量發揮！我把時間交給明照。

第一節　「善行無轍跡」：解放規範的單行道

林明照（臺灣大學哲學系）：謝謝賴錫三教授的介紹，還有謝謝錫三跟莫老師組織這樣一個很有意思的讀書會。尤其在「共生哲學」這個論題上，透過《老子》來作為探討共生哲學的第一步，我覺得這是一個得以回應這個時代的哲學議題的新開展。又特別是以老子這位對於生命給予尊重的中國古代重要思想家來看，更能呼應共生哲學的意義。我今天主要是透過《老子》文本中二十七章跟四十九章這兩章，來談論老子對於「人」不離不棄的觀點及背後的思想脈絡，這種思想脈絡我想也可以對於錫三要談的共生哲學有一個回應的面向。我今天基本上比較像是一段導讀，試著把二十七章跟四十九章的一些相關脈絡梳理一下，中間有一些問題、值得討論的地方，我就試著稍微點到，帶出一些討論的空間。這些空間，事實上我期待的，是很歡迎作為進一步討論的課題，能夠邀請陳贇老師、錫三老師以及在線上的各位朋友來參與討論。

　　好，我們先來看二十七章，它的原文這個樣子：

善行無轍跡，善言無瑕讁；善數不用籌策；善閉無關楗而
不可開，善結無繩約而不可解。是以聖人常善救人，故無
棄人；常善救物，故無棄物。是謂襲明。故善人者，不善

人之師；不善人者，善人之資。不貴其師，不愛其資，雖
智大迷，是謂要妙。[1]

從「善行無轍跡，善言無瑕讁」談下來，連結到聖人是「常善救人，故無
棄人；常善救物，故無棄物」，一直到所謂「善人者，不善人之師」等
等。如果我們看這一章，裡面其實隱含著《老子》要談的一些隱喻，我試
著把寓言之中可能帶出來的隱喻向度做一些可能的聯想。當然這不是絕對
的，這中間有一些詮釋上的空間，在這邊就是提出來作為一個思考的起
點。

　　《老子》說「善行無轍跡」，我們都知道「轍跡」是指車子、車輪行
走過留下的痕跡；「善言無瑕讁；善數不用籌策；善閉無關楗而不可開；
善結無繩約而不可解」，我們從《老子》的文句裡面就可以看到，它其實
有一個我們所謂「正言若反」的這種想法，為什麼呢？因為如果我們從一
般的理解來看，通常走路難免會留下轍跡；通常「言」很難避免缺失、瑕
讁；而當我們在計算的時候，難免我們必須要透過籌策這個工具。所以在
這個地方，我們一般的行走、言語、計算，或者是我們要把東西蓄藏起
來，以及我們要把什麼東西纏結起來，基本上都需要透過一些條件或工
具。但是《老子》相對於此，它就談到一個所謂的善行、善言，所謂的善
閉、善結，所以有一個「善」放進去，來區別於一般的行、一般的言或者
一般的閉或結。我們可以看到，在這邊《老子》事實上有一個層次之分：
行有轍跡、言有瑕讁、數要用籌策，這是在一個層次裡面。但是《老子》
要談的是另外一個層次「善」，比如說：《老子》講「上善若水」，它提
到「善」還有一個更高的層次叫作「上善」。所以，在這邊用善行、善言
似乎也在提出另外一個層次，但是這個「善行」跟「一般的行」之間並不

---

[1]　文獻引王弼本，參見〔魏〕王弼著，樓宇烈校釋：《王弼集校釋》（北京：中華書局，2019
年），頁70-72。

一定是否定或衝突的關係，而是說在善行、善言的層次裡面，《老子》似乎提醒了或提點了對於一般的行、一般的數、一般的閉在層次上的反思。也就是說，相對於行有轍跡、言有瑕讁這個部分，《老子》說善行、善言的時候，它其實包含了對於行有轍跡、言有瑕讁的反省，或者是在反省裡面提出了另外的實踐方向。

　　我們如果從這裡面做一些延伸的話：行走留下了轍跡，這個轍跡似乎是被看見的，也是能夠被依循的路徑或足跡。就這個意義上來看的話，行走留下的轍跡、足跡當然可以作為後人依循的部分，也就是說，我們可以設想：像我們在爬山或在荒野之中行走的時候，如果有前人留下的足跡，當然比較能夠依循。但是，我們也可以看到，轍跡會有一些限制，這些限制就是說，它讓行走有了依循，但這個行走的方向或途徑也受到了制約。所以，當《老子》提出善行（善於行走）的時候，進一步有所謂的「無轍跡」，《老子》一方面去理解、去反省轍跡的意義跟它的限制，另一方面《老子》也在反思這個限制，提出如何去避免這個限制。對《老子》來說，真正的善行其實是能夠做到避免留下足跡。如果我們從延伸的意義來看，車輪所經過的足跡可以成為後人在行走時候的依循，將這個意思放在價值的層面上做延伸，這個「轍跡」其實引申了一個有規則可循或是有特定規範可循的部分。如果也將這個「行」做一個延伸，從車輛的行走延伸到行為，對於《老子》來說，一種更完善的行為，在於行為本身不立下或不留下一個可被看見、可被依循的規則。所以，「善行無轍跡」的意思是，聖人基本上不希望他的形式成為被模仿的，或者是被依循的一個規則。

　　「善言無瑕讁」，我們可以看到善於言語的人，他們不會像一般的言語一樣留下一些缺失。如果我們把言語連接、延伸到《老子》的其他篇章來看，它也說「多言數窮，不如守中」，多言數窮的「言」除了言語之外，它在《老子》裡面更進一步連接到所謂的政令、教化等等。繁複的政令跟教化事實上會帶來缺失，除了讓人們無所適從之外，基本上也因為其

繁複使得人們在難以應付這些政令的時候，容易犯下缺失。對《老子》來說，「善言」如果延伸到所謂的政令跟教化的時候，「善言無瑕讁」也許就是連繫到「不言之教」，真正政治上的運作不應該是那種繁複的政令跟教化，呼應著「多言數窮」的提醒。

「善數不用籌策」，「數」是計算；「籌策」是計算用的工具，《老子》告訴我們：善於算數的，基本上不需要透過這些工具。如果把這個「數」延伸到一種對於得失、對於利益的計慮的話，當統治者或者聖人在政治上的施行，考慮到所謂的利益得失，特別是權力上的得失或利益時，在這樣的考慮之中，經常必須仔細衡量、計算眼下的各種損益。可是對於《老子》來說，真正在政治上的完善，可能不是陷入在所謂的計慮得失，或者是利益的考量裡面。統治者對待人民，不是從政策或是政令能夠得到多少利益、能夠對自身產生多少利益的方式去計算，以這樣子方式去算的時候，就是「用籌策」。相反地，當統治者的統治不是建立在這些具體利益考量的時候，可能就是呼應到下一章講的：「以百姓心為心」。他所考慮的面向就不是自己的利益得失，而是更整體或者更加照顧到民眾生活情境的不同面向。這看起來不是利益的得失，但是他卻能夠照顧到更多人，能夠達到更完善的政治開展，從某個層面來看，不去計慮得失，反而能更完善，這就是不用籌策的善數。

「善閉無關楗而不可開」，一些學者解釋這個閉，都有一種「持有」跟「蓄藏」的意思。比如說，既有的統治者對於自身的權力，想要持有跟蓄藏，為了避免權力的失去，他就用了很多的手段來防止權力的流失，但是他用的手段越多、用的方法越多，越是容易被挑戰。「善閉無關楗而不可開」，對於《老子》來說，統治者的長治久安之道，不是立下層層對於權力的保護，反而在於人們不會覬覦他的權力，或是不會讓人們畏懼權力，甚至去挑戰權力。所以《老子》講「民不畏死，奈何以死懼之」，當人民連死都不害怕的時候，你用這種嚴刑峻法來制止人民對於政治的挑戰，恐怕也是沒有用的。反而是怎麼樣能夠讓人們對於權力、對於統治

者，沒有反抗或抵禦（敵意）之心，才是一個關鍵。所以「善閉」的意思是說，真的能夠蓄藏的，其實不需要透過「關楗」，也不會被挑戰。

「善結無繩約而不可解」，「繩約」如果延續到政治上，我們可以視為一種關係的維繫，而《老子》的反省是：這種關係的維繫如果建立在某種法律、某種上對下之間的有意維繫的話，那這種關係的維繫不會長久。所以，真正維繫關係的並不是來自於外在力量的約束，而是人民之間內在像江海之納百川的向心力。「結」的意思，如果延續到一種關係上面的維繫，這種關係的維繫看起來不是像繩約一樣的刻意捆綁，而是讓《老子》講的「百姓心」像江海納百川那樣自然，這時候，當然就不需要繩約，關係也沒有去「解不解」的問題。

我們可以看到，《老子》二十七章，提出善行、善言、善數、善閉跟善結，其實也提出了一般在政治上，或者在行動上，人們很難避免立下轍跡，統治者或者以言、以政令跟教化統治人民，並且用利益得失的精細計算去看統治的效益，同時對權力的有閉（蓄藏）、對於關係有結（約束）。而《老子》則認為，這種政治運作模式所帶來的不是長生久視之道，因為這樣的運作模式是短暫的、是暫時的工具性考量。當《老子》提出所謂「善行」、「善言」的時候，一方面指出了它要反思的政治脈絡裡的一些問題；另外一方面，它也點出真正的關鍵在哪邊？比如我們剛剛說到的「善閉無關楗而不可開，善結無繩約而不可解」，真正的關鍵在於為什麼沒有關楗卻不會被打開？沒有繩約卻不會被解開？我想，這是《老子》在這一章裡面的討論。

承繼著這個反省，我們就可以連接到《莊子》裡談的部分：

闉跂、支離、無脤說衛靈公，靈公說之；而視全人，其脰肩肩。甕盎大癭說齊桓公，桓公說之；而視全人，其脰肩肩。故德有所長，而形有所忘，人不忘其所忘，而忘其所

不忘，此謂誠忘。故聖人有所遊，而知爲孽，約爲膠，德
爲接，工爲商。聖人不謀，惡用知？不斲，惡用膠？無
喪，惡用德？不貨，惡用商？四者，天鬻也。天鬻者，天
食也。既受食於天，又惡用人？有人之形，無人之情。有
人之形，故群於人；無人之情，故是非不得於身。眇乎小
哉！所以屬於人也。謷乎大哉！獨成其天。[2]

老、莊的關注當然有點不一樣，不過《莊子》在這個地方，其實有一些反
省是呼應了剛剛《老子》的一些關懷。我們可以看到，〈德充符〉談到
「忘」的問題，《莊子》透過一個寓言：闉跂、支離、無脤三個人跟衛靈
公之間的互動，去談我們其實忘掉了要去把握內在更深刻的力量，如果我
們只停留在外在有形的部分，遺忘了更內在的力量，這才是眞正的遺忘。
「德充符」之「德」在這裡，呼應內在性的部分。從這邊來看，《莊子》
提到聖人有所遊，他不會用到什麼？不會用到「知」，不會用到「約」，
不會用到「德」，也不會用到「工」。這是什麼意思呢？《莊子》說「聖
人不謀，惡用知？」這裡的謀，我們可以很清楚看到，有一種機關算盡的
味道，是對於各種的利弊得失，或是在事物各個面向的得失比較上的謀
慮。聖人不謀，聖人不透過這種利益得失的考量去與人互動的話，他就不
需要用到這個「知」。「不斲，惡用膠？」聖人不會去斲傷人跟人之間的
關係，只要人跟人之間的關係不會互相傷害，他哪裡還需要用到「膠」、
哪裡還需要約束的途徑跟方法？「無喪，惡用德？」聖人也不會去損害別
人，他何需再用恩惠去彌補？「不貨，惡用商？」聖人跟他人之間的互
動，不是建立在交易上面，既然它不是一種交易或利益上的交換，那他何
需用到這種類似商業利益上的考慮？

2　引自〈德充符〉，參見〔清〕郭慶藩輯，王孝魚點校：《莊子集釋》（臺北：河洛，1974年），
　頁216-217。

　　我們可以看到，這裡跟《老子》要談的「善結無繩約而不可解」其實蠻像的。有時候，我們會需要有一些約束，會需要強調恩惠，我們會需要強調利益上的交換，但這是因為人跟人之間的關係已經受損了，或者說，人跟人之間已經有點相互的傷害，所以才需要用「知」、「膠」、「德」或「商」來補救。《莊子》在這個地方用了一個概念，就是「天」。為什麼聖人不需要謀略（知）？為什麼聖人不需要約束（膠）？為什麼聖人不用恩澤（德）？不用去考慮到利益得失（商）？原因是他出自於「天」、天鬻、天養，出自於人跟人之間，生命互動本身原有的調節能力，而不是建立在《莊子》所謂「人」所思考出來的秩序引導之下所做的這些事或安排。來自於「天」的話，其實就不需要這些部分（知、膠、德、商）。如果再從《老子》的想法來看，我們就可以知道《老子》所希望的，其實是我們不需要用到轍跡、不需要用到言、不需要用到數，也不需要用到關楗跟繩約，就能夠維繫、能夠進行政治上的運作。當我們需要用到這些東西的時候，通常已經是「大道廢，有仁義」這樣一個挽救危機或缺失的狀態，我們不得不用這樣的方式去做。於是，就像《莊子》談的「天」，或者是《老子》談的「天地不仁，以萬物為芻狗」，這種生命的自行調節、自行治化的力量，它顯然就不需要透過這些工具的條件去維繫或是展開。當我們得用這些工具，比如規範、教化或者約束的形式來展開的時候，對《老子》來說，它會帶來一些問題。

　　所以我們剛才講，如果按照《莊子》的觀點，《老子》所談的轍跡、瑕讁、關楗，這些大概都是出於人的利益考量、價值設立等等，這些東西被設立、被建立的時候，看起來是在維持秩序，可是《老子》看到的是另外一個面向，是這些東西所帶出來的另一些問題（利益、價值等）。《老子》五十七章說「天下多忌諱，而民彌貧」[3]，忌諱在這個地方，不是指

---

[3]　《老子》第五十七章的前後文是「天下多忌諱，而民彌貧；民多利器，國家滋昏；人多伎巧，奇物滋起；法令滋彰，盜賊多有。故聖人云：我無為而民自化；我好靜而民自正；我無事而民自富；我無欲而民自樸。」〔魏〕王弼著，樓宇烈校釋：《王弼集校釋》，頁150。

具體的法律、規範，忌諱其實就是內化在人們內心裡面的一種禁忌，或者是一種自我審查的力量。當人們有越來越多的事情，需要擔心做了之後會被懲罰時，只會給人們帶來更加貧困的情況，因而影響到人們的生活，影響到人們的生產。而當更多的利器出現的時候，「民多利器，國家滋昏」，這裡的利器有一種解釋是，人們的認知或者是人們的利益考慮越來越多，國家就越來越昏亂。後面談到「人多伎巧，奇物滋起；法令滋彰，盜賊多有」，這些其實都是我們看到前面《老子》所講的轍跡、籌策、關楗、繩約等等，這些東西都可以帶來看似秩序的維繫，或者是政治上某種程度的穩定，但是它所帶來的反面部分，對《老子》來說，影響可能更大。它帶來的影響是什麼？對《老子》來說，連繫到下一步就是「棄人」跟「棄物」，在這樣一個充滿著利益考量、價值等級、禁忌，充滿著各種追求或標準的過程裡面，有些人就會被否定，或者有些人會被排斥，有些人會被放棄，這個就是所謂的「棄人」跟「棄物」，我想五十七章跟後面要談的「棄人」跟「棄物」有關。如果從這邊來看，《老子》為什麼要有一個善行、善言的層次？對《老子》來說，這基本上是在反思帶來轍跡的「行」，或帶來瑕讁的「言」，而「善言」則是更關鍵地看到這個問題如何避免，並且從另外一個層次去思考政治實踐跟政治行動，所以我們看到後來《莊子》也提出了「天」的問題。

　　連接著上面的討論，其實「善言無瑕讁」一段已經隱含著「棄人」跟「棄物」為什麼會出現的反思。也就是說，這個社會為什麼有人會被貼上棄人跟棄物的標籤？為什麼這個社會會有一種力量或是有一種狀況是有人會被放棄的？有人會被否定，這樣的情況為什麼會出現？以《老子》原來的生命觀來看，天地不仁以萬物為芻狗，所有的生命在「道」的生化力量裡面，用比較簡單的方式來說：有一個萬物的平等。從生命的角度來看，萬物自身有一種調適的力量，但是為什麼在我們的社會裡，有些人或物仍然被視為無用的，或者被視為是該被拋棄的呢？對《老子》來說，反省的背後不只是一個反思，還有政治實踐：一個聖人如何去避免這個情況？而

避免這個情況的背後，如何能夠帶來對於人民更大、更寬懷的一種力量？這也就是今天要講的「和光同塵」，或者是這種寬懷、寬容的力量。從二十七章後面的文字來看：

> 是以聖人常善救人，故無棄人；常善救物，故無棄物。是謂襲明。

一般我們講救人跟救物，是因為有人要被救、有物要被救。有人應該被救、有物應該被救，也就意味著有了「棄人」跟「棄物」的出現。棄人跟棄物，如果按照我們的討論來看，它其實是承繼著《老子》十八章的邏輯而來：

> 大道廢，有仁義；智慧出，有大偽；六親不和，有孝慈；國家昏亂，有忠臣。[4]

仁義、智慧、孝慈或是忠臣，這些價值的出現，正在於「大道」或者某種原來狀態的消失。對《老子》來說，棄人和棄物的產生，和上述這些價值的設立有關係。既有需要被救助的棄人和棄物，從另外一方面來說，就有另一些特定的人或物，他們沒有被棄，不需要被救。這個相對性為什麼會出現？《老子》大概認為，正因為有了仁義、智慧、孝慈、忠臣，有了這些價值的設定，在這些標準下，來檢視什麼樣的人符合標準、什麼樣的人不符合標準，那些無法符合標準的人或物，就成為了有待被教化的、有待被轉化的，甚至是被排斥在脈絡之外的棄人、棄物。

我們可以說，這種需要被救的人與物，是被製造出來的，「價值」先是製造出這種需要被救的人與物，再努力的去營救他們，這中間有一個

4　〔魏〕王弼著，樓宇烈校釋：《王弼集校釋》，頁43。

循環。可是聖人從根本來說，他不去製造需要被救的人與物，無棄人、無棄物，才是救人與救物的一個關鍵。對《老子》來說，善救人者有一個很重要的脈絡：無人需救。善救物者，無物待救，這是《老子》對於所謂救人、救物背後脈絡的反省前提。當這個社會不再去製造「什麼人該救？什麼人不該救？」時，是否它就是一個，讓人可以自化自生的、完善周延的政治前提呢？我想，也不一定說，做到這個樣子，就能夠讓政治完善，但它總是其中一個很根本性的問題。如果順著這個部分來看的話：

　　故善人者，不善人之師；不善人者，善人之資。

　　我們沿著前面來看，《老子》認為對於統治者來說，更重要的在於怎麼樣回到「天地不仁，以萬物為芻狗」，從這種生命的平等，以及人生命本身的生化力量去看，而不是那麼快地在政治脈絡裡進行所謂的「懲惡揚善」。「懲惡揚善」作為政治的手段是可以的，但懲惡揚善背後是讓社會有了善惡價值的區別與脈絡。其實這裡面可以分成兩個面向，一個面向是：一般的統治者立下了轍跡、立下了規矩，用了一些手段、算計，從某個層面來看，這是一個有效的統治方式。但是另一個面向來說，這種價值設定也會帶來區別的問題，所謂「善人者，不善人之師；不善人者，善人之資」，就是去反省統治者如何避免陷入善人跟不善人的區別裡面。聖人可以更豐富地看到，或是更靈活地看到人與人之間，其生命的脈絡性跟多樣性，而不是在善跟不善之間進行懲惡揚善。
　　「善人者，不善人之師；不善人者，善人之資」也可以理解為《老子》對於「人」的價值肯定（不管其善與不善）。善與不善，不見得要從道德的善惡去看，因為「善」跟「不善」常常來自於社會認同的劃分。而《老子》則認為，不管善人或不善人，都有他的價值，應該超脫「善」跟「不善」而看到他們各自的價值。在「師」跟「資」的互動交往之中，人與人可以形成其各自的生命價值展現，能夠做到這樣，就不會陷在「善」

跟「不善」這種特定的區別裡頭。所以我們可以看到，善人與不善人的形成與區別，和《老子》第二章的闡述有關[5]，也就是說，基本上它不會只是在道德上的問題，更多地，它是由「善之爲善，斯不善已」的相生脈絡而來。而聖人既知道，善人與不善人之分，是由上述的相生邏輯而來，他便可以更彈性、更靈活地看待人的價值。

　　唐代陸希聲已經從這個角度去理解《老子》的看法，陸希聲認爲「世之所貴者，莫如師；世之所愛者，莫如資。」不管是有待被資取的，或者是被師法的，基本上都是人們所需的東西，善人之所以爲不善人之師，正是以不善人爲善人之資，所以「苟無不善人爲之資，則善人亦無以爲其師矣」。[6]陸希聲已經反省到，一個社會裡面，「善人」跟「不善人」之間其實是相互依賴出現的，整個社會有人被視爲是善者，這裡的善者就是依賴著有人要成爲不善者；而有人被視爲不善者，也是相對於有人被視爲善者。所以「善者」跟「不善者」的形成，從陸希聲的解讀來看，有一種價值之間彼此的相互依賴，但這種相對跟依賴其實也陷入了有善人、不善人；有棄人、棄物；有人該被救、有人不該被救的二分理念。後來蔣錫昌也承接這個脈絡，《老子校詁》說：「天下皆知美之爲美，斯惡已；皆知善之爲善，斯不善已，蓋大道之行，民固不知有善，亦不知有惡」等等，「善人」跟「不善人」是在這樣的脈絡之下被有所區別、有所展現的。

　　看待二十七章的文獻，我們可以注意善人跟不善人之間的關係，以及

5　《老子》第二章的前後文是「天下皆知美之爲美，斯惡已。皆知善之爲善，斯不善已。故有無相生，難易相成，長短相較，高下相傾，音聲相和，前後相隨。」〔魏〕王弼著，樓宇烈校釋：《王弼集校釋》，頁6。

6　語見陸希聲《道德真經傳》：「夫世之所貴者，莫如師，世之所愛者，莫如資，然而善人所以爲不善人之師者，正以不善人爲善人之資也。苟無不善人爲之資，則善人亦無以爲其師矣。噫，天下皆知善之爲善，斯不善矣；天下皆不知善之爲善，斯盡善矣。今不貴其師者，不欲就眾人之所善，而彰彼不善；不愛其資者，不欲因他人之不善，而成己之善也。」氏著：《道德真經傳》（臺北：臺灣商務，1981年），卷2，頁6。

它為什麼要談棄人和棄物？其實這都是《老子》所反省的：我們一旦用轍跡、我們一旦用籌策、我們一旦用言、我們一旦用繩約等等，看起來很有力量的價值設定或工具去治理天下的時候，我們就會發現更進一步的問題乃是，這個世界出現了善人、不善人。「善人」跟「不善人」常常是一體兩面的，一個管理者可以依賴善人跟不善人的區分來進行統治。但對《老子》來說，這是一種工具性的設定，雖可以作為統治者治理天下的條件，但另一方面，它帶出來的缺陷可能遠遠比統治者想像的更大。因為善跟不善之間的二分與依賴，其實使得整個社會人心有了更多的忌諱。法令滋彰，盜賊多有，治絲益棻，反倒帶來統治者所無法面對的更複雜問題。而這些問題，還不是我們一般生命中的衝突，它可能是在規範層面的衝突，也就是說：人跟人之間的衝突，最重要的、最關鍵的、最有力量的衝突，常常不是我們生理層面或是某種自然生命層面的衝突，真正難以化解的衝突，常常是在規範性層面的衝突，比如說宗教的、道德的、意識形態的。所以，《老子》要告訴統治者，今天用了一些價值規範來作為統治工具的時候，看起來有效，可是一旦價值規範深入人心，它所帶來的衝突會遠遠地比那源自於自然生命的衝突更大，而這樣的衝突恐怕不是統治者有辦法承擔的。所以說，這裡的善人、不善人，或者棄人、棄物，背後其實有很深刻的反省，一旦整個政治走向這個途徑（價值區別），就會遇到上述的缺陷，而這是理解《老子》的一個可能面向。

　　不貴其師，不愛其資，雖智大迷，是謂要妙。

　　蔣錫昌對此句話的解釋相當有趣，因為他順著上述的概念來詮釋此句話。「不貴其師，不愛其資，雖智大迷，是謂要妙。」一般的解釋是：如果不懂得去珍貴老師；不懂得去珍愛可以資取的資源的話，事實上我們是大迷的！是沒有智慧的！這中間是一個要妙。蔣錫昌承著陸希聲的脈絡，他認為所謂「不貴其師，不愛其資」應該是一個提醒，因為「師」跟

「資」指的就是善人跟不善人之間的相互依賴，所以統治者要做的是讓人們不再陷入這種師跟資、善跟惡之間相互資取的狀態裡面。統治者要的是「損之又損，以至於無為」，損掉這種「師」跟「資」，那就是「不貴其師，不愛其資」，否則雖然看起來有「智」但其實是困惑的（雖智大迷）。「智」就是「知人者智，自知者明」的「知人者智」，因此「雖智大迷」進一步可理解為：你知道作為對象的價值施加在人身上的樣子，這看起來是有智慧的，實際上卻是「大迷」。如果能夠了解這個（不貴其師，不愛其資，雖智大迷，是謂要妙），就能了解眾妙之門、了解道的微妙之處。[7]從整體來看，《老子》對於善人跟不善人不是立刻就進入到所謂的道德、善惡裡面，去談善人跟不善人之間的關係，而是更根本地去思考「價值設立」的問題，以及它們跟統治之間的關係。價值設立帶來的問題，遠遠超出自然生命本身所帶出的問題，這也是《老子》講的所謂「虛其心，實其腹，弱其志，強其骨」。「虛其心」的「心」、「弱其志」的「志」，跟價值規範所帶來的影響有關，而「實其腹」的「腹」、「強其骨」的「骨」，則是生命本身的力量展現。對《老子》來說，源於自然生命本身的衝突，統治者只是依附自然而不敢為，順著問題、順著情境去給予一個互動的空間，這些問題都不是沒有解決的可能，真正的麻煩反而在前者，將善惡的區別帶進統治裡頭，其所帶來的問題可能更大。我想這是為什麼《老子》在談到「善行無轍跡，善言無瑕讁」之後，會連繫到善人、不善人；棄人、不棄人的理由。

7　參見蔣錫昌《老子校詁》：「不善人以善人為師，故世貴之；善人以不善人為資，故世愛之；此皆大道下降之衰象。若夫至治之世，善惡泯絕。師、資且無，貴愛何有。『不貴其師，不愛其資』，言聖人不貴其師，不愛其資；以聖人所重者，在大道而不在師、資也。蓋大道之行，則無師、資，首句所謂『善行無轍跡』也。」氏著：《老子校詁》（臺北：東昇出版，1980年），頁186。

第二節 「無棄人，無棄物」：走出脈絡的寬容力量

底下，我們來看《老子》四十九章：

> 聖人無常心，以百姓心為心。善者，吾善之；不善者，吾亦善之；德善。信者，吾信之；不信者，吾亦信之；德信。聖人在天下，歙歙為天下渾其心，百姓皆注其耳目，聖人皆孩之。[8]

四十九章和二十七章有一個相對應的部分，包括善者、不善者；信者、不信者。《老子》指出，當聖人面對所謂被認為善者或不善者、信者或不信者的時候，他應該用什麼態度去面對？首先，這章一開始談到「聖人無常心，以百姓心為心」，我們都知道帛書本是「聖人恆無心，以百姓之心為心」，通常大家認為「恆無心」可能會比王弼本或者是河上公本、傅奕本的「無常心」更好，我想這是有道理的，也是說得通的。不過如果我們從「無常心」來看，也可以有它的意義存在。從「恆無心」來看，當然可以知道聖人沒有特定的信念或是主導性的心，但其實「無常心」也有這樣的意思。也就是說，聖人其實是有心的，可是他的心是可以變動的，聖人有他的想法，有他的關懷，可是這些想法跟關懷不是固定不變的，它是可以調整的。因為聖人跟百姓之間，同樣隸屬在一個瞬息變化的政治情境當中，所以聖人的心是無常心，這跟聖人恆無心其實都可通。但從細部來看，我認為意義上會不太一樣。聖人有心，但是聖人之心是無常之心，無常是因為他試著去理解百姓的心，以百姓心為心，而百姓的心也是有時間性的，因此這個「常」有時間性的意思在，它在時間之中是可以調整的，百姓心也在時間中變化的，人心善變！所以「無常心」的解釋其實有一個

---

8 文獻引王弼本，參見〔魏〕王弼著，樓宇烈校釋：《王弼集校釋》，頁129。

很有意思的地方，是：聖人按照人們的意願或者情境改變，他可以試著去理解，這個理解也提醒聖人如何調整自身，所以無常的心有一個在時間中調整、在變化中調整的味道。如果我們看背後的隱喻，「恆無心」比較是空間性的隱喻：有或沒有，但是「無常心」有種時間性的味道進來，聖人是在時間中調整自身。自身如何調整？他以「百姓之心」爲心，他必須要試著損之又損，然後「觀復」，「觀復」是觀生命的變化、觀百姓的生活跟情感意願的變化。所以「以百姓心爲心」事實上是能夠去體察、同理百姓的內心意願和感受的變化，可以依據百姓的意願做調整，也就是說，「無常心」有一個脈絡性，就是要去理解百姓的心。

　　因此我認爲「以百姓心爲心」這句話非常關鍵，關鍵在於聖人一方面要能夠靈活調整心態；另一方面是他必須要具有能夠走出自身，進入百姓脈絡的能力。這其實也可以作爲後面的一個連結，因爲後面馬上就提到「善者，吾善之；不善者，吾亦善之；德善。信者，吾信之；不信者，吾亦信之，德信。」德善、德信的德，在帛書本或其他本子寫成「得到」的「得」，這個寫法在語意上也可以成立。「善者，吾善之；不善者，吾亦善之」，這裡爲什麼立刻提到善者、不善者，我想應該要連接前面的文脈：「以百姓心爲心」。換句話說，如果能夠了解百姓的情感，能夠了解百姓的內心狀態，你對於被視爲善人或惡人的狀態就會有比較深的理解。也就是說，如果我們對於社會上所謂的善者、不善者、信者、不信者，只從表象去看，或者只從社會評價去看，這基本上就是「常心」，也就是統治者依據一個特定標準（常）去看，以他自己的心去看。但是如果我們沿著前面講的「以百姓心爲心」來看，我們就可以看到這種能夠體察百姓之心的柔軟能力，當面對善者、不善者的時候，同樣也可以做到。面對那些被標準爲善、不善；信、不信的人，統治者不是立刻以善／不善、信／不信去對待他或區別他，而是有能力去看到爲什麼他會被視爲善？爲什麼他會被視爲不善？爲什麼此人可信？爲什麼此人被視爲不可信？百姓當然可以是指群體，也可以指個人，不管是群體或個人，爲什麼會形成這種評價

（善不善、信不信之評價）？人們爲什麼會有這種認定？當事者爲什麼會陷入這種被評價的境地？對於這些問題的理解，都可以跟「以百姓心爲心」有關係，這樣一來，就不是立刻陷在善跟不善裡面。所以說，對於善者，吾善之；不善者，吾亦善之，這是一種善之德。信者，我也信賴；不信者，我也信賴，這是信之德。整句話可以解釋成，統治者對於所謂的善或者不善、信或不信，都能夠任其自化爲善、自化爲信，特別是指不善者跟不信者。對於這些人格上比較有瑕疵的人，統治者不會用外加的某種標準去介入他們，而是讓他們保有能夠自化的空間。我想這種解釋也符合《老子》的脈絡。

　　但是如果我們連接到「以百姓心爲心」這種體察的時候，還有一個意義是：對於所謂善者、不善者、信者、不信者，統治者自己一定有一個觀看的角度，他在看這些善者、不善者的時候，應該也是從一個善跟不善、信跟不信的視角去看。當他面對他所看到的善者、不善者、信者、不信者，或者是有人被評價爲善者、不善者、信者、不信者的時候，聖人不應該輕易地以善跟不善、信與不信的價值區別來看待他們，而是以百姓心爲心。這中間蘊含著一個向度，是他可以理解所謂善、不善；信、不信的生命脈絡，這樣理解百姓之心所帶出的，其實就能解答爲什麼統治者能夠使其自化爲善？因爲背後其實有一個善意容之、信賴之的關係。民眾有著很多統治者所不可知的生命脈絡，統治者如果很快地就以信者、善者（或者不善者、不信者）的框架去看待他，其實是蠻粗暴對待百姓的行爲。統治者能不能做到以百姓之心爲心是另一個問題，但在這裡要求統治者的柔軟跟善意、寬容和包容，我想這恐怕也是一個蠻重要的意義。當然像第一個解釋說，人民可以自化爲善，對《老子》來說也有這個可能，當人民在統治力量裡面不是那麼粗暴地被以善／不善、信／不信對待的時候，也許他們自己更有被接受的空間，而這個接受的空間讓他們能夠有一種調整的能力，這裡可能有一些環節蘊含在《老子》的思想中。

聖人在天下，歙歙爲天下渾其心，百姓皆注其耳目，聖人
皆孩之。

　　我們在此可以看到，當善跟不善、信跟不信的問題呈現出來，《老子》的關懷便在於統治者怎樣可以「渾其心」，「渾其心」的心顯然跟我們剛剛提到「實其腹」或「爲腹不爲目」的腹，這種自然生命體現的活動有關係。「百姓皆注其耳目」，百姓都安住在自己生命的要求上，而不是在價值規範的主導下生活或追求。對這一章來說，這正是《老子》的關懷所在。而「聖人皆孩之」有一個解釋，對於聖人來說，人民能夠像小孩子一樣。當然，這個小孩是一個隱喻，它要說的是像孩童一樣，不陷入到善、惡等價值的主導裡頭。

　　最後，我們延續到一個問題上：如果聖人是寬懷的，或者說，他不要那麼簡單地用某些價值去看待問題，他其實可以從「以百姓心爲心」的脈絡裡面去看待所謂的善者／惡者，去看待社會中的價值區別，這樣一來，也許可以提出「寬容」這個問題做討論。當然這只是一個延伸，並不是說《老子》這兩章談的就是這樣的問題。對《老子》來說，天地不仁，以萬物爲芻狗。每個生命都有它的價值，也有它的脈絡。統治者有沒有可能虛懷地去理解這個脈絡？雖然不可能完全理解，但是那種心態、那種意願、那種柔軟是很重要的，這裡包含著對於人民各種行爲的缺陷也好、限制也好，聖人更能用「以百姓心爲心」的態度去寬懷、去看待它（缺陷、限制），而不是立刻用善跟不善來製造棄人、棄物，或者立刻進行救人、救物的行爲。那這樣的寬容，如果連接到寬容的難題討論的時候，可以怎麼看？

　　哲學家Samuel Scheffler（1951-）對於「寬容」有一個討論，他發現一個很有趣的事情：寬容都被視爲是一種美德或值得實踐的社會價值，尤其在一個自由的社會裡面，我們通常不會去否定寬容，反而寬容是一個被期待的個人美德，或者是社會實踐的價值。但問題是，如果仔細去看寬

容，事實上是有一些悖論或難題。譬如說，如果一個人寬容，意味著他是去接受或者承認他不太贊同的信念和價值觀，因為如果沒有不贊同，就沒有所謂的寬容。所以，寬容有時候意味著，我們寬容的對象不一定是我們所贊同的。如果以比較狹隘的方式來看，通常是我們有一種不贊同，而如果以比較寬泛的方式來看，寬容常常意味著我們去容忍我們所拒絕接受的信念或價值觀點，因為寬容的對象常常是跟我們不一樣的，甚至在信念上面跟我們有蠻大的衝突。寬容其實意味著，我們要去接受這些我們原本拒絕的信念跟價值觀；它也意味著，我們依據自身不贊同或拒絕的理由來調整自身的行為。因為寬容意味著我們不再對抗，而為什麼我們要調整自身？背後的理由卻和我們所不贊成的那一些觀點有關，我們因為那些不贊成的觀點，所以要去調整自身，這就形成一個奇怪的悖論：我們用以調整自身行為的理由，同時包含了來自我們自己所不贊同的因素。此外，「寬容」還意味著一個更根本的問題：一旦寬容，就意味著我們原來所堅守的信念要被挑戰、或是被調整，這裡也許有一個人格的問題，我們的完整性（Integrity）可能有一部分會失去，這是寬容背後可能有的問題。如果我們仔細去看這些寬容所隱含的問題的話（當然有些人不認為有這些問題），為什麼「寬容」仍被視為是一種美德，或者是值得實踐的社會價值呢？這個問題當然有很多想法，比如我們應該尊重別人，因為大家是共同存在的，面對我們自己拒絕的觀點，其實應該有一種包容，彼此尊重；又或者像相對主義跟懷疑論者，他們基本上認為沒有一個絕對的觀點，可以同時有很多不一樣的想法存在，所以寬容是可能的。可是Scheffler有一種看法是：「寬容給予一種人們之間的友愛感受，在共通的情境中，大家都參與在希望擁有完善而有價值的生命企盼中，雖然可能信念與價值觀不同。」[9]

---

[9] 參見Samuel Scheffler, "The Good of Toleration", in *Equality and Tradition: Selected Essays* (New York: Oxford University Press, Inc., 2010), p. 331.

　　為什麼寬容有一些問題,但在社會裡面大家還是給予期待?因為寬容帶給人們一種友愛感(fraternity),在共同的情境中,大家都參與在希望擁有完善而有價值的生命企盼中,雖然彼此之間的信念跟價值可能不完全相同。也就是說,寬容給我們的不是凸顯你的觀念挑戰了我的觀念,或者我的觀念挑戰了你的觀念,而是給予我們一種整體式的友愛感受。在這種共通的情境中,會發現我們有一種共通性。那個共通性是什麼?是我們都參與在希望擁有完善而有價值的生命企盼之中,我們都有這種企盼,我們也有這種努力。我們的信念跟價值雖然不一樣,但是我們其實有一個更根本的共通點。對Scheffler來說,在社會裡面,寬容是一個人跟人之間的態度。而對於《老子》來說,統治者有一個道的視角,展現出這種寬懷性,這種寬懷性是什麼?正如《莊子》所言,大家都是「遊於羿之彀中」[10],大家都是在(后羿)射箭的範圍之內,是否被射中是出於人力無法左右的「命」,這是共通性。如果能看到這種共通性,我們就不會稱讚沒被射中的人,而否定被射中的人。如果善惡的評價,背後有一種「遊於羿之彀中」的概念的話,我們可以在「命」裡面,以這種「遊於羿之彀中」的共通性去看待人跟人的遭遇,顯現出一種包容跟接納。《老子》從「天地不仁,以萬物為芻狗」提醒統治者要以「聖人不仁,以百姓為芻狗」這種平等的生命自生自化脈絡,給予人民自我調節的能力,去尊重他,這裡也給予生命一種更大的寬懷跟容受,而不是立刻進入善與不善、信與不信的區別;相反地,如果統治者扮演著救世主的角色,一心一意要去救人、救物,這就不是真正的善於救人跟善於救物了。

　　我想,今天大概就透過這兩章做一個不是很細膩的梳理,透過這兩章的梳理帶出一些可能的觀點,這些觀點背後可能涉及到一些可以討論的主題。我也用了不少時間了,希望可以多一點時間討論,我想聽聽陳贇老師

---

[10] 語見〈德充符〉:「知不可奈何而安之若命,惟有德者能之。遊於羿之彀中,中央者,中地也,然而不中者,命也。」〔清〕郭慶藩輯,王孝魚點校:《莊子集釋》,頁199。

跟錫三以及大家的意見，我先講到這邊，謝謝大家！

莫加南：非常感謝林老師很精彩、很有意思的報告！讓我們善與不善在《老子》跟《莊子》思想裡面的脈絡。接下來，我們邀請陳贇老師作為林老師的對談人，我現在就把時間給陳老師。大家歡迎陳贇老師！

第三節　對談與回應㈠：比較哲學視野下的「和光同塵」之道

陳贇（上海華東師範大學哲學系）：好，非常感謝錫三老師的邀請，感謝加南老師的主持，尤其感謝明照老師精彩的演講，讓我受益很多。今天學到了非常多的東西，有豁然貫通之感！今天最大的收穫，就是明照老師重點講的二十七章，他把轍跡、瑕讁、籌策、關楗、繩約這些東西，跟棄人棄物、善人不善人之間的內在邏輯勾連起來了。我是第一次聽到在邏輯上非常縝密而且在思想上有系統的梳理，深受啟發。如果要把明照老師的講法稍微加以總結、稍微加以提煉的話，就是說：對一個統治者來說，當他用所謂的「轍跡」、「瑕讁」、「籌策」、「關楗」、「繩約」這些方式來統治時，就會產生棄人和棄物。正是善人和不善人，或者講善惡、是非這種價值的人為設立，導致了棄人、棄物的產生，反過來，只要有棄人、棄物，我們就達不到真正無轍跡的善行；達不到無瑕讁的善言；達不到不用籌策的善數。明照老師在二十七章給我們開啟了一個內容完整、邏輯明晰，富有理論深度的一個思路，這樣一個思路也建立在明照老師對整個道家哲學的深刻體會與理解基礎上的。我聽到明照老師的論述，感覺好像找到了一把鑰匙，對這一章的理解好像庖丁解牛一樣，找到了它（二十七章）本身的紋理，找到它固有的結構，有一種恍然大悟的感覺！非常感謝明照老師！明照老師關鍵的區分就是在於善和不善；或者講善惡的對待；這樣出於人為設立的價值；或者簡單說就是一個「價值」化的邏輯，才構成了《道德經》反思的深層義理。

　　我們知道，價值哲學自從洛采（Hermann Lotze, 1817-1881）開始以

來，它一直是有爭議的一個系統。當然，最主要的就是在德語系統當中，有卡爾‧斯密特（Carl Schmitt, 1888-1985）、海德格（Martin Heidegger, 1889-1976）、雲格爾（Ernst Jünger, 1895-1998）等人對「價值」的特定理解，給我們看到了「價值」的侷限：只要我們在價值的層面上來生存；只要依附於某種特定的實質性價值，那麼我們實際上就無法避免價值上的「諸神之爭」，就像馬克斯‧韋伯（Max Weber, 1864-1920）所講的那樣一種價值上的「諸神之爭」，這是我們當代很多衝突和張力最深刻的根源。如果說西方自由主義的解釋，實際上是想把「價值」退後，進而以形式主義的價值變成實質價值的一個調理者、協理者，進而通過這樣一種理性化的方式來解決價值的困境，包括像林老師講的關於寬容的討論、寬容的難題，實際上、很大程度上都帶有這樣的特點。但我覺得這跟《老子》還是有某種區別，因為《老子》可能並不主張一種完全形式化的價值，「道」不能被理解為一種完全形式化的價值，並藉以協理、協調種種多元的實質性價值。因為那樣的結果，可能會讓我們導向一種由形式化所界定的「理性人」的想像，或者講「理智人」的想像，卡爾‧榮格（Carl Jung, 1875-1961）就講，現代人都不是生活在我們的生命當中，而是生活在我們大腦上，我們的討論實際上很大程度跟這個想像有關係。我倒毋寧說它是一種引導性的超價值的價值，明照老師特別強調了實質性的那種善良價值，在《莊子》的視野當中它是屬於人道、人的機制，屬於人道的範疇；而《老子》解決這個問題的思路，在於超出人道價值的架構，達到天道的層次，我想，這是跟西方的自由主義的解決方式最大的不同之處。

　　自從一百多年前，尼采（Friedrich Nietzsche, 1844-1900）宣布形上學意義上的「上帝之死」以後，整個「價值」的思考，就不會再回到天道的視野，他可能會從人道價值的內部，來找出化解人道價值的瑕疵和缺口。但是從《老子》的角度來講呢，從明照今天給我們呈現了二十七章的邏輯來看呢，恰恰唯有在我們人道的機制架構內，才出現了善、惡的對立；恰恰是在人道架構內才出現了轍跡、瑕讁、籌策、關楗、繩約這

樣的一些統治技術，而且這些統治技術在我們現今不斷強化的現代科層
體制（或海德格稱之爲「座架」，壓得人喘不過氣來，韋伯則比作「鐵
籠」，一種作用於個人身上的系統性壓力、導致精神官能症的結構鐵欄）
當中，實際上正是現代社會的轍跡、瑕讁、籌策、關楗、繩約，這些都是
「太人道」、「太人性」、「太價値」的東西，我們很難找到一種沒有轍
跡、沒有瑕讁的東西。這一切爲什麼會發生？只要我們處在一個善、惡
對立的方式；只要我們有善人和不善人的這樣一種分別，那麼棄人和棄
物的可能性就難以化解和避免。爲什麼在整個現代的思想中，會出現這
樣一個向天道拒絕的思路？我想，主要是跟近五百年來那種實質性天道的
理解有關。比如說，以基督教的方式來理解天道，它會把天道實質化，天
道本身會變成一個全能全知性的東西，它會讓每一個存在者都成爲一個被
造者，它沒有「自然」。我們看到從洛克（John Locke, 1632-1704）、孟
德斯鳩（Montesquieu, 1689-1755）、盧梭（Jean-Jacques Rousseau, 1712-
1778）以來，他們的哲學，用法國政治學家皮埃爾‧莫內（Pierre Manent,
1949-）在《人之城》（*The City of Man*）裡面的說法，這整套思路就是
把希臘人所謂的天性（Nature）不斷消解的過程。爲什麼呢？因爲有了基
督教的傳統上帝觀念，「自然」將不再可能；「自然」跟從無到有的創
世之間的張力是不可化解的，因爲上帝的觀念必然會將「自然」瓦解，
或者用一個英國哲學家的話來說：基督教是一種徹底人類中心主義的觀
點，「人」被造作出來就是爲了代替上帝來管理事物，「人」就是高於
「獸」，是上帝的助手。基督教表面上要我們放棄自己，但另一方面又加
劇了人類中心主義的趨向。這樣的天道跟「自然」的對立，在近代五百年
來的人文大背景當中不斷被凸顯，從這樣一個絕對的天道出發，必然導致
棄人和棄物的觀念，因爲它已經預設自由是精神的特權，而非精神性的維
度不得不被排斥在自由之外，從而從人的自我界定中被移除。

　　但是在《老子》的天道觀念當中，我們會看到它是一種自然的天道，
也就是說：「道」並不提供一種實質性的根據而強加給萬物，它提供的根

據恰恰就是讓萬物自本自根，自己做自己的根據。無論在《列子・天瑞篇》還是在《莊子》，特別在郭象對《莊子》「天地之正」的一個理解當中，我們反覆看到這樣的觀點。什麼是「天地之正」呢？造物者無造，而物各自造，是天地之正也。[11]這種觀念實際上，有點類似於任博克（Brook A. Ziporyn）所寫的那種終極無爲的宇宙觀[12]，這跟整個西方近代以來那種被強化了的目的論，恰恰構成一個相反的東西。當《老子》把天道自然化、《孟子》把天解釋爲「莫之爲而爲」、「莫之致而至」的時候，一種人和萬物共生的可能性，一種「天生我才必有用」或一物之生即有一物之用的思路，才能夠被徹底打開。我想，這都跟中國古典思想當中對於天道的理解是有關係的，由於對天道的理解，就有了聖人、有了對最高統治者之德性的不同理解：最高統治者不用轍跡、不用瑕讁、不用籌策、不用關楗、不用繩約。在《莊子》篇目當中，明照老師引用了〈德充符〉，實際上〈駢拇〉篇也有一段意思非常相近的話，它是這麼講的：

> 且夫待鉤繩規矩而正者，是削其性者也；待繩約膠漆而固者，是侵其德者也；屈折禮樂，呴俞仁義，以慰天下之心者，此失其常然也。天下有常然。常然者，曲者不以鉤，直者不以繩，圓者不以規，方者不以矩，附離不以膠漆，約束不以纆索。[13]

這恰恰跟二十七章的議題構成一個深層對應。爲什麼《老子》、《莊子》要提出「爲無爲」？這不僅是把統治達到一個最經濟化、最高效的方式：

---

[11] 參見郭象對「天地之正」所下的注語：「天地者，萬物之總名也。天地以萬物爲體，而萬物必以自然爲正，自然者，不爲而自然者也。」〔清〕郭慶藩輯，王孝魚點校：《莊子集釋》，頁20。

[12] 任博克：〈「終極無爲宇宙觀」的重要性：無造物主主義初探〉，《中國文哲研究通訊》第30卷第3期（2020年9月），頁57-67。

[13] 〔清〕郭慶藩輯，王孝魚點校：《莊子集釋》，頁321。

也是達到消耗最少的方式。我們知道，對於場所、空間的理解，大致有這幾種情況：一種是希臘的幾何空間，這幾何空間所講的「圓」、「方」都是一種標準、一種尺度，但它不是具體的圓或實質的圓，它可以爲「邏各斯」（Logos）所穿透。另一種是熱力學第二定律被發現之前的那種場所、空間，這個空間沒有摩擦，沒有阻力，是一個非常理想化的空間。這個空間、哲學的空間、邏各斯穿透的空間，以及基督教上帝的彼岸空間（人類歷史在其中終結，或說時間的最後一刻得以消解的永恆空間），這些空間具有一個共同的特點。以這些空間概念跟中國思想相較而言，我們發現中國思想講的是一個「氣化空間」，這個氣化空間有消耗、有損耗、有摩擦、有相蕩、有氤氳，它不是理想化的，它是大地上的空間，是萬物以「息」相哺育出來的一個場所、一個空間。我們就在這個空間當中生活，不在這個空間之外找到一種邏各斯的空間、一種幾何空間，或者是一種彼岸空間，而是讓氣化的空間自相治理。如此一來，萬物生活在空間當中就有其常然，每個東西在這裡面都有各自的「性」、「命」。「性」是它自己的，「命」是它跟整個場域的關聯、跟天道的關聯。在這樣一個空間當中，不預設一個實質化的上帝、實質化的天道，天道將根據給予了萬物本身，天道自然而然地不會在善惡、是非的對待當中呈現自己，反而以調節者的身分出現在氣化過程當中。所以我們講的「理」是氣化之理，而「道」就在這種萬物得其所得，天下人都有路可走的場景當中體現出來，而不是一個全知全能，可以剝奪人的能力或賦予人的能力的一種東西。

有了這樣的「道」的觀念，就有與它相應的，最高統治者、聖人的觀念，這個聖人是和光同塵、光而不耀，「時命而大行乎天下，則反一無跡」[14]，復返於無名。也就是說，他消失了自己的跡象，是從「凡」中成爲「聖」，但是成聖以後又融聖爲凡，化圓爲方。因爲方、圓在中國古代的概念當中，天道曰「圓」、地道曰「方」，但是一個人可以如《莊子》

14　語見〔清〕郭慶藩輯，王孝魚點校：《莊子集釋・繕性》，頁555。

所講的「蹈乎大方」，就達到了「圓」的一個境地，這是「從方到圓」。
另一方面，當達到「圓」的時候，實際上我們又生活在「方」裡，這就是
「融圓於方」。比如說，孔子七十從心所欲不逾矩，其實他最後講的不是
天道之「規」，而是地道之「矩」，因爲他從心所欲不逾矩的「矩」，是
把「圓」化在了「矩」上，這是天地之間的一個尺度，是非常具體的，而
人就生活在這種天地之道當中。相對於耶穌作爲犧牲者，犧牲自己去拯救
全人類；負擔起全人類原罪的高德生命，這樣的天地之道就有了一種更加
親近，更加平凡的特徵。《中庸》講「極高明，而道中庸」，眞正的高明
恰恰是把自己消解在凡俗性之中，所以六朝的義理學如皇侃（488-545）
等人，他們闡釋的孔子都是「即凡而聖」又「融聖於凡」；或者講「由方
化圓」又「融圓於方」。這樣聖人是和光同塵地生活在大眾之中，但是大
眾卻不知道他；他統治著這個世界，但這世界感受不到他的統治，就是所
謂「太上，不知有之。」這樣的聖人跟天地的品質是相連結的，所以我們
如果不能夠超出萬物本身，如果不能夠超出善、惡對立本身，我們就沒法
達到天道，但是當我們達到天道以後，那裡沒有天道空間，而是重返人
間。在這個人間當中，用《莊子》的話講就是：外化內不化，順人而不失
己。這就是最高的人格，跟《老子》講的「和光同塵」或明照老師講的
「寬容」，就可以形成義理上的對接。寬容的悖論在於：無限制的寬容、
沒有節制的寬容會導致寬容的自我消解，導致寬容在其中得以被需求的社
會的瓦解。但另一方面，對「不寬容」的不寬容，本身又會被視爲不寬
容，所以就有了這樣一個寬容的悖論。自從卡爾・波普爾（Karl Popper,
1902-1994）在《開放社會及其敵人》（*The Open Society and Its Enemies*）
當中提出寬容的悖論以後，英語學界、德語學界都有很多學者討論這個問
題，這些討論都是在「上帝之死」以後的討論，但無論是從人際協商的思
路，還是從程式的思路，可能都很難擺脫這樣的悖論，這種悖論跟我們上
面所談的邏輯空間的限制有關係，所以如果我們要擺脫這種困境，我覺得
今天明照老師提供了一個非常好的思路：我們要看到有一種更大的秩序，

更廣的可能性，一種超出善、惡對立的機制，它超出了是非論辯的機制。只有我們超越這個機制，又回到這個機制當中，才能夠以出離機制的方式來完成、來達成這個機制。我想，這可能是對於寬容論辯的一個合理解決。

這是我今天聽了明照老師精彩的演講之後，一些臨時的感想。再一次感謝明照老師，如果領悟不對的地方，您再多多指正，謝謝！

莫加南：非常感謝陳老師那麼精彩的回應，也幫我們進一步了解這些問題，特別是寬容的悖論，這很值得探討。接下來，我相信賴錫三老師也有很多的想法要跟我們分享，把時間給賴老師來回應，謝謝賴老師。

第四節 對談與回應(二)：「活化轍跡」──德希達「抹除」隱喻

賴錫三：明照對於二十七章、四十九章做了蠻細緻的分析。我想把他今天的討論，連結到上週任博克所討論的「垃圾」概念，或「垃圾」哲學。第二十七章的「善行無轍跡」、「善言無瑕讁」，以及一連串「善數」、「善閉」、「善結」等，都具有一個對於「轍跡」、對於「言」、對於「數」、對於「閉」、對於「結」、對於「繩約」，進行「無」的否定作用。「轍跡」乃立下了規則，「言」乃建立了特定的價值認知或立論，「數」也許是一種利益計算的考量，「繩約」則把人跟人綁在特定的規範甚至契約中給鏈結起來……這些都是人文進到某種程度後，必然無所逃的一連串固定化、規範化作用。連結到上週任博克所談的「樸散則為器」，「樸」散了之後，逐步走向特定化的功能、價值、判斷，同時這也使人與人之間進入一個社會化的城市文明的複雜互動，而必然面對種種規範性。可是這一連串的規範性或價值區分，也可能造成後遺症：首先，它讓原來沒被特定化的「樸」──沒有以某種方式切割成特定化、狹義化的對立形式之前的可能性──被遺忘了。其次，它製造了一堆「垃圾」，也就是不合乎特定規範標準而被遺棄的東西，這就觸及到了《老子》二十七章所談

到的「（無）棄人」、「（無）棄物」的這個「棄」，不合用之標準而被拋棄的問題。被視為垃圾之事物，某個意義下就變成無用了，就遭遇了價值被放棄、被否定的副作用或後遺症。

　　人跟人之間的互動，如《荀子》所說，也是一個群性的互動過程。人是一個語言的存有者，也必定有「言」的活動、「數」的活動；不可能不有繩約，不可能不留下轍跡，不可能沒有對象化的計算，這都是文明必然不可逃離的過程，除非你逃回到「前文明」而想像文明之前有個純粹的自然烏托邦。如果《老子》、《莊子》不是這種「返祖」式的思考方式，這裡就有一個問題要提出來：「無轍跡」中的「無」跟「轍跡」的關係是什麼？林明照也有談到「轍跡」指留下軌跡，建構或形成了某些價值規範，這大概是無所逃的。如果轍跡是無所逃的，而道家也不認為可以完全回到一個「前文明」的純自然樂園，或是剛剛陳贇也提到了不可能回到一個把「人」都取消的純「天」（形而上的純粹無分別的、絕對的、神祕主義的角度或原始的樂園、完全沒有割的「樸」）。如果是這樣，這裡面就有一個問題：「無轍跡」、「無瑕讁」、「無繩約」，這個「無」跟「轍跡」、「瑕讁」、「繩約」的關係是什麼？我立刻想到了，也許可以透過德希達（Jacques Derrida, 1930-2004）的「抹除」（sous rature）這個概念來理解。這個概念大概是從海德格來的，意指：建立一個價值，但在任何特定價值、定器、定言上面，打一個叉叉「X」。這個叉叉就暗示著「無」的功能，但其實它也不是完全抹除了轍跡，事實上你還是可以看到轍跡，但叉叉卻又提醒你：轍跡不可以一定永定，而應該「化而不固」地不斷被改寫下去，「無」於是就變成了不斷更新、活化轍跡的暗示。這樣的話，《老子》「無轍跡」的「無」，「上德不德」的「不」，就不是要完全否定價值，而是「除病不除法」，一種不斷活化更新價值的可能性。

　　可以說，人類文明不可能不留下「垃圾」，可是「垃圾」不是完全要被否定跟拋棄的東西，而是如上週任博克所說的，「垃圾」其實也在暗示著我們對所謂價值的理解太固定化，以致造成一種拋棄的暴力；善跟不

善、美跟醜太固定化，所以某些東西被拋到了一個非價值的脈絡裡面，被暴力地剖棄了。可是由於它剛好暫時離開了一個有用的、固化的認知繩約，反而具有了從邊緣打開另一種可能性。也就是任博克談的，「垃圾」既是無用的，同時也提醒著我們，原先特定化的道德標準、政令標準，由於自身太固定、太自以為是、太「單行道」，結果不斷製造大量的「垃圾」。而製造出大量的「垃圾」，其實也暗示它（道德、政令等）本身的統治系統是更不穩定的，因為它在善與惡之間，價值與非價值之間，意識與潛意識之間，產生極大的對反張力，這種戲劇化張力會產生它自身的戲劇化的不穩定性。

這個問題也可以連接到陳贇剛才大談特談的《莊子》的天、人關係，或方、圓關係。明照剛剛描述天人關係的時候，大體上比較凸顯《莊子》用「天」來批判「人」的面向，但我想明照也很清楚，《莊子》的天人關係不是簡單回到「天」，與其說《莊子》主張簡單地回到「天」，不如說，它強調「天人不相勝」的來回平衡與互救。也就是說，文明即開顯即遮蔽，人類使用語言的「文」所帶來的「明」，並不是一明全明，所以也不可以迷信啟蒙而自我過分膨脹，因為它的「文」，或上面說的「言」，在規範設立的同時也有排他性，如《莊子》所謂：「分也，成也；成也，毀也」，文明與文明的異化，文化與文化的暴力，共構而同在，而在這種弔詭情況下，文明經常挾帶著文明病，所謂有得必有失。

《莊子》、《老子》經常以「天之道」來救「人之道」，所以容易讓人片面地以為，它想要回歸「存天去人」的純粹天之道。可是在我看來，老莊只是用「天」來調節「人」病，並告訴我們說：人類的文明不可能純粹透過人的啟蒙理性，徹底解決所有的問題，人也要去思考啟蒙理性的有限性，理性不可絕對化自身而造成啟蒙的自我神話化。人也得承認自己的無知，意識到「知命」、「知天」的問題，而讓人向「無知」的向度敞開，這個「無」能轉化固定脈絡的知，讓「人」重新向無窮可能性脈絡敞開。這樣理解的話，《老子》或《莊子》所描述的「天」，其實是

在進行文明治療，而不是取消文明。文化的特定規範一定有其「方」，因為設立規則就有價值對立的邊界與框架的「方」，但我們可以同時讓「圓」與「方」進行「之間」的調節，這也是《莊子》講「環中」的用意：它一方面具有不斷轉動的「圓」之特性，但另一方面也有「兩行」的張力辯證（也就是「方」的特性），但在「環中」的圓轉運動中的「兩行」，「方」的張力、對立、甚至矛盾衝突，卻可以彼此互轉、互救，這便是「樞始得環中，以運無窮」的「圓中之方」。所以透過「圓―方」、「方―圓」、「天―人」、「人―天」之間的互救互補關係，就可以把「無」跟「轍跡」、跟「言」的弔詭結構給描述出來，這也可以連接到我們今天在整個討論過程中，比較沒有談到的「共生」概念。

我認為這個跟「共生」很有關係，比如《老子》談「無棄人」、「無棄物」，談「善人，不善人之師；不善人，善人之資」。當我們不從特定的、固化的「人」之脈絡，把「善」與「不善」的中間那條線，劃得那麼絕對一分為二的時候――當然，文明的約定俗成，那條線還是一定要劃，可是它不是一劃永劃，而是在不同時空情境中不斷「化」的過程。所謂「規範」本身的「規範化」，「規範」的「無―轍跡」，在不斷形成轄域的過程，也要不斷地自我抹除、自我打叉叉。「化」就代表它有遊變、有轉化的可能性。善跟不善之間的「和光同塵」，除了從政令的角度，它也可以從道德的角度來看，失道而有德，失德而有仁。也就是說，仁義的道德規範太固定，把善與不善判斷得太截然二分，當它把規範抓得太緊的時候，原來「上善」、「玄德」、「廣德」的包容性，就可能將被遺忘。《莊子》也講「中央之帝―渾沌」，它大概類似於《老子》「和光同塵」的「玄同」，原本南帝、北帝各自居對立的南北兩端，王不見王，是位居「環中」的渾沌（玄同），讓他們可以在中央地重新相遇，然後渾沌待之甚善。換言之，此時南帝、北帝之間，不必停在「自是非他」的尖銳對立狀態（純方而無圓），反而透過渾沌環中的圓轉流動，而重新可以「相師」、「相資」。對我來說，這個「圓中有方，方中有圓」的渾沌寓言，

也就充滿著「共生」的消息在其中了！

　　比如，我立刻想到榮格有一種說法，他說西方基督教的道德概念，就是因為處在上帝和魔鬼的絕對對立中，不能夠寬容魔鬼，而是要消滅它才能實現愛的廣披。可是榮格卻在西方心理治療的過程中，發現很多教徒都處在這種過度的道德潔癖，並把「魔鬼」，包括自身內在的魔鬼，投射到代罪羔羊（scapegoat）身上。把對自身的某種道德潔癖、無法容納自己的陰影，而投射到他人或者其他族群身上。榮格觀察到，他在西方人格的心理治療過程中，經常發現西方的人格結構常有上帝跟魔鬼般的兩極對立，他也從尼采身上看到基督教道德的困局，所以建議應該把魔鬼邀請進來，不是三位一體，而是四位一體。用《老子》的話說，也就是魔鬼跟上帝，也要相師跟相資。然後他的學生紐曼（Erich Neumann, 1905-1960）也提出一種「新道德」，這不是簡單善惡對立的二元論「舊道德」，這個「新道德」可以接納自身的陰影，同時會打破一種道德的潔癖，不輕易把不容於自己建構起的道德價值體系的事物都當成汙穢。這裡面有很多有意思的討論，包括道格拉斯（Mary Douglas, 1921-2007）談「潔淨」與道德感的關係，道德事實上是一種體系，道德判斷背後其實有一套認知體系，它最怕被混亂，一旦被混亂之後就亂了倫序，所以為了維護自身的道德潔癖與道德體系，就將任何不能夠被接納為內在的混亂事物都視為汙穢，但這樣的道德潔癖，也就經常和不寬容以及道德暴力，共構相即。我們從上述的人類學、心理學研究，它們都想提出新道德來突破二元對立的舊道德，而在我看來，《老子》很早也就意識到類似的問題了。回到林明照最後談到的「寬容」悖論的問題，當前西方倫理學家處理這個問題時，似乎還只是停留在人的主體性來思考，那種寬容似乎還是以自身為出發，當我們說寬容的時候，好像是「我」能寬容什麼、「我」能包容什麼，似乎還是不免於主體中心或道德優位，表示「我」寬容並接納了某種「非價值」，或是不那麼合乎價值體系的東西，所以基本上還是有一個integrity在自我的權柄中。但如果回到《老子》二十七章的脈絡，或者將陳贇剛剛所說「天」

的問題帶進來，恐怕寬容不只是對他人寬容，事實上也是接納自身的有限，接納道德系統而來的自我陰影，以及化解自我的固化認知所導致對差異性脈絡產生的不適應感。這樣的寬容也許更接近列維納斯（Emmanuel Levinas, 1905-1995）所理解的：面對「他者」是為了轉化我們自身。所謂「和光同塵」，不只是光對塵的寬容，也可能意謂著「塵」對「光」的轉化跟治療。不是只有「光」能拯救「塵」，「塵」也可能拯救「光」，這樣才是「光與塵」的「相師與相資」，「共生與共榮」。這個時候的「共生」，就不只是單方面的寬容，而是雙方都被豐富化，彼此都能容納更多不同脈絡的生命故事了。

　　最後一個小問題，到底是帛書本的「恆無心」，還是王弼本、河上公本的「無常心」？明照對這兩個版本，做了很有意思的描述。就版本來說，好像帛書本的「恆無心」可能更早一點，可是河上公本也蠻早的。「無常心」對我來說，是我非常喜歡的概念，而且「常」與「無常」的辯證關係，在《老子》裡就存在了，而《莊子》也講「化而無常」，而且「化而無常」跟「固而不化」相對比，所以「無常」跟「變化」在佛教傳進來之前，已經是老、莊很核心的概念了。「無常心」是無掉了固執、無掉了恆定化，無掉了離開時間變動，轉化了那種「自我觀之」的絕對化、普遍化、永恆化、本質化、實體化的addiction。所以不是完全沒有了心，而是無掉了恆固不變的「常心」。當然「恆無心」裡「無」跟「心」的關係也不是完全取消了「心」，而是不斷地去掉成心，然後可以打開更大的空間與可轉動之心。這都是在表示，「除病不除法」的「無」之妙用。而「無常」也是佛教的最核心概念，後來就用「無常」觀，去呼應佛教的「緣起」觀，但「無常」與「變化」的思維方式，在我看來，原本就出自於老、莊在「常與無常」、「化與不化」之間，進行弔詭思維的脈絡中被使用的。可見，玄學與佛學之間，老莊、佛教之間的跨文化對話，也是一個值得我們觀察的課題。我就回應到這邊。

莫加南：非常感謝賴老師很豐富、完整的回應，我相信林老師聽到這兩位老師的回應後，會有很多的想法。我先邀請林老師做他的回應，謝謝！

第五節　對談與回應㈢：《老子》寬容的補充

林明照：謝謝陳贇老師跟錫三。我認為陳贇老師的回應非常的寬闊，特別是他將西方「天」的意志，或「上帝」的意志帶進來了。在這樣的背景之下，當代西方的自由主義所談的「自由」之意義的脈絡在哪裡？這樣的背景對照於《老子》，讓我們看到：事實上，《老子》關注到了人文的部分，特別是陳贇老師所說的形式價值所帶來的人文世界的侷限。中間又談到《老子》從「道」、從「天」、從「天地」的視角，特別是剛才陳贇老師提到從「天地」的部分帶出價值的根源，這個根源不但是對於形式價值的深入反思，而且蘊含對於人以及各種生命更寬懷的接受。

在這樣的思維之下，陳贇老師進一步談論到中國傳統哲學思想裡的一種理想人格，也就是「聖人的典範」。這種典範不強調崇高的意志性或超越的意志性，這種人格在這樣的思想中，是日常的、平庸的。但在平庸跟日常裡，又顯現了超越性和高貴，所以高貴跟平庸之間、聖跟凡之間是「即聖而凡」、「即凡而聖」的。這樣的理想人格始終貫穿在中國哲學裡，我認為這其實是非常重要的一個觀察，因為這個觀察使得中國哲學沒有「兩層存有」或「兩層世界」這樣的概念。

其實剛才錫三談到的「天、人」是非常好的補充。我們以「天」的維度觀看，是為了讓「人」的世界完善；而「人」的世界的完善，背後有一個「天」的理想性、一個超越性。「天、人」之間有一種連繫，如陳贇老師所講的相即關係，甚至錫三所強調的弔詭關係、動力或張力的關係。而我認為不管是從「相即」或是從「弔詭」顯現的動力關係，都說明了中國傳統思想裡，聖人所代表的超越性典範中的「超越」，並不是超絕，並不是一種隔離。它基本上是在現實、平庸的生命裡面展現了超越性，這個超越性也始終在平庸的世界裡面展開力量，而這力量的不分與相即，正是人

格在世界裡面展現作用的最重要向度。

　　對於錫三老師所說的，這相即的力量是一種弔詭，我認爲「弔詭」跟「相即」聯合在一起時，就有它很有意思的地方：這種「不離」，它既非一也非二。這種關係不是邏輯關係，而是生命力的關係，是整個世界動態發展裡的關係。弔詭的顯現，在形式上看來常常上是個悖論，是個矛盾之間的共存，但這「矛盾的共存」不是狀態性的共存。「矛盾的共存」是在彼此力量激盪裡面所形成的一個不斷源源發展的東西。所以從這個角度來看，不管是相即或是弔詭，或者從相即到弔詭，它所展現出來的都是錫三在這次活動裡面所關注的「共生」，這樣的「共生」就不是一個場域性的存在或狀態性的存在。「共生」如果加入「弔詭」，就必須要有矛盾的張力。矛盾的張力加上差異的共在，使得「共生」形成一種源源不絕的發展，用錫三的話來說，就是「轉化」及「更新」。所以共生不僅是共同存在而已，而是一個共同的轉化與更新。那轉化與更新的力量在哪裡？如同剛才陳贇老師講的，它必須要有一個「即聖而凡，即凡而聖」的謙卑以及超然。超然跟謙卑不是兩端，它其實是以現實世界爲關懷導向的中國哲學所展開的一種力量，這種力量保有了矛盾，如此一來便不需要消除張力，不需要有力量介入來安排無法消解的衝突，也不需要有一個力量去判定誰是有價值的、誰是垃圾，這種張力的相即關係就顯現在它不能夠是二元對立的。同時，像錫三講的所謂價值跟垃圾之間，也不是一個誰排斥誰的關係，如果從相即的角度來看，並沒有「垃圾」，或者說被拋棄的東西。我們其實看不到價值。同樣的，「價值」也不能夠只是價值，它必須要在一個被判定爲無用的脈絡裡面凸顯，而這個凸顯不只是對立的相生，而應該讓我們看到生命中的價值。這個價值不管是在中心還是邊緣，始終要有一個張力存在。

　　在這樣的脈絡之下，陳贇老師的回應呈現了一個很好的跨文化參照，也就是說：在《老子》的寬容裡面，其實它不是以一種絕對超越的高度去容納所有卑微的東西。這在Scheffler或者一些哲學家的討論裡，已經討論

到「寬容」具有一種不對稱性，那種不對稱性通常都是多數寬容少數，或是強者寬容弱者，很少有關於寬容的談論，是指弱者去寬容強者，或少數去寬容多數。我們之所以經常以「多數寬容少數，或是強者寬容弱者」的脈絡去理解寬容，其背後就是因爲「寬容」似乎都預設了一種高度，以那樣子的高度去接納芸芸眾生，可以說「寬容」常有一種中心性跟高度。這也許跟剛才錫三講的寬容主體性之展現有關係。連繫到陳贇老師的說法，如果「寬容」是有一個絕對高度所展現的寬容，那《老子》應該就不是這種寬容，因爲《老子》不是以絕對的高度來包納事物。《老子》的高度不會與卑微二分。

當我們說「上善若水……處眾人之所惡，故幾於道」時，水是最爲卑下的。可當《老子》用「上善」去形容水的時候，水卻又是至高的。這種「至高體現在卑微裡」的相即性與弔詭性，使得《老子》的寬容不需一個至高的高度來讓卑微的東西被承認。所以，我認爲陳贇老師這樣子的比較，帶出了我們對於寬容思想（特別是《老子》的寬容）這種「即聖而凡」、「即凡而聖」、「極高明而道中庸」的角度，開展出一個「寬容其實不是以高度去接納」的意思。

在錫三所提的這些豐富的脈絡裡，我非常贊成這種「天」跟「人」之間的不二分。也就是說，「天」其實不是一片潔淨的大地。「天」之所以爲天，是因爲這片潔淨的大地不能離開汙濁的人間，而且這樣的潔淨跟汙濁之間的相即相長，還包含著汙濁跟潔淨之間的相互推動、相互展開，也就是錫三要談的「弔詭」。如果「天」只是一片潔淨的大地，那它看來只是一個「原鄉」、只是一個「樂園」，卻不能提供生命力。我認爲這是一個非常有意思的地方，包括價值規範的反思。我很贊成錫三談到了價值規範。對於價值規範，《老子》提到「無轍跡」、提到「無瑕讁」、提到「無繩約」，它的目的並不是要否定規範性。剛才錫三談到了規範的動態性，我認爲那是一個很好的解釋，把「無常心」的「無常」帶進來了，我覺得這就是一種在調整的動態性裡面去談所謂的規範脈絡。在《道德經》

裡面,老子也談「始制有名,名亦既有,夫亦將知止,知止所以不殆」
(三十二章),所以老子倒也不是否定「名」、不是否定規範,他要談的
是這個「止」。有關這個「止」,錫三做了一個很好的補充,「止」不是
畫了一條線之後就停在那裡。那一條線是要回應我們生命變動的處境來做
調整的。

我想,聖人之所以難爲,就像陳贇老師所講,他必須要有一個聖凡
之間的相即;同樣的,聖人之所以難爲,是因爲他必須要知道那一條線在
哪裡,而且不能只是固定在那裡。我認爲剛才陳贇老師講的「外化而內不
化」,以及錫三說的「道樞」,都包含了很重要的部分。

最後錫三還提到「無」。作爲一個動態的「無」、「無常心」的
「無」,我基本上是很贊成的。如果我們從通行本來看,「無常心」的
「常心」,其實它背後的反思(特別是老、莊的脈絡)都有一種調節或者
是一種靈活的變化,展現聖人對人民的回應。所以,我認爲這個「無」作
爲一個動詞,帶出了一種動態性;也就是說,它不是一個單純否定。對於
錫三的「弔詭」,我的理解是:「弔詭」的一個重要內涵,是對中間那個
張力的保存,而張力之所以能被保存,就在於力量本身不是外在的推動或
強制,它是內在於生命的力量,而且它的內在性又是對於外在生命的回
應。所以在這樣的一個源源不絕裡,「無」展現出它的動態,展現出我們
始終必須要讓「弔詭」跟動力存在的必要性。

這是我對剛才陳贇老師和錫三所回應內容的理解,以及後續回應。先
謝謝陳贇老師跟錫三,我先回應到這邊。

莫加南:好!非常感謝林老師。在我們開放Q&A時間之前,不知道賴老
師或陳贇老師有沒有要補充?

賴錫三:明照的回應,我莫逆於心,十分同意。哈哈哈!我沒有問題
了,不知道陳贇老師有沒有!

陳贇:我是非常感謝兩位老師非常精彩的解讀和發揮,很受教。

第六節　問題與討論

莫加南：我們還有二十分鐘的時間，現在邀請線上的朋友提問。所以就趁這個很難得的機會，有三位優秀的老師可以討論「寬容」的問題。

李志桓（臺灣高雄中山大學中山大學中文所博士後研究）：我提一個文獻上的問題。就是說，在二十七章談到「常善救人」、「常善救物」的時候，「常」講的其實是不困在特定的分類裡頭，有一種變化、與時俱變的意思在；可是在四十九章「聖人無常心」的時候，這個「常」反而是固定，所以「無常心」就是不要固定。那我的問題就是說：分開來講的時候，各自都講得通，可是在詮釋整本《老子》的時候，是不是就有一個代價？我們要接受《老子》文獻裡的「常」，同時有兩種不同的用法。這個情況也像陳贇老師剛才提的，《莊子》講「化則無常」，「化」應該是一個正面語詞，可是偏偏《莊子》文獻裡頭，也有一個「內不化」者[15]。好像在這裡，我們都要接受老、莊在文獻上不使用固定的概念思考，謝謝！

林明照：謝謝志桓的問題。文獻的問題其實蠻細的。如果我們把它讀成通行本的「無常心」，這個「常」其實就有「恆常」的意思，如「常善救人」就比較具有恆常的意思。但我在想，「常」如果從文獻上、語法上來看，有時候它是作為一個形容的或是修飾的詞，這時候可能就是取恆常的意思而已；而有的時候《老子》可能會賦予「常」更多、更深的意思，像「知常曰明」的「常」可能就是如此。如果是這樣子來看，「無常心」的「常」在這個版本裡其實一樣是恆常的意思，但也不一定說這個「常」本身就是負面的，而是當它跟「心」結合在一起時才具有負面的意思，因為它要強調的是「常心」本身而不是「常」。所以「常心」的負面性比較像是在於「心」的狀態，當「心」固定下來的時候，才體現了一個負面性；

---

[15] 參見〈知北遊〉：「古之人，外化而內不化……與物化者，一不化者也。」〔清〕郭慶藩輯，王孝魚點校：《莊子集釋》，頁765。在這個語意下，「不化」反而是正面語詞。

那「常心」的「常」基本上是對於「心」的形容，它不一定有負面性。如果是這樣子，那《老子》有時候對於「常」有比較正面的肯定，有時候「常」又是一個用於形容的狀態，如：形容「心」的狀態。兩者之間的衝突性可能就不會那麼大。剛剛志桓提到的問題，有時候也會存在，在文本裡面，概念在不同的脈絡裡會有不一樣意思，常常會出現這樣的狀況。但我的感覺是，「常」有時候意思比較弱，不是那麼厚；但像「常心」基本上是對於「心」的形容，可能它的負面意義跟所謂「常」作為正面意義的時候，就不會這麼衝突。

賴錫三：我覺得，善讀中國哲學反而是要破掉一種概念或避免一種想法，就是不把每個字當成像是一個蘿蔔一個坑，不把每個字本質性地定義、定格在它自身。我想，字跟字之間、詞跟詞之間、段落跟段落之間，本來就是在脈絡中，才不斷發生互文的網絡關係，而中國的象形文字與類比思維，本身就高度保留了這種脈絡多義的隱喻特性。而《老子》和《莊子》則非常強調變化，不必封閉在「名以定形」而「固而不化」。如果每一個概念都只能有一種單一的解釋，我們就不容易看出、也不容易接受《老子》和《莊子》的文本語意的曖昧不定性。如果你只用一種分析哲學的邏輯論證的語言立場來判斷，就會覺得它有很多概念語詞上的不統一，甚至邏輯的矛盾；可是從另一個角度來看，這和道家哲學的世界觀、語言觀，還有漢語的特質，都頗有相關。尤其《莊子》本來就是要讓語意在不同使用脈絡下，可以輾轉發揮它「開權顯實」的功能，也就是語言的方便法。

莫加南：非常感謝賴老師的提醒，我們在中國哲學裡面，絕對不能用單一模式思考任何一個字、任何一個詞。我看到呂慧鈴在chat的平臺上有寫一些問題，慧鈴要不要說說你的想法？

呂慧鈴（臺灣師範大學國文所博士後研究）：我沒有問題，只是有一點點呼應，因為老師們的想法促進了一些自身的思考。明照老師談道家的

「寬容」倫理學，我覺得相當發人深省，竊以為「寬容」這個語詞本身就
具有兩面性，如果我們從不二分的角度來看寬容的話，它是兩面都可以講
的，所以寬容不只是一種消極的接納或容許，同時也包含一種相對積極的
生命包容性與豐富力。

　　剛剛大家有討論到「無常」這個觀念，我覺得「無常」它可以是一
個中性的語詞，可以從積極面跟消極面講：積極面就是它具有不定性、變
化性，如賴錫三老師所說，或者是一種永未完成性，它可以不斷的更新變
化、不斷的容許差異；「無常」也有消極面的意義，在佛教來說它就叫做
「性空」，直接針對「無常」不斷否定，所以講「空空」，這個可能是
佛、道兩教共通的語言朝著不同的方向去發展。道教（家）重玄哲學不斷
面對佛學的論辯挑戰，它必須去回應：「道」究竟有沒有「體」？「道」
是否具實體性？最後，道教（家）重玄學的選擇認為「道」是一種「無體
之體」，它仍然有體，只是不具定常性；不具定常性就可以不斷的變化創
造；可是道教仍然要講這個「體」，因為這個「體」是為了保住世界的成
立，這個世界還是要存在，我們還是必須要交談，還是要以「共生」的角
度去談。

　　最後，賴錫三老師提到德希達「不完全抹除」的觀念，我對德希達不
甚了解，但我覺得這個模糊的中性表述很有意思，讓我想到牟宗三先生提
出「作用的否定」此一觀念，「作用的否定」應該也是隱含了「作用的保
存」，它雖然不是實質否定，卻依然有它的作用力。是否我們可以正面的
去說道家的「無」，它具有一種實現「道」的能力，你越能夠「無」、越
能夠「損之又損」，反而越能夠實現道德。這當中可能蘊藏很多的辯證，
無法單一、直線式地談論「無與世界」的關係，只是袁保新先生也曾說道
家是「文明的守護者」，或許可以作為道家「無」的作用力的一種正面描
述。簡單回應，謝謝！衷心謝謝講者與評論者帶給我們這麼多精采深入的
觀點。

陳重羽（臺大中文系博士候選人）：謝謝各位老師的討論，非常精彩且有質量。我想順著剛剛志桓在討論的「聖人無常心」，繼續再討論下去。就如明照老師所言，若將「心」跟「常」的概念併在一起，就道家而言多是偏向負面解釋，這樣是合理的；另一方面，錫三老師也提到不必執定在語言片面的理解，這種視角我也非常贊成。確實道家在討論、運用語言時，多是當成遊戲的性質，以此體現「變」與「不變」之間的弔詭辯證。

　　我在這邊，想從其他視角提一些看法。若從文獻學上來說，有些比較早的《道德經》文本，其實都不常見「常心」一詞。比如帛書乙本原文是「恆無心」，景龍碑、顧歡本及多數敦煌本原文為「聖人無心」。或者是嚴遵本、河上公本，它們的經文部分雖是「無常心」，但在注文中表述的卻是「無心」。這些現象表示：也許更原始的版本中，真正的原文是「無心」或「恆無心」。而現今所看到的《道德經》通行本，甚至是嚴遵本、河上公本的通行本，可能都已被後人在經文上做出一些更動。

　　那我們如果用「恆無心」或「無心」來討論的話，除了可解除志桓提到《道德經》中兩種「常」的脈絡疑慮，甚至是可以拉入《莊子》討論。《莊子・德充符》就有「常心」這個概念，在文本脈落中「常心」是正面意思[16]，內涵當然也跟老子的「常心」有所不同。但確實有些注解家（不論莊老）在強調老、莊會通立場時，會特別強調與解釋，何以《莊子》的「常心」是正面？為何《老子》的「常心」是偏負面？這其實就是受到文字的表面理解所影響。可若我們現在直接以古本的方式去談「聖人恆無心」或者「聖人無心」的話，就不會受到表面字義的侷限，同時也可以避免一些討論上多餘的誤會。

　　再從另一個角度談，《莊子》的「常心」跟《老子》的「無常心」，在義理上確實可融會起來，不相妨礙。就如錫三老師談《老子》的「無常

16　語見〈德充符〉：「彼為己，以其知得其心，以其心得其常心，物何為最之哉？」〔清〕郭慶藩輯，王孝魚點校：《莊子集釋》，頁192。

心」，已具有「變」與「不變」的弔詭辯證在，《莊子》同樣也是類似性質在。《莊子》講「常心」其實是指當我們能任讓包容一切的差異與變化，便能保持一種自然平靜的狀態。到後來外篇〈知北遊〉說「外化而內不化」，便有些注解家把「內不化」解為一種平靜的狀態。這種平靜自然的狀態是「不變」，而面對千差萬別的差異則是「變」。從這方面而言，也可以說《莊子》是刻意把《老子》「無常心」轉化成另一種正面的「常心」概念，這應該也解釋得通。以上是在聽到大家討論「常心」後，延伸出幾個有趣的點，補充供大家參考，謝謝！

莫加南：不知道林老師或是賴老師、陳老師有沒有想要回應，或者對話，或者補充？看來大家對於「無常心」的問題都很有興趣啊！

林明照：我不特別回答，不過我稍稍回應重羽剛才談到：「如果老子的『常心』跟莊子的『常心』意義不同，那麼可以從『外化而內不化』這個部分來做一些連結，進一步推論這個『常』跟『無常』其實不是二分。」從這個角度來看，這中間的確也是有一些連繫。我們剛才討論的是，基本上「無常心」看起來是對「常心」的否定，但事實上它不會只偏於一端，比如《老子》講「觀復」的這種「觀」，或「知常曰明」的「明」，都不是定住的狀態。所以如果我們不集中在概念本身一致性的話，那麼老子「無常心」的「常」與「無常」的脈絡的確可以有所連結，這個連結如果像重羽把它拉到《莊子》來看，其實也可以在裡面得到一些呼應。以上是我的簡要回應。

賴錫三：重羽這個問題，其實我都覺得講得通啦！但是一旦落入這種文獻或版本的爭議，就算各自講得通的東西，也沒有辦法終止或解決問題。反而，我覺得要讓各種講得通的差異觀點，有一個共生的平臺。對於「常／無常」關係的共生平臺，首先必須要把握到：《老子》跟《莊子》的「道」，不是一個本質不變的實體，也沒有一個永恆不變的根基之「常」，來作為一切事物的實體基礎。基本上，這種永恆不變的「常」

（如常道、常體），反而是《老子》所要轉化的。但《老子》轉化了這種奠基性的、實體不變的「常」，並不是要導向虛無主義的情調而否定一切，而是要強調暫時立下的規範或價值只有在不斷變化更新之中，才能不斷持續地「規範化」與「價值化」。換言之，「無一常」（或「無一轍跡」），才能成就暫時的「常」（或「轍跡」）。這個時候的「常」，包括生命的規範和意義，才不會綁住你而墮化為「一常永常」的「定常」。所以儘管你有時候講「常」，有時候講「無常」，事實上都是「以化為體」或「以虛為用」，這反而能夠讓規範不斷活化與更新。我覺得不必在語詞本身上起太多爭議，只要你能把它講活。例如《老子》十六章也講了許多的「常」：「知常曰明」、「不知常，妄作凶」等等。可是這些所謂的「常」，從它前後文的脈絡來看，還是不能夠離開「夫物芸芸」的變化流行過程。總而言之，《老子》肯定的是「永恆的變化」，而不是「不變化的永恆」。「常」有恆性意味，可是老莊的「化中之常」，是變化的永恆，不是永恆的不變化。所以「永恆」是跟「變化」連接起來的，不可以離開變化去理解永恆。可是有些古代注本沒有清楚地意識到這個核心問題，所以當它去講「常／無常」的時候，往往掉入片面性，我認為身處當代的我們，可以更清楚來談這個問題。

莫加南：非常感謝賴老師的補充！朋友們，我看差不多時間到了，要感謝陳贇老師、林明照老師跟賴錫三老師，今天那麼精彩的對話。我們今天先到這裡好不好？謝謝大家，祝你們週末愉快！

第五講

〈齊物論〉的儒墨
是非與兩行之道

時　間：2021年7月27日，上午9:30-12:00
導讀人：任博克（Brook A. Ziporyn，芝加哥大學神學院）
對話人：林明照（臺灣大學哲學系）、賴錫三（臺灣高雄中山大學中文系）
主持人：莫加南（Mark Frederick McConaghy，臺灣高雄中山大學中文系）
逐字稿整理：郭映容（臺灣高雄中山大學中文所碩士）
文字編校補注：李志桓（臺灣高雄中山大學中文所博後研究）

莫加南（Mark Frederick McConaghy，臺灣高雄中山大學中文系）：大家好，我是中山大學中文系的莫加南老師，大家可以聽到我的聲音嗎？非常開心，歡迎大家參與跨文化漢學共生平臺的第五場活動。今天我們非常榮幸，可以再次歡迎任博克老師參與我們的論壇。

今天的題目是〈〈齊物論〉的儒墨是非與兩行之道〉。我們第一場到第四場討論《老子》，今天終於到了〈齊物論〉，我們非常期待。今天的對談人是林明照老師跟賴錫三老師。等一下，博克老師會開始報告，之後林老師跟賴老師會跟他進行對話，對話完成之後，我們有提問的時間。現在，我就把時間交給賴老師。

賴錫三（臺灣高雄中山大學中文系）：大家早，從前四次的《老子》導讀跟對談，轉折到今天的《莊子》，尤其〈齊物論〉是一篇千古難解的大文章，其影響深遠，放在中國哲學史的文本中屬一流的原創性作品，而且也是最艱難的、最有深度的文章。甚至於放在世界哲學的角度來看，我認為〈齊物論〉依然是最高水平的大文章。包括像牟宗三這樣的大哲學家，都曾經花了近二十個講次來講解〈齊物論〉[1]，由此可見它的複雜性與豐富度。

任博克重新英譯《莊子》全文，他自己對〈齊物論〉也有非常獨到的

---

[1]　參見牟宗三主講，盧雪崑記錄：〈莊子〈齊物論〉講演錄〉（一）至（十五），刊布在《鵝湖月刊》第319期（2002年1月）至第332期（2003年2月）。

看法。在兩、三年前，我們曾經針對任博克的《莊子》的解讀，其中一個非常有趣的比喻叫做「Wild Card」，他用「Wild Card」的譬喻來解釋莊子〈齊物論〉的核心觀點。這一個概念，跟臺灣《莊子》學界的朋友們，進行了多次細緻的對談，也刊載在河南的《商丘師範學院學報》，也就是莊子的出生地。[2]我想今天任老師可能又要爲我們再度開啓〈齊物論〉的特殊觀點，尤其這幾年，我受任博克的啓發，認爲中國佛學的高峰，像天台「一心三觀」的「三諦中道觀」，其特殊的「遍中論」的思維方式，它的文化土壤跟先秦的《老子》、《莊子》，尤其《莊子》可能有相當的文化風土關係。我們也看到牟宗三在《才性與玄理》，其實也特別提到郭象「解莊」的核心概念，影響到天台「圓教」的思維方式。我想任老師一方面是天台佛學的研究專家，另一方面對於《莊子》也有獨到見解。另外就是林明照，臺灣的朋友都很熟，上個禮拜他也爲我們展示了《老子》有關「善者吾善之，不善者吾亦善之」的「道德寬容」問題，林明照其實是要重構道家的倫理學，思考如何超越「善／惡」二元對立，走向另一種更原初性的倫理思考方式。底下我就先把時間交給任博克。

第一節　〈齊物論〉與萬有互在論

任博克（Brook A. Ziporyn，芝加哥大學神學院）：謝謝！謝謝賴老師。聽得到嗎？聲音清楚嗎？我想先share screen，希望你們可以看到我的螢幕。

好的，我希望你們可以跟我一起讀，今天介紹一下「萬有互在論」一個新創的專有名詞，來說明莊子〈齊物論〉中所發明的一種對於全球思想史很有重要性的論點。此論點的基本內涵可以界定如下，這個立場是

2　讀者可以參考賴錫三、〔德〕何乏筆、〔美〕任博克：〈關於《莊子》的一場跨文化之旅：從任博克的Wild card出發〉，《商丘師範學院學報》第34卷第5期（2018年5月），頁19-44；賴錫三、何乏筆、任博克：〈莊子與天台的弔詭性思維：延續Wild Card的跨文化對話〉，《商丘師範學院學報》第34卷第7期（2018年7月），頁1-30。

說：每一存在，無論多大多小，無論多抽象多具體，無論其本身是一整體存在，或是另一存在的部分或方面，其自身內在都具有每一其他存在的全分，這個就是萬有互在論的論點。如論人與人之間，則你在我中，我在你中；如論人與物之間，則人在物中，物在人中；如論物或人之狀態與狀態之間，則此狀態就在彼狀態中，彼狀態就在此狀態中。這裡所謂「在其中」的意思，不僅指此事物原先獨立成為此事物，然後有彼事物正好放在其內，也非僅甲事物專為包含乙事物，而乙事物專為被甲事物所包含，非如囊中存物，而囊自為囊，物自為物，而是：事物之所以為此事物，脫不了彼事物之在其中，彼此各互為能含、所含，互為整體、互為部分，但彼此本身卻各自又彼又此。

所以這是基本上我今天要討論的歷程。當然這種「萬有互在論」是驚人地違反一般常識，違背平常的意識形態，也違背大多數形式邏輯與哲學理論；一邊違背「物體個別存在」的日常直覺，另一邊又違背「萬物一體」的「化約式一元論」，或「萬物一原」的「派出式一元論」。「個別存在」跟「一元論」都被這個萬有互在論所違背。因此，全球歷代思想史中，此種「萬物互在論」極少出現。

而其幸而出現，蓋有兩種類型，「萬有互在論」大概有兩種，第一種我稱之為：「同性全分在每一事物中，故異物互在論」，因為他們有同一個全體的性，在每一個部分、每一個別的事物，所以某一種意義上，勉強可以說是互相互在的。只是它和第二種類型，之所以為互在的所以然不一樣。

第二種可以稱之為「各物內在多元、始終自身異己，故異物互在論」。這個是很簡略的說，但是應該可以看出來這兩種類型的不同。各物內在多元，它內在已經有多元，甚至於可以說始終自身異己，或者有某種意義的自身矛盾或者衝突，故異物互在論。前一種類型，在中、西都可見，但在西方算是少見，可以某種解讀下的斯賓諾莎（Baruch Spinoza, 1632-1677）、叔本華（Arthur Schopenhauer, 1788-1860）、早期的謝林

（Friedrich Wilhelm Joseph Schelling, 1775-1854），還有某些新柏拉圖主義者與神學的神祕主義者爲例。在西方可以看到第一種類型，但比較少見，而在傳統中國思想裡，這第一種類型「同性全分在每一事物中」的那種「異物互在論」，也許算得上主流。所以這個算是蠻特別的，儒家的宋明理學，佛家的華嚴宗、禪宗思想，後期的道家思想，大多數或多或少有如此的立場出現，這是我的看法。

不過，後者所謂的「各物內在多元、始終自身異己，故異物互在論」，或許可說在中國傳統思想以外幾乎無法出現。雖然如此，其實在中國思想中，後者最明顯的出處大概有二：一個是《莊子》內篇，一個是佛家的天台宗思想，這個是賴錫三剛剛提出來的。我今天的講演，意圖探討其最早、最根本的發明地，也就是莊子的〈齊物論〉，探討此中的「萬有互在論」，探討這第二種類型的依據、含義以及它對人類存在問題的意義。所以，我們今天要談的重點是「各物內在多元、始終自身異己」。

我們現在試著稍微說明此種思想最早出現的模式，即莊子內篇中的〈齊物論〉，但是因爲時間有限，〈齊物論〉文本又長又複雜，恐怕無法一步一步閱讀整篇〈齊物論〉。但是也許我們可以透過一起摸索〈齊物論〉最後三個小故事，也就是整篇的最後高峰，來把握這種「萬有互在論」的大概意思，而且可以藉此釐清〈齊物論〉整篇中的其他故事，以及上文的辯證部分所提的最重要的一些題目，也就是「吾喪我」、「怒者其誰」、「兩行」、「道樞」、「滑疑之耀」、「儒墨是非」、「以明」、「爲是」、「因是」、「因是因非」等關鍵概念的關係。

所以我今天就是用〈齊物論〉最後的三個故事，你們應該都知道「長梧子問答」、「罔兩問影」、「莊周夢蝶」，這三個故事做一個架構，從解讀這三個故事，回頭看〈齊物論〉上面那些比較正式的、辯證的那些部分。底下，我們開始分析、說明每個故事的關鍵段落，探討〈齊物論〉對於「各物內在多元、始終自身異己，故異物互在論」的基本洞見所在。

第二節　諸道之「樞」：內在待外的是非兩行之道

第一個故事，我覺得可能為了省時間，不必全部都唸出來，希望你們都熟悉這個故事。瞿鵲子問乎長梧子，「聖人不從事於務，不就利，不違害，不喜求，不緣道，無謂有謂，有謂無謂，而遊乎塵垢之外」，這一段當然很重要。下面是第二層，他說孔子覺得這很荒謬，而我自己卻認為是妙道。長梧子聽了，就罵兩端，兩端都不對了，當然孔子聽不懂這種話，但是你把它當成是妙道之行動，「見卵而求時夜，見彈而求鴞炙」，也太快了吧？所以，下面長梧子就用「妄言之」，叫瞿鵲子「妄聽之」。

我們特別要看「无謂有謂，有謂无謂」跟這一段有什麼關係？還有跟他所謂的「妄言」，妄言是什麼？文獻接著又說「旁日月，挾宇宙，為其脗合，置其滑涽，以隸相尊。眾人役役，聖人愚芚，參萬歲而一成純。萬物盡然，而以是相蘊」，我認為，這兩段可以說明「有謂无謂」，也可以說明跟我們今天這個題目「各物內在多元、始終自身異己，故異物互在論」跟儒墨是非、跟兩行的關係。為什麼呢？「有謂」意思是「有意義」或「有所指定」，指任何有指出任何意義、任何內容、任何論點、任何可指事物的命題或經驗，是非常廣泛的一個含義。「无謂」就是否定上述各項，指該命題或經驗其實沒有意義、沒有內容、沒有成功地指定出來任何事物。「有謂」和「无謂」這兩個範疇最廣泛地包括任何可提的對象。所以我剛剛開始說無論多具體、多抽象，無論是整體事物，或者一個整體事物的某一方面或部分，就是因為這麼廣泛、可以這麼沒有例外的一種結論，不是說個別的物體而已，而是任何一個可想到的某一個事物或者一個話題，或者一個抽象的概念，或者一個形而上的對象都行。只要你指定出來的都包括在內，無論是具體事物或抽象理念，「无謂」、「有謂」兩者，一是一彼、一是一非，就是有相對的關係，有謂跟无謂，有意義跟無意義，有指定跟無指定，立了「有謂」為「是」，就同時立了「无謂」為「非」，反之亦然。此就與〈齊物論〉上文最關鍵的「因是因非」一段互

相發明，所以現在我要回頭看〈齊物論〉前面的幾段，看這個是、非的關係。「是非」這個話題，到了〈齊物論〉最後這三段，就把它移到「有謂无謂」來表達，也就是最廣泛的，包括所有可談的對象。

　　底下，這一段很有趣，當然你們都知道：

> 物無非彼，物無非是。自彼則不見，自知則知之。故曰：彼出於是，是亦因彼。彼是，方生之説也。雖然，方生方死，方死方生；方可方不可，方不可方可；因是因非，因非因是。是以聖人不由，而照之於天，亦因是也。是亦彼也，彼亦是也。彼亦一是非，此亦一是非。果且有彼是乎哉？果且無彼是乎哉？彼、是莫得其偶，謂之道樞。樞始得其環中，以應無窮。是亦一無窮，非亦一無窮也。故曰：莫若以明。[3]

先用白話翻譯來說明一下這段文獻的意思，因為在解讀這一段的時候，有些地方一定會有爭論，你可以先看我怎麼解讀，之後我們可以再討論。任何東西從某一個立場可視為一個他者，可指定為「那個」，所以「物無非彼」，right？但是同理，從另外一個立場，可指定為「這個」，所以「物無非是」。那底下這一句最有趣，有很多不同的說法，「自彼則不見，自知則知之」。我2009年的翻譯，是用某一個角度去解讀，現在2020年的翻譯，就從底下這個角度去解釋，這個我們等一下可以討論。[4]「自彼」（我自己也就是一個他者），你看我這麼解：「自彼」的「彼」就是「之

---

[3]　〔清〕郭慶藩輯，王孝魚點校：《莊子集釋‧齊物論》（臺北：河洛，1974年），頁66。

[4]　在這裡指任博克的兩種《莊子》英譯，參見Brook Ziporyn, *Zhuangzi: the essential writings with selections from traditional commentaries* (Indianapois: Hackett Publishing Company, Inc., 2009). Brook Ziporyn, *Zhuangzi: The Complete Writings* (Indianapois: Hackett Publishing Company, Inc., 2020)。

爲彼」的意思，是一個動詞或形容詞，而不是一個名詞。自己也是彼，物無非彼，自彼則不見，就是不見自己之爲彼，自己所以爲彼，是我自己所不見。我是這樣解釋的。之前有將「自」解讀爲「從」、「由」的意思，就是說從我自己的立場就看不到上面所談的道理。但現在我不是這麼讀，我現在把「自」解讀爲「自己」，意思是自己的彼性是自己所不見的。其實對於這一句的兩種解讀，總體含義差的不遠。但是下一句「自知則知之」怎麼解呢？我自己也是一個他者（自彼），但是我無法直接看得到。So that's the same。不見我自己的彼性，而是由從我的「知」來推測而得知的（「自知則知之」在這一句才把「自」解讀爲「由」的意思；第一個「知」是名詞，第二個「知」是動詞），爲什麼要靠我們的「知」才知道自己之爲彼，我們可以等一下再討論，但我先說明一下，爲什麼把第一個「知」解讀爲名詞。

　　這個「知」在〈齊物論〉、在整個內篇的一些用法是很特別、很重心的一個觀念。「知」跟「方生方死」之說有關，因爲後者在〈天下〉篇引用惠施的話裡也出現過[5]，「方生方死、方死方生」這種命題，應該是跟惠施的辯論有關係的，屬於他所說的那些議題。所以我覺得，談「知」這個東西，「自知」可以推向到這些邏輯的命題。就像惠施邏輯性的彼此相生、方生方死的說法。指定任何東西爲「這個」，此一指定行爲本身同時也指定了另外一個東西爲「那個」。「故曰：彼出於是，是亦因彼。彼是，方生之說也」這一段雖然是講「故曰」，這個「曰」，可以是莊子曰，也可以是惠施曰，因爲惠施的那個邏輯理論，莊周是可以同意的。他同意惠施的邏輯，同意互相方生的說法。但是就像很多地方一樣，莊子先立了一個從別人那裡接受來的命題，然後再加上「雖然」，〈大宗師〉的

5　〈天下〉篇引述惠施的思想內容：「日方中方睨，物方生方死。……南方無窮而有窮，今日適越而昔來，連環可解也。」參見〔清〕郭慶藩輯，王孝魚點校：《莊子集釋》，頁1102。

開頭是這樣[6]，〈齊物論〉也是這樣：「雖然，方生方死，方死方生；方可方不可，方不可方可。因是因非，因非因是。是以聖人不由……。」這個出現了一個轉折，是莊子自己的用語，我怎麼解讀這一段？一有「那個」存在，「那個」就必定也有從那裡自己的立場，有他者就有他者自己的立場，而從他者的立場來看，我反倒成爲了「他」，成爲了「那個」。一旦，開闢此思路，就不能武斷地停住在此一層。同理可以施行於任何命題上，「彼此相生」的命題一被指定爲「此」，也同時成立了「彼此相死」的命題爲「彼」，這就是第二個層次。「彼」一立爲非，就像任何被「立」的事物一樣，免不了也是其自己的「是」，此「是」既有，則必有其立場，而從「彼」一立場觀之，原來的命題又成了「非」。成立任何一個說法，就同時成立相對相反的命題。是待非，非待是，此待彼，彼待此，「彼此」待「非彼此」，「是非」待「無是非」等等，如此可類推而無止盡。說都對，則同時在說都錯；說又對又錯，則同時在說都不對不錯。如此則無法成立一個全對（或全錯）的無外命題，也不能說都錯、都對。所以聖人根本不走這條路，不把其中任何一個穩定的命題視爲可以一直成立的命題，不把任何原則視爲指導自己行爲的唯一原則而排斥其他的相反原則。還記得嗎？開頭的瞿鵲子就是這麼說的，他描述聖人「不緣道」，不緣任何一個道，不喜求、不違害、不就利、不從事於務，現在我們可以看出來，〈齊物論〉的上下文有直接的關係。

聖人反而「照之於天」。何謂「照之於天」？就是把所有上面一直產生出來的「是非」、「彼此」放在天的照明下，讓它們一個一個都全部顯現出自己。這是我解讀「照之於天」的意思，想更進一步發揮此等含義，怎麼說呢？此段就意味著每一事物有不可避免的「互立互破」的自然性

---

[6]　〈大宗師〉在引述「知天之所為，知人之所為者，至矣……」一段後，先是下了一個轉折語（「雖然，有患」），跟著再講出自己進一步的想法：「庸詎知吾所謂天之非人乎？所謂人之非天乎？」參見〔清〕郭慶藩輯，王孝魚點校：《莊子集釋》，頁225。

質，也就是其自然而然地不斷產生新的他者、新的狀態、新的立場。一個東西的存在就是不斷地產生新的他者、新的狀態、新的立場，這也就是後文所謂的「物化」，所以到最後我們會回到「莊周夢蝶」這個話題。

　　顯而易明地，任何「這個」同時也是一個「那個」，任何「那個」同時也是一個「這個」，既然是只要立「此」而必有「彼」，這個「立彼」就不是外來偶然的事情，而是「立此」本身的最基本的性質。這個就是第二種萬有互在論的重點，這個「此」本身已經是一個「彼此」，本身就帶有一個「內在性的互相是非」，這個「彼」本身也已經是一個「彼此」，其本身也帶有一個「內在性的互相是非」。這樣子一來，既不能說彼此互外而相對相反，又不能說互內而彼此同一。不能說彼此互外而相對，是因為互外而相對的東西必定有不同的內容。互外的東西要有不同的內容，但是現在的「彼」是一個「是非」、一個「彼此」，它的內在是待外性的，而現在的「此」也是一個「是非」，也是內在有一個「彼此」，同樣是內在待外的（或者說，是內在有外性的）。如此說來，兩邊應該相對而有差別的東西，居然是同樣的內容，都是一個是非相對於一個是非。對比之兩邊的事物竟然是一模一樣，那麼，互外相對就能不成立。反過來，如果要說彼此同一，那麼就應該沒有彼此的差別吧？但是現在看來，彼此的差別是無所不在的。兩邊都是一個「是非」、都是一個「彼此」，因為內在地立了一個「是」，就同時內在地立了一個「彼」，所以是非的對立反而到處都出現，不可逃離、無所不在。但也正因為「是非」的差別無所不在，那麼也可以說：「是非」的差別也就無所在了——因為兩邊本身都包含此差別，所以兩邊沒有差別。因為有差別，所以就沒有差別，這就是所有弔詭的最根本的弔詭，也就是眾妙之門。

　　如此，則「彼、是」莫得其偶，「相對」不成立，「不相對」也不成立，因為「相對」與「不相對」也互為相對，如此不斷反覆互立互破，而此「互立互破」反覆循環不斷的進行，有其不可避免的是非、反覆、滑走之活力，把握此不可避免的互立互破之又悲、又喜，處於其不得已，就

像是一個所有可是可非的「道」、所有行爲做法的價値立場可以互換的「樞紐」，謂之所有道可互通、互換之「諸道之樞」。這就是「道樞」，我不把它看成是「道」（大寫的道，所謂的大道），而把它看成是所有的小道之樞（這才是「道樞」），也就是眾道之間互通，所要透過的樞紐。「是」有是之道，「非」有非之道，其互通的地方，就是〈齊物論〉講的「通」或者「樞」，也就是各種道可以互通、轉換的地方。其反復循環地形成了一個圓形，此道樞處於環中，就能夠適應任何道、任何是、任何非，也就是「是亦無窮，非亦無窮」。因爲它本身就包含並衍生了無窮無量的「是」，也包含並衍生了無窮無量的「非」，這個產生力，產生是非的力、產生差別的力，也就是「照之於天」的「天」。其對應事情就能夠跟著反映此事情而產生出適合此事之「是」、適合此事之「非」。所以說，用這個「以明」的方法，就不用去追求何道果是眞、何言果是可？反而只管最表面的、最日常的，最顯而易見的是非「互立互破」之結構，也就是庸也、用也、通也。所以我覺得，莊子講的「通」、「用」、「庸」都是「以明」的說明，「明」是照之於天的明，明是什麼？就是它們互相排斥又互相成立的事實，最明顯的：你有你的意見，我有我的意見，這件事情不必有任何一個形而上的或宗教的信仰或者理論的依據，這就是最明顯的「用」所在。這樣就可以達到儒、墨兩家各自的目標，也就是肯定對方之所肯定的而又否定對方所肯定的，或者可以說，行自家之道而同時又超越自家而爲對方之道。怎麼說呢？正因爲有一個「道樞」，無論儒、墨他們要幹嘛，是其所是、非其所非、非其所是，是其所非，就一定可以做得到。「道樞」如此則可行於所有的道，即〈齊物論〉所謂的「兩行」。

在「莫若以明」之後，文獻跟著下一段，就提到了「兩行」：

可乎可，不可乎不可。道行之而成，物謂之而然。惡乎然？然於然。惡乎不然？不然於不然。物固有所然，物固有所可。無物不然，無物不可。故爲是舉莛與楹，厲與西

施，恢恑憰怪，道通爲一。其分也，成也；其成也，毀
也。凡物無成與毀，復通爲一。唯達者知通爲一，爲是不
用而寓諸庸。庸也者，用也；用也者，通也；通也者，得
也。適得而幾矣。因是已。已而不知其然，謂之道。勞神
明爲一，而不知其同也，謂之朝三。何謂朝三？曰狙公賦
芧，曰：「朝三而莫四。」眾狙皆怒。曰：「然則朝四而
莫三。」眾狙皆悅。名實未虧，而喜怒爲用，亦因是也。
是以聖人和之以是非，而休乎天鈞，是之謂兩行。[7]

我要說明這一段：東西的肯定，是因爲有人肯定它，這個就是「可乎
可」。「道行之而成」，去哪裡、做什麼都有道，正因爲每一步行正在開
一個道。說「有道」就等於說「有人這麼做」而已。「物謂之而然」，說
物有怎樣的特性（「然」），是可以的或不可以的，可或不可，就等於說
「有人這麼認爲」而已。這個也是「明」最明顯沒有什麼深度的一個表
面，人家說怎麼樣，就是在說怎麼樣，沒有其他的了。無論什麼東西，一
定有從某一個立場可以肯定的一點；無論多麼不一樣的東西、多麼對立的
東西，一定有從某一個立場可以看成其相通而爲一之處，就是說，一定有
彼此之間可互相通行之道。這就是上面講的，相對於是非，而又不相對於
是非，其通而爲一。但是通常，一個東西成立爲某某物，是因爲我們從各
種互通而爲一之道，給它畫線而分出來的。「成此物」則「毀彼通」，這
個就是「其分也，成也；其成也，毀也」。但是「成」與「毀」又是一個
彼此、一對是非，所以同理是互立互破的、互成互毀的，通與不通又通而
爲一。要了解任何對立如何可通而爲一，就去通行經歷兩邊才是。這樣不
用定義什麼爲「是」、什麼爲「非」，反而暫時「以明」地因循其顯而易
見的日常作用而行，行之而成此道之通處。而這也不過又是一種「因是」

---

[7]　〔清〕郭慶藩輯，王孝魚點校：《莊子集釋・齊物論》，頁69-70。

而已：因循事物之此時此地所顯現出來的日常作用，因循其所立之是非而行通相反之是非，因循他者而跟著行其道，而行之到底就是行到與互立互破的相反之道也相通而爲一，又因之又超之。上述儒墨兩道之肯定、否定就是這樣互立、互破，又能互通的。養猴子的朝三暮四也是一樣的「因是」的作法，就是因爲修於天均的中心點，就是道樞，一邊不動在不轉的中心點，一邊無時而不通於邊緣各種轉來轉去的各種互對是非立場，而行之到互通處，反覆、反映、反應、扭動。同時行此兩就能行通各種相反的是非，通之爲一而不失其無所不爲兩，如通道必有兩邊而通之，就是「兩行」。所以，這就是如何處理「儒墨是非」的方法。

接著〈齊物論〉提出所謂「滑疑之耀」，來說明前面所提的「以明」：

古之人，其知有所至矣。惡乎至？有以爲未始有物者，至矣盡矣，不可以加矣。其次以爲有物矣，而未始有封也。其次以爲有封焉，而未始有是非也。是非之彰也，道之所以虧也。道之所以虧，愛之所以成。果且有成與虧乎哉？果且無成與虧乎哉？有成與虧，故昭氏之鼓琴也；無成與虧，故昭氏之不鼓琴也。昭文之鼓琴也，師曠之枝策也，惠子之據梧也，三子之知幾乎！皆其盛者也，故載之末年。唯其好之也，以異於彼，其好之也，欲以明之彼。非所明而明之，故以堅白之昧終。而其子又以文之綸終，終身無成。若是而可謂成乎，雖我亦成也。若是而不可謂成乎，物與我無成也。是故滑疑之耀，聖人之所圖也。爲是不用而寓諸庸，此之謂以明。[8]

---

8 〔清〕郭慶藩輯，王孝魚點校：《莊子集釋・齊物論》，頁74-75。

現在用白話來說明這一段，道（任何道）就是一種通。分「彼」、「是」，則「彼」爲一物，「是」爲一物。原來「彼」、「是」只不過是暫時行此通道之中的行程的兩端，通中有無量可能的行程，所以也有無量可能的分法，故沒有任何固定之物。連通道本身也非物，因爲還沒有「非道之物」當其對比。分開某行程的兩端，「爲是」而各定爲一物。因爲固定了萬物，彼、是就變成是非，此愛之所以成。三子皆自然而然有其所好，所長，所是。而因爲把「彼是之是」變成「是非之是」，就是把所好、所是當作一個固定永遠值得肯定之物，則有意強迫別人也是其所是。如果回到不封之無物，通道之無量可能不穩定的分法，「因是」而不「爲是」，有暫時行程之「彼是」而無固定之「是非」，則可稱之爲「滑疑之耀」。「滑」就是不穩定，一直在變化，隨時滑走到另一端；「疑」就是隨時不肯定，不「爲是」，不定義是非，不封彼是，不肯定其爲誰何[9]。又滑又疑，互立互破，因是因非，謂之兩行，也謂之滑疑之耀。

第三節　「果是」？〈齊物論〉的弔詭之夢

現在我們再回到「長梧子問答」，這個故事裡頭有提到夢，還有提到弔詭，大家都知道吧？

> 方其夢也，不知其夢也。夢之中又占其夢焉，覺而後知其夢也。……丘也，與女皆夢也；予謂女夢，亦夢也。是其言也，其名爲弔詭。[10]

既然「彼此」關係已經用上述的「因是因非」邏輯把握，這段中所提的「夢、覺」問題以及「旁日月，挾宇宙，爲其脗合，置其滑涽，以隸相

---

9   任博克自注，此「不肯定其爲誰何」即〈應帝王〉所謂：「吾與之虛而委蛇，不知其誰何，因以爲弟靡，因以爲波流。」〔清〕郭慶藩輯，王孝魚點校：《莊子集釋》，頁304。

10   〔清〕郭慶藩輯，王孝魚點校：《莊子集釋・齊物論》，頁104-105。

尊。眾人役役，聖人愚芚，參萬歲而一成純。萬物盡然，而以是相蘊」這
一句，就可以用來說明〈齊物論〉上文所提的「滑疑之耀」的含義。就是
說「夢、覺」又是一對「彼、是」互相為「是非」，「死、生」亦為一對
「彼、是」，互相為「是非」。因為「因是因非」，每一對「是非」之
間，各有上面所說明的「滑疑之耀」的互換特質。既然是滑疑，則不可確
知此言之「為是」。確知地肯定其「是」則變成「為是」，封為定物，愛
之所成。故不可「是」其言──就是說，不可以肯定這句話為絕對真理。
我說你在做夢，若是其言，就抹殺其可愛可貴的滑疑之詭，而只能守喪以
弔祭此一死物而已。這個是我對「弔詭」最早出現的一個解釋。

　　接下來我們看看下一段，[11]這個應該已經很清楚，它在談辯論，如果
我辯贏了、我辯輸了代表什麼？你我辯論是非，又成一對彼、是，互相為
是非。因是因非，而不可知誰是誰非。而試圖確定是非的第三者，雖想站
在所謂不偏的客觀的立場，但其實只不過又是一個「是」，一個立場，客
觀也是一個立場。如此，又進入因是因非的滑疑邏輯，無有止境，無法固
定其終極是非。

　　長梧子的故事，最後一段我覺得最有意思：

　　何謂和之以天倪？曰：是不是，然不然。是若果是也，則
　　是之異乎不是也亦無辯。然若果然也，則然之異乎不然也
　　亦無辯。化聲之相待，若其不相待。和之以天倪，因之
　　以曼衍，所以窮年也。忘年忘義，振於無竟，故寓諸無
　　竟。[12]

11　意指「既使我與若辯矣，若勝我，我不若勝，若果是也？我果非也邪？我勝若，若不吾勝，我果
　　是也？而果非也邪？……然則我與若與人俱不能相知也，而待彼也邪？」一段，參見〔清〕郭慶
　　藩輯，王孝魚點校：《莊子集釋・齊物論》，頁107。

12　〔清〕郭慶藩輯，王孝魚點校：《莊子集釋・齊物論》，頁108。

天倪也者，「彼、是」、「是、非」之依其天然「內在有外性」所致的不穩定之滑疑，而不可停住的互換過程也。所以我覺得這個就是「天倪」的意思。如此則「是」又爲「不是」，「然」又爲「不然」。「是」若果「是」，變成客觀眞理的「是」，那麼它應該是在所有場合都有效而成立的，也就是應該所有立場自然而然所肯定爲是者。所以應該不必辯出來的。否則，此「是」也不過是有限範圍中的是，不是無所不在的「果是」。然而，正因爲「是」之所以爲「是」，必然帶有「因是因非」的「天倪」作用，或「照之於天」的作用，因爲「是」之爲「是」必然立了對立於自己的「彼」的立場，所以這「果是」也就不可能存在，不可能有這個「果是」。如果眞的有絕對的「果是」，就不可能出現我們到處看到的辯論是非的現象，因爲根本不會有互相是非而有議論的立場存在。

　　所以我們可以很簡單的證明沒有「果是」，既然我們有辦法對於某命題稍微有一念的懷疑，有辦法提出問題，有辦法去辯論，有辦法想像出不同的看法，就已經證明了該命題並不是「果是」。這個就是按照《莊子》對「果是」應該要有的合格標準來說，沒有那個「果是」。只要在某立場之外還有別的立場存在著，就已經證明該立場所「是」不爲「果是」，而所有立場之所以爲立場，正好是因爲必在自立的同時也立了別的立場的存在，使彼此成爲相對的、對比的存在。「我們在辯論」的事實本身，就已經證明了我們兩個的論點都不是絕對的眞理。

　　如果要勉強說有絕對的眞理，必定要屬於這種狀態：雖試圖想否定之，卻又同時不知不覺地正在肯定之。「滑疑之耀」正好合乎這種弔詭狀態：就算想否定「滑疑」爲「是」，越否定之，越懷疑之，越想離之而滑走，卻正好是越在顯現之、越加證明之。「因是因非」也是這種弔詭狀態：如果我說任何論點都可「是」可「非」，當你去「非」之的時候，你並不是在反駁我的立場，而是反而在同意並證明了我的立場。因爲我的立場就是有是、有非了，你越能非它，你就越證明它。「兩行」也是這種弔詭狀態：當你越排斥「兩行」，又立了「兩行」之外的另外一「行」，其

實也就越加顯現了兩行。越離之，越合之，越反之，越證之。這種弔詭就像是，你越反對多元，正好又是多了一分多元。因此《莊子》「滑疑之耀」這一類的說法，就算被拒絕的時候也不被拒絕。有辯與？無辯與？所以《莊子》會說我有辯、我無辯乎那一類的話，現在你就可以看到內在的邏輯了。

　　此義與根本的「有待」與「無待」的問題何關？剛剛不是說「化聲之相待，若其不相待」為什麼突然提出來這個意思？一般常識認為：一個命題、論點、立場、看法、生活模式的對錯、是非、成不成立、有沒有意義、有沒有價值等問題，這必有待於這個命題、論點、立場、看法、生活模式以外的某種事實而定。此事實可能是社會價值觀、上帝的法令與判斷、客觀的道德標準、客觀的人生成功標準、幸福程度、自然律等等的。任何一個東西它有所待，它所待就是外在的標準，也就是說，一般人會拿某生活之行為、某論點之義、某道某言、某立場、某地某事的感受，而與此等身外之事實來比一比，看其合不合此一標準而定其是非。此即所謂「有待」，所以我們平常所定的是非，它就是有待的一個結構。另一種相反的狀況是，排斥外在的標準，而試圖獨立而自立一個從自己內在內容而定的標準，來肯定自己的價值，此即所謂「無待」。前者就像〈逍遙遊〉中的「知效一官，行比一鄉，德合一君，而徵一國」和列子之待風而行，而後者像宋榮子之強分內外而主張「內不待外」。而今〈齊物論〉則要破此兩難，又不要像前者，又不要像後者。正是要「夫乘天地之正，而御六氣之辯，以遊無窮者，彼且惡乎待哉」。「惡乎待」也者，即「所待之怒者不知其誰何，而無時、無地、無事、無物不待」也。所以，「惡乎待哉」其實是待六氣，並不是說無待，也不是說有待一個特定的對象，它是超越了這兩邊的兩難的。此可稱為「本質上內在的待外性」，這裡的「所待」並非某某特定之內景（狀態、境界），又非某某特定之外物。因為，內景並沒有「獨立而無待」之物可待，外景也沒有「獨立而無待」之物可待。如此的弔詭境界可稱為「無所待而無所不待，無所不待而無所待」。

即是上述「滑疑」之「兩行」也。

內心湧現出來的喜怒哀樂與各種立場，因爲必定是「因是因非」，所以不得不是不斷變化而始終不由自主。透過《莊子》的敘述，讀者難免深感此無主的「內在待外性」。而同時因爲任何可指定的外在事物，也是免不了由「因是因非」而變化的「無主內景」所立：內既然界定爲內的「此」，就涉及不到界定爲外的「彼」，內不可及而知非內之外。因此，自認爲的「彼」其實不可能純粹是「彼」，「彼」必然是「此」內的一回事：是「此」本身的「內在待外性」的顯現。既然必待外，是不是要挖出一個標準來決定要待的是外的哪一個事物呢？也不必，又不能。因爲「彼此」、「是非」互立，而當此兩者以外，又立了更外的第三之彼者，則又成爲更高一層的「彼是」，無法終極正之，成不了可待之絕對標準。因此，有待任何事物只是我「內在的待外性」自身之發揮。不必選擇何物該待、選擇何物該不待。來者則待而因，無所不因，而不能選出任何可指定之物，也不排斥任何可指定之物爲所待。一物來則待其「是」，此物走了而被其相反之物所代替，即該物所立之「是」，也包含所立之「非」，若可待於任何物，則無待於特定之依待。此即〈人間世〉所謂「虛而待物者也」。

如此則可見，既然任何外在議論的立場，因爲此立場存在而爲有議論立場，就無法決定我的立場爲「是」爲「非」。因此，我的「是」雖然必然待「彼」而爲「是」，卻也隨時「因是因非」地必然也爲「不是」，但此「不是」也無法否定掉我的「是」之爲是，所以同時無害於我的「是」之爲不可否定之「是」。因爲我在兩行中的是非，隨時通於相反的是非，此乃無異於無待，獨往獨來天地之中。風之眾聲有待怒者，無異於不待怒者，這就是「化聲之相待，若其不相待」，互相有待於彼此，便也無異於不互相有待於彼此。怒者之存在與其不存在沒有差別。

文獻在下一段就直接說明此義，下一段就是大家都知道的「罔兩問

景」[13]。影子之一行一止就是影子的此時此地之「是」，此「是」爲徹底有待，從頭到尾，每一行動無非待他者。而所待之他者，又徹底待另一個他者，如此以往而無止盡。就算追到最初而有所謂的無所待的第一因怒者，假如它有資格算一種「有」，則必定有個可以指定的內容、身分、定位，就是必然有個內、外之分限，這樣則又免不了同樣的「彼、是」之循環。因爲它「有」了，就表示它有一個內、外，它有所是、有所非是，結果一個「因是因非」的問題又出現了，不是嗎？因此，其實此怒者也免不了「因是因非」的有待結構，免不了「非彼無我，非我無所取」的問題，畢竟也是有待。既然一切皆徹底有待，則無有一個立場自立而不能被其所待者給推翻的，沒有一個能夠決定待自己的他物如何如何。徹底有待無異於徹底無待。蛇蚹未脫落時，則同時行同時止，蛇待蚹而行，而蚹也待蛇而行，蜩與翼亦然。正因爲分不開，相依極密，所以蛇以蚹之「他」爲「己」的身體的一部分，越待之越無待外。一脫落而爲外，爲對象化而可指定的異己物，則已不待之。若徹底待外而步步俱動，則外亦成爲內，所以不眞算待外。反過來，若所待徹底爲外而脫落，則已不待之，所以亦然爲不待外。其「相待」無異於其「不相待」，則明矣。這個也就是化聲之相待，若其不相待。

最後一段「莊周夢蝶」[14]，就很巧妙的把上述的論點，最精彩的一層意義給說破了。「莊周、蝴蝶」互爲「彼、是」，必有分也。若周夢爲蝶，則蝶正在「待」周，周爲蝶之「怒者」。莊周是做夢者，蝴蝶是所夢者，所夢者待於做夢者。周爲夢之怒者，周在做夢，就是在怒，在吹出

[13]「罔兩問景曰：『曩子行，今子止，曩子坐，今子起，何其無特操與？』景曰：『吾有待而然者邪！吾所待又有待而然者邪！吾待蛇蚹、蜩翼邪！惡識所以然？惡識所以不然？』」〔清〕郭慶藩輯，王孝魚點校：《莊子集釋·齊物論》，頁110-111。

[14]「昔者莊周夢爲胡蝶，栩栩然胡蝶也，自喻適志與！不知周也。俄然覺，則蘧蘧然周也。不知周之夢爲胡蝶與，胡蝶之夢爲周與？周與胡蝶，則必有分矣。此之謂物化。」〔清〕郭慶藩輯，王孝魚點校：《莊子集釋·齊物論》，頁112。

來這個蝶。那相反地，若蝶夢爲周，則周正在「待」蝶，蝶爲周之「怒者」。因是因非，則雖必知其爲一對「彼、是」而必有分，而同理不可知誰待誰，所謂「怒者其誰」、「化聲之相待，若其不相待」。其所待又內又外，又己又他，非內非外，非己非他，越相待越不相待。如此「滑疑之耀」則己疑爲他者之所怒，他者疑爲己之所怒，己疑爲他之一顯現，他疑爲己之一顯現，則己、他不能穩定爲己、爲他，不可不隨時互化，而己化爲他，他化爲己，雖不可不化而待己之他化爲待他之己，待他之己化爲待己之他而已，周所夢之蝶化爲蝶所夢之周，蝶之所夢之周化爲周所夢之蝶而已。所以，雖化而又不化，果有化乎？果無化乎？萬物皆然。此之謂「物化」矣。謝謝！

莫加南：非常感謝博克老師的導讀跟報告。讓我們了解因是因非、相待不相待這些弔詭的邏輯跟關係，我相信林老師跟賴老師有很多想要討論的問題。接下來，我們先歡迎明照老師做回應。

第四節　對談與回應㈠：價值叩問 —— 內在多元與批判反省

林明照（臺灣大學哲學系）：謝謝！非常謝謝博克老師，博克談得非常的精彩，特別是從「彼、是」這樣子的一個關係裡面去談「萬有互在論」，我受到很大的啓發，因爲從這樣的一個角度，幾乎把〈齊物論〉裡面很核心的想法給貫穿起來。我們從博克的分析裡面，可以很清楚地知道，所有的立論是非，它其實不是「是」跟「非」的區分那麼清楚，這中間是用博克的話來說，內涵著一種多元性或者它是互相立，然後又互相破。

如果我們的想法和觀念，甚至我們所生存的世界，是這樣子一種很弔詭的相互依賴，但是又相互分別，就像儒、墨之間的是非，他們原來想要把「是」跟「非」分得很清楚，「對」跟「錯」分得很清楚，或者是說在最原來的「我」跟「你」分得很清楚。但這樣子的原來的這種動機或者是

這個背景，很難在博克所描述的一個「彼、是」、「是、非」之間的這種既是互立、又是互破的脈絡裡面成立。換句話說，這裡面我們可以理解，為什麼〈齊物論〉要去反省這些儒墨是非的問題，以及反省儒墨是非背後的這些脈絡。如果我們從〈齊物論〉的天籟來看，天籟裡面的各種聲音，我們說它是風的聲音，但它也是孔竅的聲音，有孔竅才有聲音，所以說究竟它是風、還是孔竅、還是聲音？它們中間有差別，但是它們中間又像博克講的一種「待」，如果說天籟的關係就像風、孔竅、聲音之間彼此有區別，但是又彼此互立，但是又互破，你要在「天籟」裡面找到一個像剛剛博克講一定要有一個發動者，而且代表這個聲音背後的一個最主要的，可以代表聲音的主要核心，用這個核心來連接到「是」跟「非」，這顯然是很困難的。

所以，我想博克一開始雖然是提到一個「萬有互在論」，但是也區別了兩種萬有互在論，其中有一個是從內在的多元性裡面去談，特別是《莊子》，這種萬有互在論或者內在多元性放在〈齊物論〉裡面來看，當然就會涉及到〈齊物論〉為什麼會談出這樣的思想，在這個思想脈絡裡面，博克告訴我們一種更加動態的觀點，事物相互之間有所連繫又有所區別，這種區別又可以轉換、連繫而又轉換的世界觀。這種世界觀，或者說是人的心智的觀點，其實就可以更豐富地跳出一種思維框架，也就是只是簡單地要把「彼跟此」或者「是跟非」做出一個很絕對的很簡單的分別。我覺得，這裡面延伸到價值跟行動方面的層面，這個層面可能博克已經有一些想法，我只是想要進一步問說，博克會怎麼想這個問題。

我們說，在這種事物的觀點的糾纏裡面，很多「彼」包含著「是」，「是」包含著「彼」，「非」包含著「是」，「是」又包含著「非」，這就好像我們在反省任何一個人的想法的時候，我們的想法裡面可能也包含了我們所接受的一些不同的文化傳統，這些價值觀其實早已經蘊含在我們自己的觀點裡面了，只是沒有被明顯察覺而已。有時候我們會看到，我的觀點裡面有很多價值觀蘊含在裡頭，而且我不可能擺脫它們，甚至，我會

發現這些價值觀中間其實也包含著一個反省。以我對博克的理解來看，這中間有一個「觀點之間」的相互連接，但是在這樣的一個連接裡面，有沒有說我們「如何」去看到這個連接？比如，我們怎麼去做出一些價值上的區別，如果有些觀念確實是需要被反省的？或者是說，身處在一個文化傳統的背景裡面，我們有一些觀點，這些觀點既是文化給我們的，也是我們的觀點在回饋文化的，但是在這些糾纏裡面，我們如何去面對這裡頭可能有一些是必須要去批判的，或者是去反省的東西？這些批判跟反省的基礎在哪裡？

當我們說自己受到某個觀點的影響，這個觀點會不會有一些問題，需不需要被檢視反省？博克可能會說，其實也不一定，因為這個觀點你從另外一個它的脈絡來看，它也包含著另外一個它所依賴的觀點，所有的觀點之間可能都會有一個不斷相互依賴的過程，就像博克講的「有待」的過程，這個其實可以形成一種我們價值觀的複雜性，或者說，我們開始學習避免用簡單的、價值上的「對」跟「錯」去談問題。但是，在這樣子的一個豐富的價值的糾纏裡面，我們還可以去思考社會的不完美到底在哪裡嗎？是不是可以有一些理解，還是說社會的不完美，其實我們也要更弔詭地去看待這個問題？我的意思是說，確實我們的很多觀念，都會在糾纏裡頭，但是這些糾纏怎麼去解釋？比如說，惡的問題，可能博克已經想過這種惡的問題怎麼去解釋？如果我們從「弔詭」來看，怎麼去看惡的問題，尤其是當我們已經接受價值觀是層層疊疊的（罔兩待影、影待形），這個時候，「惡」看起來好像有點複雜，我們怎麼去反省這個問題，這是一個價值觀的思考。

當然這裡面還有另外一個問題，我想博克也已經處理到了。剛剛博克說，每一個「彼」或每一個「是」，它都不斷地在產生一個新的東西，我覺得這是一個很有趣的想法。這個新的東西，如果從某一個角度來看，它也不是完全新的，因為它也是包含著舊的東西在裡面，以博克這個相互依賴的觀點來看的話，新的東西出現了以後，其實它也蘊含著舊的東西。比

如說，我們總是在生命活動的過程裡面，我們的內在有一個多元，「彼」跟「是」之間會有區別，但是「彼」跟「是」之間又很難有徹底的區別，這種「彼」跟「是」之間很難區別，卻又有一個區別的狀態裡面，它有沒有涉及到我們所生活的時間、時間性的問題？對《莊子》來說，有沒有一個情況是，在某種時刻我們要去面對「彼」跟「是」的分別，在某個時候我們要去接受「彼」跟「是」的難以分別，也就是說，「彼」跟「是」之間的分又沒有分的這個弔詭性，是不是要用時間性來說明？為什麼會這樣問？因為我們活在一個具體的時間、具體的事件裡面，在時間之中，我們會不斷遭遇各種不同的人、事、物。有時候，我們會遇到一個面對生死存亡的那種關頭，我們很清楚地感覺到，我可能會受到傷害；有時候，我們也會感覺到，好像有一種所謂的人類的整體的感覺，那種我們都是一家人的感覺。我認為，博克所描述的那種難分難解的「彼」、「是」關係，就是生活在「時間性」裡所不斷遭遇的不同處境與感受。

　　第一個問題是問，在這樣子的一個價值糾纏裡面，「惡」怎麼去談？第二個問題是說，在這樣子一個「彼」跟「是」、「人」跟「我」之間又有分又無分的弔詭性裡面，這個弔詭性在時間的脈絡裡，會不會呈現出不同的側重？有時候，我們得去看到「周」與「蝴蝶」的分，有時候，我們又得知道「周」與「蝴蝶」沒有分。雖然，我想博克一定會認為：如果做出何時該分、何時不該分的判准，可能是個陷阱，因為它會落入所謂的「非弔詭」、落入立下一端的困難。但是，我在想，作為一個具體的存在，我們的智慧，我們實際在生活的時候，我們的心態本身是不是在這個弔詭之間，有時候確實會有一些「區別」或者是「不區別」的要求？我不知道，博克會怎麼去想這個問題？

　　如果從這個地方來看，我還有一個問題想問博克，剛剛博克提到「有謂跟无謂」、「无謂跟有謂」的想法，博克的解釋是很有意思的，他把「有謂跟无謂」放在「是跟非」或「彼跟是」的脈絡裡，「有謂」看似相對於「无謂」，卻要連接到「无謂」去看，反過來，「无謂」也連接到

「有謂」去看。這就好像「彼和是」、「是和非」看似有區別，卻要連接在一起看，「有意義」跟「無意義」好像是分別的，其實也是不分開的，兩者是一種「有待」的關係。博克的讀法，我覺得很有意思。

那我的問題是說，從我剛剛講的實際的生活面相來看，〈齊物論〉在反省這個部分的時候，怎麼面對是非的爭辯？狙公面對猴子，這個寓言故事，有沒有可能就是在談一種語言的行動？就是說，雖然「有意義」跟「無意義」是連繫、是依賴在一起的，但是我仍然可以弔詭地去言談、弔詭地去行動，狙公是不是找到了一種有效的方式？在徹底相待的關係裡面，我們是不是仍然可以講一種「有意義」卻又很自覺那是「無意義」的話，或者做一種「既有謂又无謂」的行動？我想知道，博克會怎麼思考這種「言無言」的可能性？在這種徹底的相待裡頭，我們還可以思考一種正面的語言行動嗎？我感覺，〈齊物論〉的寫作本身是不是就可以看成是這樣的實踐？因為〈齊物論〉的筆觸，基本上就是一個有意義的又無意義的、無意義的又有意義的，或者說，嘗試在「儒墨是非」之間，保持彼此連接又彼此區別的寫作方式。如果是這樣的話，我感覺，若要說清楚這件事情（要講出清楚這種行動的可能性），就必須放在博克所提出的「萬有互在論」裡面，才可能去描述出來。

最後，有一個我自己覺得很有趣的問題，為什麼博克要用「互在論」、「萬有互在論」去談〈齊物論〉？「互在論」聽起來是已經有一個「存在」的世界在那裡。但是，博克剛剛的講述，是從「是非」、從語言這些方面去談出一個「互在」的關係。對《莊子》來說，我們對於事物、對於是非、對於彼此之間的理解，要由一種「互立互破」的關係來看，而我們的想法、我們的觀念，就反映、就作用在這個世界當中，所以，眼前的這個世界，也呈現為互在、互立、互破的狀況。我的想法就是說，從「是非」裡面、從「論」裡面，去談出一個萬有的互在，博克是不是認為：對《莊子》來說，在人的觀念世界裡面，其實也可以看到世界的豐富性在那裡？對博克來說，觀念世界跟外在世界的關係，是不是有一個很密

切的連繫？

　　從博克的分析，我們可以看出〈齊物論〉裡頭，有一個「互立互破」的結構，而這可以幫助我們了解《莊子》對於「儒墨是非」的特殊反省，這是我聽了博克今天的演講之後，蠻大的一個收穫，我大概就先談到這邊。

莫加南：非常感謝林老師提出的反思和問題。我覺得我們可以先給博克老師回應一下，因為林老師的回應非常完整，其中提到了很多重要的問題。我們先聽博克老師的回應，賴老師可以再參與討論。

任博克：非常感謝林老師很詳細、很有深度的問題，好像有四個問題，我覺得每一個問題都很值得我們討論。第一個問題關於「惡」，我是這麼覺得，這當然是我們之前經常討論的，但是專就《莊子》文本來講，我的想法是這樣子：我覺得〈齊物論〉好像是《莊子》內篇的概論，一到〈養生主〉、〈人間世〉、〈德充符〉等等，一個一個面對各種方面的難題，是用剛剛討論的〈齊物論〉、我剛才討論的那種境界，是非的互破互立的結構。一開始〈養生主〉有「為善无近名，為惡无近刑，緣督以為經」，然後有幾個故事來說明，針對大概的原則怎麼實踐。基本上我認為那個意思是說，隨時都有所謂善、所謂惡出生，但就是剛剛提的那句「不緣道」，等於「無肯專為」〈山木〉篇的一句[15]。「無肯專為」，不緣任何「為是」所制定的專一之道，不修任何專門立自己的「是」，而專門排斥所有其他的「彼」所立之是為非，善惡不會累積，無論是任何一個立場，所謂的善、所謂的惡，此暫時立場所導致的行為都不會累積到近名、近刑的程度，那他會怎麼樣？「緣督以為經」，有一些對應實踐的或者現實問題的故事，就像庖丁解牛，針對怎麼做一些事，當然有很多小決定你要

---

[15] 語見〈山木〉：「周將處夫材與不材之間。……無譽無訾，一龍一蛇，與時俱化，而無肯專為。」〔清〕郭慶藩輯，王孝魚點校：《莊子集釋》，頁668。

下，但是他的搖動不是按照一個限定的標準，所以他好像就說以應無窮。
〈齊物論〉說「以應無窮」，我覺得狙公的故事也是說明了有應的功能跟
無窮的產生力，產生不同的是非、對應不同的立場的是非。這一類的故事
都要說明對應現實生活上的問題，都是說明在面對日常生活的難題如何實
用「因是因非」的兩行弔詭心態。但是其實《莊子》也意識到這個雖然是
個人的生活，也許能夠用來養親、可以盡其天年等等，但是〈人間世〉就
提出，就是林老師剛提的那個問題，如果有一個暴君在那邊，或者如果有
社會，你認為社會有什麼一定必須要改的事情怎麼辦？我覺得《莊子》講
那種道德的問題的特點是跟現代人有一點陌生了，也就是在〈人間世〉：
「天下有大戒二：其一，命也；其一，義也。子之愛親，命也，不可解於
心；臣之事君，義也，無適而非君也。無所逃於天地之間，是之謂大戒。
是以夫事其親者，不擇地而安之，孝之至也；夫事其君者，不擇事而安
之，忠之盛也」最重要的就是這句：「自事其心者，哀樂不易施乎前，知
其不可奈何而安之若命，德之至也。」「哀樂不易施乎前」有兩種解釋，
一個是哀樂不會影響到你，不會有這些喜怒哀樂再煩惱你了。但是我的解
讀不是這樣子，我覺得「哀樂不易施乎前」，就是不斷地施乎前，你有哀
樂，因為它剛剛說「義」、「事親」跟「孝」不可解於心，所以施其自己
的心，自事其心，你事你的親就是孝，你事你的君就是義了，但是你自己
的心中也有一些莫名其妙的東西，比如你對什麼事情覺得不忍，你就必須
「事」這個不忍的感覺，就是服從你自己莫名其妙的不忍惡性之心。有一
點類似《孟子》的想法，但是不一樣的地方就是，《莊子》不會覺得，因
為你覺得不忍之心，就表示這個是對的。不是，這只是你喜怒哀樂的一
種，莫名其妙地，你很討厭暴君。如果你是顏回，有一些人是這樣子，他
不得不行動於社會上、要改善社會，他自己覺得不能不這麼做。當然《莊
子》不會反對的，但是他又不會說那個一定是對的，他只會說汝安則為
之，你可以這麼說，你有這種感覺，你的喜怒哀樂，你也要事自己的心，
服務自己的莫名其妙心態，你要是事自己的喜怒哀樂，你有討厭暴君的

心，你就要服務這個心，這個是你安之若命的方法。這個心就像命一樣：莫名其妙，沒有任何道理，但是又不可避免，只好要服從的。我覺得狙公的猴子不只是外在的猴子，也有內在的猴子，有自己的莫名其妙的是非偏見，只好要因循自己心中內在猴子的是非偏見。但是他並不是說每一個人都要一樣，都應該有同樣的內在猴子，不像《孟子》說你不這麼覺得你就不是人。《孟子》的四端之心就是四種內在猴子。有些人有了，有些人沒有了，這是個人要決定的事情。但是你既然有的話，如果你像顏回是很有良心的那種人，那如果你直接去批評暴君、你直接去示威、你去怎麼樣，我覺得〈人間世〉孔子顏回的故事好像表示這一切沒有好處，就算你的價值觀是要改善社會，你這樣直接去罵人家，也不是方法。要自事其不忍惡性之心，有更好的方法，就是「心齋」。其實這個「心齋」無異於我剛剛講的滑疑之耀、兩行等等。你要的是社會的改善，我不是說你應該要那個或者不要那個，但是如果事實是你心中有這個感覺，你想改變社會或者改變那個暴君，奇怪，這個兩行還是最好的方法，或者心齋，虛而待物者等等。每一個人心中有他不知其所以然而承諾的一些是非，我覺得《莊子》並不反對。我覺得《莊子》批判的是，你如果要給你的價值觀搞出來一個所以然，要辯護它、要所有人要接受它，或者你要說它有什麼依據。我覺得《莊子》的看法是價值觀是不知其所以然而然的東西，「不知其誰何」，「怒者其誰」的東西。你有喜怒哀樂等等，它就在那裡，有時候你就是這種人了，這就是你自己，你要行動也行動到底了。但是這個行動如果直接用強迫的方式行動，也會有反作用。所以，還是用庖丁的方法或者心齋的方法。這是我的了解。

　　第二個問題是講時間的問題。時間的問題很有趣，我覺得如果看內篇，裡頭有像說〈德充符〉「自其同者視之」、「自其異者視之」，〈秋水〉篇也有類似的話，雖然它下句好像都是順著「自其同者視之」來說，但是其實照理應該是這兩邊都有的。但是因為內篇所針對的問題的關係，特別在面對死亡、面對殘廢的這一類問題的關係，偏向自其一觀之、自其

同者視之的立場。當然若按照我剛才的意思「其成也，毀也」等等，有同者就是有異者，當然不能偏其中一個。我覺得這裡就牽涉到你第三個問題，語言的問題，因為我也很同意你的暗示或者你的說法，就是《莊子》他們終日有言、終日無言，无謂有謂、有謂无謂，或者說妄言之、妄聽之。我覺得你說《莊子》在實踐的話，《莊子》文本本身就是有謂无謂、无謂有謂，那是什麼荒唐之話，或者你可以說〈寓言〉篇也講得蠻清楚的，就是說你讀一個《莊子》的文本，然後相對之下你看《孟子》和《荀子》或者《論語》，馬上就知道這個風格很不一樣，文字的形式很不一樣，效果也很不一樣的，當然也可以說是詩意，但是也是一種哲學。而且這個哲學，其實《道德經》也在實踐，它多多少少也有實踐這個意思，因為《道德經》就是故意地不清楚、模糊兩可，所以它也在實踐，不只是在說明，不只是指出所謂的有謂无謂、无謂有謂，而是在實踐它、在顯現它。因此你可以說〈齊物論〉，因為它的轉變，有時候針對差別性，有時候針對同一性，這是互換的，雖然它可能不明說，有因時而變的變通意思。就時間而言，朝三暮四也許可能就有這個意思。但是我剛才想到〈天地〉篇那個故事，子貢遇到老人家說他不用機器，他要天然的，不要用先進的有機心，後來離開時，孔子有一段話說，這個是假渾沌氏之術，或者是說知其一不知其二。我總是覺得這個故事是故意的，其實你開始讀那個故事好像是贊成老農夫，但是最後好像是批評他了，他就是守一而已，知其一不知其二。老農夫不知道這個時候，其實要分別，也就像剛剛在講的，分別跟不分別怎麼展現出來？這應該有一點類似你說的有「應」，適應，來應適的能力。有時候是差別，有時候是無差別，但是其實真正在無差別的時候，也有差別在的，互相相反的都互在。我是這麼認為的。

　　最後的問題，你是不是問這個是不是完全是概念式的遊戲，跟世界存有論的層面沒有關係，或者是說世界本身就是弔詭的構造，從心裡顯現出來。這個問題我覺得你也很清楚，哲學思想常常會出現類似這個問題，我覺得當然這個問題應該同樣是使用《莊子》的反應來反應：主體跟客體其

同乎，其異乎，又不能同又不能異。我覺得當然不能簡單的說，完全封閉在人的頭部裡頭，頭內跟頭外是不是可以有一個不同於剛才我們所有了解的內外關係的弔詭性質？我覺得，不能只有這個內外關係是例外，你不能把它封閉在那個「人」的境界裡面而已，但是又不能直接說是同一的。它就給你這個通路，當然是、彼有分，就像莊周跟蝴蝶，是、彼有分，但這個「分」本身就是我們剛剛提到的那種分，就是那種因為分了所以不能穩定的分，主體跟客體不能穩定的分，或者應該說，主客之分也是無所在、無所不在乎。

莫加南：非常感謝博克老師的回應，我相信賴老師也有很多想法要跟我們分享，我們請賴老師回應一下，當然林老師等一下可以繼續回應。

第五節　對談與回應㈡：儒墨是非——滑疑與果是

賴錫三：任博克今天對〈齊物論〉進行了非常高水平的解讀。〈齊物論〉本身就已經難到幾乎不可讀了，博克對〈齊物論〉的解讀又幾乎跟〈齊物論〉一樣難。但我覺得這樣的解讀非常必要，我覺得把〈齊物論〉解通，對於人是真的可能會產生徹底的轉化作用。任博克展示一種可以用「語言邏輯」的方式，來把「弔詭」講得既清晰又弔詭，我覺得是奇觀。可以回響的點非常多，我隨機抓一些東西來談。

　　由於我們這一系列討論都跟「共生哲學」有關，所以我先把它拉到「共生」脈絡來對話，或者說，重新打開「共生」的可能性。對我來說，任博克今天的核心討論，在於從「儒墨是非」到「兩行之道」，可以說這是重新為我們所謂的「共生」這個概念，打開了一個新可能性，或再度更新。為什麼我會這樣說？我先從「天籟」角度講起。博克最後也有談到天籟，對於天籟有沒有「怒者」這件事情，他做了一個非常弔詭的解讀。我們看〈齊物論〉一開始的脈絡：「喪我」才能聆聽天籟，從人籟到地籟，再轉到天籟的時候，才提出「怒者其誰邪？」這個解構性的回答。在博克的回答裡面，「怒者」與「無怒者」是「待」與「無待」的「相以為

待」、「互為依待」。聽「人籟」時，人吹「比竹」，在人們的一般直覺
上總以為我就是「吹者」，我就是「怒者」，是我這個單獨的怒者使得聲
音能夠發出。而我們觀察或聆聽「地籟」時，也經常以為風就是眾竅怒號
背後的唯一怒者。可是到了「天籟」的時候，〈齊物論〉做了一個反問：
「怒者其誰邪？」（類似於「惡乎待哉」），也就是在暗示我們，你不能
找到單一特定的怒者、特定的依待者。萬物的活動若用聲音來比喻，萬物
殊異的生命好像各自吹出自己的調（所謂「咸其自取，使其自己」），其
實所謂的「自」必然同時具有「內在待外性」。而所謂的「內」其實是
在「即內即外」中成立的；所謂的「此」其實是在「即彼即此」中成立
的。對我來說，這就顯示出了「徹底的關係論」。任博克提到的「萬有的
互在論」，我會把它描述為「最徹底的關係論」，或者是「最徹底的緣
起論」。換言之，你不能夠找到單因單果來解釋眼前，你強用單因單果
來解釋眼前就變成了「有所待」，而那個「待」就會變成為非常特定的
「是」，特定角度所描述、所觀察的「確定性」，但其實那已經是切割掉
很多關係、遮蔽掉很多脈絡，而固執於一種有封、有常的特定之「待」。

　　在博克所描述的「天籟」中，其實是萬物完全而徹底的「互待」；因
為萬物徹底地相互依待，「待」就找不到一個特定的依待。所以當我們把
「待」徹底化的時候，你會發現所有的「待」都一樣「內在待外」，而且
都不能免於「互為依待」。這樣的話，所謂的「徹底的有待」，反而同時
會走向「徹底的無待」。回頭再來思考《莊子》為什麼用聲音來描述「天
籟」？我們的「生命」作為一個自己的聲音、發出自己的聲音、發出自己
的音頻，它一定也是在千差萬別的音頻中「共振」而發出的。我的「音
頻」、我的「籟」，正是「天籟」交響中的「一籟」，我的聲音一定會回
應別的聲音，別的音頻也一定會影響我的音頻。所以我的生命永遠在不同
的依待中「有二」，有對立、有彼是。有彼此的差異，我一定在對比差異
中來呈現我當下生命，可是我的當下的差異又是不可停住在自己，它必然
會不斷地差異地差異化下去。所謂的「天籟」，它不只是從這認識論的角

度來談彼／是的邏輯關係，同時「彼／是」不可穩住自身，涉及「滑疑之耀」的問題，甚至存有論層次的「天均」不斷轉動。「二」不可取消，不能統合爲絕對的「一」，可是「二」又不能夠分離斷裂爲各自獨立的「彼／是」，「一分爲二」這種兩極端的關係。所以在這樣的情況下，任博克所描述的這一個「彼是」的結構，其實就帶出了一種共生圖像：我們永遠沒有辦法終極解決所有的問題，我們一定跟無量的是非共在，而這個共在是「不可能維持現狀」，它是一個不斷改變對方，也被對方不斷改變的無窮無盡演化，這樣共生就有了新的意義了。也就是說，他所描述的「彼／是」，既不是要讓我們落入「儒墨是非」的兩端對立的鬥爭，而是讓「彼／是」變成「兩行」。而這個「兩行」，除了有一個「二」的結構：「彼／是」的永不能克服「二」的結構，因爲「二」的結構是一個「動力結構」。同時，動力結構會使得「彼」跑到「此」，「此」跑到「彼」，彼、此之間產生了你中有我、我中有你，我中有物、物中有我，所有的狀態跟其他的狀態，都互在互轉，而且互生互化，這樣的共生，也就走向了一個沒完沒了的自我轉化或自我超越過程。

　　如果我這樣的解讀，任博克是可以同意的。那麼我第一個想提出來的問題，就是任博克一開始在界定「萬有互在論」的時候，它有一個非常重要的描述：他區分出「萬有互在論」，既不同於化約式的一元論，也不同於派出式的一元論；也就是「萬有互在論」，首先破除了「同一性」形上學，而且也破除了根源的、總體的、形而上的根據，再去流出差異；然後，也破除可以還原回去，回到同一體的、根源的「同一性」，破除了最後想要回去的「非分別性」。也就是說，對於各種類型的一元論，任博克前幾個禮拜談到《老子》的「垃圾論」，其實就對這類問題提出了批判，也就是說：沒有一個絕對無分別的境界可以「回溯」。因爲所有的「無分別」境界的回溯，又跟「分別」產生對立而又生成了另一種「分別」，如此一來，想要追求絕對無分別就會造成無窮後退，而掉入了另一極端的偏執。對於在這類情況，當代也反思了同一性形上學的暴力，而任博克一開

始就界定《莊子》絕不屬於這種類型。有趣的是說,他區分了兩個類型:第一種是「同性全分在每一事物中,故異物互在論」,第二種是「各物內在多元、始終自身異己,故異物互在論」。而任博克認為《莊子》和天台佛教就屬於第二種,而且他認為只有在東方文化風土中才產生出來。而第一種類型大抵可含蓋泛神論的觀點、體用論的觀點、華嚴宗的觀點,又或者朱熹早期思想的「物物一太極」:太極分布在萬物之中(如月映萬川),而萬物都分享了根源性、統一性的太極之理。所以雖然也強調「萬物互在」,可是它的互在是因為它預設了一個本源本體的太極,它預先流遍在萬物之中。但是任博克要提出第二種「各物內在多元、始終自身異己,故異物互在論」的重要突破性,尤其以《莊子》內篇(尤其〈齊物論〉)和天台所描述的「各物內在多元」,而且「始終異乎自己」,它和第一種類型有非常關鍵的差異。換言之,《莊子》這種特殊的「萬物互在論」,對於泛神論或體用論,它到底有什麼再突破或再打開?我想這是任博克隱而未談的東西,而且在中國哲學裡面,它作為判教理論中的圓教觀點時,是最為關鍵中的關鍵。

我一樣想要把這個問題拉到「共生」的脈絡來思考。對我來說,任博克所描述的〈齊物論〉,它可以作為「宗教共生」、「政治共生」的最佳平臺。從他所描述的〈齊物論〉這種「彼/是」結構的話:我們不是要找到一個沒有分別的「一」(例如萬教同源、三教同源的「萬法歸一」)。換言之,這是強調不再分你/我,不再分彼/是,所有的立場差異都可以匯歸到最終極、無分裂的本源本體,並以為(其實是「誤以為」)這樣才能得到徹底的共生、徹底的和解。值得深思的是,這種「萬法歸一」的方式,到底是徹底消除衝突的共生平臺?還是又製造了另外一個層次的彼/是,反而弔詭地成為更多衝突的開端?比如說,我們看到宗教在人類的歷史過程,一方面提供了超越向度的價值功能來安頓人心,但另一方面宗教也是重大文明衝突、乃至發動聖戰的來源。又比如對基督教和伊斯蘭來說,他們都認為他們擁有唯一上帝、唯一真神的「果是」,認為你必須要

站在我的「眞理」之道，站在我的「果是」之道，以我的道爲道，這樣你才是眞正「得其正」。然而正與邪（正統與異端），是不能兩立的。換言之，只有你走向我的「歸一之道」，或我改宗爲你的「歸一之道」，這樣才能在「尙同」中得其「共生」。可想而知，正邪怎麼可以共生？正統怎麼可以跟異端共生？也因爲如此，基督教和伊斯蘭的對立，以及現在政治情況的美中對立，兩邊各自堅持以自身的「道」爲「果是」之道的時候，結果會更加深彼是、是非的此疆彼界、一分爲二。本來彼／是（或彼／此）是在「相偶」之中，「彼」一定在「彼此相偶」中成立「彼」，「此」一定在「彼此相偶」中成立「此」，我們永遠不可能有一個絕對超越的立場去終結這個問題。可是當我們把「彼／是」的立場差異，當成是「正／邪」或「善／惡」一分爲二的時候，就會落入〈齊物論〉的「儒墨是非」的眞理之爭、正理之戰，結果經常是兩邊各自「是其所非而非其所是」，各自以自身的「果是」去想要終極解決是非、善惡的衝突對立，其結果可能沒有提供出共生平臺，反而以眞理之名、以道德之名，導致更多意識形態的衝突跟鬥爭。

如果我們不能退回一個徹底無分別的「純一」烏托邦，而這也不是《莊子》所選擇的，或者說，《莊子》的「天均」反而是要衍化出無量的是非，那麼人又如何能安立在無量是非中而不載浮載沉？不落入虛無主義？不落入相對主義？不落入懷疑論呢？博克所描述的「天均」、「兩行」，沒有人可以停在自身。「此」在彼此之中，「彼」在此彼之中，「此」與「彼」都永未完成地要被改寫，要跟著改變轉化，也就是所謂的「滑疑之耀」。這種說法，會破除烏托邦式、樂園想像的「同一性」共生，因爲不可能簡單化地合二爲一，「彼／是」不可能完全被消除或克服，而且對偶本身也是衍化新可能性的「動能」。那麼《莊子》提供這樣的方式，到底能爲這個世界的價值帶來怎麼樣的更新作用？我想博克剛剛回應明照的時候已有所回答。如果不走向簡單的善惡對立，那「兩行」可能是化解善惡對立的妙道之行，亦即讓善惡成爲「彼是」，而「彼是」

則可互通而共轉。這樣也不容易讓「彼是」變成是非兩端僵峙的「彼／是」，這時候的「二」是可以帶向雙向交換與轉化的「兩行」，從而產生新的第三種可能，而這樣是否也就打開了另一種共生圖像？是嗎？

　　如果這樣來理解，我會再想提一個有趣的問題：幽默跟共生的關係是什麼？因為從博克所描述的「滑疑之耀」，所有東西都無所住，立不住自己。事事物物，同時互立又同時互破，這種會帶來什麼情況？你沒有辦法「絕對的嚴肅」。所謂的「絕對的嚴肅」，就是你絕對確定、你絕對堅持、你絕對固執，因為你認為擁有了「果是」，或是你想追求「果是」、堅持「果是」、永不放棄「果是」。「果是」是我們應全力追求的真理、美夢。換言之，所有東西你或許可以不執著，但是絕對真善美的「果是」是不可不徹底執著的對象。我們經常看到，許多哲學（如形上學）、宗教（如唯一真神）會許諾這種「果是」的嚴肅之道。〈齊物論〉所反諷的「儒墨是非」的儒家與墨家，也曾相信它們自己可以提供終極解決天下大亂的儒家之道與墨家之道，它們不可能不對自己認定的「道」嚴肅以對，進而對異端邪說之道，給加以消除或同化。可是任博克所描述的道樞之道，它不是大寫的道，是「諸道之樞」。這也就把「道」去形上學化、去嚴肅化，「道」也不過是你在當下脈絡「行之而成」的方便之道，你雖然不斷會有脈絡、會有立場，但它們都不是一立永立、一定永定的，相反地，任何觀點與立場都可能隨著新脈絡而自我反諷，讓你自以為的「是」獲得自我解構。或者說，打開另一種方便之道的突破口。這種「不道之道」的觀察與反思，會導向什麼樣的主體狀態或變化呢？我認為它會引導我們領悟出一種幽默感。其實「滑疑」通於「滑稽」，本來隱含幽默意味。你自身會自我跌倒，你的立場、你的自以為是、你自以為的仁義，都可能自我滑走甚至顛倒，這個時候自己會被自己給滑稽，自我會被自我給幽了一默。

　　連繫到《老子》說的「福兮禍之所倚，禍兮福之所伏」，福與禍不是一定永定的事件本質，而是因循故事脈絡而「滑疑」未定，「塞翁失馬」

的故事，就十分典型地反映出了道家式的反諷與幽默。禍福相依，彼是不定，這個時候：無彼、無此、無是、無非。而所謂的無彼、無此、無是、無非的「無」，都不是簡單的否定，而是轉化了（無的治療作用）你自以為的固定之福、固定之禍、固定之是、固定之非的「定見」與「偏執」。這種「無」的轉化智慧，才會對人所篤定的嚴肅之道，過分偏執的終極解決，獲得非常大的釋放。我認為這種幽默的領悟，也會提供很大的共生平臺。我覺得「幽默」跟林明照上個禮拜所談的「寬容」，可以進行對話，寬容似乎還是過於嚴肅，好像我單方面能寬容了什麼？接納了什麼？可是幽默則是先幽默自己，先看到自己也不能免於「朝四暮三，朝三暮四」般的猴子人生，原來自己也經常就是猴樣般的反應，而且也不能免於自我反諷。總之，滑疑、幽默可能也隱含著共生之道的消息，值得我們開採。

　　我最後再提一個問題。大部分的學者都認為〈齊物論〉可以從「齊物」跟「物論」來解讀，也就是「齊物／論」跟「齊／物論」。而在博克的解法裡面，可以看出他把「齊／物論」那部分徹底化，解得非常徹底，比較少發揮「齊物」這個面向。但對我來說，這兩面應該要相輔相成的，比如從一開始談「天籟」到最後的「物化」，主要是談人跟物、人跟蝴蝶、人跟萬物的關係。這一方面我自己把它描述成「物化存有論」，可是「物化存有論」並不是跟人的認知不相干的純外部、純客觀的存有論。我想，《莊子》大概不是在描述這種客觀的世界觀。然而人不可能沒有立場、不可能離開語言的「彼／是」認知，所以任博克透過「物論」的「彼／是」互破互立的徹底化分析，它其實也是做為說明物化之間，互待互依、互破互立，一個很重要的方便法門。這也再度的呈現了《莊子》思維的弔詭性，如果你離開了語言的二元性的結構，而想要把「齊物」的「物化」談清楚，一不小心，就容易掉入超語言的、虛玄的神祕主義。同情理解博克的用心，他或許是想通過「物論」的語言分析，來展開「齊物／論」與「齊／物論」的不二，但策略上應該把能說清楚的部分儘量說到清楚的地步。我認為用這種角度來分析〈齊物論〉，也是非常必要的，而且

我不覺得這純粹是語言形式的分析。人做爲語言主體，它必須透過語言反覆進行反思，這已經是認識論的修養和自我轉化的工夫了。

莫加南：非常感謝賴老師非常完整的回應，跟我們分享很有意思的心得，特別是提到幽默這個問題。我相信博克老師跟林老師還有一些要跟我們分享，我們先邀請博克老師做他的回應。

任博克：我大概回應，錫三提到我開頭的時候有提出兩種不同的「萬有互在論」，「同性全分在每一事物中、在每一部分中」，這個是比較常有討論機會的，如果要談這個，我會提斯賓諾莎，提很多新柏拉圖主義者，還有宋明理學等等，我們可以一個一個講。但是我就希望，如果聽眾有不清楚這一點的，等一下可以問，因爲我覺得這個差別很重要、也很有趣，而且我也覺得很有商量的餘地，我們可以討論看看，可能會有別的看法。關於我這個分法，也許等一下好奇的話，我可以再說一說。接著是「滑稽」、「滑疑之耀」的幽默問題，「滑」在中文那個字就很有意思，從古代到現在都是很有意思的，它有滑的意思、有不定的意思，從古代以來，就把它拉到「幽默」的意思上做聯想，這兩個有內在的關聯。我覺得「內在反諷」就像錫三提的，對自己的反諷，自事其心，有一邊是很誠懇的，但是另一邊當然自己內在的猴子畢竟還是猴子，還是看得出來自己的猴子，也是跟別人一樣都是猴子。所以，我覺得這層意思也可以回應明照提出來的語言問題，因爲《莊子》的特點之一是所謂的「有言無言、有謂无謂」，這也是幽默的寫法，它的風格所謂的「妄言妄聽」，也許我們可以說這是滑疑之耀的一種幽默寫法。最後客觀的問題，〈齊物論〉——齊物跟物論，我在翻譯的時候，很費力地想讓這兩個意思同時進行，英文的 equalizing assessment[16]，it's very careful。因爲我覺得這兩個意思都要保存的，一邊是齊所有物的論，一邊是齊所有物的論點的論。但是最後就是

---

[16]　任博克將〈齊物論〉譯作「Equalizing Assessments of Things」。

說，我為什麼覺得也不要把它完全封閉在說「這個都是語言和概念」。因為這個又會犯超越的同一性，你會說分別都是我們心中的妄念分別，那就表示在我們妄念以外的就是無分別，我覺得這同樣會有我們剛才提到的那種虛構的、超越的、清淨的、無分別的客觀之中的直接幻想，而其實那個幻想就是我們的分別之一而已。

莫加南：非常感謝博克老師，最後我想再邀請林老師回應，林老師請。

林明照：剛剛博克的回應其實很清楚，尤其談到關於「語言」的問題。我只有一個很簡單的回應。如剛剛博克所說，有時候，我們自己要更多地保持一種彈性、保持一種自我否定的能力，或者像剛才錫三所講到的幽默，去面對很多價值上的對立。這個講法很有意思。從這個角度來看，「價值」的問題，有時候也是無可奈何的。〈大宗師〉說「黥汝以仁義，而劓汝以是非矣」，《莊子》當然認為讓這些東西（仁義、是非）加諸在我們身上，是不好的。但《莊子》同時也說：「子之愛親，命也，不可解於心；臣之事君，義也，無適而非君也，無所逃於天地之間。是之謂大戒。」換句話說，有些東西被含納在我們的生命裡面，是我們很難避免的。正如博克所說，「彼」「是」相互包含，就是有一些仁義、是非被包含在我們的內心裡，你逃不了。這些東西很麻煩，沒有錯，但是有時候，它們也是很難避免的，因為「彼、是」本來就很難完全分開。面對這些價值問題，除了要去看這中間常常是一種相互的涵蘊外，也是讓我們不要立刻去責備、質疑，因為人跟人之間共同存在在這個世界上，有很多東西我們自己也很難離開這個被包含在內的狀況。但這並不是要我們放棄對於價值的反省，更不是說，要立刻陷入是非對錯的對立，從博克的角度來說，這樣子一個事物之間的相互涵蘊又互立、互對的一種複雜關係，這中間其實可以讓我們以一種更加多元的眼光，去看待人身處在世界裡面的複雜性。當我們嘗試思考「價值問題」的時候，就不得不涉及到這個部分。簡單做這樣的回應，謝謝！

第六節　問題與討論

莫加南：非常感謝林老師。我們線上有兩個人舉手，所以我們先邀請兩位舉手的朋友提問。

王華（政治大學哲學系）：非常感謝博克老師精彩的分析，還有賴老師、莫老師組織、帶領這一系列活動。任博克老師作出很多有意思的詮釋，也帶出很多重要的討論。因為我主要研究《荀子》，所以我對於是否能綜合他人思想資源、整合到自己的理論很有興趣。所以我的問題是：儒家是不是有辦法整合進《莊子》的思想資源，能夠進一步發展，或者是在他的理論內部就已經包含這些思考方式？剛才博克老師談到非常重要的「異質」、「關聯性存有」的概念，其實我在想，比如《荀子》對心和性的看法，其實可以看到「內在異質存有」這種思考方式。心和性的表現其實不太一樣，而心、情和性的轉變，其實很適合帶入關係性理解，因為情是性感應外在情境之後的表現。這裡我們看到內在異質性、加上關係性存有這兩種思考資源，再加上《荀子》在談「虛壹而靜」的時候，已經有「虛」的概念在裡面，這是認識到持續的「開放性」對於理解道的重要性。我在想，是不是這些思考面向就足以回應一些《莊子》所擔憂的問題？這裡我也想連接到剛才明照老師所提到的「時間性」的問題，來探索儒家進一步回應的可能：我們總是在一個具體的時空之中，那麼在一個具體的時空之中，內在異質性會不會其實也可能產生某種穩定性，而對這種穩定性的掌握也許足以讓我們在當下的具體時空回應這個世界。當然，這種具體時空中表現的穩定性也許需要某種結構支持，而在我看來「禮」的作用和重要性即在於此。所以我不知道，如果我們接受這種內在異質性與關係性存有，其實在具體時空之中可能找到可欲的穩定表現這件事，也許我們就有理由找到一個相對穩定但同時具有開放性（虛的）、容許改變的、類似「禮」的這種結構。不知道這樣博克老師對這些議題的看法是覺得如何？謝謝！

任博克：這個問題很有意思，其實我覺得《荀子》應該有在回應《莊子》所提出的某些概念，而且接受了，但是接受了以後，還有加上一些關鍵的補充或轉折。就像你說的內在的矛盾，他絕對有很重視這個問題，很重視內在有不同的是非的小系統在同時進行。比如你說心跟性，或者是心中很多不統一的內容。我覺得他有接受《莊子》對於孟子式的儒家的天論的批判，就是把道德自然化、絕對化，再用這個方法來自然化道德，把它輸入、歸入自然律之類的。《荀子》大概接受了《莊子》對這一切的批評。那關係論也可以這麼說，我一直覺得儒家傳統一直都有這個「聖之時者」的「時中」概念，這個先有的時者的概念很強，可能是《莊子》也接觸到這個，然後又把它擴大或更發揮了。但是我覺得《荀子》，雖然覺得《莊子》提出來的這些狀況是無法反駁的，所以他就接受了它們，但是我的了解，《荀子》還是用了不同的解決的方法，他覺得那些不同意的問題就是因為有欲，所以需要有禮，因此必須了解怎好好的「群」，要「群」就要了解如何分，分社會角色，分君臣，分夫婦，分父子，社會上各種分工就要「禮」，所以依我所了解，《荀子》最後的標準就是禮，就是你說的結構。但我也覺得這個結構不是法律的那種比較硬的結構，還是比較軟的結構，比較有彈性一點的，而且他設計禮制，他喜歡把它講成是最能夠包含相對、包含各種不同相對極端的東西，對不對？有強的、有柔的，有文的，有武的，有樂有悲，有天有人，什麼都有的，「禮」都能包含，各有交代而分配。《荀子》辯護「禮」的時候已經好像有接受一個莊子式的前提，就是你要說服別人，你要讓別人感受到禮制的好處，你怎麼說才有說服力？一定要說它的包含力最大。但是跟《莊子》的差別就在於，《荀子》心目中的禮系統再有包含力，但還是有一個極限，這個包含力還是有一些東西沒有辦法包進去，可能要割掉了。差別就在這裡。他可能會覺得這跟傳統的先王的禮制也要有關係的，這個關係也是不可捨的。所以始終就是有這個問題：你要怎麼定，你要立足在那裡，來決定哪些部分是不可改的，把不可改的部分當作一個框架來定所有其內的那些內容的侷限，就

定了一個標準來決定哪些對立事物可以包含，哪些要排到外面去。在禮以下的東西都是可以的，都有一個時間的，你喜怒哀樂都有了，有文有武什麼都有，但是這個禮就是不可改的，這可能就是跟《莊子》的不同點。就是我剛剛講〈養生主〉的方法、庖丁解牛的方法、〈人間世〉的方法、心齋的方法那一類的東西，《莊子》覺得你可以因循滑疑之耀，你不必提防它，反而可能要把它徹底化了，《荀子》好像承認有滑疑之耀這個不可避免的東西，他覺得當然要接納它帶來的變化以及多元性，但是也要小心控制它。我是這麼覺得，不知道錫三、明照有沒有意見？

賴錫三：月惠老師是不是有問題？

莫加南：那我們先請月惠老師發言。

林月惠（中央研究院文哲所）：謝謝任博克老師、還有賴老師、還有林老師今天這麼精彩的一個演講跟對話，很感謝任博克老師在最後有開放讓聽者可以問問題。今天任老師一開始開宗明義是很破題的，萬有互在論，你把它分成兩個類型，而且下了一個定義。首先，你做了一個區分，前者「同性全分在每一事物中」，後者是「各物內在多元、始終自身異己」。在這個區分當中，前者的話你認為像斯賓諾莎的泛神論、新柏拉圖主義，或宋明理學、禪宗、華嚴宗是屬於這一類，而你覺得最特別的是天台宗跟《莊子》，他們是屬於後面的萬有互在論。那我就一直在想這兩類區分的判准是什麼？恐怕是對多元性跟差異性的一個解釋吧？如果是的話，就要請教任老師，為什麼在東、西方的思潮當中，只有《莊子》跟天台宗是屬於這一種？而如果是你所說的另外那一種萬物一體，或者是萬物一元，「同性全分在每一事物中」，這樣的一個萬有互在論或者是異物互在論，它同時也必須要說明差異性跟多元性，對嗎？所以，我的第一個問題是兩者的判准是不是在解釋差異性跟多元性？如果是的話，這兩個形態、這兩個思維模式在解釋多元性跟差異性當中，他們的差別在哪裡，或者他們有哪些是共同的？那第三個要請教的問題，唐君毅（1909-1978）先生跟方

東美（1899-1977）先生在詮釋《莊子》或者整個東方哲學的時候，用了整體論、Holism的方式來看東方哲學，杜維明（1940-）也說「存有的連續性」（the continuity of being）。而我發現方東美先生跟唐君毅先生同時使用了一個詞彙「萬有在神論」，它對照泛神論來說明東方的整體性思維，不管是老莊或者是佛教或者是儒家，而且它強調的是process、過程的一個變化，強調這當中的一個動態性。唐先生或方先生所使用的「萬有在神論」跟你現在的「萬有互在論」，這當中是不是有一些巧妙的連接？我不曉得這些問題合不合法，謝謝你。

任博克：謝謝！我很高興有人提出這個問題。對的，你看到兩種模型的差別了，最清楚可能就是看看天台跟華嚴，所以你第二個問題，我要回答就是肯定的。當然第一種類型也是非常尊重差別性的，而且對差別性有很徹底的一個說明，甚至於也可以說聽起來很類似第二種，比如說在華嚴在杜順（557-640）的華嚴法界觀，我覺得是很明顯的一個例子。在法界觀他會用《心經》的「色即是空，空即是色」來說明色跟空，空是那個理，它是不可分別的，因為它是空了，所以它強調全分都要在每一個微塵中、在每一個事物中，不是一部分的空性，而是全分的不可分別的空性在每一色中，杜順一再的說明。但是因為空理是全分在每一個差別的事物中，可以說色與空是相異的，因為色有侷限而空性沒有，但是同時又必須說色即是空，因為每一微塵的色內有全分的空性，此一份色以外並非另有空性存在。因為同一才差別，而且因為差別才同一，這個沒有問題，但是杜順還提出色、空的能依跟所依的差別。就是說，能依賴的是空性，而且空性是無相的，所以它可以展現一切性，而且是不可去分別的。所依的就是色的多元分別萬相，都依賴空性的不可分別的無相而立。這個差別是豎的差別，有因果的先後依賴單向關係，跟前面的可以互換的橫的差別，本質上不一樣。所以，如果你說萬有在神論或泛神論有很多種，比如我覺得斯賓諾莎，要看你怎麼解讀他，如果你強調，他也會說神性是不可分別的，所

以你有一滴的神性，你就有全部的實體性、實體或自然或神。我覺得這就是它的特點，它就是透過這個思路，差別只有也只能在這個同一中才能產生出來，所以同一還是依據，差別性就算是內在的，還是依賴統一性。所依如果這樣讀，此中泛神論還有一個能依、所依的差別在。所以說在最高的抽象的層次，分別其所以爲統一、其所以爲差別，就可以發現思想的深層結構何在。我覺得在《莊子》跟天台很巧妙，就是因爲他們都沒有形上的一個單一之理。在《莊子》，天也是不可知爲天爲人，其一也一，其不一也一，天人不相勝。多元性無論如何都不能避免。在天台思想的話，理是三千，有永遠不可斷的地獄界，有永遠不可斷的佛界，事也是三千，有永遠不可斷的地獄界，有永遠不可斷的佛界。多元性無論如何都不能避免。可能是華嚴宗比較接受了印度佛教的一些範疇，你可以說它比較發達了，發展出比較完美的一些形而上的範疇。《莊子》跟智者大師有一點天眞地去處理相偶性的問題，因此有一點點赤子之心也是吧，然後就有了大發現。這個大發現就是直接把同一跟差別完全重疊，也不是兩個不同的層次，我認爲是這樣子。所以，在那種泛神論的想法，同一還是有優先性的，有一種優先性，但是他們也會很強調，其實同一性也脫離不了差別性，斯賓諾莎有這種說法、華嚴有這個說法、宋明理學也都有這個說法。但是它的結構怎麼達到這個結論，要透過什麼理路，這個理路會有怎麼樣的後果，這才是問題所在。我覺得你看後期的天台，我早期的作品都是針對這個問題，他們講性惡、講如來性惡的問題。天台跟華嚴的關係爲什麼很有趣？因爲他們兩宗，其實共同的論點非常多，他們畢竟都是萬有互在論，萬有互在論已經在人類歷史上是蠻少見的，但是在其中還有很細微的差別。第二種類型在實踐上的、工夫論上的、修行上的，還有倫理上的差別會蠻大的，因爲它就不會有還原的那個理路。

莫加南：賴老師有沒有要補充？

賴錫三：對，這個問題非常關鍵，而且極其重要，在中國哲學內部是核

心問題。比如說博克剛剛描述的華嚴，談到最後「事事無礙」的時候，事實上也是徹底的尊重差異，而朱熹講的「物物一太極」，太極也是在物物中、在一切差異中、在事理中展現，也就是「全有同分」要在所有的差異之中，這個也是中國哲學一個影響非常重大的主流傳統。

剛剛博克提到，不管是斯賓諾莎或是華嚴的談法，甚至包括早期海德格（Martin Heidegger, 1889-1976）在談同一與差異的時候，還是以「同一」作爲優先性去解釋「差異」。這種談法的好處是，立了一個根源的同一、根源的本體之「理」來解釋差異，當然有它作爲奠立規範的一種莊嚴的談法，可是它可能也帶有一種細微的「兩層存有論」。或是說，以「同一性」作爲奠基、作爲價值的根源，然後再解釋萬事萬物的差異。換言之，本體的優先性是不會被放棄，而且也不會自我克服。這種解釋模型，相信能解釋差異，又能夠堅持超越性，甚至賦予超越性以基體。所以我們可以看得出來，這種思維模式具有強大的魅力，而對我來說，其實這也就是形上學的各種各形魅力。可是這種東方形上學的魅力，又不想掉入西方那種徹底「兩層存有論」：本體／現象、同一／差異、體／用的絕對斷裂，所以它內部一定又要自我克服，才能回返時間空間，回返人間倫理，回返人文化成。有趣的是，它的思維模型經常堅持一個不完全等於「用」的「體」（理體的優先性），來做爲形而上、超越性的保障，也因此在工夫論上經常多少帶有「還本返源」的還原論傾向。而天台對照於華嚴，或是《莊子》（某個意義下）對照於《老子》，也就是說某個意義下，《莊子》和天台都想要克服「還原論」。比如說《老子》的「混沌」如果被解釋爲一個無分別的源頭，而流布爲「分別」的「總根據」，那麼「道」就有可能作爲一個生命要還原的最完美、最原鄉式的嚮往。這種模型其實會影響到整個工夫論，還有整個價值觀，也包括善惡倫理的理解模型，所以我覺得這個差別雖細微，卻影響極重大，它有可能會打開兩種工夫論，打開兩種倫理觀，而在中國哲學裡這兩種模式都存在，而且華嚴模型似乎還是佔主流，因此《莊子》和天台的對話，以及它們對形上學的自我克服，

以及超越性的再超越，就有了非常關鍵的意義。這是我們要持續對話和討論的未來性課題。

莫加南：非常感謝賴老師，博克老師跟林月惠老師很精彩的對談。最後我知道我們已經超時了，但是最後我們還是用三到五分鐘的時間，整理一下平臺上的問題，張旭跟周倩倩都提問了，可能稍微讓博克老師回答一下。

周倩倩（吉林大學）：如果「是非」、「彼此」作爲主觀的價值判斷有著無窮相對性，也就是任博克老師所說的「徹底有待，無異於徹底無待」是一個前提，《莊子》如何看待一般的價值，眞正的價值是在「是非」、「彼此」之上的價值嗎？

任博克：這可能有一點類似明照所提的問題，以我的了解，《莊子》內篇不會覺得你可以立一個一成不變的或者不變的一切時空、一切人的是非標準，所以它的前提就是要面對這個情況，「滑疑之耀」那個是非一直在變化的情況，在這個前提之下，當然不排斥有「暫時」、有各種不同的標準出現，所以我覺得在《莊子》文本裡頭，我們看到很多的例子，我們剛才好像有談了一些，謝謝！

莫加南：我看張旭老師也寫了問題。

張旭：老師剛剛其實有提到幽默，那幽默具體怎麼產生，或者說一個具體的例子？

任博克：這個可能是給錫三老師的。不過我們又開始談到這個問題，這個問題很深，很多哲學家在探討到底「幽默」有什麼好笑的，爲什麼人家會笑？爲什麼我們的主持人剛剛笑出來了，那個是什麼樣的作用？當然有一些理論會說，幽默是有一些不對勁，或者跟不合乎所期待的一個脈絡的脫節有關係，當然還有比較細節的講法，但是我覺得我們剛剛談到滑稽、滑疑，這個「滑」字，我覺得也許可以有一點初步的理解，它這個不穩定

的或者脫離所期待的一個架構，甚至於反對、反諷、相反的，剛才我們就談了很多常理的顛倒，你看到人跌倒的時候，有沒有笑出來了，跌倒一定很好笑，因為他頭跟腳的樣子都互換了，他應該在走路，反而跌倒了、躺在路上，他跟整個期待的世界脫節了。其實弗洛伊德（Sigmund Freud, 1856-1939）有一個理論是說，你一直在壓抑，我們常常在講道理，我們要有謂，但是其實有謂无謂，无謂有謂，我現在要講道理了，這樣講得很累，我要講道理，我有很多无無謂的話要講，而每一個「有謂」必定同時帶來、也同時建立「无謂」，但是我要在社會繼續活下去，必定壓抑「无無謂」的部分，壓抑花了很多精力。這時候，一旦有個「无謂」不得不出現，那個一直用來壓抑的力量都不用再壓抑了，那個壓力被放出來，那就是笑出來了。因為是不得不這樣子，有謂无謂，无謂有謂，我一直要講有謂，就是有意義的東西，壓抑了很多東西，一出現了一個无謂的東西，我就不必再壓抑，很多能量就放出來了，就發一個大聲笑哈哈的這樣子。

莫加南：很有意思，在道家的角度講出一個最幽默的理論，看來也是可能的。

賴錫三：雖然說，人皆有不忍人之心。可是，人也會有幸災樂禍的幽默，不是嗎？我們可以試著想像，什麼人跌倒最好笑？設想某人十分莊嚴地在講至上佛法，或者十分嚴肅在傳播上帝拯救靈魂的唯一福音，而當他講到一半時，突然間「滑疑」了（滑了自己一跤），你敢不敢笑？或許我們忍住不敢笑，但其實我們的內心或著我們的身體感是很難忍住不笑的，不是嗎？其實這種想笑的感受，不必然是我們想要對神聖不敬，反而是神聖示現自我反諷、自我幽默的公案。在我看來，《維摩詰經》、《法華經》也充滿了這種幽默公案的筆觸，也就是說，透過一種幽默的行動藝術來解放自身，尤其當神聖講得太神聖，讓大家都過於偏執某神聖之道、某神聖話語時，透過自我滑跤、自我滑疑，而頓然釋放莊嚴的重擔、嚴肅的毒素。所謂：「莊嚴佛土者，即非莊嚴，是名莊嚴。」。「即非」

就是「滑疑」，也就是幽默的生發處。最好笑的，剛好就是「反轉」或「顛倒」，把最嚴肅的東西變成最好笑的東西，而最好笑的東西居然來自最不好笑的東西。這才是《莊子》悠謬之說、荒唐之言的聖經筆法。你一心原本以爲的災難，突然間「翻轉」成上天給你的祝福，你不會大笑自己？前面煩惱得一場糊塗，好像活不了，突然間上帝掀了另外一個牌子給你看，其實是無比的祝福，這豈不是「滑疑」之大幽默？可是你也不必高興得太早，下一次上帝又翻了另一張牌，又讓你大大跌了一跤，禮物又給成了炸彈，又再次帶來自我反諷而讓你哭笑不得。像這種從一端反轉爲另一端，另一端又可能反轉爲另一端，讓你悲欣交集而哭笑不得，一切互立又互破，互轉又互化，將帶來寬闊的視野與幽默，而且會帶來burst into laughter的身體感，把你原來很壓抑的東西，突然間全部釋放。爆笑與開悟，一體兩面。它可能有很大的治療的功能，而且可能讓人們在笑聲裡打成一片。這個在巴赫金（Mikhail Bakhtin, 1895-1975）談狂歡節慶的氣氛時，也講了很多這種有趣現象。所以《莊子》這個文本，可以把它看成是幽默的文本，它是從佛經「苦的文本」中，再轉化出來的「笑的文本」。

莫加南：非常感謝賴老師的補充。我們今天的時間差不多了，我要非常感謝任博克老師、賴錫三老師、林明照老師非常精彩的對話，也要感謝林月惠老師跟王華老師的提問，還有張旭跟周倩倩的提問，謝謝大家。

第六講

儒家與道家的生生
對話──「在世共
生」的時代意義

時　間：2021年7月30日（週五），早上9:30-12:00
導讀人：陳榮灼（加拿大布洛克大學哲學系）、楊儒賓（臺灣清華大學哲學系）
與談人：鄭宗義（香港中文大學哲學系）、賴錫三（臺灣高雄中山大學中文系）
逐字稿整理、編校補注：李志桓（臺灣高雄中山大學中文所博士後研究）

鄭宗義（香港中文大學哲學系）：九點半已經到了，我們就開始今天的對話活動。今天對話的題目是：「儒家與道家的生生對話——『在世共生』的時代意義」。首先，感謝賴錫三老師邀請我當主持人，讓我有機會在線上見到榮灼、儒賓兄。剛才跟賴老師溝通了程序的安排，就先請榮灼、儒賓兩位老師每人主講四十分鐘，表達自己的觀點，之後休息十分鐘，回來後進入交流對話的環節。現在我們先請榮灼老師講話。

第一節　蔣年豐與梅洛龐帝身體現象學

陳榮灼（加拿大布洛克大學哲學系）：謝謝賴教授跟鄭教授，讓我有機會跟大家一起交流對道家的看法。不過，在開始之前，我想先講幾句話紀念一下我的老同事蔣年豐（1955-1996）教授。接著，我會用大約半個小時先聲清道家的身體觀，然後介紹梅洛—龐蒂（Maurice Merleau-Ponty, 1908-1961）晚期的「身體現象學」（phenomenology of flesh），特別地將之與道家作一比較，中間還會插入從華嚴宗的觀點來提出一區分梅洛—龐蒂與海德格（Martin Heidegger, 1889-1976）之身體現象學的看法。藉此我希望可以引起楊儒賓教授的興趣，讓他講有關於道家跟儒家在身體哲學方面的對話，因為他寫過一本《儒家身體觀》[1]。今天的題目是「在世共生」，這是個很有意思的題目。首先，大家可能知道，「在世」這個概念源於海德格所說的In-der-Welt-Sein（在世存有），英文翻譯是Being-in-the-world，法文則是Être-au-monde。而對梅洛—龐蒂來說，「在世」這個

---

[1]　楊儒賓：《儒家身體觀》（臺北：中研院文哲所，1996年）。

概念裡還有一有關身體的問題。論及「共生」的問題，我會使用一康德式問題提法來思考，就是問：「在世共生如何可能？」

首先，今年是蔣年豐教授過世二十五週年。楊儒賓教授比我更早認識他，因為他們是小學、中學、大學、乃至研究所的同學。那我就想說利用這個機會把我們的對談奉獻給蔣年豐教授。事實上，我這一論文題目就是受到蔣年豐的啓發所發展出來的。可以說，把道家和晚期梅洛─龐蒂連繫在一起進行對話是蔣年豐的一個先鋒性的表現。[2]

我的這篇文章最早用英文發表在2008年於韓國首爾舉行的世界哲學大會。但是，當時我還沒有參考梅洛─龐蒂去世前十年在法蘭西學院的演講錄。後來我有機會到法蘭西學院把這些講演錄買回來，所以對此一論文加以改寫和補充。[3]眾所周知，梅洛─龐蒂之《可見的與不可見的》（*The Visible and the Invisible*）乃是不完整的作品。特別地，「自然」（nature）原乃是他晚期思想中的核心概念，在這些演講錄中現在我們可看到他是要回到謝林（Friedrich Schelling, 1775-1854）的「自然哲學」（philosophy of nature），然後嘗試將之與懷德海（A. N. Whitehead, 1861-1947）的「過程哲學」（process philosophy）結合起來。

五○年代，於應朋友的邀請下，海德格在《蘇里孔研討班》（*Zollikon Seminars*）中曾經給出三次關於「身體現象學」方面的報告。有一些國外的研究者都覺得很奇怪，就是梅洛─龐蒂早於1945年所出版的《知覺現象學》（*Phenomenology of Perception*）引入了其身體現象學。這件事情海德格是知道的，因為1949年鄂蘭（Hannah Arendt, 1906-1975）曾經寫信給海德格，問及他對於梅洛─龐蒂的看法，當時海德格回答說：

2　參見蔣年豐：〈體現與物化：從梅露龐蒂的形體哲學看羅近溪與莊子的存有論〉，《與西洋哲學對話》（臺北：桂冠，2005年），頁213-232；蔣年豐：〈再論莊子與梅露龐蒂〉，《與西洋哲學對話》，頁233-235。

3　參見陳榮灼：〈道家與晚期梅露龐蒂身體現象學之匯通〉，《鵝湖學誌》第66期（2021年6月），頁35-58。

梅洛─龐蒂其實就是「從胡塞爾到海德格」（from Husserl to Heidegger）
的過渡中介。顯然，海德格明明十分清楚梅洛─龐蒂已經發展出一身體現
象學，那為什麼他還要再另引進一套自己的「身體現象學」呢？稍後於下
面將提出我的看法。

　　一般而言，講到「身體」，在德文裡可用兩個不同的字來表達。
一個是「Körper」，這是指作為客觀對象的肢體，英文一般將之翻譯成
「objective body」，那另一個是「Leib」，意思是活的身體，英文翻作
「lived body」或「living body」。

　　像海德格一樣，梅洛─龐蒂的哲學也有早、晚期的區別，基本上，
其早晚期都是受到海德格的影響。於早期梅洛─龐蒂，主要仍是從意識哲
學的架構來發展身體現象學，但是到了晚期，受到了海德格的影響，梅
洛─龐蒂便改從存有論的觀點來發展身體現象學。而且就在晚期，梅洛─
龐蒂引進了一個概念「flesh」（肉身），而且是「flesh of the world」（世
界的身體）。「世界身體」這個講法引起了很多爭論。首先，究竟有沒有
所謂「世界的身體」？如果有，這是什麼意思？其次，這「世界身體」跟
謝林所講的「自然」是什麼關係？當然，我們今天不能完整回答所有這些
問題。但我想要特別指出：要思考「在世共生如何可能」，就必須引進梅洛
─龐蒂晚期身體現象學的資源，並從道家的身體觀念來與之對話。然
後，我將指出這些思考又跟華嚴宗的表現相像，而且可以過渡到儒家，當
然，儒家的這個部分就交給楊儒賓教授來發揮。

　　我最早的興趣是圍繞在《老子》或道家的身體觀。一般來講，道家對
身體好像是負面的看法，就是說，身體是一種負擔，在文本上，確實可以
找到這類negative的說法：

　　貴大患若身。……何謂貴大患若身？吾所以有大患者，為

吾有身，及吾無身，吾有何患？（十三章）⁴

五色令人目盲，五音令人耳聾，五味令人口爽。（十二章）

奈何萬乘之主，而以身輕天下？輕則失本，躁則失君。（二十六章）

但是，上面這種對身體的負面觀點，又很難交代，爲什麼在另一些段落裡，《老子》表達出對身體的重視態度：

故貴以身爲天下，若可寄天下；愛以身爲天下，若可託天下。（十三章）

是以聖人後其身而身先；外其身而身存。（七章）

用其光，復歸其明，無餘身殃，是謂襲常。（五十二章）

故以身觀身，以家觀家，以鄉觀鄉，以國觀國，以天下觀天下。吾何以知天下然哉？以此。（五十四章）

現象學裡頭有一個很特殊的結構叫做「as-structure」，它的意思是說，把一個東西當成一個東西本身看待。「As」就是把什麼「當作」什麼來看，上述引文中最後一段話中言：以身觀身、以家觀家、以鄉觀鄉、以國觀國、以天下觀天下。基本上，可以依次地翻譯成「to see the body as body」、「to see the family as family」、「to see the country as country」、「to see the nation as nation」、「to see the world as world」。這「as-structure」的存在可以證成爲什麼我們要把《老子》關聯到現象學去。簡單來講，以x觀x不外就是to see x as x，no more and no less，即讓x

---

⁴　本文《老子》引文皆參考〔魏〕王弼著，樓宇烈校釋：《王弼集校釋》（北京：中華書局，2019年），爲免徵引繁瑣，以下不逐一贅引。

作爲x來呈現，不增加一些東西，也不減少一些東西，這就是現象學的基本立場。這是說，從「以身觀身」一直到「以天下觀天下」，我們可以看出來，《老子》跟現象學有一個內在的關聯。準此，《老子》所思考的身體關係也會是一種身體現象學。也就是說，「《老子》抱持對身體的負面觀點」這樣的主張不能夠充分說明剛才所引述的文本。然則，又要怎麼理解這種看來出現在文獻上的自相矛盾或者衝突呢？

基本上，對於《老子》而言，身體本身反而是比較中性的，問題的根源不在於身體本身，而在於我們對待身體的不良態度。我們一般人對身體是很看重的，比方說，大家會覺得減肥很重要，身體必須要保持什麼樣的體型？或者，大家喜歡從選美的角度看待身體，這種body beauty的觀念就是表示對身體有一種執著的看法。另外，我們也可能用一種佔有身體的方式來看待自己的身體，這種想法就跟健康有關係，像是現在要對抗Covid-19，就會特別要求每個人要保護彼此的身體健康。從道家的觀點來看，當我們用執著或佔有的態度對待身體，往往就會對身體本身帶來一些不良的扭曲性的後果。

相反地，《老子》認爲，對待身體我們應該有一種「忘掉」的態度，你若天天只關注你的身體，如要化妝三個小時才肯出門，加上天天在健身房做這個、做那個，把身體變成了主調，這樣做反而會把你的生活給扭曲掉。其實來講，如果大家會開車的話，一般而言，你就是坐進那個位置，發動就走了，不會說，要先看看自己身體，再看看那個車子，然後才能夠坐進去駕駛座。除非你的身體不舒服，或者車子出了問題，在這個時候，你才會有一個比較reflective的態度。這個現象說明什麼呢？一般我們在對待身體的時候，是在「用」我們的身體。

第二節 梅洛龐帝「世界身體」與華嚴宗「法界緣起」

從胡塞爾（Edmund Husserl, 1859-1938）開始，就把身體等同是「我

能」，也就是英文的I can，法文的Je peux，德文的Ich kann。這都表示身體是一種我的能力（capacity）。比如說，講話的時候，不用去想嘴巴要怎麼動，開口就直接講了；開車的時候，一坐下去，不用想怎麼做，就直接開走了。準此，可以說車子是你的身體的一個extension，這是一種擴充，即在開車的時候，車子變成你身體的一部分。於此義上，你的身體變大了——擴展、延伸出去了。而只有當身體不舒服，或是車子出現了問題，甚至於發生交通意外時，開車的人才會將車子看成為其身體之外的object，否則的話，你的這個「我能」（I can）就直接把車子包括在裡面了。也就是說，我們一直是從動態的觀點，來了解我們的身體，甚至「忘掉」了我們的身體。事實上，在走路的時候，一般來說你不會中斷下來反思，甚至你不用一直思量：究竟左腳要抬高多久，或是右腳抬高多少等。因為若是常這樣問，你反而會容易摔倒，甚至變得不會走路了。這種忘掉身體的態度，就是《莊子》所說的「坐忘」。基本上，當我們跟事物打交道也好、跟他人打交道也好，或者跟世界發生互動時，根本就不會把這些看成是對象。另一方面，當我們忘掉身體的時候，反而是放鬆我們的身體，否則，你若太緊張你的身體，反而會很不開心。〈齊物論〉講「吾喪我」，說的就是要喪掉這個我執、這種attachment of ego。

同樣地，佛教也把這種對於身體的執著看成是一種「身見」、一種「我執」。值得一提的是：熟悉德里達（Jacques Derrida, 1930-2004）的人，可能會知道他對身體現象學有一個負面的批判。其中一個最重要的argument就是認為現象學在看待身體的時候，仍是一種持有「身見」、一種「我執」的立場。無疑地，德里達的這種批判可以說是近乎從佛學的觀點來提出的。更確切地，德里達的批判可以從《大乘起信論》的觀點來了解。簡單來說，德里達認為無論是胡塞爾、海德格、梅洛—龐蒂的身體現象學，都還是落在一種「身見」——「我執」——的觀點。不過，德里達之所以會這麼講，實際上乃是由於他沒有看見梅洛—龐蒂晚期的身體現象學比較靠近華嚴宗的「法界緣起」，而不是走向《大乘起信論》那種「超

越的自我」或者「自性清淨心」。「法界緣起」有「一多相入相即」這樣一結構——基本上,當梅洛—龐蒂通過「Ineinander」來勾劃「世界身體」時,就可以見到它是具有如「法界緣起」般的結構。這是說,如果大家能夠了解華嚴宗的法界緣起,就能夠掌握梅洛—龐蒂的世界身體。這樣子便可反擊德里達對於身體現象學的批判。德里達對身體現象學的批判之病源,十分酷似於牟宗三(1909-1995)先生式的對於華嚴宗的誤解。基本上,正如牟先生犯了只透過「一心開二門」那種超越的分析來看華嚴宗「辯證的綜合」之過失,德里達亦未能見到梅洛—龐蒂所講的「世界身體」其實具有一「辯證綜合」的結構,因而只將之誤解為一如《大乘起信論》中「自性清淨心」般的「超越自我」(transcendental ego)。另一方面,華嚴宗所言之「一多相入相即」的結構,也可以於關聯至此一「世界身體」而獲得一有血有肉的具體表現。這是說,雖然華嚴宗並沒有這麼具體的落實在身體的層次上,但通過晚期梅洛—龐蒂的身體現象學卻可把法界緣起給具體地開展出來。事實上,華嚴宗也有講到「有力」、「無力」這樣的概念,這「力」概念可與《莊子》所講的「氣」相提並論。當然,今天之討論是以道家為主,如果改天有所謂「華嚴宗跟身體現象學」一題目,我們可以作進一步的討論。現在,我只想指出:若想要了解從海德格到梅洛—龐蒂的身體現象學,於東方哲學可以找到很好的資源作為助力,特別地道家中「氣」這個概念可以扮演橋樑的作用。

等一下,我要請楊儒賓教授多講一點,大家知道他把《莊子》歸入儒門,雖然我個人沒辦法贊成。不過,於此一分際上可以回到王夫之(1619-1692)。船山是一個開放的儒家,他吸收了《莊子》講「氣」的概念來壯大儒家的哲學。但很可惜的是,船山好像還沒有注意到今天我們所講的「氣化的身體」。如果順著上述蔣年豐教授的構想,則通過莊子義氣化的身體還可以進一步將船山氣論關聯至梅洛—龐蒂晚期的「世界身體說」。

底下,我們再來看另一段文獻:

梓慶削木爲鐻，鐻成，見者驚猶鬼神。魯侯見而問焉，
曰：「子何術以爲焉？」對曰：「臣工人，何術之有！雖
然，有一焉。臣將爲鐻，未嘗敢以耗氣也，必齊以靜心。
齊三日，而不敢懷慶賞爵祿；齊五日，不敢懷非譽巧拙；
齊七日，輒然忘吾有四枝形體也。當是時也，無公朝，其
巧專而外骨消；然後入山林，觀天性；形軀至矣，然後成
見鐻，然後加手焉；不然則已。則以天合天，器之所以疑
神者，其是與？」[5]

梓慶爲什麼這麼厲害？簡單來說，因爲他在「削木爲鐻」的時候，首先能
夠做到忘我、喪我。這個「忘我」的意思是說：不以「人的觀點」，而乃
係「以天合天」來看事物。「以天合天」就是「to see Heaven as Heaven」
之意。此中清楚地見到前面所說的「as-structure」。一言以蔽之，《莊
子》之「以天合天」的現象學進路就是不要囿于以「人的觀點」來看待事
物，尤其不應以「我的觀點」來看待事物，無可否認，這事情很難做到。
實際上，今日世界政治的局面之所以這麼混亂，就是由於大家都侷限於以
各自的觀點來看世界，而未能做到「以天合天」的地步，於是各種糾紛、
衝突就出現了。

現在我們引辛棄疾〈賀新郎〉的名句：

我見青山多嫵媚，料青山見我應如是。[6]

這是說，我在看青山的時候，其實青山也是同時在看我，這意謂青山並非
只是一被動者，它同時也是一個主動者，即當我看它的時候，它同時也在

---

[5] 〔清〕郭慶藩輯，王孝魚點校：《莊子集釋・達生》（臺北：河洛，1974年），頁658-659。

[6] 全文可參考楊忠譯注：《辛棄疾詞》（臺北：錦繡，1992年），頁254-255。

看我，可以說，它是我的「object」，我也是它的「object」。蔣年豐教授早在處理道家跟梅洛－龐蒂對話的時候，已經注意到這個現象，他指出：於「莊周夢蝶」的寓言中，究竟是蝴蝶在夢莊周，還是莊周在夢蝴蝶？這是問：蝴蝶跟莊周，究竟誰是真正的主體？在這個問題上，好像容許兩方都可以視為主體的可能性。

在這裡，大家可以聯想起梅洛－龐蒂在其身體現象學中很早便注意到：當右手去碰觸左手，究竟右手是主體，抑或左手是主體，還是同時倒過來也可以？因為左手也可以反過來作為「touching」的「subject」，而右手則變成是被「touched」的「object」。十分清楚，此中有一個很奇怪的「雙向的互動」（mutual interaction），或者也可以說有一種「ambiguity」。剛才從所引〈賀新郎〉一詞中的情況可以見出：實際上，我跟青山同時在互看對方。與此相似，莊周跟蝴蝶亦可同時互相夢見對方。這樣的現象就叫做「reversibility」（可逆性）。這是說，我右手碰左手的時候，左手也在碰右手。換言之，主－客關係乃是可以倒換過來的。即誰是主體、誰是客體乃是可以互換的。

蔣年豐在指出「莊周夢蝶」具有梅洛－龐蒂所謂「見者與所見者相互交換，我們不知誰是在看，誰是被看」的現象之後，又宣稱《莊子》對「身體」有兩種看法：一方面是由我們的耳朵、四肢等所組成的軀體，另一方面則是就著「虛而待物的氣」來說流動性的身體。相當明顯，這是一種兩重的身體觀：一種是一般我們所了解的身體，也就是去做瑜伽、做各種 body building 運動的時候所看到的身體，這樣的身體是一「可見的」（visible）身體。另外一種則是「不可見的」（invisible）身體，也就是虛而待物、在氣之感應中運作的身體。但是這樣的表達方式，還保留著意識哲學的痕跡，所以，在晚期的時候，梅洛－龐蒂開始講flesh，也就是法文的chair。他宣稱我們的身體首先是一個世界的身體（flesh of the world）。這是一個比較特殊的概念，在這之前，沒有人這樣講，那究竟他所說的「世界身體」是什麼意思呢？「世界身體」顧名思義：不是我個

人的，而乃是共享的，即是爲大家所分享的。在講到「世界身體」的時候，梅洛—龐蒂特別強調跟「個人的身體」有一本質差別。就是說，個人的身體當我的左手碰右手時有一明顯的reversibility現象存在，即前述的左右手都是可以以touching subject 之身分出現。但在「世界身體」卻沒有這一可能性。不過，由於我的身體本身屬於「世界身體」、乃是它的一部分，所以當我的左手碰右手、同時右手也是碰左手時，此一reversibility亦是可以看成是「世界身體」的表現。

第三節　「生生」之意：物物接應的儒道對話

現在，我們可以順著華嚴宗的法界觀來進一步思考「在世共生如何可能？」這一問題。首先，如上所見，我們的身體同時具有兩個側面：living body和sensible body（或者說object body）。作爲object body乃是可以看見的身體，但living body則是順著「氣化」來講的身體，這是invisible的。其次，基於「世界身體」乃是我們所共有的，當我的身體跟別人的身體相互遭遇的時候，彼此之間便有一interlacing或者intertwining的這種overlapping的關係出現。甚至可說，我跟物之間也有這樣的關係。事實上，黃宗羲（1610-1695）就認爲物也可以有perception的，而且萊布尼茲（Gottfried Wilhelm Leibniz, 1646-1716）亦說：「物本身不外是由比較昏暗的知覺的單子所聚合而成的。」準此而觀，前述當我在看青山時，青山也在看我，這便是一種我與青山之間的互動。只不過在這裡出現一種侷限。就是當青山在看我的時候，我只能是青山的對象，而不能夠同時是看它的主體，因爲在「世界主體」裡不會有reversibility。換言之，它不像當我左手碰右手，兩邊可以同時地切換作爲主體或客體。德里達上述之批評只在於提醒我們，當你作爲被青山看的對象的時候，不能同時作爲看青山的主體。但這一存在兩者之間的difference或gap卻無改於彼此之間仍存在一種interlacing、即intertwining的關係。而此種interlacing或intertwining 的關係就具有如華嚴宗法界緣起中所見的一切即一、一即一切的結構。

在這裡，我們可以回到朱子（1130-1200）做一些連結。朱子在講《易經》的時候引入兩個很重要的概念：「變易」與「交易」。所謂「變易」是指「陰」和「陽」的確互相轉化，比如說，用左手碰觸右手，在這個時刻與範圍裡，右手就是object，它不能同時是touching something的主體，而確實只要我們把注意力改放在右手上，情況就會翻轉過來，右手頓時變成一個perceiving subject，但是在這裡頭，就有一個分界，有一個差異存在。指出這個轉換後的差異是很重要的，因為在「世界身體」裡，沒有這種可直接切換的可逆性。而如果我們從事件、event的觀點來看，則可以說，在世界的身體裡，儘管物物彼此相互接應，但這個事與別的事不同，每個事件都有它各自的特殊差異，這點很重要。我剛才說過，如果大家了解華嚴宗的法界緣起，這個「世界身體」就是法界緣起，我的身體跟別人的身體是interlacing，彼此交接重疊在一起的。而這個圖像，就是《莊子》所說的「天地與我並生，而萬物與我為一」。不過，就像德里達所說，在轉化之間，那個gap還是存在的，通過轉化，你從一個無力的、被看的object，變成一個touching的、active的subject。另一方面，所謂「交易」是指「陰陽交匯，合二為一」。此就是「生生」之意。

接著，我要回答另一個問題，在開始的時候，我提到五〇年代以後，梅洛-龐蒂過世，《知覺現象學》也已經出版多年，為什麼海德格還要再提出他自己的身體現象學？在這裡，我有一個簡單的解答，同樣藉助「法界緣起」的概念，大家知道「四法界」，最後兩個是「理事無礙法界」和「事事無礙法界」。藉助這個區分，就可以幫助大家了解，梅洛-龐蒂所講的phenomenology of flesh，和海德格所講的phenomenology of body，兩者的不同在哪裡？簡單來說，海德格的phenomenology of body是在「理事無礙」的層面講，這裡有一個十字打開的格局，著眼於縱貫的維度，而梅洛-龐蒂的世界身體則是在「事事無礙」的層面講述，著眼於橫攝的維度。

最後，我要借《陰符經》的一句話「宇宙在乎手，萬化生乎身」，來

說明身體現象學爲什麼有海德格一支，也有梅洛—龐蒂一支？簡單來說，梅洛—龐蒂晚期的「世界身體」意在說明「宇宙在乎手」，而海德格對身體現象學的思考，則欲表達「萬化生乎身」。如果從東方哲學的觀點來看，其實這兩者的說法都還在與道家相應的脈絡裡頭。在這裡，缺少的是儒家的觀點。但事實上，在《周易本義》中解《易經》的時候，朱子引進了一個非常重要的區分，就是「變易」與「交易」的不同。簡單而言，道家跟儒家的共通之處，是在於兩者都講「變易」——只是在不同的方式上講。然而，從儒家特別是從朱子觀點來看，則不管是道家，還是海德格式或梅洛—龐蒂式身體現象學，都沒有進到所謂的「交易」之層面。如前所述，依朱子「交易」的定義是「陰陽交匯，合二爲一」，此中有「生生」的意味。這點可以說是在思考「共生哲學」上，儒家可以對道家、海德格、梅洛—龐蒂等所發展出來的身體現象學之批判性補充。

　　總括而言，於思考「在世共生如何可能」上，從道家的觀點來講，它可以給出的回答就是：從上述的「兩重身體」出發而回到「世界身體」作爲可能基礎。而且，此一「世界身體」具有華嚴宗所言的「法界緣起」中「一即一切、一切即一」般的結構。其中，可以見出海德格所強調之「縱貫的理〔＝存有〕、事〔＝個別身分〕無礙」與梅洛—龐蒂所強調之「橫攝的事〔＝個別身分〕、事〔＝個別身分〕無礙」這兩種身體現象學所進一步形構出來的區分。但是，若從儒家來講，則會在更高的一個層次，即從《易經》、從「交易」的觀點來作答。我想大概在這裡結束講話，接下來，這棒子便交給楊儒賓教授，謝謝大家。

鄭宗義：謝謝榮灼兄。時間總是不夠的，等一下我們還可以再回來繼續討論有關的觀點。現在讓我們緊接著邀請楊儒賓老師發言。

第四節　蔣年豐與共生哲學：文化、政治、哲學　　　　與宗教

楊儒賓（臺灣清華大學哲學系）：首先，謝謝中山大學讓我有這個機會，跟一些老朋友可以在空中相會。這是一個很獨特的機緣，榮灼兄的兩篇文章剛好紀念我們共同的一個老朋友蔣年豐。[7]底下，我想從蔣年豐的故事談起，因為他一生所做的事情跟今天的主題「共生哲學」，是有一些關係的。做了一頁簡單、有點紀念性質的PPT，左邊是我在大一的時候跟蔣年豐的合照，其中還有我們的一個老朋友陳培哲（1955-），最近大家看疫情的新聞，大概會知道這位先生。我們幾個都是從國小、國中一路上來，是非常熟的朋友。我們是民國六十三年進入臺大，大概整個七〇年代，在那個時期，至少從我們這些人來看，那時我們對臺灣有一種想像，可能是現在大部分的年輕人，都不太會想像到的那種地位。右邊是蔣年豐過世以後，我們給他編的一個紀念集《地藏王手記》[8]。剛才榮灼兄也提到了，蔣年豐雖然在二十五年前就過世了，但是我們在檢查、反省他的一些著作後，大概可以發現，有幾樣是比較特殊的。第一點，他當時提出「海洋儒學」的概念[9]，這不只是一個文化哲學的概念，而是帶有它相當濃厚的訊息。儒家有它的歷史，每個時代總要應時代需求而發，在當代你要發展出它的海洋特色。所謂的「海洋」當然不只是地理名詞，它是對照著大陸、黃河、黃土這樣的概念而來的，這個背後其實就牽涉到那個時代對政治的一種反省。在那個時期，有一篇很有名的文章叫〈河殤〉，作者蘇曉康（1949-）、王魯湘（1956-）對中國文明的大陸性格提出強烈批

---

[7] 參見陳榮灼：〈道家與晚期梅露龐蒂身體現象學之匯通〉，《鵝湖月刊》第66期（2021年6月），頁35-58；陳榮灼：〈於一片「去中國化」聲中緬懷蔣年豐的哲學精神〉，《鵝湖月刊》第550期（2021年4月），頁3。

[8] 楊儒賓、林安梧編：《地藏王手記：蔣年豐紀念集》（嘉義：南華大學，1997年）。

[9] 參見蔣年豐：〈海洋文化的儒學如何可能〉，《海洋儒學與法政主體》（臺北：桂冠，2005年），頁241-254。

判。在當時包括中國大陸的一些知識分子，他們對體制的反省跟現在是很不一樣的，那是個思想解放的時期，對被禁止很久的西洋文明有較高的期盼。這二十五年來，整個大陸局勢及世界局勢變化之大，是非常難以想像的。

蔣年豐的這篇海洋儒學，跟他自己後來跑去參加民進黨有關，他在參加民進黨之前，跟我談了好幾次，他本來希望我們兩個一起參加，總之到最後我沒有加入，他自己就跳進去了。而這個跟他當時的一個想法有關，就是說怎麼與臺灣的土地共生？你在臺灣談民主，當然不可能離開臺灣這塊土地，但是所謂臺灣這塊土地你要怎麼去理解？地理名詞跟它背後的文化內涵能不能切得一乾二淨？從蔣年豐的觀點來看，當然是不行的。他這樣的說法，不只從現在來看，有點政治不正確，其實在當時，就不是很正確。但是蔣年豐的這個說法需要嚴肅考慮，它有很大、很深的道理在，你談政治的問題，如果跟文化切得乾乾淨淨的話，會給自己帶來極大的麻煩。

尤其你總要考慮到，臺灣的地理和歷史性格，它就是在中國東南沿海旁邊的一個島嶼，而且在進入有文字的歷史以後，它跟兩岸之間的關係就非常密切（當然，原住民朋友可能有一點不喜歡聽到這樣的描述）。總而言之，蔣年豐當時加入民進黨，不能說是要改造民進黨，但是他確實想通過他的加入使反對運動增加一個新的理解「本土」的向度，這個新的理解向度就是使「臺灣」跟「中國」，也使「臺灣」跟「儒學」這兩個符號產生一種共生的關係。從蔣年豐的觀點來看，不管是海洋儒學或大陸儒學、政治臺灣或文化中國，你如果切得乾乾淨淨，反而是不符合現實的。我想蔣年豐當時所以提出「海洋儒學」，背後有一個很重要的關懷，就是說他身為一個在臺灣的哲學工作者，又有著很深的中國文化情懷，總要盡一點責任，這是他哲學裡面一個比較特殊的部分。

　　第二個，蔣年豐晚年寫〈地藏王手記〉[10]，這其實是一篇比較長的文章，涵蓋範圍極大，大家大概知道，他寫完這篇文章以後就走了，所以這等於是他晚年最後的一種反省。這篇文章，從我的觀點來看會把它當成延續早期所謂的存在主義作品，雖然蔣年豐寫這篇文章的時候，存在主義在臺灣已經退潮。但是背後所反映的那種情調，對生命的整個定位，是跟我們在中學、成長時期特別流行的存在主義，有很密切的關係。從他的文章裡面所反映的情調，你會聯想到王尚義（1936-1963）、孟祥森（1937-2009）。並不是說那裡頭的內容有多豐富，而是在那個時代，真的會有這種情感，覺得你的生命的問題跟政治的問題、存在的問題，是整個糾結在一起的。我想，這些問題在蔣年豐身上，他自己也不見得是完全理得清的。談存在主義就是有這樣的一種情況，我們那個時代受到存在主義影響的人，通常都是這個樣子，整個人就隱沒進去了、就跳進去了。有點像是談存在主義的人，如果自己沒有生病的話是很奇怪的事，那樣的意味。

　　〈地藏王手記〉這篇文字有意思的地方就是碰到哲學跟宗教之間的問題，或者說儒家的自力道德，跟佛教裡面所謂的他力道德，兩者之間的關係。蔣年豐這篇文章很具體地把這個思考呈現出來。我覺得蔣年豐晚年的這個反省，應該還可以再繼續探索下去。因為這牽涉到要把儒家，放在哲學裡面來看，或者把它放在宗教裡面來看，兩種圖像的定位會很不一樣。現在，基本上把儒家當作哲學，但是你看在宋明時期，它的主要對話對象其實是佛教，甚至某一部分的道教。我想，蔣年豐晚年所說的地藏王的這種理念，大概是他第二個比較大的貢獻。而這其實也牽涉到共生的問題，牽涉到儒家跟佛教，怎麼去找它們之間的一種匯通的可能性。

　　再來，蔣年豐著作裡面比較重要的一點，也是今天榮灼兄已經提到對身體的一種反省。大概在那個時代，蔣年豐跟我都參與在內，面對意識哲學或者新儒家，那麼強大甚至是偉大的體系，那種建立在「一心開二

---

[10] 蔣年豐：〈地藏王手記〉，收於楊儒賓、林安梧編：《地藏王手記：蔣年豐紀念集》，頁3-86。

門」、「兩層存有論」的基礎上的哲學，怎麼再去回應？我們不一定透過相同的管道，但最後大概都發展出類似梅洛─龐蒂所說的那種身體哲學。當時我用的語言是「氣化主體」，或者「形氣主體」。而我自己的籠統印象是，當時我這樣的一個想法可能跟梅洛─龐蒂沒有直接的關係，至於是怎麼形成的，也不是很清楚，但是後來進行對照，確實會發現兩者之間有密切的關係。事實上，在一次廣義的鵝湖聚會上，劉述先（1934-2016）先生講述年輕的哲學家（當時我也被列為其中一員），他說這裡面有一個新的發展，他認為我的觀點是受到梅洛─龐蒂的影響。當時我是極高興，也是極惶恐的，因為梅洛─龐蒂的著作，對當時的我來說是陌生的，其中一個很大的原因是語言，因為梅洛─龐蒂的書《知覺現象學》，不管是英文或者是中文，我覺得都很難讀。

第五節　三教共生與氣化主體

　　談起「氣化主體」這個概念，我想蔣年豐是很重要的人物。在當時、在華人世界裡，他也是比較早討論身體跟意識之間的關係的學者。我們當時會發展出這樣的一個概念，既有儒家的源頭，也有道家的源頭，其中道家的源頭，很重要的就是《莊子》。這就涉及到跟今天主題有關的一個大背景──儒家跟道家的共生哲學。長期以來，儒家跟道家的發展，一直被視為是對立的，至少從司馬遷以下，一直到宋明理學，大概都是這樣看待。到了牟先生他們那一代，雖說不再反對佛、道，好像比較能夠欣賞三教各自的長處，但是我想還是可以再調整的。

　　將儒家跟道家的發展做個對照，可以看出一個特色。儒家因為經過宋明理學的再發展，整個思想內涵有了更進一步的昇華，若沒有經過宋明理學，我們現在再去看先秦儒家，不見得看得懂。相對之下，道家從《老子》、《莊子》一直到當代，沒有經過一個類似宋明理學的階段，我們現在講「魏晉玄學」是新道家，但是你去看一看所謂的「新道家」，王弼或者郭象，他怎麼定位自己？我相信他們不是把自己定位為道家，而是把自

己定位為儒家，王弼的情況是這樣，郭象應該也是這樣。我們現在所講的這種「道家」，好像是說它有一個特殊的教義，有一個特殊的流派，有一個特殊的自我定位。可是事實上大家都知道，在先秦根本沒有「道家」這個名詞。莊子怎麼看他自己，跟後來的《藝文志》，或者司馬遷怎麼看他，這兩者之間肯定會有很大的不一樣。

現在我們可以談談儒家跟道家所謂的「共生哲學」，這個問題要怎麼進入？這個進路跟今天陳榮灼先生的談話，有非常密切的關係。我今天講的道家，主要指的是《莊子》。不曉得我跟線上的這些朋友，背後是不是有共同的一個圖像，假設是有的，那麼我們應該可以這樣來談。

在宋明理學那個時代，理學家看待《老子》跟《莊子》，比較是要凸顯儒家自己的特色、在三教之間的最終定位，因此會去強調它的差異性。雖然我們也知道，在良知學流行以後，有把「良知」當成三教總詞，把整個儒家變成是共同的基礎，但是三教的這種談法，主要還是強調它們之間的分別。甚至，到了民國新儒家，這種強調分別的講法，聲量還是很大的。但是我們現在這個時代，也許可以反過來，改為強調它作為一種共法的功能，指出儒、道可以共通的地方。如果可以這樣來看，我想第一點，像司馬遷所看到的道家形象，或者像魏晉名士、竹林七賢等道家人物，這樣的說法儘管是特別流行的，大概可以拋棄不管。因為這種道家在《莊子》裡面，雖可以找到一些文獻，卻不會成為主流。

另外，一種比較常見，也蠻有說服力的說法是，牟宗三先生一直把道家（尤其是《老子》），稱作境界形態的形上學。我覺得，這種說法在牟先生自己的體系裡面有它的意義，但是還原到《老子》或《莊子》的文本，就不見得要這樣來看。而且，所謂境界形態的形而上學，它有一個對照，亦即所謂的實有形態，不管是用哪一種意義，對牟先生來說，儒家既是境界形態，也是實有形態。但是牟先生就不會承認，在道家裡面有著像《易經》或者《中庸》那種形態的形而上學。現在重新看待儒家跟道家之間的關係，牟先生的概念，就還給牟先生，我們可以從另外一種角度來

看，這個就會切入到陳榮灼先生前面所引用到的「世界的身體」，一種大身體，這種概念我們怎麼去理解？底下，就來談這樣一個問題。

儒家跟道家共生哲學的基礎，我們把它建立在氣化主體（或者形氣主體）上面，這是怎麼樣的可能？一般在談到意志、談到心靈的時候，這種概念好像是很清楚的，但是你仔細去分析一下，就會發現這樣的概念，其實不是我們想像中的那樣清楚。相對地，在儒家和道家的傳統裡，它們在談論意識的時候，跟現在建立在情感、理智、意志三分上面的想法，可能不太一樣。儒、道傳統裡面的心靈，或者說「心」的這個概念，大概跟我們現在建立在康德基礎上所了解的意思，不太一樣。簡單來說，在儒家、道家裡面談心靈，最重要的功能或者屬性，可能不是情、意、志，而是「氣」。儒家、道家在談到「心」的時候，一定是連著氣，也就是沒有離開氣的這樣一種「心」。大家都知道，朱子有一句名言「心者氣之靈」，這個概念其實是共法，問題就是這裡的「氣之靈」，你要怎麼去理解。這句話是共法，不管是王陽明（1472-1529）或朱子，不管是孟子或莊子，當他們談到意識的活動、精神的活動時，底下一定是連著「氣」來談，而「氣」又構成了身體的一個基礎，我認為這是共相。

這樣一種說法，使得儒家或道家在反省人的主體、人的精神構造的時候，有一種身體的縱深──我們所有的意識活動、直覺活動、主觀活動的背後，其實都連著身心基礎，它既是作為意識背後的基礎，情、意、志分化前的統一，也是身心背後的統一。也就是說，「氣」既是一個意識哲學的概念，也是一個身體的概念，我們的身體背後有一個「氣」的基礎。這些東西不管怎麼去解釋，在中國的傳統底下，在哲學裡頭，或者在小傳統的醫學裡面，都是這樣子來看的。我覺得這是一個很基本的前提，它跟我們現在對意識的想像不太一樣，而這就會帶來很大的一種差別。這種差別，簡單來說，當你的這種主體不是從心靈這邊來看，而是從「心」跟「氣」的連接來看，或者用我的語言，從「形─氣─神」（這個神當然就是心）來看，我們對主─客，或者對身體─世界之間的關係，就會有一種

很不一樣的想像。

　　這裡就是回應陳榮灼先生前面所講的，梅洛─龐蒂的那些概念，比如說「世界的身體」，或者是reversal，主客之間的迴盪，大概可以在儒家跟道家身上找到相同的表達。一個最直接的範例，例如劉蕺山（1578-1645）用到很多身體的意象，他講到最後對道體的一種解釋，我們的工夫修養到最後怎麼呈現？他用的就是一種大身——整個世界是一個大的身體。劉蕺山對佛教有一個批判：禪宗講我們要認識父母未生我之前的面目，他說這樣的一種理解還不夠深刻，因為父母未生前的面目，還是一種「自我」的概念，這裡所謂的「先天」，還是放在一個廣義的個體或者主體底下來呈現的。劉蕺山認為，一個真正的徹底發展應該是認識「世界未生前的面目」，也就是說「我」的這個概念，到最後要跟「世界未生前」連接在一起，他稱之為「大身」。像這種表達，在劉蕺山那邊十分常見，這種大身的概念，如果用我的語言再把它詮釋一下，我會認為就是整個《易經》傳統所說的「道體」——道體的概念就是世界身體的概念，你的主體到最後就融進氣化流行裡頭，大身就是以世界為最終的一種概念。我想可以這樣子來講，儒家跟道家在這方面有一個共通性，就是說這個氣化主體，在《莊子》有，在《孟子》也有，在《易經》也有，從氣化的主體發展到大身，或者道體的概念。我們在了解儒、道之間的共同基礎的時候，可以留意這方面應該是他們共同分享的成分。

　　最後，還可以提到一個問題。因為儒家接受《中庸》、《易經》，講世界的誠明，講道體的創生，也就是說，這世界本身有一個內在的意義。這個世界本身就是一種價值，天理就在萬物、在自然身上。自然本身有一個內在的意義，它不是物質，在某方面，它也有一種潛存的主體性，也就是說，自然本身有一種善的屬性，當然這個善，你要怎麼解釋它，會是個問題。理學家用「理」來解釋，這世界本身是有秩序的，秩序本身就是價值，到最後我們所謂的「世界身體」，或者「大身」，或者「道體」，就是一個天理的展現、就是價值，這點大概是理學家共同接受的，而民國新

儒家也是這樣接受。但是，問題在於通常他們不太願意把這個留給道家，他們會認為道家在這方面是沒有的。最明顯的例子是牟宗三，牟先生講境界形態的形而上學，講道家所謂的「道」後面雖然有一個形而上學跟世界的關係，但是在道家，世界本身就不可能是reality，不可能是個誠，裡面不會有價值屬性。我想，透過前面的說明重新檢視這個問題，可以有不同的看法。

事實上，不管從文獻上來看，或者從思想體系來看，我認為很明顯地《莊子》講「天地有大美而不言，四時有明法而不議，萬物有成理而不說」。這種「理」或「天理」的概念，在《莊子》是非常明顯的。事實上，「天理」這個用語，最早的出處就來自於《莊子》。而且，這個概念還不是邊緣的，它連接著對自然的觀照和實踐。比方說，人跟這個世界總是要互動，要不然就不會有人文的世界。在人文的世界裡面，一定要有這種互動而產生價值的創造，沒有這樣一種互動，人文事業就不能談。而在當代，最近這二、三十年來，尤其在臺灣，如果說有一個比較大的突破，或者比較大的特色，大概就是肯定《莊子》哲學具有人文的向度。其中很重要的一點就是，因為自然本身有天理，那你跟萬物之間的互動，就是以天合天、以理合理。像這樣的講法和概念，在《莊子》和朱子其實是沒有兩樣的。朱子講說，你要向外去格物窮理，這個「理」到最後跟你的內在是一致的，但是過程卻是免不了的。其實，這樣的說法就來自於《莊子》，庖丁解牛的時候，人的主體跟外在之物的理之間，有一種和諧、合一。像這樣的概念，等於肯定了在自然本身有一個內在的價值涵攝在裡頭。

如果我這樣的說法，是可以成立的話，那麼儒家和道家同樣有身體主體、氣化主體的概念，而且我們的主體背後與世界連接，到最後就會類似有一個世界的身體，用我的語言就是「道體」。這種道體不是虛的，道本身就在自然中展現，自然本身就有一個價值的含義，有一種潛存的，如果一定要用萊布尼茲的說法，自然本身有一個不是那麼精緻的、不是那麼完

整的perception在裡面。如果這樣的說法成立，我們對儒家、道家在當代應該扮演什麼角色，或者要面對什麼樣的敵人，也許就可以重新來定位。這大概是我對今天的主題，先做這樣的一個鋪陳。謝謝！

第六節　對談與回應：「在世共生」的時代意義

鄭宗義：按照賴錫三老師給我的提議，我會先就兩位老師的講話作出回應，然後再請他們兩位做補充。最後，因為線上來了很多參與者，也應該讓他們有機會發言，達到交流的目的。我儘量把自己的回應跟想法，在十五至二十分鐘內說完。

首先，「在世共生的時代意義」這個題目讓我想起二十五年前的一椿舊事。那時我才剛進中文大學哲學系任教，讀到了日本學者尾關周二（Ozeki Shuji, 1947- ）的一本書，名為《共生的理想》[11]，並在系內老師的讀書會作了一個詳細報告。可見，「在世共生」或者「共生」這概念，早於上個世紀末，已經有日本學者提出來。所以，下面我想先分析「在世共生」是個什麼樣的問題，然後儘量把剛才榮灼、儒賓老師的發言置於這個問題的脈絡當中，讓我們能更好的理解與把握。

在生活的經驗和直覺中，我們不難發現「共生」是個十分重要的問題。因為從某些經驗來看，我們就是處身於共生的事實當中。比方說，現在我們身處不同地域，卻可以通過互聯網、通過現代科技，一起在線上碰面開會，這說明了大家都在一個全球化（globalization）的大網絡內。雖然「共」是事實，但它也帶來不少問題；近年來討論最多的是氣候變化、環境保育、貧窮問題等。現今人類科技的兩大領域，即生物科技和人工智能，發展到最後都不免會碰到全球化的問題。在全球化的背景下，一開始我們彷彿覺得全世界是榮辱與共的，可是事實上又不是這樣子。我們會發現這當中的許多問題，其實是很複雜的，有著「共」與「不共」的各種張

11　參見〔日〕尾關周二著，卞崇道譯：《共生的理想》（北京：中央編譯出版社，1996年）。

力和衝突。

　　比如說，歐盟的成員國因為在歷史文化方面比較接近，好多年前，就想著如何連結成一個強大的整體，結果經過多年努力成立歐盟。但現在你看他們自己在不少問題上又不想老是被捆綁在一起，英國的脫歐是個典例。最近Covid-19引發所謂疫苗民族主義（vaccine nationalism），即疫苗應先供應給自己的國民，當然是有錢國家先打，打完以後，剩下的才會分給其他國家。另外，美國上任總統川普（Donald Trump, 1946-），不是高舉美國先行、白人至上的旗幟嗎？這些都說明「不共」的反彈是非常厲害的，好像我們正走在從「共」變回「不共」的回頭路上。一些政治科學家甚至認為，要解決「共」與「不共」的矛盾，不能只靠「國際」（international）的形態，就像聯合國已運作多年，卻經常發現它其實是很勉強、很無能為力的，因而我們得設想「超國家」（supranational）形態的可能。

　　所以，我們知道「在世共生」是個很複雜的現實問題。而哲學思考就是將問題帶入概念世界來仔細剖析。於是，我們發現這問題並不是現代人才有的，儘管在現代這問題變得十分迫切。首先，共是一、不共是多：在古希臘哲學中，已經出現「一與多」的討論，《莊子》亦有「天地與我並生，而萬物與我為一」的話。再來，共與不共涉及「自我」與「他者」的關係，二十世紀歐陸哲學出現philosophy of otherness的潮流，而中國古典哲學也早已觸及「彼與此」、「彼與是」、「己與他」、「己與人」的思考。此外，共是相內（inclusive）、不共是相外（exclusive）：這用先秦墨子的話說，即「兼相利」與「交相惡」。實則上，共與不共並不純然是非此即彼的，而更像是個光譜。因為就算我是個民族主義者，比如所謂的美國至上主義，但我還是跟美國人共，只是跟非美國人不共而已。我們不可能絕對不（與人）共，只是常常從「不共」一步步走向更多更大的「共」，或者有時倒退回去。在古典哲學當中，這是個內外問題。

　　一與多、彼與是、內與外，這些命題在古典哲學中早已出現，在哲

學的發展中也被反復探討過。所以，我們當然應該好好使用這些思想資源來思考「在世共生」。不過，從事哲學研究多年，近來我開始關注，在挖掘思想資源、理清問題線索後，還有如何實現的問題。這就是說，不管觀念說得多美好多動聽，到頭來，它如何可能實現，也是我們得進一步思考的。不過，今天還是讓我們聚焦到思想資源上來。

在共生問題上，我們首先想到的是，如何打破界限？也就是說，要怎麼打破「不共」的界限？而這便牽涉到剛才兩位老師都談及的身體跟心靈，或者說身體跟精神意識的關係。從傳統哲學的視角看，我們一般以為，那個「隔」是源於身體跟他物的分別，這是「隔」的根源。我的身體跟你的身體就是隔了；它們佔據著不同的時空。但在感覺、思想上，我們又是能相通的，這是由於心或者精神的作用，所以中國人講心心相印、心意相通。「通」要靠心，相反，身體或者物質只是消極的因素，是構成「隔」的根源，並且當它們形成「隔」以後，便得靠心或精神來打破，達到通的可能。這是一個基本背景，傳統上是這樣子講的。

由此來看，榮灼與儒賓老師都在提出批評。他們邀請我們重新考慮：要打破界限、打破「隔」的可能是不是只在「心」，而不在「身」或「物」？他們思考的參照與背景，部分是來自當代中國哲學對研究範式轉換的探索，部分則是受到現代西方哲學發展的影響。先說後者，我們都知道西方哲學從啟蒙開始，十七、十八世紀是「主體性」（subjectivity）的高揚，從主體性講求理性批判，再變而為意識、精神哲學，講求reason、mind、spirit。當然，相關的反彈亦是從啟蒙以來就開始，即強調比起「心」或者「精神」，更重要的是「物」。首先，有馬克思（Karl Marx, 1818-1883）的唯物主義（materialism），但不只這條思路。隨著現代科學的長足發展，在20世紀末到21世紀初，還有大盛於英美的新自然主義（Neo-naturalism），提倡回到物質或基本事實（basic facts）來了解心靈，也就是心靈活動跟大腦的關係是什麼。另外，便是榮灼老師提到的，在歐陸哲學中，從胡塞爾、海德格到梅洛－龐蒂等逐步凸顯的living body、flesh。凡此種種都是對傳統意識哲學的一個重新考量。

　　回到當代中國哲學，它的發展避不開西方哲學的參照影響。好像當代新儒家的出現，除了扎根於宋明理學，很明顯有德國觀念論（German Idealism）的影響。因此，新儒家學者喜歡講道德的理想主義，強調主體性的概念，突出心性主體的重要。相較之下，他們對於「身」、「物」、「氣」便沒有那麼重視，這是事實。我認為，應該從這個脈絡來理解榮灼與儒賓老師的一些重新思考。當然，這些新的思考最終仍是必須得到中國哲學文本的支持。我們必須清楚認識到，我們並不是在做西方哲學的弄潮兒，我們只是想吸收它們可能帶來的啟發。換言之，如果它們的思考和學說是有意義、有價值的，則他山之石，可以攻錯，我們亦可以借它們來重新閱讀中國哲學，看看中國哲學自身的發展脈絡裡，能不能找到相應的思路，是不是有文本的證據？甚至中國哲學中的近似思路可不可以反過參與到世界哲學的探究，作出貢獻。所以，榮灼與儒賓老師要扭轉「身」和「物」的負面意義，重新肯定兩者在「共生」、在打破隔閡中能扮演非常重要的角色，這一點我是十分贊同的。的確，我們應該重新闡發中國哲學中的「身」和「物」，看看能帶來什麼不一樣的思想資源。

　　不過，贊同歸贊同，不能講到這裡便結束，我還是應該提出一些質疑、商榷的意見，讓大家對相關問題看得更平衡一點。我有三點想法：首先，剛才兩位老師的重新思考似乎會引發出一個爭論，即要打破隔閡，從「不共」走向「共」，究竟是從「身」入手，還是從「心」入手？在此，我們不妨先考察古典中國哲學會怎麼理解人存在的共同結構，我認為就是《大學》所說的「身—心—意—知—物」。在整個先秦儒家文獻中，我們都可以找到身、心、意、知、物這些概念，它們是相互連結成個體的人：你、我、他，通通如此。而在老莊思想中，雖然《老子》沒有出現「意」這個概念，但《莊子》是有的，例如〈秋水〉說：「可以言論者，物之粗也；可以意致者，物之精也」、「言之所不能論，意之所不能察致者」。如果我們把「身—心—意—知—物」看成是人的在世結構，同時也是人跟

人相共的一個結構,這樣不用等到西方哲學進來,我們其實早已注意到「身」與「物」。回到中國哲學文本,「身」這個概念從來就不是指物理的身體,物理的身體是「四體」;如果「身」只是物理的身體,則修身便只需要做運動了。所以,「身」應是指人的存在域。對此,明儒羅近溪(1515-1588)有精彩的演繹,他說「身」就是我帶著我的父母、妻子、兄弟、朋友,乃至天下人;換言之,「身」就是人存在的意義網路,共在的意義網路,因此才有「修身」的需要。至於「物」亦非純然的物理物,而是不離人的意識或行動所及的物或事;換言之,「物」也是構成人存在不可或缺的部分。

　　過去我們討論這些思想資源時,可能較受宋明理學、當代新儒家的影響,在「身─心─意─知─物」的架構上,將重點放在「心」的概念上來講,由「心」來帶動「身─意─知─物」。那現在是不是可以轉一個重點,從「身」的角度切入,由它來帶動「心─意─知─物」。如果這樣看,則其實不必去爭論「心」和「身」誰是優位的問題。因為講誰是優位,很容易讓我們以為某個概念是本原的(primary),其他概念是次要的(secondary),是從本原推演出來的,不論以何者為本,跟著都會引出很多不必要甚至無謂的爭論。實際上,我們不需要去爭論「身」和「心」誰更優位,「身─心─意─知─物」是連結在一起的,所以真正的問題應該是:過去的演繹主要以「心」為主,去講身意知物,現在則轉以「身」為主,去講心意知物,看看這樣的轉換是不是可以講出一些更豐富的思想含義。我們應該是去思考這個問題,而不是去爭論誰更優位。這是我的第一個看法。

　　其次,中國哲學是怎樣理解「在世」這個概念,整個世界究竟是一個什麼樣的世界?這裡必須回到儒賓兄所說的氣化主體。「氣」的概念,老、莊講得比較多,例如,《老子》說:「萬物負陰而抱陽,沖氣以為和」;《莊子》講造化是大冶、大鑪、「遊乎天地之一氣」。在先秦儒家孔、孟、荀那邊,講得不是那麼多,主要是從經驗層面出發,如屏氣、血

氣，再到以氣爲生命力，「氣，體之充也」，或以氣爲一切存在物的能量基質，「水火有氣而無生」。經過兩漢儒學對陰陽思想的吸收，提出整個宇宙是感應的，天地萬物都是相互關聯的（correlate）。最後，這些豐富的思想資源通通給宋明理學吸收消化了，變成儒、道的共法。我們看王陽明的《傳習錄》，他說瓦石爲什麼可以治病，即礦物爲什麼可以治病，正是因爲整個世界是一氣流通的，萬物都是感通的，那當然可以治病。如果中國哲學將人存在的共同結構視爲「身─心─意─知─物」，那我們不妨說一切存在物「在世」的共同結構即是氣。這是儒道共享的概念，用氣化來說明「在世」的結構。

　　而這裡立即出現一個問題，就是儒賓兄談及的「理」。《莊子》也有「理」的概念，如「依乎天理」、「大理」、「天地之理」、「萬物之理」、「知道者必達於理」等，儒賓兄覺得他可以解決氣化與理的問題。但將「理」跟「氣」作一對概念來使用，是從宋儒程伊川（1033-1107）、朱子開始。此中我們又回到了老問題：即究竟「理」是優位的，還是「氣」是優位的？「理」是主宰的，還是「氣」是主宰的？我覺得這個爭論也是不必的，就好像前面講「身─心─意─知─物」是關聯的全體，「理」跟「氣」也是一體的兩面。從這角度看，差別只是在於觀察下手處：以理爲主，所解釋的氣；跟以氣爲主，所解釋的理，這兩者在理論和功夫修養上有什麼不同？合而觀之，又怎麼豐富我們的討論。

　　必須知道，「氣化」是個很複雜的問題，它本來是共生的，卻又出現不共生的情況，而且這情況不完全是人弄出來的問題。氣化是共在、共生的結構，問題是氣化之後，它就囿於「形」，變成了形物、器物的「器」。氣化成了我跟你，我們就隔了，我的身體是我的身體，你的身體是你的身體；我的意識是我的意識，你的意識是你的意識；我的身體霸佔了某個時空，比如坐在椅子上，你就不能坐下來了。氣化造成的形器，在時空中有廣延性和時間性，它就變成「隔」，甚至是「隔」的根源。大一點的隔，有地緣的「隔」、社會的「隔」、文化的「隔」，因爲大家住

在不同的空間地域和時間段落，有不同的生活環境，形成不同的文化傳承。這些文化既是「器」，也是flesh，我的同事劉國英（1964-），他是研究梅洛龐蒂的專家，便提出「文化肉身」（cultural flesh）的概念，把梅洛－龐蒂的flesh擴展到文化，認為這才是講flesh的完整意義。

我們的生活中有隔，隔是不通，但也可以通。當不通的時候，很容易產生紛爭，文明的衝突便往往來自於相互的不了解。大家坐飛機的時候就能體認到這點。我以前比較胖，坐飛機很怕旁邊坐的也是個胖子，這樣他整天挨過來，一挨過來，我就覺得討厭，為什麼要挨過來呢？可是，如果是跟自己的家人朋友就沒有問題了，我們就算挨在一塊也沒有問題，還覺得是很親近、親和的接觸，這是身體親密（intimacy）的通。這裡是個辯證的問題，你可以說它原來是共（通）的，也可以說它原來是不共（通）的；有時候我們需要共，有時候我們不想要共。「共」與「不共」，可以是衝突的，也可以是不衝突的。我們要怎麼描述這個辯證的歷程？

從在世或共在的結構看，氣化是共，也是不共。從人存在的結構看，身可以不通，也可以通；心可以通，也可以不通。所以，關鍵在於你如何讓它由不通變為通。此中，不管是儒家或老莊都沒有低估「心」的作用。〈齊物論〉從隱机、吾喪我講起，到了〈人間世〉，成心變成遊心、「虛而待物者也」的心齋。孔子也說毋意、毋必、毋固、毋我，才能達到人跟人彼此之間的通感。可見，「無己」的概念，在儒家和老莊中都是非常重要的。當然，在老莊那裡，有比儒家進一步的發揮，就是「無己」的心，其實是一個虛的氣，「唯道集虛」。我覺得剛才儒賓有一句話很有意思，他說朱子的「心是氣之靈」應該是共法，這是很對的。從一方面看，心當然是「理」，但另一方面，心也絕對是「氣之靈」，否則如何講感通、講仁愛惻隱？心既能達到虛以待物，它又是身的一部分（「身－心－意－知－物」是個全體），那麼它當然就是氣之靈。可是，我認為觀念上的疏通可以這樣說，但要做功夫以及落實為社會制度，這是另一個困難。哲學思考是凌空的，凌空有它的好處，不會約化為經驗的歸納研究，可是凌空

的觀念也要回到現實世界，達到眞正的啓發跟受用，這裡還有一段要思考的距離。

　　最後，我再補充一點。現在我們經常從西方的功利觀念、效益主義來講榮辱與共，也就是說，如果我不待你好的話，最後吃虧的還是我自己。假使我們不把疫苗分給其他貧窮國家，這個世界就會有另外一部分人不能免疫，不能免疫的這些人，最終會影響到已免疫的人的生活，所以我們還是得慷慨一點，讓別人也可以打針，也可以免疫。這種思考方式，是從利益的角度來看事情，但我覺得這個理由不是很好。這用《莊子》的話說，其實是「相待」，是interdependent的觀點，它的限制在什麼地方呢？有時候你得依靠我，在短時間內是直接可見的事實，但我將來或者有需要反過來依靠你卻是很長遠的，可能是十年、二十年後，連我自己也想像不到。更重要的是，相待、依靠、求諸人很難無怨尤，很難不產生心理的壓力與困擾。這種建立在「交換」上的相互依靠，是不能持久的，且會製造更多的紛亂和爭端，因而它不能也不應作爲我們思考「共生」的基礎。

　　在這裡，《莊子》給出更好的方案：要「相忘」而不是「相待」。彼此相濡以沫，不如相忘於江湖。大家不要只顧著「穿池而養給」：給自己造一個池，然後去想你的池、我的池，要跟對方拿多少水來活命。「相忘」這個觀念，也通於剛才榮灼提及的華嚴宗的「相入相即」。當今一行禪師（Thích Nhất Hạnh, 1926-2022）大力推廣interbeing，由「緣起」看到我中有你、你中有我，我覺得「相忘」也是這個意思，這是共生的另外一種講法。同樣在儒家中，也可以找到相近的資源，如「生生」、「成己成物」。這種思考應更有利於促進「在世共生」。這不同於西方interdependent的主導觀念，那是相互依靠的相待，其背後的理據是利益交換的需要，而利益的計算則是對局理論（game theory）描述的零和（zero-sum）或雙贏（win-win）。相反，中國哲學過去的思想資源，可以對這種主導思考提出批判。

　　好，我說得比較多了。現在讓儒賓跟榮灼做回應，每人大概七至八分

鐘，剩下的時間開放給其他觀眾。先請儒賓說話，謝謝！

楊儒賓：我儘量把握時間，剛剛我跟榮灼大概是從純粹哲學的角度，尤其從主體這個概念入手，去談「共生」的可能性。今天主持人說的沒有錯，在概念上談出一些道理，但是在現實上怎麼落實，確實是個問題。所以，我想補充一個觀察，也許不是怎麼落實的問題，而是已經落實了。我從儒家的觀點上來說，可能還是有一點本位主義，但我想說的是，我們現在一直講「共生」，其實在我們的傳統裡，「通」或者「共享」已經是一個很重要的因素。當然，有人會認為這種因素發展到一個階段，是不是變得太籠統，以致於很多事情沒辦法解決，可能也是有這樣的毛病。但是，從近代思想的語調來看，我想其中一個最大的問題就是革命當道，在「革命」的語言裡頭，強調的是一種敵我鬥爭的關係。我認為這是列寧（Lenine, 1870-1924）和俄國革命帶給中國的影響，它最大的一個問題就是：不該把中國這個能夠溝通的因素給鬥倒，若把儒家的東西給鬥倒，反而給中國自己造成了極大的麻煩。怎麼說呢？

　　在當代世界，很大的一個問題就是沒辦法溝通，尤其在兩個領域：一個是宗教，另一個是民族問題。這兩種問題在當代遠比在中國歷代，要來得嚴重。並不是說中國歷代沒有這兩種問題，我想還是有的，但是相對之下，尤其宗教問題在中國基本上是非常少的，即使出現了宗教戰爭，也不會是主流，這跟其他文明的表現不一樣。我覺得，其中一個很重要的原因是，傳統儒家提供了各種文化溝通的可能性，例如像六經是儒家的經典，透過《易經》可以跟佛教、道教溝通；透過《詩經》可以跟文學溝通；透過《春秋三傳》可以跟歷史溝通；透過《三禮》可以跟社會科學溝通。儒家傳統作為整個文明背後的一個廣泛的基礎，它確實提供了溝通的可能性，而且這個講法還不是後世個人創造出來的，早在儒家成立的時候，就是這樣的一個格局。

　　這就使得在我們的文化內部，每個領域既有它獨立的發展，而領域

之間又可以找到一種溝通的可能性。我覺得這套東西最有意思的,是在後來發展成三教論。「三教合一」這樣的講法,在儒家內部也有人批判,說這個太籠統或者怎麼樣,但是從現在的觀點來看,我們會發現這個概念有極大的好處。最大的好處是,儒釋道三教不是一種矛盾的關係,它構成大家立足在一個共同的基礎面上,分頭發展。我們知道,宗教總是要涉及對重要經典的解釋,當然每一家的解釋會不一樣,比如在佛教,就不會把儒家、道家看得像佛那樣高,但它總是會給它們一個位置,把孔子當成儒童菩薩等等。儘管儒家可能會因此不高興,但這套說法最重要的意思就在於,三教之間在各個體系、彼此的教義底下,我們是可以接受的,它們不一定是矛盾的敵我關係,最多只是一種理論上的差距關係。

我會認為,儒家在傳統社會一直扮演這樣一個很重要的角色,它使得三教都可以生存,並且有它們各自的意義。甚至不只三教,包括後來的耶穌會進入中國,它最重要的一個對話對象就是儒家。以至於現在,在中國發展的士林哲學,跟儒家的對話仍是一條主軸。我喜歡用一個比喻,就好像鄱陽湖或者洞庭湖與整個長江水系的一種關係,作為一種調整的角色,最後促成一個生態的平衡。很可惜民國以來,這種思想被激烈化、暴力化的革命所取代,把傳統裡最重要的、不該被鬥倒的給鬥倒了,也給現在的政權帶來了極大的麻煩。假如說現在的政權不是奠基在革命哲學上,而是安立在一種可以溝通的、訴求共同感通、可以協調的哲學上(當然這還要加上一些現代解釋),我想如果是這樣的話,不只在哲學上會有很大的好處,甚至對整個社會關係的有機調整,幫助也是很大的。這是我的一點補充。

鄭宗義:謝謝儒賓。現在換榮灼兄回應。

陳榮灼:我簡單想補充一句話,如前已提及,晚期梅洛─龐蒂用了一個德文詞語「Ineinander」來描述「世界身體」的「本質結構」(essential structure),這十分接近華嚴宗所言「相入相即」。簡單來說,梅洛─龐

蒂的最後一本書 *Nature: Course Notes from the Collège de France*，就是要回到具有此一本質結構的「作為原始的存在（wild being）之世界身體」的「自然」去。這固然是其重構謝林式自然哲學的企圖，但在基本立場上卻與道家同調。

然後，我想再進一步回答「在世共生如何可能？」這個問題。特別地，我想如果儒家要真正地回應這個問題，則其本身的研究的範式一定要改變。簡單來說，就是要走出牟先生所講的那種「心學」框架，因為「心學」本身其實是把「心」看成是一種「意識」，所以「心學」也就是一種「心靈／意識哲學」（Philosophy of Mind／Consciousness）。那這樣會有什麼問題呢？首先，這會忽略了身體之重要性；其次，其惡果就是它對「氣」就會比較貶低。像牟先生就只把「氣」看成是「形而下」的。這對應於在西方康德就把「力」（force）只等同於牛頓所言的「物理力」（physical force），而完全排斥萊布尼茲所言的「原始力」（primitive force）。此外，儘管康德也談到身體，但身體在其哲學中沒有扮演任何重要的角色。準此而觀，為什麼現在要談身體現象學？可以說，其中之一主要目的就是要走出「心學」的框架，特別地向只借用康德的哲學作為重建中國哲學的進路說拜拜。當然我並不否定用康德思想詮釋中國哲學的好處，但只想強調：這種做法同時亦帶來很多侷限——儘管這些侷限我在這裡沒辦法詳細講。作為一個例子，我只指出：這一期《鵝湖學誌》（第66期，2021年6月）中李瑞全（1951-）和楊祖漢（1952-）兩位教授有一個關於道德動力的爭論。不過，在我看來，他們所言的道德動力只有一個來源：就是「心」。我們廣東話常常說「有心無力」，即你有心要做，卻沒有力氣。我認為有沒有力氣這問題很重要，因為作為儒家之徒你要身體力行嘛，當你沒有身體的時候，哪裡會有動力？即使朱子已強調：在未發之中已經有「修心」的問題，因為身體已經在那裡動了。所以，在朱子來說，道德動力不在「心」，而是在乎「修心」。因此，若把「心」看成是唯一的道德動力，則在講《易經》的時候怎麼講生生呢？又在講《孟

子》的時候怎麼講知言養氣、怎麼解釋浩然之氣呢？這一切的病源便在
只是把「氣」看成是形而下的。這樣一來，身體就只能是一Körper，即是
一objective body，於是根本忽略了身體作爲living body之可能性。可是，
若沒有這living body，那就談不上世界身體，從而於「在世共生如何可
能？」一問題上，儒家就沒有發言權了。因此之故，在哲學研究上儒家要
有一個範式的突破，就是要往身體現象學走。這樣，當身體變成一個正面
的概念時，講「養氣」就會不一樣，而講朱子也會通很多，而講《周易》
就可以容易地照顧到其中所言之「生生不息」的意涵。

第七節　問題與討論

鄭宗義：謝謝榮灼，時間掌握得很好。我們還剩大概十幾二十分鐘，讓
參與的朋友提問題。想發言的朋友，可以unmute直接發言，也可以在chat
room打下你的問題，由我代爲讀出。

　　剛才榮灼的發言，我能理解。就是說，現在我們推動中國哲學發展，
要注意心學傳統的侷限。但在我看來，學問是可以相互發明的。有時候，
我們換個角度思考問題，也許會得出更豐富的思想。然而這不是說，你對
我錯，還是誰對誰錯的問題，而是我們用了不同的角度來思考，最後大家
的觀點是不是可以相輔相成，變成更加全面的一種了解。所以，不是說換
另外一個範式就一定講得更好，舊的範式的合理性和限制，也應該同時承
認。好的，現在我看到王華老師在chat room提問了，她的問題是：儒家跟
道家對「共生」的追求，背後的動機是否有所不同，共生的形態是否也有
所不同？兩位是不是可以簡單回應一下。

陳榮灼：如前面已提及，朱子在《周易本義》有一個區分：「變易」和
「交易」。準此而觀，道家的重點在說「變易」。簡言之，變易就是指陰
陽互爲轉化。至於「交易」則是指陰陽交匯、合二而爲一，這使「生生」
成爲可能。此一概念爲儒家所專有。不過，雖然儒、道兩家的關心不一
樣，但是仍然可以把它們結合起來。

楊儒賓：我想大概是這樣：儒家跟道家都談到「共生」，而且不能用「非人文」的角度去界定道家。但是可以這麼說，歷史跟政治這兩個領域是儒家非常重要的關懷，在道家這部分基本上沒有，或者是很淡的。道家講「氣」的時候，不會跟歷史意識結合在一起，可是在儒家，尤其像王船山或者《易經》哲學，它的時間意識、歷史的意識跟文化的意識是連接在一起的，這大概是儒、道兩家在共生哲學上，偏重很不一樣的地方。

陳榮灼：我想再重申：若要充分回答「在世共生如何可能？」則儒家就必須跟道家合作。但是，如果只是停留在「心學」的層面，那麼大概就很難出現儒、道的合作之可能性。所以，我認為必須往楊儒賓所提倡的「氣學」方向去發展這種可能性。

鄭宗義：哎啊，我應該守住主持人的本分，但實在忍不住想插一句話，榮灼兄這個判斷，我是不同意的。有時候，只有「心學」才可能通。例如，回到明末，為什麼能推動三教合一，這跟陽明心學有莫大關係，當時反對三教合一，主張要嚴辨三教、力闢佛老的，反而是朱子學者。從這個意義上來講，「心學」反而更能提供溝通的可能性。接著，蔡瑞霖老師要提問，是嗎？

蔡瑞霖：是的，我有兩個看法請教。其一，剛聽到楊儒賓教授提到蔣年豐的事件，很開心。其二，我非常同意鄭宗義教授說的「哲學不能解決世界問題」是針對「世界現實如何可能」而說的，其實哲學家對此往往顯得無能為力。

　　在提到「共生」時，楊教授說蔣年豐政治不正確，說他有一些不得已的寄生於民進黨。當年蔣年豐加入民進黨，在歷史上是一個很大的事件，我認為，更好的說法是他遭遇了「歷史上的不正確」，而這個說法是基於蔣年豐所提的「法政主體」觀念。請容許我提一個較為尖銳的問題，請楊儒賓教授指正。氣化的主體之確立，在於「氣」上既可以溝通「儒、道」兩家，又要讓儒家能在道德倫理、政治文化、歷史現實上有積極作為。但

是從相反觀點來看，氣化身體可能根本無法開出法政主體。如果要理解蔣年豐「政治不正確」，或是我權且稱它為「歷史遭遇的不正確」，我們勢必要閱讀蔣年豐〈地藏王手記〉，若是再追溯他的《台灣人與新中國──給民進黨的行動哲學》去詳細了解其文本，會發現當時他對中國的定義，專指1911-1949年的舊傳統中國，是儒家文化尚未失去作用力的時代；並且，他所指的新中國是未來的政黨政治之新中國。當時他明白指出，他反對的是中國的共產主義和列寧的革命鬥爭。蔣年豐當時批評文化大革命帶來的浩劫，這種浩劫使臺灣與中國之間產生相對立關係，一如鄭宗義教授所說的「相隔」。蔣年豐說過一句話：「臺灣必須要從『隔』當中重新看待中國」。所以，似乎應該提醒，蔣年豐是以「辯證式」的歷史哲學來說明兩岸關係，並且賦予儒家新的使命，特別以「海洋儒學」稱之。

　　海洋儒學的核心概念畢竟還是法政主體，而法政主體在臺灣的實踐就是民主。也就是說，每一個人雖然相隔，彼此卻可以共生，儘管他可能是「寄生」，但是他贊成一個更大的共生。這也呼應陳榮灼教授提到的，關於華嚴宗是法界的世界觀，落實在相應的「理事無礙」中，藉此提出了解海德格的縱貫系統，至於「事事無礙」則用來說明梅洛─龐蒂的橫攝系統，若我能跟隨此而充分掌握住的話，仍然存有一個小問題──即：如何將成佛的可能上說的「如來藏心自性清淨心」暫時擱置，而特別專注在「法界」的概念上，這樣才可以說「遍歷一切法」。換言之，民主的共生應該是在華嚴宗（如來藏心或清淨心如何運用到）「事事無礙法界」上，要先保住這個現實場域才行。不知道陳榮灼教授能否同意我順推的小問題。

　　綜合以上兩點，最後我們就會留下一個根本問題，儘管蔣年豐的法政主體也是哲學家語言，但是也可能他是在臺灣所有哲學家語言中，最接近現實而可以解決現實的一個可能性的論述。所以，藉由黑格爾的說法，蔣年豐乃歷史的「氣化」和「理與事的辯證」發展而共生之觀點，尤其是「氣化」觀，恰恰在黑格爾辯證環節中是非常重要的絕對精神之理性的

「感性顯現」。

楊儒賓：你提到蔣年豐對於中國文化和兩岸關係的思考，這點我是同意的。可能真的不能不談到政治，例如像李鎮源這樣的知識分子，在臺灣的政治光譜裡面，他被視為獨派的重要長老，但是他自己卻說，他是一個中華民族主義者，要保住臺灣，就要講民族政治，他要造就一個更好的中華民族。大概像是這樣的說法，它背後有一個辯證的發展。落實到現實上，確實有一個法政主體要被提出來，但就我的了解，包括黑格爾講的那個法政主體，最後可能不只是民主政治，它背後還是跟文化風土有一個比較深的連接。在這一點上，我相信在我們國內的政黨，包括民進黨，可能還不是很注意，這是我的一個回應。

鄭宗義：我也插一句話，剛剛講到法政主體，意思好像是說，必須去思考「共生」理念落實在制度上的一些問題。但我是這麼想的，其實「共生」已經是個現實問題，「法政主體」跟「非法政主體」、「民主」跟「非民主」的共生是否可能？這並不是說，我們要先達到一致才能夠共生；究竟是「勞神明為一」，還是「道通為一」，《莊子》是意識到這區別的。好的，許慧玲是不是有問題？請發言。

許慧玲：老師好，我是許慧玲，目前在臺南大學擔任兼任助理教授。之前還在中山大學讀書的時候，賴老師有請楊儒賓老師來演講；那時候，我第一次接觸到《儒門內的莊子》，此後就從「心氣合流」的角度研究王船山，並朝向儒道共生去思考。學生對這方面極有興趣，想將研究的材料擴展到外國學者的著述。我想請問老師：如果不是東洋的學者，而是從西方學者來尋找，哪幾個學者有講到「心氣合流」以及「人與世界」的連結？我目前的研究掌握到維也納大學的華爾納（Fritz Wallner）教授，他有討論人與世界聲息相通，但那是因為他涉獵中醫。學生想更進一步發問：「西方學者裡，如果不是因為研究中醫，是否有人討論華人的『心氣合流』與『人與世界』的連繫？」謝謝老師！

鄭宗義：我記得好幾年前，儒賓兄跟中研院文哲所何乏筆（Fabian Heubel, 1967-）是不是組織了一個力量哲學的讀書會。那時候是不是已注意到，歐洲一些學者在談「能」或「力」的概念，跟中國哲學的「氣」可以相通？儒賓兄，請幫我們做個補充。

楊儒賓：當時是討論孟柯（Christoph Menke, 1958-）的力量美學，在這方面我其實不很熟悉，錫三和乏筆可能更熟悉一些。我當時主要的對話對象是日本的湯淺泰雄（Yuasa Yasuo, 1925-2005），其實我一開始要處理的問題，跟湯淺泰雄沒有直接的關係。但是當我有了「氣化主體」的身體觀念之後，再回頭重新檢視他的說法，就覺得我們兩個人的進路是很像的。在這裡頭，有一個共同的因素，就是背後都有一些哲學以外的資源，比如說醫學、靜坐等等，這是幫助我們進入到身體哲學的重要管道。大概是這樣子。

鄭宗義：我看到chat room有兩個問題，先請儒賓跟榮灼做回應。最後，我們再請賴錫三老師發言。第一個問題是臺大哲學系的陳志強老師，他說《孟子》講「夫志，氣之帥也；氣，體之充也」，王陽明講「身的主宰是心」，都是從「心」說主宰的，現在重新強調「身」，講所謂「氣化主體」，那我們是不是可以反過來說「身是心的主宰」？如果要講「身」是主宰的話，在儒家的文本中，有什麼根據？

陳榮灼：其實，我從來沒有說過「身體是主宰」。我之立場應該是說：心乃主宰，現在必須注意的是當這個「心」在主宰的時候，你怎麼看你的身體、你怎麼用你的身體？你是把身體看成Körper，還是living body？換言之，你是把身體看成object，還是把它用成subject？

楊儒賓：心是主宰，這個不會有問題。在所有的萬物當中，確實只有人的意識特別發達。不只是儒家將意識心靈看作是發動機這樣的角色，在任何有工夫論傳統的教義裡，都免不了有這樣的主張。但是，有這個主宰，

跟我們說這個主宰的背後有一個更大的基礎，這兩者並不矛盾。講「心」的時候，一定連著「氣」，或者連著大身、連著世界的身體。

鄭宗義：還有一個問題是深圳大學的王順然，他說在思考相關問題時，是先透過「共生」去談身心的非二元，還是先討論身心形態，再關聯於「共生」的思考？這或許不成問題，因爲兩方面講都是可以的。儒賓跟榮灼有沒有回應？

陳榮灼：作爲總結，我要說的是：由於討論的主題是「在世共生」，我便順著康德的路數提問：「在世共生如何可能？」而我個人認爲要充分回答這個問題，首先就必須要從「心學」轉到「身體現象學」的研究範式。其次，就必須透過儒家跟道家的合作。一方面道家擅長講「變易」，而儒家則多了一個「交易」的概念，這樣兩邊合作而可進而有一十字格局打開，就好像是透過華嚴宗之進路能夠同時掌握「事事無礙」和「理事無礙」般於身體現象學中有梅洛－龐蒂和海德格兩種形態。

鄭宗義：最後，賴錫三老師要發言嗎？

賴錫三：陳榮灼先生跟楊儒賓老師，對我個人的學術思考影響深遠，在我的觀察裡，他們對臺灣五十歲以下的許多學者，也有諸多影響和啓發。對於楊老師跟陳先生的發言，鄭宗義教授也做了非常好的回應，試圖進行溝通。至於後面討論到楊老師和陳先生是不是要用「身」的優位性，去取代「心」的優位性？我想，未必要這樣理解。

　　我自己是用學術歷史辯證的觀察角度，來看待兩位老師的學術系譜。這麼說吧，牟先生的意識哲學或主體性哲學，是想用「心」來對治他那個年代唯物哲學所帶來的弊病，爲此，突出「心」的關鍵性和超越性是很重要的，可是當「心」的優越性被抬得太高、太圓滿的時候，整個思路又好像落入了另一個極端。所以楊老師他們那一代的學術工作之一在於「調節」，重新調節牟先生所打開但也可能封閉其它可能性的大系統論述。對

我來說，談「身」的問題或談「氣」的問題，絕不是說要取代「心」的重要性，而是想要談出一種不偏心也不偏物的「中道」系統，而可以重新描述中國哲學的中道系統的核心概念，便和「氣」有著密切可能性。或者說，完整地描述氣論，可以為心物之間的平等辯證關係，找到中道描述模型。如何說？不只「心是氣之靈」可作為共法，其實「氣是體之充」也是共法，「氣」在所謂「形—氣—神」（或者「物—氣—心」）的三元結構裡，就是做為溝通兩邊的中介。談心或神的超越性作用，不能談到有心無力。而談物或形的具體性落實，也不能談到完全否定了超越可能。而「氣」就是不離兩邊又中介兩邊（體是氣之充，心是氣之靈），「氣」正好具有做為溝通的中道橋樑作用。

如果我的這個理解可以成立的話，就可以接續回應鄭教授今天談到的對「共生」更加複雜而帶有辯證性的定義了。就是說，如果共生不只是一套理念，它必須要面對實存的處境以及眼前的「不共」狀態，也就是我們應該承認，衝突、矛盾、邊界、不通，恐怕是人類社會永遠無法全然消除的狀態。那麼，「身」剛好就像是一個中介的邊界概念，它像是門一樣，可以打開也可以關閉。例如《老子》說「吾有身」，當我們把身體給「佔有」的時候，雖然能凸顯出自我的界限，但它同時也就帶來不通、隔礙，甚至排他；可是我們也不可能不要這個「我有」的身體，身體的佔有帶來邊界，但也帶來個我性的風格化，甚至文化的差異化、獨特性，也就體現在這樣的文化身體、社會身體的象徵上。也就是說，身體具有中介性的特殊位址，它具有「能關」也「能開」的雙重性，而且這個「開／關」的「之間」性質，亦即同時具有「通」與「不通」的共在弔詭性。確實，在複雜而真實的共生關係裡，沒有絕對的一通全通，因此如何正視衝突、矛盾、有邊界的現實處境裡，來描述一種「礙而不礙，不通而通」的豐富性，這種弔詭共在的中道模型，就像「形—氣—神」的三元架構，「氣」既描述了「形／神」之間的張力，也描述了「形／神」之間的轉化。換言之，「氣」論在「同一」與「差異」之間，是否具有談出更為複雜的共生

哲學的潛力，是值得探討的。對此，楊儒賓老師和陳榮灼先生，已經做出重大的學術成績了。

我想，在鄭宗義教授的描述裡，其實已經把共生的辯證複雜性圖像給描摹出來了，再且我們不必急著去爭論「心」具優越性，或者「氣」具優越性，反而可以思考一種學術的歷史處境與時代回應，學術工作背後的深層關懷，可能都有它回應時代、救治時代的故事。例如楊老師和陳先生處於後牟宗三哲學時代，他們不得不回應「氣論」被低估，「身體」被低看的哲學限制，因此不得不凸顯氣論、身體的重要性、必要性，但進到他們對氣論和身體的細部討論來看，心與神的重要性和必要性，依然存在，只是在一個「形—氣—神」的中道架構來被重新定位與描述而已。而這個中道模型的描述，對我來說，有可能把「形—氣—神」的系譜描述得更清楚，同時也提供我們思考「共生哲學」的複雜豐富性。

最後，今天我們談到了蔣年豐先生，他跟儒賓老師、榮灼老師是同一輩的開創性學者，在我們的年輕時代，這些老師都給我們留下了重要的心理撞擊，不只在學術上面，還包括整個人格特質、哲學的實踐方式，等於種下了很多後來可以發展的哲學種子，而且這些種子到現在都還在生長當中。今天的對談帶有很濃厚的紀念性質，充滿了存在感受的滋味，謝謝兩位老師。我把時間交回給鄭老師，由您來總結。

鄭宗義：我很同意，進行討論最重要的目的是要造成思想的互相碰撞，讓大家可以獲得一些啟發。我也很同意，在討論「共生」時，共生並不是就變成「同」了，共生不是要我們變成一樣的東西；共生是「和」，卻也是不同的。其實講「共生」已經假定了不同（或不共），然後再在這上面講共生，如果大家已經是一樣的，根本不需要談共生。換言之，共生是在不同的基礎上，思考如何去達至和諧，用儒家的話說，就是「和而不同」。而共生當中永遠有不共的，這是個複雜的辯證關係：我們永遠在「不共」中尋找「共」，在「共」中分出「不共」，這恐怕就是我們所要

面對的「在世」結構。

　　剛才賴老師補充說，他很能理解儒賓和榮灼想要走出當代新儒家的研究範式。那我想說的是，我能理解，可是「不共」啊！「不共」的原因並不是我走不出來，而是我從來沒有覺得自己困在裡頭，所以也沒有一定要走出來的問題。對我來說，一個明顯的事實是，我們有明顯的「不共」，就是大家對當代新儒學的吸收與受教的地方並不一樣。對我來講，我沒有困在裡面，隨時可以出來，又隨時可以回去，所以不感到轉換範式的迫切。

　　然後，我覺得今天的討論還有不少細緻的問題，如果要充分展開，得補充論證和文本詮釋等。實際上，我自己在兩位主講人的發言中，學到了很多的東西。我知道他們一直都在摸索跟嘗試一種新的研究範式，就是從「身」的角度、「氣化」的角度、「物論」的角度去重新演繹中國哲學的思想傳統，希望可以打開新的局面，在思想上帶來更豐富的內容，這是我很期待的。而且我覺得這個努力的方向也是正確的。當然，他們講出了有用的東西，我自己也會借來用，因爲我們追求的是思想的善化，而不是墨守成規。但反過來說，舊的觀點對新的視野也未嘗沒有攻錯的作用，我們不能說，舊的全部都是錯的。也許我們可以用朱子那句「心者，氣之靈」的話來補充「心即理」；理也是氣，理、氣本來就是合的，在朱子思想中，理、氣是不離的，不可能只有理沒有氣，也不可能只有氣沒有理。從「心者，氣之靈」來看，身是氣，心也是氣；心是理，身也可以是理。修身以後的「身」就是「理」，行住坐臥全合規矩，就是理的表現。同樣，心是主宰，氣也可以做主宰；《孟子》說氣能夠反動其心，這是不好的狀態，而好的狀態是浩然正氣。所以，我想這些問題都可以再進一步討論商量。讓我們再次感謝今天兩位主講人楊儒賓教授和陳榮灼教授。最後，也感謝賴錫三教授組織了這樣一場有意義的對話活動。

　　對我而言，這樣的對話活動是很重要的。怎麼說呢？在一個意義上，我覺得現在我們好像又回到唐、牟的時代，只是背後的原因不一樣了。我

們看唐先生跟牟先生的著作，裡面沒有引用別人的東西，最多是唐先生引一下牟先生，牟先生引一下唐先生，也沒有注腳說明參考過什麼其他研究。因爲在他們那個年代，中國哲學的研究還處在開拓階段，可以憑藉的其實不多，不需要特意去參考其他著作。而到了今天，在大半個世紀過去以後，我們同樣不大注意別人的研究，但背後的原因完全不同。我們大概知道有不少著作寫過相同的題目，但正因爲太多，實在沒有足夠時間去詳細閱讀，披沙揀金，所以要麼就索性不讀，還可以說研究是自己的原創；要麼讀得粗疏草率，未有恰當了解便妄加批評。在這樣的情況下，參加一場對談討論大有幫助。比方說，因爲要當主持人，我就得要求自己仔細閱讀儒賓兄《儒門內的莊子》有關的部分。可見，參加對談能促進學者去認眞閱讀同行的研究成果；大家在對話之前，一定要把對方的著作多看幾遍，不然講錯就不好了。所以十分感謝賴錫三教授舉辦這場很有意義的對話，也期望他將來可以再舉辦多些。

第七講

汪暉「齊物平等與跨體系社會」的天下想像

時　間：2021年8月3日（週二）早上9:30-12:00
導讀人：陳贇（華東師範大學哲學系）
與談人：莫加南（Mark Frederick McConaghy，臺灣高雄中山大學中文系）
主持人：賴錫三（臺灣高雄中山大學中文系）
逐字稿整理：李家郡（臺灣高雄中山大學中文所碩士）
文字編校補注：李志桓（臺灣高雄中山大學中文所博士後研究）

賴錫三（臺灣高雄中山大學中文系）：我們會給予陳贇老師較充沛的時間，因爲汪暉的天下觀、思想體系，非常龐大，希望儘量給陳老師比較完整的描述以及對汪暉的討論。然後會請莫加南進行第一波的對話跟提問，我再做一點對話，再請陳贇做總回應，最後進行線上的共同討論，線上朋友也可以把你們的問題寫下來。

　　在陳贇導讀之前，我做簡單的介紹。陳贇老師在華東師範大學哲學系，做中國哲學研究的兩岸中壯輩朋友們，應該都不陌生，這五、六年來，我讀了一些他寫的《莊子》文章，很有深度，他也跟臺灣學界的朋友們有越來越多的對話。今天特地請他來介紹並評論汪暉的文章和觀點。大家知道「天下」這個概念源遠流長，從先秦以來既是一個重要的政治概念，也是一個根源性的文化概念。這個概念在中國進入近現代之後，看似退潮了，但是當前大陸學界在面對現在的「民族國家」（Nation-state）這一概念，又開始有了許多新的批評和回應，天下觀似乎又變成了一個既古典又具有當代潛力的文化、政治概念。在這一方面汪暉的著作當然是很有代表性，他是大陸新左派最有代表性的知識分子，他的著作也被翻成英文、日文等，相當受到矚目。據我所知，莫加南也是《現代中國思想的興起》[1]英文版第三冊的譯者之一，尤其宋明理學的部分。而莫加南不管是對葛兆光的天下觀，或許紀霖的天下觀，也都相當關注。所以今天將由莫

---

[1] 參見汪暉：《現代中國思想的興起（四卷）》（北京：生活・讀書・新知三聯書店，2015年）。

加南來做陳贇的核心對談人，我現在就直接把時間交給陳贇老師。

陳贇（華東師範大學哲學系）：非常感謝錫三老師、感謝莫老師。討論汪暉老師對我來說是一個非常艱難的任務，因為我所從事的領域主要還是中國古典的思想。汪暉老師的研究重點則是現代中國，所以我們可能有一個在領域上的不同。

　　如剛才錫三老師講的，汪暉老師作為代表性思想家與學者，致力於對中國的社會主義實踐以及革命遺產的啟動，這是他的關注所在。《現代中國思想的興起》出版之後，今年又出版了20世紀的中國三部曲的第一部《世紀的誕生》[2]，他要面對的就是中國社會主義革命與建設的遺產，而這些方面是我的知識結構的短板。跨體系社會[3]，實際上也是他《現代中國思想的興起》以後的提法，汪暉老師寫作的領域比較廣闊，知識背景尤其比較廣博，對我來說是非常大的挑戰。

　　我在這裡先行呈現他對於「齊物平等和跨體系社會的天下想像」，我主要想從以下五個方面來切入。第一，如何詮釋中國及其現代？主要討論汪暉老師的問題意識。第二，來自西方的帝國—民族國家的敘事架構，對於中國理解的侷限性。第三，就是汪暉老師反思京都學派的中國解釋及其東洋近世說的不足。而後我們探討他所建構的跨體系社會模型，以及在此基礎上「齊物平等」的思想。

第一節　如何詮釋中國及其現代：汪暉的問題意識

　　首先如何理解中國的現代，這是汪暉先生一以貫之的問題意識。從他關於魯迅，關於章太炎，以及現代思想、現代革命的寫作，都是貫穿始終的一個問題意識。在理解中國及其現代的問題上，我們往往遇到兩個

---

[2] 汪暉：《世紀的誕生：中國革命與政治的邏輯》（北京：生活・讀書・新知三聯書店，2020年）。

[3] 參見汪暉：〈再問「什麼的平等」？——齊物平等與「跨體系社會」〉，《文化縱橫》2011年第6期，頁98-113。

比較大的困境，這主要是由西方的介入使得對中國的理解產生了巨大變化。我這裡梳理出兩個與我們討論相關的維度，一個是海洋與內陸的二元化，這個是汪暉在寫作《現代中國思想的興起》之後呈現的新框架；還有一個就是帝國與國家的二元論，這是他寫作《現代中國思想的興起》時所檢討的西方的敘事架構。先看第一個問題，自從1582年也就是利瑪竇（Matteo Ricci）來華，今天通行全球的格里高利歷法（Calendarium Gregorianum）[4]批准頒行到今天的這四百多年來，正是世界歷史的「西方化時刻」。西方文明從地中海時代進入大西洋時代，又進入太平洋時代，形成了以全球為範圍的「空間革命」，空間革命就表現為一個海洋時代的到來。在汪暉看來，1600年成立的不列顛東印度公司和1602年成立的荷蘭東印度公司，是海權時代到來的重要標誌。海洋勢力的到來意味著內陸和海洋兩種空間秩序的鬥爭，兩個西北歐的公司，它在某種意義上都具有若干國家的特徵，它們的誕生、發展與轉折以及宗旨都與近代主權的形態有關。汪暉引用拉鐵摩爾（Owen Lattimore）的話，認為英國實際上就開始了從陸地轉向海洋的空間革命，它也是一場行星的空間革命。

我們知道古典中國的「天下」和中國敘述當中，往往使用「四海之內」、「四海之外」這樣一種敘述，四海是作為「王化之地」的「天下」的一種邊界，而在西方，比如說偽亞里斯多德的《宇宙論》當中，所謂的「人居領地」，也就是所謂普世秩序，是以海洋為邊界的。所以人類居住的天下世界分為島嶼和大陸，但是他們都被大洋環繞，這與中國人也用四海來想像秩序的邊界類似。四海實際上就是地平線，位於這種地平線之內的，是立足於水之中脫穎而出的大地經驗、陸地經驗，海洋意味著一種邊界的經驗，甚至是沃格林（Eric Voegelin）所謂的不可穿透的神性邊界的

---

[4]　編按：也就是今天我們所熟悉的，同時也是國際社會所普遍採用的「西曆」、「公曆」、西元「公元」、「基督紀年」。在此之前，不同的文化內部有著各自不同的紀年方式，比如古典中國的農曆，或者回教國家的伊斯蘭曆法。

經驗。但是海洋時代的到來使得海洋成為內海，而且它神性奧祕的邊界意義被祛魅了，這就使整個世界格局發生了一個變化——大航海與地理大發現，使得海洋統統變成了內海，由此開始了一個「全球律則」的時代。歐洲資本主義的政經規則就是海洋的內海化，它消解海洋的邊界，以理性建構方式運用和強加於世界一套統一的規則體系。海洋時代就意味著以海洋為中心，內陸變成了一個邊緣，這跟以前的「大陸中心—海洋邊緣」的自我理解的框架就形成了巨大反差。

第二就是帝國和國家的二元論。在汪暉看來，空間革命徹底重構了整個地球秩序，海洋時代伴隨著民族國家的力量、機械工業的力量，帶動了城市鄉村關係的重組，帶動了國家形勢的變遷。如果要為十九世紀的世界歷史確定一個最重要的主題，這個主題就是民族國家。在汪暉看來，民族國家實際上構成了十九世紀以降的世界歷史跟之前世界歷史的敘事的巨大差別，之前的主體往往是帝國（Empire），而之後的則是民族國家（Nation-state）。

汪暉認為，民族國家被看作是一個現代的因素，帝國被歸結為一種過去的、傳統的因素。二十世紀幾乎所有被視為前現代的歷史，都以不同的方式被追溯到現代世界與帝國的關聯之中。也就是說，前現代的東西都跟帝國相連，現代都是由民族、國家範疇構架下來解釋，這樣一來就造成理解中國的一個困難。如果中國是一個「帝國」的話，或者說中國不是一個「國家」的話，那麼前者等於說中國沒有現代，後者等於說中國沒有歷史，沒法成為一個真正意義上具有現代性的歷史主體。但這樣一種沒有歷史的中國乃至停滯的文明，正是十九世紀歐洲世界歷史敘述中的中國形象的核心。

位於二十世紀人類意識結構裡層的是普遍與特殊的對峙，共用了一套建築在民族—國家基礎之上的人類進化的信念和前提，也就是所謂的全球律則，如果不符合律則，就被看作是特殊或例外的型態。以上兩者（帝國或國家）可以說都對中國敘述構成了困難，對於很多西方學者而言，中國

這樣一個多民族、多宗教，而且多文明的跨體系社會，跟現代的民族─國家體系構成了一種對反。汪暉曾舉例說，有一本西方的歷史教科書，將中國視爲僞裝成現代國家的帝國，「帝國」的表述意味著它是前現代的，它是僞裝成民族─國家的一個帝國。既然它本質是帝國，它又生存在現代，所以說它的統一，並不是內在的，只是靠集權力量的維持，所以是不合法的，因爲中國超出了族裔原則與政治原則的歐洲版本的一致性。就連白魯恂（Lucian Pye）也斷言中國不是一個正常的民族國家。汪暉引用加州學派王國斌（Roy Bin Wang）的如下觀點「儒家思想是把文化邊界和政治邊界融合在單一而又複雜的綜合體中」，而這種融合實際上是現代民族主義的或者民族國家的一個獨立的特徵，在這個方面中國好像又很現代，但是中國裡面恰恰又有多種多樣的民族、宗教和文明，所以它又更傳統。

一旦考慮到這一點的話，我們就會面臨將中華帝國的政治建構策略視爲現代國家的窘境。一方面，好像中國也是一個現代民族國家，但是另一方面它又不像是現代國家。如果說基督教界定了文化的歐洲，但無法形成文化與政治的統一，直到民族主義的時代，文化邊界與政治邊界才被綜合在民族─國家的框架之下，而中國就成了一個例外。另一方面，中國似乎又成了像歐盟所要達到的目標──超越民族國家的界限，將文明和政治的邊界重新統一，但是對於歐盟來說，如果你要統一，這是一個幾乎不可能的事情：西德和東德無法統一，南義大利和北義大利無法統一，歐盟又怎麼能夠統一？所以一個非常奇怪的現象，就是爲什麼中國可以把多民族、多宗教、多文明如此不同的多元社會，統合在一個現代國家的架構之下。

在蘇聯解體以後，西方人經常追問的一個問題是：爲什麼中國會成爲在蘇聯解體之後，全球唯一一個保持著帝國規模的現代國家，是什麼使得它保持著地緣、人口、多民族、多文化、多宗教的統一國家，就好像將前現代的帝國內嵌在一個現代國家當中，這一點讓西方難以理解。對此的回應，構成了汪暉問題意識的一個方面。

其實在中國內部，關於所謂中國的討論，這些年來不斷的出現，比如

說考古學家許宏的《何以中國》、思想史學者葛兆光的《宅茲中國》，哲學家趙汀陽的《惠此中國》等，[5]都在追問什麼是中國？這個問題，很大程度上跟西方面臨解釋中國的困惑是相關的。對西方來說，無法理解現代的中國，更無法理解中國的崛起，特別是他們在若干年前一直強調中國崩潰論的視野下，中國的崛起就變得更加難以解釋。

在汪暉看來，這實際上挑戰了西方現有的知識構架，同時也是對中國學者的挑戰，能否以現代學術方式來表述中國、理解中國，它是一個重要的世界歷史問題，不僅僅是中國的自我理解問題。

第二節　西方帝國與民族國家的敘事架構

全球化時代的中國和亞洲，都不再是出自自身的概念。日本學者竹內好（Takeuchi Yoshimi）就已經講過「理解東洋，使東洋得以實現的是存在於歐洲的歐洲式的要素。東洋之為東洋，借助的是歐洲的脈絡」。無論是福澤諭吉（Fukuzawa Yukichi）的《脫亞論》，還是東洋的近世學說、亞洲的論述等，在汪暉看來，實際上裡面都滲透著近代歐洲歷史意識的投射。

十八、十九世紀啟蒙運動與殖民擴張，通過種種學科建立了歐洲的亞洲想像，這種亞洲是具有普遍歷史意義的歐洲的前史，比如同時性的亞洲被放在歷時性的歐洲之前的階段。與歐洲近代國家或君主國家形成對照的是多民族帝國，與歐洲近代法律和政治體制構成對立的是政治專制主義，與歐洲的城邦和貿易生活完全不同的是遊牧和農耕的生產方式等等，由此構成的中國與亞洲敘事，便是以民族國家和資本主義市場體系的歐洲為歸宿。歐洲由此被作為準則或原理，被視為世界歷史的高級階段和目的，從而中國、亞洲及其上述「特徵」被貶抑為世界歷史的低級階段。

5　參見許宏：《何以中國：公元前2000年的中原圖景》（北京：生活‧讀書‧新知三聯書店，2016年）、葛兆光：《宅茲中國：重建有關「中國」的歷史論述》（臺北：聯經，2011年）、趙汀陽：《惠此中國：作為一個神性概念的中國》（北京：中信出版社，2016年）。

　　在這語境當中，亞洲不僅是一個地理範疇，也是一種文明的形式，它代表著一種與歐洲民族國家對立的政治形式，與歐洲資本主義對立的社會型態，一種從無歷史狀態向歷史狀態的一個過渡形式。所以在十九世紀至二十世紀的大部分時間裡，亞洲話語內嵌著歐洲現代性的普遍主義敘述，並爲殖民者和革命者制定他們截然相反的歷史藍圖，提供了相近的敘述框架。不管是反西方的還是近西方的，都沿用了這一普遍敘述框架，其三個中心主題和關鍵概念：帝國、民族國家、資本主義等。而亞洲、中國的理解，就被放在這樣一個框架之內。

　　其實我們可以想一下，黑格爾（Georg Wilhelm Friedrich Hegel）把中國視爲世界歷史的開端，謝林（Friedrich Wilhelm Joseph Schelling）把中國視爲世界歷史的例外，從孟德斯鳩（Montesquieu）開始，中國就變成了一個沒有歷史感的停滯的民族，一種沒有世界歷史意義的僅僅歸屬於人類歷史之「過去」的文明。本來極具有歷史意識的中國，也被剝奪了歷史意識，比如說現代的沃格林、普勒姆（John H. Plumb）等人仍認爲眞正的歷史意義是西方的特產，中國、印度達不到批判的歷史意識，甚至對人的理解，在胡塞爾（Edmund Husserl）那裡還可以看到如下的觀點：不管是中國還是印度，都還達不到先驗的或形而上的維度，只能停留在一個經驗人類學的層面，還不配享有人這個符號。這是典型的歐洲中心主義，它不是出現在西方那些邊緣的學者，而是在那些中心、主流的大學者那裡，比如像胡塞爾、黑格爾、沃格林等這些學者。汪暉對此進行了分析，亞洲作爲世界歷史的起點，作爲西方的天下起點有兩個條件：第一，「亞洲、歐洲是相互關聯的同一歷史進程的有機部分」，這裡的關鍵是同一歷史，否則就不存在所謂起點和終點的問題，所以這裡有一個同一性的東西。第二，「亞洲與歐洲處於這一歷史發展的截然不同的階段，而構成這一階段判斷的依據主要是『國家』，即亞洲所以處於起點或缺乏歷史的時期，是因爲它還不是國家，還沒有構成歷史的主體。在這個意義上，當亞洲地區從傳統型帝國轉變爲國家，從農業或遊牧業變成工業或商業，從村社組織

轉變為城市及其市民社會的時候，亞洲也就不再是亞洲了」，亞洲就變成了西方的一部分，所以未來的歷史將沒有亞洲。亞洲、中國不具有世界歷史的意義，不具有未來的意義，只具有過去的意義，而且把過去作為歷史已經揚棄的一個階段的構思，這種意義上歷史的「過去」的誕生，實際上正是在孟德斯鳩那裡得到了全面充分的表達，而黑格爾所謂「東方、希臘、羅馬、日爾曼」四個階段，與亞當斯密（Adam Smith）在「狩獵─遊牧─農耕─商業」之間形成的人類社會階段的對照，實際上就是以歐洲的當下為起點，回溯世界歷史的「過去」這樣一種「史源論」，或者稱之為「歷史創生論」。而這種「歷史創生論」具有千年的形態，沃格林在他的《記憶》這本書當中，在他的《秩序與歷史》第四卷〈天下時代〉當中，給出了「歷史創生論」的主題，任何一種歷史創生論的敘述，實際上都是為當下的合法性張目。所以這樣一種以歐洲為中心的世界歷史敘述之核心，是為歐洲擴張、殖民與霸權的正當性進行辯護。

雅斯貝爾斯（Karl Jaspers）在《歷史的起源與目標》當中，對這一套敘事進行了一種否定，對黑格爾所謂的圍繞著耶穌基督的歷史軸心之有效性進行了限定，他認為這只適用於基督教世界，而不適用於其他，但同時他也認為由於歐洲把人類歷史帶到了共存共生的世界歷史共同平臺之上，因此歐洲的歷史中心又有它的一個現實基礎。

汪暉對亞當斯密提供的市場運動模式進行了一個分析，發現其核心就是把共時性的、同時代的時間納入到一個歷時性的時間序列當中。比如說中國被納入到了古代，而商業社會則被納入到現代，這樣一種敘述，是跟整個西方近代的目的論之歷史敘述相關。汪暉注意到，Perry Anderson曾說近代歐洲對亞洲國家結構的觀察，產生於歐洲國家與土耳其勢力的長期衝突，它實際上是把奧斯曼國家作為歐洲君主國的對立物，將土耳其的君主官僚制，作為與所有歐洲國家分道揚鑣的制度，把土耳其奧斯曼帝國的內容投射到亞洲、中國，然後就產生了東方專制主義的政治敘事，就形成了專制亞洲與民主歐洲的對峙。世界歷史進程的亞洲被歸結為前現代，被

剝奪了當下與未來意義。總而言之，亞洲的東西被放在古代文化當中，而歐洲的東西則被安置於現代，從黑格爾到韋伯（Max Weber），還仍然以前現代的「君父制」來理解中國「家天下」的政治文化，但這遠未能眞實的呈現作爲一個跨體系社會的中國面貌。

所以在汪暉論述裡，需要重新理解中國，特別是中國的現代，因爲即使古典中國再有意義，構成我們今天中國人生存之土壤的，構成今天世界的重要變革力量的，只能是現代中國，而古典思想只能通過現代中國才能發揮其世界歷史的意義。中國作爲西方所認爲的唯一他者，或者說西方眾多他者當中唯一可能提供西方之外的另類可能性方向的唯一他者，由於其規模、構架、道路的與眾不同，對它的理解本身就是世界歷史秩序展開的環節。而在西方目前的架構下中國難以理解，如西方那樣將其強硬地塞入帝國、傳統型支配、沒有歷史的國家等說辭之中，只能是理解上的遁詞。

另一方面，中國恰恰又是有可能對西方的現代世界秩序進行變革的區域，任何一種國家間的平等秩序的建構，都將是對霸權者既得利益的挑戰，這就決定了中國敘述本身的語境複雜性。這就是說中國的敘述，具有政治相關性，並要求一個政治的語境，而不是去政治化的語境。這是我講的第二個問題。

第三節　京都學派的中國解釋及其東洋近世說批判

第三個問題，我們有了對以上的一個理解，我們來看汪暉對京都學派的中國解釋及其東洋近世說的批評。京都學派特別是內藤湖南（Naitō Torajirō）、宮崎市定（Miyazaki Ichisada），在中國論述中的一個非常著名的觀點，就是以唐宋變革論爲始點的東洋近世說，也就是在唐宋之際，他們看到中國歷史的大轉折，或者講是東洋近世的開始。唐代主要是貴族制，唐代的宰相都是有門第的，除了一些個別的人物，如張九齡等。但是到了宋代以後，整個科舉制度與文官制度更加正規化，主要的大官都是考試出來的，一個平民的時代隨之出現，用錢穆先生的觀察，「一王孤立於

上，而萬民散處於下」的格局出現了，士大夫變成溝通一王和萬民之間的重要仲介力量，這使得理學成為新的一個政治認同的主要依據、一個準民族主義的意識形態，它跟民族國家已經有點接近，而民族國家是歐洲近代性的一個標誌。另外，宋代周邊有很多大小不同的王朝，其相互之間的競爭盟約等，促進了民族之間通過貿易和戰爭形成的交往，外貿也開始用白銀，有了硬通貨幣，好像一個國際性的市場交往體系出現了，南宋時代的海洋貿易也發達起來了。「唐宋轉變論」已經成為中國歷史研究幾乎無法繞過的基本性命題，而在美國學界已經成為一個非常核心的東西，加州學派的很多東西，也跟它有關。它的一個基本觀點是，從唐到宋的變遷，實際上開始了以運河為中心的時代。因為北宋遷都從洛陽到開封，是國家發展從黃河中心向運河中心的過渡，由運河再通向沿海，內陸和沿海貿易，促進了內陸的分工，形成了宋代的銅錢經濟。唐宋的轉型在制度體制上是貴族體系的解體，區域性轉變則是中國的政治經濟中心，從內陸黃河到運河、再到沿海的轉變。所以，明清之際江南的興起就跟唐宋轉型建立了連繫，唐以前的歷史被看作是以長安為中心的歷史，宋以後的歷史就變成了以運河為中心的歷史。

汪暉敏銳地看到，京都學派的目的不在解釋中國，而是要把中國放在東洋的範疇中。因為在傳統的時代，日本一直處於中國王朝的邊緣，它現在要重新尋找自己的位置，逆轉「中國中心—日本邊緣」的傳統敘事。這些歷史學家在意識形態上還是帶有帝國主義者的痕跡，其觀察非常有洞察力，視野非常有啓發性，提出了東洋的近世問題，但實際上是想在東亞建立對抗西方現代性的、有所不同的東洋現代性。當然最後它也落入了西方帝國主義的窠臼。實際上從明治維新到二十世紀前期，日本都在跟西方競爭，在軍事工業、歷史觀上競爭，非常強調多元平行的現代過程。日本現代過程怎麼建立？單從日本沒法敘述，不得不從中國開始，中國有一個早期的現代開端——宋朝，東洋的近世從十世紀的北宋開始，到十四世紀的時候，李氏朝鮮也進入了早期現代的過程，最後這個中心轉移到德川的

日本，十一世紀進入到海洋時代。從空間革命的意義上來講，東洋的近世就是從中國到朝鮮半島，再到日本的這樣一個歷史過程。所以它至少是以東洋史爲中心的世界歷史敘事，對抗的是歐洲的世界歷史敘事，它建立的是以日本爲中心的東亞共同體，這一敘事，實際上是論證東亞文明權力中心的逐次的轉移。在此敘述中，汪暉指出很少有人意識到其中滲透著日本帝國意識形態在史學領域的一種投射，儘管它的政治含義今天已經消失，變成一種純粹學術的觀點。關於這點，實際上宮崎市定也說得非常清楚，因爲中國歷史第一階段是黃河中心的時代，是一個以長安和黃河爲起點的文明，這時黃土高原和內陸中原地區是中國的中心，但是到了十世紀的時候，從宋代開始，運河沿海和內地就被運河連接起來，所以到了海洋時代以後，日本自然而然就成了東洋的重心。這一目的論的歷史敘事中，從中國的長安到開封、洛陽繞到朝鮮半島，最後抵達東京，德川時代就是與歐洲的哥倫布時代相對應的一個亞洲版的海洋時代。這個海洋時代建構了「儒教文明圈」的文明，而「儒教文明圈」也跟汪暉的跨體系社會不同，因爲對汪暉來說，哪怕是中國的一個區域，都很難用「儒教文明圈」來刻畫。

　　在汪暉看來，日本的京都學派雖然逆轉亞洲歷史裡中國與日本「中心—邊緣」關係，但是又與西方歷史觀共用世界歷史秩序當中邊緣和中心的結構。由於沒有突破西方的結構，所以它沒法對現有以歐洲爲中心或者以西方爲中心的世界歷史秩序進行一種根本性的革命。所以最後它的命運在某種意義上融入到西方，但是從西方的角度來講，日本則是獨立的文明，無論是湯恩比（Arnold J. Toynbee），還是科耶夫（Alexandre Kojève）都把日本作爲一個不同於西方的文明體。

　　但是對於汪暉來講，日本並沒有突破西方的海洋時代的歷史敘事架構。它對東洋歷史、東洋現代性的刻畫，與歐洲比較地理學敘述的河流、內海、海洋的空間革命敘述相呼應，它的結論只能是作爲現代國家出現的德川日本；京都學派把宋代視爲近世開端，視爲準民族國家，把理學視爲

國民主義或近代思想的發端，卻沒法理解清代的經學和史學的作用，及其與清王朝的政治合法性的關係，好像清朝又退回去了，好像歷史又進行了一個倒退，怎麼來理解？京都學派難以自洽解釋。

汪暉認為，京都學派仍然包含著歐洲的亞洲論述裡內蘊的帝國與國家的二元論，它沒有走出殖民與霸權的帝國邏輯。日本的脫亞論與侵亞論，其背後都是歐洲殖民主義與資本主義的邏輯，所以日本的現代化最後加入的是西方文明圈，以文明等級論的方式侵略被認為是落後的文明。所以章太炎提出的「文野之變」，實際上就是對當時歐洲，包括在日本盛行的比如說福澤諭吉的文明論，意味著一種解構。西方的海洋一大陸敘事在京都學派那裡仍然作為深層的參照背景被運用，仍然是無以脫離海洋中心論，這正是其無法真正突破歐洲中心的世界秩序敘事的關鍵。它提高海洋的地位，貶低內陸地位，由此內陸的邊緣性實際上就是由海洋歷史觀主導的歷史敘述的結果。對中國的意義而言，這樣的一種解釋加劇了中國國家內部，海洋與內陸的張力，因此它的消極意義並不少於積極意義。

汪暉也看到濱下武志（Hamashita Takeshi）對朝貢體系的重新思考，他的新亞洲論述，雖試圖突破西方的歐洲中心論，但是仍然依賴以海洋為紐帶的貿易，仍然建立在海洋時代的前提上，並且對戰爭、革命和其他事件沒有予以關注。這是作為左翼學者的汪暉質疑、批評的部分，就是說中國的革命、亞洲的革命，其世界歷史意義沒有被呈現出來。濱下武志基本上是在經濟的貿易體系當中，不是在一個文化的、政治的、革命的、戰爭的，更大的脈絡來解構西方中心論。針對京都學派以及西方海洋時代，汪暉重新闡發「一帶一路」的倡議，「一帶一路」的倡議實際上就是繼承了科耶夫與施密特（Carl Schmitt）對海洋時代終結的論述。到了今天，海洋與陸地的關係已經完全發生逆轉，也就是說海洋與陸地的區分，已經不再具有那麼大的意義，尤其是在互聯網時代、資訊時代，海洋、陸地的分界正在消失，「一帶一路」作為中國的倡議，實際上是要重新思考內陸的意義。關於這一點汪暉他有很多論述，這個論述涉及到亞洲作為一個世界

歷史理解的重要切入口，涉及到對現代海洋秩序的實質突破。

　　汪暉回到竹內好「亞洲作爲方法」的思路上，「亞洲作爲方法」在竹內好那裡，實際上就是「中國作爲方法」，這個「中國」不是一個本質主義的中國，而是一個抵抗西方現代敘事的中國。竹內好化用魯迅〈故鄉〉結尾的敘述強調：中國沒有選擇西方的現成的路，所以他還有一種自己的新的路，但是日本最後走了西方的路，最後它可能就沒路可走。這個路當然關聯著世界歷史，日本的選擇使其在世界歷史中的意義被降低。竹內好作爲方法的亞洲，說到底是中國在面對內外壓迫時所表現出的抵抗精神，這抵抗性能夠激發民眾性與大眾性，激喚並生成了主體，由此生發出針對帝國主義、殖民主義不平等秩序的抵抗與革命的意志與行動。汪暉在後革命時代氛圍中所講的革命，按我的理解，很大程度上就在於世界秩序的革命，特別是不平等的霸權性世界秩序，仍然是我們今天面對的現實。對他來說，革命實際上是沒有完成的，所以他應該不同意李澤厚「告別革命」的論述。

　　作爲方法的亞洲不是靜態的用以區隔西方與中國、歐洲與亞洲的方法，那仍然無以脫離西方圖像裡的中國、西方的東方主義。汪暉強調，方法是主體形成的過程，廣義的中國革命正是主體形成的過程，竹內好發現日本嚴重缺失主體性，雖然也很現代，但是卻沒有自身的主體的位置，它的主體只是西方注視下形成的沒有自身主體性的「被動」主體。所以，竹內好從毛澤東、魯迅、趙樹理那裡看到了生成主體的方法，不是要回到東方主義，不是要回到亞歐二元論的分野，也不是要回到傳統的中國中心主義，而是重新把那個時代中國人的奮鬥、抵抗的過程，即中國人主體形成的政治、經濟、文化和日常生活過程，作爲理解歷史與自身的方法。在亞洲區域內，各自以自己的方式形成區域性的主體，這就是「亞洲作爲方法」的意義。

　　對中國而言，重要的就是擺脫那種通過中國—西方的二元論形成的單面的自我認知。比如南亞、東南亞、中亞、西亞等，都是孕育了豐富文

明的地區，與中國有著深厚的連繫，缺乏這一視野我們的理解就難免單一化。而東洋敘事就沒有意識到這些，更重要的是伴隨著中國經濟的成長和大眾意識形態內裡的美國化，我們對這些地區的人們的鬥爭、犧牲、歷史命運都缺乏感同身受的理解，而是心安理得地站在美帝國的周邊，這是現代幾乎所有國家都面臨的一個命運。如今很多人都是站在其中心區域看待中國，和許多第三世界國家的道路，既不能理解這些進程的偉大意義，也難以對這一進程中的悲劇作出有深度的理解。

汪暉寫「齊物平等」[6]這篇文章的時候還是前川普時代。如今，中美的整個格局已經發生了改變，而之前在那樣一個以美國為中心的系統當中，巴勒斯坦、敘利亞、伊拉克、伊朗、利比亞諸多的亞非拉故事的悲劇故事已經不能撥動我們的心弦，我們難以設身處地地同情理解其社會內部的分裂、困境和不同人的命運，以及他們為探究解決之道而做的巨大努力。在汪暉看來，這是一件非常危險的事情，因為我們今天都被高度意識形態化了，意識形態塑造的是非價值邏輯支配了我們，以至於我們失去了對血肉之軀的掙扎、奮鬥與眼淚等等的敏感，而變成了共情上的麻木不仁。而在一些發達國家，意識形態作為政治正確的問題，已經從政治場域進入社會場域，對具體生命的同情共感已經大大被削弱了。汪暉不能不為此感慨系之。

十八世紀以來形成並不斷強化的意識形態，在世界資本主義的最中心地帶被升級、被強化，而竹內好的抵抗概念與主體的概念，之所以還是不免抽象，正在於其理解意識形態的深度與廣度，他缺乏對戰爭與革命、地緣競爭與民族解放之間的清晰區分，他用侵略與抵抗的範疇對大東亞戰爭與太平洋戰爭加以分疏，未能將日本的對外戰爭和擴張置於近代化道路內部予以全面的政治經濟解釋，所以抵抗的「去政治化」導致了抵抗自身

6　即汪暉：〈再問「什麼的平等」？——齊物平等與「跨體系社會」〉，《文化縱橫》2011年第6期，頁98-113。

的貶值。這正是汪暉對竹內好的批評，在這裡的關鍵是竹內好所講的主體的形成，規範的主體並不是主體，它只是一個範疇，沒有真正的政治合法性。亞洲與中國的論述，存在著社會形式和政治形式的分裂，它要麼由菁英主導，要麼由民族國家發動，卻沒有大眾運動的參與。難怪竹內好所講的主體性，很容易被虛幻成後現代的主體性，尤其是在後革命的語境中，不具有方法論的意義。反觀中國，正在進行世界秩序的革命，它需要建構新的主體。而亞洲不可能像歐盟那樣建立歐盟式的超級國家，因為亞洲並不共用一個共同的文化—文明，多樣性不僅指向文化，還有另一個方面，在汪暉看來只有從跨社會體系與跨體系社會的角度才能真正理解多樣性亞洲的基礎。

在這個脈絡中，汪暉講「一帶一路」的倡議，實際上目的不是建立軍事聯盟、建立超級國家、建立帝國；也不當僅僅是以資本、經濟、利益、生產、消費這樣一個環節，否則就很難超越西方的現代性；中國通過「一帶一路」所提供的是「路（絲綢之路）、帶（海上絲綢之路）、廊（中巴經濟走廊）、橋（亞歐大陸橋）」的概念，這是連繫，也是交互性的概念，是互聯互通、相互尊重、互利共贏，而不是支配統治，不是單一的個人主體與權力為中心建立起來的「中心—邊緣」關係，而是交錯關聯中的共生並作的哲學，這才是「一帶一路」的理念。

所以「一帶一路」的發動本身就需要有政治形式和文化層面的參與，而不僅僅是一個經濟產能問題，否則它就變成一個資本主義體系內部的活動。只有在改變全球地緣政治與霸權構造的跨區域努力這個意義上，一帶一路才能夠獲得正當性，才是現代世界歷史秩序革命的環節。在汪暉看來，「一帶一路」能夠形成一種多元主體、多樣化的世界關係，它是連接的、溝通的、互滲的，你中有我，我中有你的這樣一個跨社會體系。於是我們就進入到了汪暉的下面一個內容：「跨體系社會」與「跨社會體系」。這既是理解中國的一個進路，也是理解世界、重新想像「天下」的方式。

第四節　跨體系社會與跨社會體系

　　跨體系社會本來是用來描述中國的區域社會與國家及其關係，它意味著是由一系列的文化、習俗、政治、禮儀的力量為中心的，就是要跨越這些東西，經濟關係只是鑲嵌在這些複雜的社會關聯中的交往活動之一。如果說現代資本主義的跨國家、跨民族、跨區域活動，是一種將各種文化和政治要素統攝於經濟，統攝於資本的活動，那麼跨體系社會恰恰是要突出文化、族群、區域的不同，積極交往傳播共生並存的社會和文化的形態。

　　汪暉這個概念受到莫斯（Marcel Mauss）「超社會體系」（supra-societal systems）的啟發，體系可以是語言、宗教、族群，甚至是文明，比如說伊斯蘭文明。汪暉也把跨體系社會稱作「跨文明的文明」，因為「天下」不是一個文明，而是多文明的文明。哪怕是我們對文明的通常理解，也是一個包含多種文化、多種生活方式、多種信仰習俗、多種政治形式的多元複構，如果再加上跨文明的文明的話，它的多樣性就會更加突出。之所以用來描述中國社會，因為中國文明的獨特性，恰恰在於它包含不同的文化和文明，是內在的包含，而不是外在的綜合，不是依靠一個外在的結構強加在一起，而是各種文明、文化、各種要素通過交往滲透，形成一個在交往當中又保持其自身的獨特性的複合化存在。

　　跨體系社會在汪暉看來，甚至可以說是一個村莊、一個家庭，甚至在每一個人身上也可以是跨體系的。汪暉曾經到西藏、新疆、雲南等地去調研，在那些地方，一個家庭裡面就是跨體系的，因為有不同的民族之間通婚所形成的家庭就是案例。跨體系社會跟認同的政治完全不一樣，認同強調的是同一性，而跨體系強調的是獨特性和多樣性，而一個好的社會不會強制性地將多樣認同單一化，而是最大限度包含多樣性。跨體系社會的混雜性和多樣性，並不否定共同性，這是一個動態變化的統一性。汪暉區分共同性和單一性，他拒絕的恰恰就是歐洲民族國家非常核心的觀點與想像：一個民族就只能是一個主權國家，一個族群就是一個國家。比如說西

方的西藏敘事，就一直不是放在中國敘事裡面，而是納入單獨的藏學，它不是放在中國學內部來處理的，這都是由於西方對民族與政治單位的理解架構所決定。這樣的理解架構無法觸碰中國的現實。比如汪暉提供的喀什地區的例子，後者不僅有漢文化的系統，也有維吾爾文化系統，還有很多其他文化的系統，這些系統交織在一起，它有內在的多樣性，不是向單一方向發展，而這多樣性又是和而不同的。

這就是為什麼民族國家的架構邏輯，無法理解中國乃至無法理解具體社會的原因。汪暉用「跨體系社會」來反對認同社會，重點是要在多樣性的基礎上創造出新的主體性。如果說跨體系社會強調的是一個社會內部的多樣性與獨特性的因素，那麼，汪暉用「跨社會體系」強調的則是很多社會之間的這種複構關係，也就是不同社會之間相涵相攝、交織交錯的複雜邏輯，他們彼此之間有共用的，有各自不同的東西，也有衝突的、矛盾的東西，但這些東西並不阻礙他們可以並行不礙的存在。

這兩個概念，實際上都把針對民族國家的敘事而顯得複雜的社會，將它自身的真實性呈現出來。但是對於汪暉來講，跨體系社會不僅僅是中國社會的特徵，而是所有社會的共同特徵。所謂民族國家的敘事，它只是一種簡化、刪減、誇大，對社會多樣性的扭曲。這個扭曲、刪減、誇大，起到一種政治動員的作用，就像章太炎講的通過一套民族和國家的秩序，建立起一種動員的體制，動員的體制在相互競爭的國際格局當中，才能夠調動組織更大的力量，而「認同」實際上也是以這種方式來調動可以運用的力量，但是這些認同，實際上會對「跨體系社會」或者「跨社會體系」造成扭曲與簡化。

汪暉提出了幾個非常具體的例子，高句麗、元代、清代都是跨體系社會的典型的案例，其重要核心就是社會內部體系的交錯、互滲、相蘊，同時跨社會體系又強調不同社會的相即相入，你中有我，我中有你，所以這是基於差異與多樣性的多體系與多社會的交織複構。這樣一來以「儒家文明」，以「漢化」指稱中國的主體，便不再準確。多樣化的縱向的多重時

間，被帶入橫向時間中，這是跨社會體系與跨體系社會的核心。歐洲的世界歷史書寫其實質就是要把橫向的同時性的時間編織到縱向的時間當中，成爲歷史當中的過去、現在和未來。

汪暉的跨社會體系、跨體系社會，要實行的是對時間觀念的一種扭轉，也就是說，所有的縱向時間都以某種不同的速率流到橫向的時間當中，成爲同一個社會或者講同一個世界不同的獨特因素。這樣一來，重疊性、模糊性、流動性並行並置，才能夠被置於歷史思考的核心。這樣一種橫向的時間點，超越時間結構上的統一性與差異性的對立前提，是一種能與區域的重疊性、流動性、穩定性並存的時間概念，也與一切單一敘事視角下的神學的時間沒有關係。

在汪暉看來，這種橫向時間接近於中國古代的時勢概念，因爲時間過程自然形成某種趨勢與動能，它會作用到我們當下，所以我們所有的過去都是以作用於當下的方式，進入橫向的時間。汪暉還打了一個比喻，好像泰勒（Charles Taylor）在《世俗時代》中所講的，業已瓦解了更高的時間——神聖時間——以後的世俗時間，這種時間它把所有的過去時間，或者不同時間都納入到當下時間。其實汪暉所講的橫向時間，大致相當於科澤勒克（Reinhart Koselleck）講的「不同時代的同時代性」（Gleichzeitigkeit des Ungleichzeitigen），這是一種將歷時性與共識性融合在一起，過去可以以不同的方式流入現在，未來也流入現在的複雜時間構架，它是歷史中不可重複性與重複性的一種綜合，而人們就生活在這種多層次「地質時間」共存的狀態當中，生活在這種複合的體系與社會交織的組構當中。這樣的社會差異，就不再是一個邊緣性的東西，而是中心性的東西，它被轉化爲一種瀰散性的關係。在這裡形成的不是一組組並置的相互隔絕的主體，相反的強調的是多族群性、瀰散性，關係的混雜性、重疊性。所以這樣的一個社會基底就不能夠爲一個認同性的框架所組構，不能夠爲某一種特定的名相性的認同形式所排斥和遮蔽。橫向時間其實並沒有取消縱向的歷史連繫，只不過它作爲橫向時間軸線上的差異因素，而不

是獨立自存的實體和主體歷史被看待。這是汪暉所講的這種跨體系社會與跨社會體系。

第五節　作爲共生之哲學基礎的「齊物平等」

　　最後一個問題就是「齊物平等」，「齊物平等」是汪暉的跨體系社會與跨社會體系這樣一種共生哲學的本體論基礎，或者講是跨體系的哲學基礎，總而言之這涉及到哲學根基的問題。關於「齊物平等」，汪暉是借助於章太炎的〈齊物論〉式平等，並做了一定意義上的改造，汪暉早期理解跟後來理解似乎也略有差異。「齊物平等」的關鍵，是一種超出政治社會秩序的宇宙論秩序層面的平等，與多元平等不同。因爲多元平等（Michael Walzer稱爲「複合平等」）擴展了分配平等的領域，但其焦點則集中於由分配內容的多樣性而產生的分配制度和意識形態的多樣性。更重要的是，複合平等及其對「物」的多樣性論述建立在一種人類中心主義的框架下，從而「物」只能在效用的意義上被界定。這樣的「物」，實際上就是客體，而自身不是一個有能力的主體。這樣一來，在不同的人對物的使用過程中，物和物之間的等級，同時也會造成人和人之間的等級。而通過人對物的使用，造成人和人的等級化，最終也造成一切不平等的根源，因爲人對物的那種主體與客體的關係，最後又投射到主體跟主體的關係上，它使人和人的關係也變成了主體與客體的關係。

　　所以汪暉要扭轉平等的基礎，「平等」僅僅從政治社會的架構下，不能夠得到充分的理解，不平等的現實也不可能得到眞正實質的解決。「齊物平等」，強調的是每個事物都有獨特性，這發生在非人類中心的層次。對人來說，這要求的不是以人觀物，而是以物來觀物，能夠如其所是的觀察物，否定且懸置人的設置物件意義上的主體性，突出物的能動主體性。這樣一來就把政治社會的理解，放在自然範疇當中加以解釋。畢竟到目前爲止，我們討論的機會平等、能力平等、分配平等、多樣平等，都是在一個社會內部並以自然與社會狀態的分離爲基礎而展開的。但是討論到

最終，平等的主體本身很可能下降為一個作為客體性的對象化的物。汪暉引用章太炎關於「言說、名字、心緣」這三種相對於「齊物平等」的遮蔽，因為這三者構成了一種社會性、政治性的再現系統，它通過一套名相的秩序，建構一套不同於自然的人為秩序。而這一種人為秩序往往是將不平等，以平等的名義合法化。這不平等也就是說萬物生來就差異、人生來就差異，但是他卻要講一種抽象的平等，所以最後這個平等只能回到形式上、名相上，而不能回到個體的獨特性上，甚至是對個體獨特性的一個否定。

　　章太炎認為「世間法中，不過平等二字。莊子喚作齊物。」但是莊子理解的平等，不是人類平等、眾生平等或天賦人權意義上的平等，而是哲學本體論意義上的平等。平等是一種真如的狀態，是一種宇宙論秩序下的自然、平等，但是在政治社會的價值體制當中，由於社會組織、國家動員的要求，它往往被名相所掩蓋。所以章太炎最有名的一句話就是：「體非形器，故自在而無對；理絕名言，故平等而咸適。……非獨等視有情，無所優劣，蓋離言說相，離名字相，離心緣相，畢竟平等，乃合〈齊物〉之義。」在《國學概論》當中，章太炎把他的意思講得更清楚，為什麼要提出絕對平等？為什麼要等視有情？因為近人所謂自由和平等，都是在人和人底關係中發生的，我不侵犯人的自由，人亦不應侵犯我的自由，這就是逍遙的自由。但是根據〈齊物論〉，章太炎認為這不是真正的自由：「近人所謂平等，是指人和人的平等，那人和禽獸草木之間還是不平等的。佛法中所謂平等，已把人和禽獸平等。莊子卻更進一步，與物都平等了。僅是平等，他還以為未足；他以為『是非之心存焉，尚是不平等』，必要去是非之心，才是平等。莊子臨死有『以不平平，其平也不平』一語，是他平等的註腳。」這是章太炎對於僅僅在人際之間平等的限制的認識，他要突破的正是這樣的限制。因為這限制恰恰就是近代的代議制國家的基礎，他所說的「四惑」（公理、進化、惟物、自然）、「五無」（政府、聚落、人類、眾生、世界）所賴以建構的基礎就在於名相，而這個關係本身

恰恰是解構了事物的獨特性。所以章太炎認為〈齊物〉、〈逍遙〉所講的自由和平等，實際上講的是絕對意義上的平等，而法律類的平等，政府之內的自由等等，都不是最終的自由平等。對於這樣一種絕對自由，「最可畏的並不在相，只是在名」，所以要先破名言，是非善惡就不能立，名相不除就會有形器，有了形器，形和名之間相互作用就有分別和等級，然而「體非形器」所以拒絕將「體」理解為一切宇宙內的存在者（也就是拒絕將其理解為實體化的本體），也拒絕在對待化架構下理解「體」，「體非形器」意味著無上無下、無大無小、無內無外、無善無惡、無愛無憎、無你無我，這就是自在而無對的絕對平等。理絕名言，就構成了對任何以公理名義出現的規則的拒絕。所以在齊物平等的條件下，不存在善者改造不善以歸於善的理由。這裡隱含著汪暉他在《中國思想的興起》那本書當中，講的「以道觀之」的某種超越論視角，這是某種心觀、某種道觀，但到了《世紀的誕生》裡面，他對此加以限定，認為章太炎的說法，本質上是一種「沒有本體的本體論」。

「沒有本體的本體論」這就跟現象學家胡塞爾所講的「沒有上帝的上帝」，跟德沃金（Ronald Dworkin）所講的「沒有上帝的宗教」（religion without god）相通，類似的學者還有蒂利希（Paul Tillich）、朋霍費爾（Dietrich Bonhoeffer）、馬里翁（Jean-Luc Marion）等等，他們在尼采（Friedrich Nietzsche）一八八〇年代宣稱上帝之死的「虛無時代」[7]，尋求一種沒有超越者的超越，維繫了超越性的視角，但卻避免了超越性的實體化。可以從這一視角來理解沒有本體的本體論。這樣一來，絕對的自由和平等與一切自由的制度構成對立的兩極，一切體制化的制度、一切科層化的制度、制度化的建制，都在章太炎的批判之下，也就是說他們都具有

---

[7]　講者自注：Peter Watson的《虛無時代》（*The Age of Nothing: How We Have Sought to Live Since the Death of God*）便是以此命名而來。中譯本參見高禮杰譯：《虛無時代：上帝死後我們如何生活》（上海：上海譯文出版社，2021年）。

凝固性、現成化的意義，而在這個變化不息的流動世界當中僅僅具有臨時性的意義，所以這就要求一種變化的哲學。在《莊子》裡面，宇宙是「化則無常」的，人則是「與化為人」的，人和宇宙都是變化之流中。但是，可能汪暉和章太炎沒有強調這種變化的首出性，他們強調了絕對自由和平等的解放的功能，即從名相及其體制化形式當中解放出來的可能性，因為只有如此才能對多樣性、歧義化、多元化、混雜性予以尊重。自由與平等最終落實的作用層面不再是集團、集體，不再是某種建制化的體制，而是個體層面。對於章太炎而言，一切社會化與政治化的秩序和體制性秩序，如果不能夠落實到個體上面，它都是非法的。關於這一點可能也是古典思想跟左翼運動很大的一個區別，左翼運動更加強調的是社會、國家、政治、文化的秩序；但是對古典思想，比如說像章太炎、莊子還要把秩序跟一個人的安身立命關聯在一起。對於不平等自由的革命，最後只有到個人的獨特性的充實和實踐當中才有它的意義。

當然講「齊物平等」、講人與萬物的平等，或者將人納入物的範疇，並非取消人物、物物之間的差異，而是將差異視為平等的前提。因為對汪暉來講，人與物的不平等正是人與人不平等關係的倒影，這樣的人與物穩定在一種等級性的關聯式結構當中，同時意味著將人和人的關係控制在與之相應的不平等結構當中。

其次就是社會領域中的不平等的關係是由言說、命名和心緣構成的，一旦將這種關係本質化，也就等於將物抽離其獨特性，而將其功能當成物的本質，也就是形成了一種功能主義的、效用主義的對「物」的理解，而這種對物的理解落實到人身上，也會把人有用化、效益化，所以人自身成了一個資產和資源，成了被使用的物件以及被開採的客體，或者說成為這種開採的活動本身，這都會導致人的自我異化的實踐。所以只要基於人類中心主義的效用觀，人與物被建構於主體與客體，客體被編織在有用性的鏈條當中，形成價值、客觀上的不平等，這樣一來必然會關聯著人與人之間的不平等。

有用性的邏輯與關係性的邏輯的互構，它的一個可能前提就在於名相秩序，所以章太炎要求「理絕名言」，然後才能夠重新提供事物自身的出場，才能為改變不平等的世界提供一種新的視野。這樣一來就要超出一種目的性、有用性的邏輯。人也就不能夠僅僅作為一個生產者、勞動者和消費者，來建立自己。「齊物平等」並不是假設的理想狀態和推理過程，而是一種政治過程，它要求觀物方式的改變，去除觀者以主體性姿態對物的價值的強加，價值強加的結果一樣是實質不平等的產生。

與名相關聯的種族主義、國家主義、政黨政治、民族國家、歷史規律、認同與承認、普遍與特殊等是一切意識形態的生成邏輯，掃除名相或者作為意識形態剩餘物的宇宙，則是能夠呈現大千世界中芸芸諸物的無限豐富的獨特性。所以對於齊物平等的強調，與十八世紀以來的意識形態的泛化有關。因為意識形態拒絕提問、拒絕教養，構成一種強大的動員的力量，把所有人捲入某種系統性的架構之中。正如湯因比（Arnold Joseph Toynbee）所說，一切意識形態都與終極關懷沒有關係，它不能安頓個人的身心。亨廷頓（Samuel Phillips Huntington）有一個觀察，他講一切意識形態都來自於西方，一切偉大的宗教都不是來自於西方；沃格林認為十八世紀以來的西方就是一個意識形態興起並形構現代人的靈性病理的時代，直到現當代仍然面臨著意識形態的挑戰，只要意識形態還以支配方式無所不在，那麼教養、精神，真正意義上的文明都會受到挑戰。從這個角度來看，意識形態所提供的人為設定的價值，正是章太炎在名相當中所要解構的東西。這一點也可以與施密特「價值的僭政」、雲格爾（Eberhard Jüngel）「價值闕如之真理」關聯起來。這些最後都導向對於政治與社會過度動員之解構，這個無所不在的動員，甚至採用了「非動員的動員」的內卷化機制，構成我們置身其間的組織化社會、動員社會中人的基本處境，它表面上強調個體，但實際上是把個體原子化，把個體抽空變成社會的成員。最終我們發現表面上強調差異、強調個體的現代社會，製造的卻是同質化、均質化、平均化的原子個體，實際上也就是一種名相化了的個

人。在認同和承認政治中，獨特性只能作為差異性的、同一性的反面被建構、被忽略，這樣一來，最終沒法擺脫這種同質化、均質化的危險。比如說精神分析學家榮格（Carl Jung）就曾講，我們整個現代社會無法抵抗把個人化為平均人、化為社會和國家之單位的危險。這種危險，根源於通過建立一套名相秩序來徵召人的現代體制。

「齊物平等」引入自然，自然是一種名相所無法穿透的領域，所以通過自然的引入才能夠克服平等內涵當中的人類中心主義的傾向，克服平等內涵當中人為價值化的傾向，不再將「平等」限制在政治社會內部，而是以物觀方式提供對人的平等的反思性視角，重建人與自然的關係，不是落入「齊其不齊」的窠臼，而是以「不齊為齊」，也就是把差異性作為平等的前提和基礎。這樣的平等才回到事物自身，而各種基於名相的平等，最後只能回到概念化、名相化的人，它不能為個人所想，只是對個人進行徵召。於齊物多樣平等在生態多樣性與文化多樣性層面的運用，就是尊重物，包括人和社群的多樣性與獨特性作為平等內容，同時任何與「群」相關的政治過程，只有在各個不同的「獨」的肯定上，才能獲得正當性，所謂「大獨必群」、「群必以獨成」、「小群，大群之賊；大獨，大群之母」，這就如同郭象講的獨化和互有、對生一樣，所有的事物都是獨化的，但所有的事物又是相涵相攝，你中有我，我中有你，沒有固定的界限，所有固定的界限都來自於意識對形體的執著、名對形的固著。

對於齊物平等的意義，汪暉主要講了兩點，我看由於時間關係就先忽略了。從「齊物平等」處理「跨體系社會」的最佳例子——民族區域自治，這是中國對待少數民族的制度。這個制度在很大意義上跟清代處理新疆問題、西藏問題具有繼承性，具有歷史連續性。簡言之，在汪暉看來，可能只有以差異平等與齊物平等才能夠解決跨體系社會的平等問題。另外就是跨國境的平等問題，這就是「跨社會體系」的問題，因為我們今天所有對平等的討論都限制在民族國家之內，所以就會導致一個問題：民族國家內的民主從未阻止西方民主國家對其他民族和國家進行殖民侵略和霸

權,所以民主恰恰與殖民與入侵的動員機制有無法分割的關係。在全球化的條件下,民主、平等與民族國家的迴圈邏輯,常常以剝奪其他國家的資源和勞動力爲前提,所以這樣一個民主國家內部的公共性反而成了梁漱溟所謂的「大範圍的自私」,表面上是一種公共性,但是實際上是一種自私,章太炎所謂的「個體爲眞,團體爲幻」與對這一點的認識不能說沒有關係。另外,汪暉則提到在大規模的移民浪潮下,文化多元主義在西方的失敗。汪暉似乎提示可以用「齊物平等」的方式來解決。

以上我講的很大的程度上在於呈現汪暉老師的敘述,我想把它的要點呈現出來,這對我來說也是一個學習的過程,中間或許有我的一些消化錯誤之處,當由筆者負責;至於以上所講汪暉思想的引文出處等,不再注明。也感謝賴老師、莫老師給我一個重新學習汪暉的機會。

賴錫三:十分感謝陳贇,從他今天的報告,就知道他擔負了辛苦的工作。臺灣現在處於非常特殊的歷史階段:兩岸關係、美中關係,都陷在令人焦慮不安的焦灼狀態。臺灣如何深度理解中國大陸,或者認眞面對「中國作爲一種方法」的思考方式,有相當迫切的需要性。但在我的觀察裡,臺灣知識分子近年來太偏向從西方媒體角度來觀察大陸,比較缺乏對大陸進行內部性觀察,這幾年與大陸知識分子似乎越來越缺乏進行深度的對話交流,這是非常可惜的,甚至令人憂心的。從剛剛陳贇的報告裡也看得出來,大陸知識分子的思想豐富性、視角的複雜性,也大有可觀之處,而兩岸知識分子的深度交流與坦誠對話,對於雙方思想與文化的深度理解,乃至發揮互信互諒的共生力量,眞是我們可以共同努力的方向。

從剛才陳贇的描述,可以看出汪暉在思考跨體系社會的共生哲學架構,跟〈齊物論〉有著非常密切的關係,而陳贇今天主要是介紹汪暉的主張,另一方面陳贇自己也對先秦的天下觀有所研究,而且他對《莊子》也有相當深入的研究成果。他的報告,大體已經把汪暉的複雜性思考,那種把思想、歷史、地理、政治給整個共構起來,並加以社會分析,還包括處

理少數民族等課題，結合得非常緊密。我先把時間交給莫加南，請他先做回應。

第六節　對談與回應：「齊物平等」的否定治療

莫加南（Mark Frederick McConaghy，臺灣高雄中山大學中文系）：非常感謝陳老師今天那麼完整的報告，讓我們了解汪暉教授思想的複雜性。其實我覺得今天陳老師講的五點，每一點都可以開一門課好好的討論，因為每一點都非常的複雜，我主要會回應的部分是「齊物平等」的部分，就是汪暉於2011年發表的「齊物平等」這一篇文章。

汪暉的〈齊物平等與「跨體系社會」〉這篇文章，我覺得首先我們要稍微注意一下，它是2011年5月發表在《文化縱橫》第6期，為什麼2011年非常重要，為什麼要特別注意發表的日期？我們都知道2008年、2009年在西藏有一些非常複雜的族群或者民族上的衝突，汪暉教授是要透過這篇文章回應2008年、2009年所發生的事情。今天陳老師沒有時間講自治區，但是在這篇文章當中，汪暉花了不少的時間討論「齊物平等」這個概念，怎麼可以幫我們去思考中國的少數民族或者中國自治區的概念，文章的發表、出版的語境是非常重要的。如果我們看這篇文章的問題意識，其實汪暉老師他一直在關心中國國內、國外不同的非常複雜的問題。這個文章會提到兩個主要的問題：第一個問題可以說是，一種中國之外的挑戰，在國外、海外的挑戰。什麼樣的挑戰？這個挑戰就是由於政治民主化與對社會主義歷史的全面否定，糾纏在一起，結果是將包括社會主義時期形成的平等的社會形式，尤其是推動平等實踐的基本價值也一樣全部都否定了。

在這一個條件下，政治民主化成為不平等分配的合法化過程。這是什麼意思？其實在臺灣是一個非常明顯的問題，在冷戰結束了之後，不管是臺灣或者加拿大、美國，他們非常驕傲，就好像民主（democracy）的體制得到一個大大的勝利，是最好的。那麼一個問題就是你有一個形式上的民主，但是如果從經濟的角度來看你的社會，有很多的壟斷形式、不合理

的形式、貧富差距、不平等分配的問題還沒有真的解決。所以我們從臺灣來的線上朋友，你們可以思考一下，從1987年之後，臺灣確實變成一個非常民主的社會，但是我們沒有在物質上變成一個很平等的社會、一個沒有貧富差距的社會。

換句話說，就是資本主義的邏輯，它所帶來的貧富差距不是形式民主可以那麼容易解決的，這是汪暉提到的中國之外的一個挑戰，也就是西方輿論一直否定社會主義，一直不斷地贊成民主，但是贊成民主的過程，其實是把很多在經濟上不合理的現象給合法化。關於中國國內的一個挑戰，汪暉這樣寫：「在仍然保持著社會主義體制的中國，國家政體及其形式也沒有發生根本性的變化，但其社會內涵卻發生了深刻的變異。」這是什麼意思？中國的政體其實沒有像蘇聯崩潰，它還是以共產黨為主的一個國體，但是它的社會內涵又發生了非常大的變化。從改革開放之後，最大最深刻的變化就是市場化。所以汪暉會討論中國面對一個政治的形式跟社會的形式分裂的問題，中國的政治形式是以共產黨為主，要走向共產主義、社會主義，是有社會主義價值的一個國家，但是在社會、日常生活當中，我們從九〇年代開始看到了貧富差距的問題，明顯地變得嚴重，市場經濟所帶來的不平等的現象，對環境的破壞等等。

國體沒有變，但是社會的內涵變了，這個對汪暉老師是一個非常關鍵的問題，因為如果你的政治形式跟社會性質脫節的話，你會有一種合法性的危機。所以你可以說汪暉老師在這篇文章提到一個很核心的問題，他問「究竟什麼力量才能推動一種能夠為新的平等政治提供思想基礎和道德規範的文化的形成？」所以，在2011年面對西藏非常複雜的問題，還有中國市場化所帶來的貧富差距。汪暉老師最關心的就是一種新的平等的政治是可能的嗎？而且作為理論家，作為哲學家，我們需要為了新的平等的政治，提供什麼樣的思想資源？

在這篇文章當中，汪暉分析了三種關於平等的理論，第一到第三，你可以說是西方自由中的某種關於平等的論述，包括機會平等、再分配平

等、能力平等，這個都是非常經典的自由主義的論述，比如John Rawls等等。汪暉作爲一個馬克思主義者，他對這些自由主義的關於平等的論述抱持懷疑，所以他怎麼批評他們呢？他去找章太炎對〈齊物論〉的解釋來挑戰，去找一種馬克思主義與道家思想能夠進行對話的空間。今天陳贇老師已經講到，汪暉有「中國作爲方法」的說法，對汪暉來說，「中國作爲方法」的意思是，我們要好好了解、認識中國革命的經驗，而且這個革命所創造的主體性，不是像京都學派（Kyoto School）那種要把東方跟西方看成是二元對立，或者一種新的東方主義，這不是一種本質主義的主體性，這個主體性是一種站在無產階級的、站在中國農民工人的立場上，透過他們長期一百多年的鬥爭與犧牲的過程，慢慢見識一個社會主義國家，是這樣一個社會主義的主體性，它有物質上的基礎，不是唯心論的，是一種唯物論的主體性，汪暉老師這樣寫：「我認爲中國在探索政治形式的變革的同時，必須在新的條件下重構中國革命和社會主義歷史中形成的平等遺產。」對汪暉來說，中國的革命歷史是一種遺產，是我們的heritage，這個遺產有非常豐富的平等的內涵。在冷戰結束之後，全世界都好像接受了資本主義的邏輯，我們好像太快地否認，或者忽略了革命的遺產，但是對於汪暉來講，革命的遺產是很重要的。臺灣因爲沒有經過社會主義的革命，我們沒有參與對岸的革命，所以很難去想像汪暉所說的平等的遺產是什麼。在過去，每次臺灣有機會參與革命，不管是謝雪紅在三〇年代的臺灣共產黨，或者二二八前後在臺灣島嶼上的共產主義運動統統都被抹殺，都被阻止了，我們經過了那麼長時間的白色恐怖，任何的左派思想都被禁止，甚至到了八〇年代，我們真的有一個比較多元的學術環境，但那時卻已經被資本主義邏輯籠罩，八〇年代有點來不及參與革命了，對不對？所以我認爲，在臺灣我們很難想像，汪暉老師所說的中國革命歷史所形成的平等的遺產。我覺得非常開心，今天有機會討論這個問題。

　　如果我們看汪暉是怎麼了解章太炎對〈齊物論〉的解釋，汪暉會這樣講，就是「『齊物平等』的呈現，有賴於一種認識論的革命」。章太炎

說：「齊物者，一往平等之談，詳其實義，非獨等視有情，無所優劣，蓋離言說相，離名字相，離心緣相，畢竟平等，乃合齊物之義。」汪暉老師對這句話的分析、對章太炎的分析是這樣寫的：「『離言說相、離名字相、離心緣相』是一種有關宇宙萬物及其獨特性的認識方法，但這個方法只能通過否定的程式才能達致。由於物的獨特性被籠罩於一套再現體系之中，從而恢復物的獨特性，首先表現為驅除這一再現體系的認知實踐。這一實踐不但要求人類的平等（『等視有情』），而且要求徹底摒棄人類通過『言說相』、『名字相』和『心緣相』而產生的不平等關係。」所以對任何一個，可以說價值規範也好，或者霸權結構，不管是經濟上的霸權，或資本主義會強迫我們扮演什麼樣的角色，或者國家、民族作為一種「名字相」，一種套在我們身上的認同，不管是民主的結構、資本的結構也好，章太炎覺得〈齊物論〉的最根本的意思是要否認所有的再現體系對「物」的獨特性、創造性、豐富性的一個控制，汪暉認為章太炎的講法是一個很重要的突破點。

　　繼續來看汪暉對章太炎的「齊物」分析，汪暉是這樣寫的：「『齊物』不是對於既定事物及其秩序的確認，而是通過對被編織於名相秩序之中的『物』的否定，而重新展現物自身，從而為改變不平等的世界提供視野。」所以「齊物」的意思不是我們贊成既有秩序的多元性，沒有！它是一個否定的邏輯，它是要否認所有再現體系的霸權，它是否定性的，而且因為它有這個否定的邏輯，就可以作為思考平等的一種視野、一種前提。

　　為什麼汪暉不太能接受自由主義關於平等的論述？簡單來說，自由主義的再分配、機會平等、能力平等這些的論述，沒有掌握到形成霸權的核心，「如果僅僅在物品分配，即便是多樣性的分配的意義上討論人的平等，我們就無法解釋對物的佔有形式，正是控制與不平等的根源。」如果要解釋，要批評暴力、控制、不平等的根源，我們就要了解它的根源在哪裡？這個根源就是章太炎所說的「名相秩序」，它表現為對所有的物的佔有的一個邏輯，資本主義就是最明顯的例子，「商品交換基礎上的平等是

以物與物的關係來表達人與人的關係，一旦將『物』從交換關係的邏輯中解放出來，物與物、物與人、人與人之間的關係也就不再簡單地服從於商品的邏輯了」，我覺得汪暉非常獨特地把莊子跟馬克思主義放在一起對話，他在章太炎對〈齊物論〉的分析裡，找到一種可以從商品，從資本主義邏輯解放出來的方法，非常有意思。

解放的意思，不是說我們要贊成任何的本質，因為本質主義的根源，一樣是對物的佔有形式的邏輯，汪暉寫到「『齊物平等』之『物』是以物的獨特性或鬥志性為前提的，這一獨特性是一種能動的和創造性的獨特性，而不是一種本質主義的獨特性。本質主義為名相所建構，其根據是物的功能或使用價值與交換價值」，在資本主義的經濟體制裡，對「物」有一種本質的定義。例如：你在這個工廠是我的工人，你在這個大學是我的助理，我在這個大學是助理教授，你要做什麼、你要怎麼勞動，系統幫你單一化了，把這個名字的認同套在你身上，同時你也就把你自己給本質化了。但是我們都知道除了工廠、除了學校之外，我們的人格、個性與生活其實是更豐富、更獨特的。汪暉認為，現代社會生活中的本質主義傾向，往往是資本主義邏輯對物的佔有形式所造成的。我覺得，這是一個很有意思的突破點。

但是，今天我還是要跟陳贇老師稍微討論一下，因為我對汪暉的突破還是有一些問題。如果你閱讀汪暉老師這篇文章，你會發現：他沒有把《齊物論釋》放在章太炎自己的思想脈絡內部做討論，可以說汪暉是直接去引用章太炎對〈齊物論〉的詮釋，而沒有真的去思考〈齊物論〉對於章太炎思想體系的意義。當然我這麼說，不是要直接去批評汪暉老師，因為他本來就不是要寫章太炎，他只是要引用章太炎的文章來討論「平等」的概念。

然而，我們可以稍微思考一下章太炎自己的矛盾，章太炎是一位非常複雜的思想家，他確實有非常反對名相的一面，非常反對本質主義，非常反對價值規範。可以說，反對名相秩序的章太炎，主要來自他1903年到

1906年坐牢的時候，在這段期間，他專修佛學，後來又繼續學習莊子。最後，在1908年發表他的《齊物論釋》。不過，除了反對本質主義的章太炎之外，我們還有另外一種章太炎，是非常單一的、非常明顯的、非常本質的一個章太炎。所以，各位朋友，我不知道你們有沒有發現，其實大部分清末民初的思想家，不管是梁啓超、康有爲、胡適等等，他們都是海外漢學家非常喜歡研究和討論的，但是研究章太炎的書籍反而比較少，爲什麼呢？因爲大部分的海外學者，一直記得章太炎的排滿思想，他的大漢族主義，漢學家對這件事情，有一點感冒、有一種反感，他們認爲章太炎那麼極端地排滿，其思想可以說是非常本質主義的。對海外的學者來講，他們看不到〈齊物論〉的章太炎，他們只看到那個比較保守的章太炎。

　　各位朋友們，如果你對章太炎有興趣的話，我建議可以讀王汎森教授的《章太炎的思想》[8]，王教授是中研院的院士，是臺灣很有名的研究中國思想的學者。王老師這樣形容章太炎的排滿立場：「事實上，章氏的種族思想已與傳統大不相同，傳統的種族思想容許夷狄進於中國，則中國之」，這個對中華文明來講是極爲重要的一句話，就是說夷狄進入中國，你就可以作爲中國人，就可以作爲中華文明的一部分，你就好好地了解禮、了解中華文化的秩序，沒有什麼問題。民族上的背景等等，不是問題，重點是文化，而不是種族的血緣關係，但是「章氏對此完全不能同意。他強調種族的『單一性』及『歷史淵源性』，認爲不同民族之間的差異，有如動物種類之不同，決無法調和」。所以，這是非常本質主義的章太炎。

　　章太炎很有名的作品《訄書》，他寫道「化有蚤晚而部族殊，性有文獷而戎夏殊」，就說有的民族的性質，就是很粗暴、很野蠻、很獷，而有的則是很有文化。受到進化論的影響，章太炎覺得有的民族發展得很快，有的則很落後，或者他說「含生之類，不爪牙而能言者，古者有戎狄，不

8　王汎森：《章太炎的思想》（上海：上海人民出版社，2018年）。

比於人，而軼近諱之」，你不能把「戎」、「狄」跟人做比較。「軼近諱之」是什麼意思？早期我們都知道戎狄不是華夏的人，但是後來因爲被滿人統治了，所以這樣的言論，就不能再講了。章太炎有很多類似這種本質主義的發言。

接著還可以看到章太炎如何強調國粹national essence，對章氏來講「國粹」是什麼？就是你要認識過去，要了解你自己的歷史，要把民族的歷史內在化等等，如果你沒有國粹，正是「人爲異種役耳」，就是說你會被外來的人控制與侵犯。

同樣地，章太炎對革命、光復的定義非常簡單，「光復中國之種族也，光復中國之周郡也，光復中國之政權也」。所以其實他跟孫中山的革命派的關係比較緊張，他跟立憲派的關係也一直很緊張，因爲他有一個可以說是極端的、絕對的對光復的意思在，也就是清朝一定要被推翻，我們需要做種族上的光復，這跟立憲派、革命派比較多元包容的思想傾向，很不一樣。

最後，我們還可以看到章氏的新法家思想，因爲除了種族主義的問題之外，章氏在法律上，認爲名相是什麼？就是法律、就是規範，你要怎麼生活，你的行爲要接受什麼樣的規定。章氏非常重視法家思想，他基本上是同意了，「凡法家，以爲人性忮駤，難與爲善，非制之以禮，威之以刑，不肅」，就是說人性本來就是不善，「禮」跟「刑」是法律上很完整的法制制度，如果你沒有制之以禮、威之以刑，你沒有辦法好好的控制人，所以他贊成曹操對人性的立場，他不同於孔孟、杜恕所說的性善論。章太炎認爲，我們需要一種非常嚴格的、名相的、法律的制度來管理民眾。

而誰可以執行這個法家的制度？章太炎對中華民國立法院代議政治是保持懷疑的，他覺得民主太容易被有錢人控制，又或者你給老百姓投票權很容易就會亂掉，所以他贊成的不是民主，不是自由主義，他比較偏向的是法家思想。他覺得法官就是吏，要作爲正義的化身，要作爲法度的執

行者。那這些官員要從哪裡來？我們的法官不應該受到朝廷或者政府的控制，他們應該是完全獨立的，政府不能提拔他們、不能讓他們下臺、不能處置他們。同樣的，他們不應該是透過民主的選舉而選出來的。他們的合法性，不是從政府來的，也不是從選舉來的，他們是自己推舉比較了解法律的人，自己決定誰有資格當法官，這樣才能保障一種絕對的獨立性

以上的論述讓我們了解，其實，有兩種不同的章太炎，一個是〈齊物論〉的章太炎，另一個是法家的、民族主義的章太炎。我覺得章太炎思想中的矛盾，與其說是一種特殊的中國現代思想史的案例，毋寧說是現代思想的縮影。這個矛盾不只是章太炎自己的矛盾，也是我們的矛盾。什麼意思呢？我們在哲學論述上能夠想出非規範、非中心、非本質的「不齊之齊」，但是在歷史的實踐過程中，我們完全沒有辦法實現非規範、非中心、非本質的社會，我們經常被名相糾纏。所以，汪暉老師會說「以不齊為齊」只是提供一種視野，但是在現實當中、在實際政治當中我們怎麼落實這樣的一個視野，是非常複雜的問題。

我覺得這個矛盾至少有兩個層面，第一個我已經說了，我們已經在一種「言說相、名字相、心緣相」的社會形式裡，所以我們就已經被各種各樣制度規範所控制，這個是政治上的問題。回到哲學上的問題，也是我要跟賴老師和陳老師討論的一個問題：在哲學論述上，雖然道家的自我是一種後結構的、非本質的、能檢討，能解構（Deconstruction）「善／不善」對立，能彼此轉變的一種自我，但是這種解構、檢討、轉變似乎還需要某種機制，你要問你自己如何解構？你為何要檢討？你往什麼方向轉變？

也就是說，我們還沒有從「言說相、名字相」的邏輯，還沒有從價值規範中完全解放出來。陳贇老師今天提到「沒有本體的本體論」，我覺得這是很有意思的一種說法，因為我們確實想要「解構」，但是每當我們要解構的時候，我們還是會碰到道德上的問題、分配上的問題、政治上的問題等等。所以你還是需要某種本體，還是需要某種對道德、對個人、對社

會的定義，立足點，方向感，或者說希望？

最後，我還想要提出來的問題是：一種共生的哲學，可能需要把「以不齊為齊」作為思考座標，這是我們的horizon of thought，將反抗物質上的不公平作為實踐的軸線，把解構／結構維持在辯證的關係之中。對此，關於勞動力、民族、性別、性取向的壓迫，道家思想能提供給我們什麼樣的思想資源？王汎森老師有一個很有意思的講法，他說章太炎對〈齊物論〉的解讀，其獨特性和突破點就是要讓我們尊重多元性，但是它的缺點是，「他為所有保守現狀的要求提供了理據」，因為你尊重多元性，保守派的人，那些比較封閉的思想的人，歧視同性戀的人、歧視不同的民族的人，他們便可以說：這是我的多元性，你不能要求我怎麼做。換句話說，如果我們很努力地強調多元，跟著就會出現一個悖論，你怎麼能夠反對、怎麼面對任何一種保守的論述？以多元之名，「道家思想」怎麼幫助我們挑戰所有的暴力？怎麼回應那些壓迫弱者的保守力量？把馬克思主義、後殖民理論和道家思想放在一起進行對話，汪暉的文章是一個非常好的榜樣，但我希望可以問賴老師跟陳老師怎麼深化這樣的對話？道家思想有沒有對物質上不平等的批評，有沒有一種抵抗，或者再分配的想像？怎麼深化它跟中國的革命，即汪暉所謂平等遺產的對話？非常感謝賴老師、陳老師給我這個機會與他們對談。

第七節　問題與討論

賴錫三：莫加南的回應，已經把下一個場次東京大學石井剛（Ishii Tsuyoshi）教授要討論的章太炎問題，給預先帶進來了。汪暉也受到章太炎對〈齊物論〉解讀的深刻影響。下個禮拜，石井剛是研究章太炎的專家，這個問題會在下一個場次再度變成核心討論主題。我想先將我自己的回應時間，完全提供出來，讓更多線上的朋友們能參與討論。我看到線上幾位年輕朋友，他們對章太炎和汪暉也有所研究，像蔡岳璋或是李志桓你們，有沒有什麼問題要提出來？

李志桓（臺灣高雄中山大學中文所博士後）：我的問題就是說，我們先不要像汪暉把問題想那麼大，我在讀汪暉討論這種「具體平等」的時候，他那麼宏大地討論問題當然讓我很欣賞，但我想回到更具體的處境來，比方說，我們放在臺灣社會內部或者中國大陸社會內部，這種具體的平等怎麼落實？所謂的「跨體系社會」或者「跨社會體系」，它最後落實的動力或出發點，是不是要回到個體的修養上來思考？再來就是說，章太炎說「離言說相，離名字相，離心緣相」，可是現在在道家討論裡面，我們都知道「名相」就是規範，這個東西是拿不掉的。在這裡，要怎麼更弔詭地思考「名相」的雙面刃性格？

賴錫三：李志桓這個問題，大概也碰到了陳贇在結論所談到的，汪暉雖然應用〈齊物論〉的變化哲學，使其成為批判的力量，甚至是一種革命的動能，可是《莊子》還涉及到一種自我轉化的調養，甚至修養論，而不只是引向不斷批判鬥爭的辯證性的追求，這裡面還有一種安身立命的調節問題，陳贇對此似乎還隱而未發，但我相信他對此也會有想法。其他的朋友，還有沒有問題要提出來？

蔡岳璋（新竹清華大學哲學所博士後）：老師好，這邊提一個感想和一個回應。剛剛莫加南老師透過王汎森先生的研究指出，章太炎對種族的本質性的要求跟理解。但有一個文獻表示，其實在辛亥革命成功之後，他的排滿態度馬上有了一百八十度的轉變。當時章太炎在日本講學，突然接到中國境內的逐滿革命運動成功的捷報時，他馬上對滿洲派送去日本的留學生喊話。他強調，民族革命是意在主權，而不是要去屠夷外族、奴視異他。他說如果不是這樣的話，重修舊怨又與滿清當時「揚州十日、嘉定三屠」這樣的前清暴政，又有什麼差別？他強調，在共同身為「中國人民」這個新的共和政體國家的框架下，人民的職業、選舉權和族群等等，一視同仁，裡頭雖然有階層的差別，但是沒有階級的這種差異。從這一點來說，如果只強調章太炎透過激進或者實體化的民族主義去展開權力鬥爭跟

政治對決、排他、復仇思想等這一側面的話，這樣的論斷恐怕有失公允，顯得可疑。應當將他在排滿前與排滿後態度的轉變，一併呈現，綜合考慮在推翻中華帝制的革命的風口浪尖，章太炎所做的即時發言及其歷史意義。

　　另外一個回應就是，不曉得也許是1840年或者1895年的歷史創傷經驗，讓中國的知識分子不願意接受西方的自由民主，但汪暉老師講的這一套理論體系又非常豐富，而且對西方確實提出了非常具有吸引力的挑戰。我想臺灣就像剛剛莫加南老師說的，應該尋找一種合理去對待中國的方式，更應該考慮中共的反帝甚至一直延續到現在，反西方、反帝的傳統，其實有它必須爭辯的理論意義跟歷史或當代的價值。反過來講，臺灣也有它自己的反帝經驗，比如明鄭去擊退荷蘭人（荷蘭東印度公司），就可以看到臺灣在反帝的近代歷史當中，其實也曾經起過非常強力的反駁，它可能也是中國第一次讓帝國主義在本土，也就是在明鄭時代（臺灣與中國政權、文化象徵、經濟一體連帶）受到挫折。中國怎麼樣理解臺灣在現代中國革命或反資本主義、反帝國主義的歷史進程中，所曾經起過強悍的回應與歷史角色，在未來思考現代早期中國革命的思想過程，佔據一個重要的經驗性的意義位置與實踐價值，或許也應當被正視。以上，謝謝！

賴錫三：謝謝蔡岳璋，很好的問題。可不可能以更複雜的方式來理解章太炎的複雜性，尤其他的排滿會不會是一種策略性的民族主義？在歷史特殊階段下，形成民族國家以內聚共同體，外抗帝國主義的侵略，也就是利用國家名相來建構國家政體的必要性，這可能也是章太炎自覺要回應的因緣法。下禮拜石井剛會專題討論章太炎，這個問題應該也會再度浮出來。第二個問題，在陳贇剛剛的描述裡，可以看到汪暉爲了排除歐洲中心主義或西方中心主義的敘事方式，對民族國家跟帝國的二元對立進行了解構。如果對照許紀霖所提出的新天下主義的提醒，不管是文化保守主義或者是新左派的論述，會不會對西方自由主義背後所強調的「民族國家」的體制

或制度性的正面性價值，肯定得不太夠？或者也可能掉入了另一種二元性思考。是不是還有人要提出問題？

賴奕瑋（臺灣高雄中山大學中文所碩士生）：我比較好奇的是想問老師，近來我們可以知道有一個名詞一直不斷出現在關於中國的當代論述裡，叫做「人類命運共同體」。在這個論述裡，它其實就提到說，人類命運共同體其實就是每個民族、每個國家的前途、命運都是緊緊連繫在一起的。這似乎跟一開始汪暉提到的「一帶一路」看起來都是一個倡導世界主義的、地球村的平等論述，但是在論述中國的時候，時常也會出現一種強調「中國特色」的倡議，也就是要肯定中國有它自己的特殊性或差異性。我想問的是說，在提倡這種差異性的同時，會不會遭遇到章太炎那種比較種族主義或者是民族主義的觀點？「命運共同體」和「中國特色」這兩種論述會不會有一點矛盾？汪暉的跨社會體系可以幫我們解決這樣的問題嗎？回到〈齊物論〉來思考的話，在強調特殊性的同時，還有可能是平等的嗎？或者說在什麼樣的條件下，我們才能達到共生呢？謝謝老師。

賴錫三：陳贇老師，你剛才描述了汪暉對「一帶一路」的重新意義化之解讀，他的期待是不是真能落實？還是成為了提供中國經濟政治力量崛起的國家神話的合理化論證而已？我想有些朋友還是不免有所保留。你怎麼看？

陳贇：非常感謝莫老師對汪暉2011年那篇文章的更具體的解讀，也感謝錫三老師和李志桓、蔡岳璋等諸位同道，還有其他朋友提出的問題。章太炎本身具有複雜性，體現為莫老師所講的章太炎思想當中的如下張力，一方面是種族主義、本質主義的章太炎，一個建立中華民國，另一方面又是一個既否定國家又否定民族的章太炎，但在我看來並不矛盾。因為國家、民族這些概念，在章太炎那裡作為名相，具有暫時性的意義，但是不能被凝固化。什麼意思？汪暉有一個說法，章太炎的思想當中，個體是臨時性的概念。其實對於章太炎來講，民族和國家更是臨時性的概念，其功能只

是對外的，就說好像兩個人，當我把我自己理解爲一個法權主體的時候，我是對他人採取法權主體的宣稱的，但是對我自己而言，就沒有這樣一個法權主體的要求，所以中華民國、主權國家的宣稱或要求，實際上是與當時社會環境、時代問題有關係。我們都知道在章太炎那個時代，梁啓超就講，非無愛國之性，而是不知道愛國，不自知其爲處在天下當中的、中國當中的義務。所以，數千年來好像就把自己看成天下而沒有國。像陳獨秀則更晚一點，陳獨秀整個讀高中的時代，他還不知道自己是處在中國，不知道中國是世界當中的一個國家。在甲午之後，西方以一種壓倒性的方式全面地進入中國，中國國內所有衝突、競爭，所有的鬥爭，都跟西方（包括西方化的日本）的強勢介入有關，這時主權性的民族一國家，就是一個合理的要求，它是要保持那種獨特性個體，最後反而成爲了一個獨特性個體作爲生存的基本條件。在這個意義上，名相本身的合理性就被突出了，但是合理性在章太炎那裡畢竟是臨時性的，它在動態過程當中獲得合理性，一旦我們對主權國家的合理性，僭越化加以使用，它就失去了它的有效基礎，比如說我們用它來動員人民，去攻打其他國家、去侵佔其他國家。這樣一來，主權國家實際上它就失去了它的道義性。

在當時梁啓超也講「對於一身而知有國家、對於朝廷而知有國家、對於外族而知有國家、對於世界而知有國家」，在這一段話裡，最重要的就是對於外族、對於世界而知有國家，這一點也是章太炎對國家採用相對性而非絕對性的根本所在。故而章太炎解構的是絕對主義的國家，支持的是臨時性的民族與國家，這就導致了國家概念的去自性化與臨時性化。這一點就好像章太炎一方面講人和物要平等，另一方面他又講自然的進化不足以支持道德的原則，道德原則不能夠立足於自然的進化一樣，表面上看矛盾，其實是問題的不同方面。因爲自然是自然，而人有人的獨特性，自然界有自然界的獨特性，人的獨特性跟自然的獨特性不一樣，自然界得出的進化原則不能夠作爲人類的道德根源，這恰恰就是一種差異性的肯定，而不是矛盾。我們今天講的矛盾，恰恰是因爲我們處在一種名相性的層次

上，或者說把它放到同一個層次上，但實際上它是結構體的不同層次。如果我們把它錯位了，我們就會看到它的矛盾。

關於莫老師提的兩個問題，我覺得非常具有挑戰性，一個是道家思想對於勞動力、民族、性別等壓迫，它能提供什麼資源？與馬克思、後殖民主義對話的可能性在哪裡？我覺得這也是《莊子》一個有待開發的潛能，像汪暉老師開發了《莊子》與馬克思主義溝通的過程。汪暉尤其強調章太炎的莊子是一個否定的莊子，是一個解構的莊子，它不是要建立某一個本質主義的實體和主體，而是要對於穩固的東西予以否定。哪怕有一個名相的秩序，那也只是暫時性的，在一個合理範圍內的流動性秩序當中的一個環節。所以就此而言，章太炎的莊子，包括《莊子》的莊子最後並不是完全廢除名相的秩序，比如說莊子在〈天道篇〉說：「古之明大道者，先明天而道德次之，道德已明而仁義次之，仁義已明而分守次之，分守已明而形名次之」，《莊子》顯然並不廢黜形名，只是將之放置在一個相對合理的位置。《天運》中講：「通乎道，合乎德，退仁義，賓禮樂」。他不是把仁義禮樂、本末數度這些東西全部都廢掉，而是把道德放置在更根本的位置上，而其整體上則是要達到「本末數度，小大精粗，無所不運」更加具有立體性的、更加具有層級性的政治文化體系。這跟後殖民和馬克思主義相比還是有所差異，後兩者基本不涉及個體的終極關懷；後殖民涉及的是對殖民的抵抗，以及殖民邏輯在抵抗殖民過程中的反向滲透。這些可能在某種層面能夠給章太炎的莊子或者莊子本身產生一種共鳴關係。但是在古典思想當中，它的那種立體性內涵，不能夠完全還原為一種解構性的、否定性的東西，它裡邊有正面性的東西，就好像我們講哈耶克（Friedrich Hayek）的自由主義一樣，它裡面萬物是沒有本性的，只是一個自發的秩序，它只是強調秩序的自發性，但是自發性是解構了希臘人的自然本性概念的。所以在這個基礎上它跟莊子又不一樣，莊子的「各有儀則，謂之性」，能夠使我們上通道德、下達仁義和禮樂。這可能是古典思想跟現代思想不一樣的地方，因為現代人處在組織化的社會當中，不同的社會與社

會之間構成張力關係，任何一個社會都需要調動更多的結構、組織、動員功能，把個人整合到群體意志及其系統中。這就造成了現代人所面臨著的如下生存處境，處在現代科層體制的「利維坦」（Leviathan）中，把人化為系統的部件或環節。所以像馬克思、像後殖民要針對這樣一個大的體制化系統，但對莊子而言，那個時候的體制化系統並沒有如此龐大和強固，那個時候基本上處在人倫的秩序當中，人和人之間沒有以一種體制化形式作為仲介，但是今天人和人之間則是以一種體制化仲介來發生關係的。這就是古今語境的不同，思想的焦點也因此而有差異。

關於第二個問題就是物質分配的不平等，資產、資本主義的貧富分化，道家有沒有提供一種抵抗，或者講有沒有一種再分配的構想？我想這個問題非常複雜，如果我們把道家那種隱含的可能性挖掘出來的時候，我們才會發現道家的思想並不僅僅是一種烏托邦的願景，或者講是一種無法落實的那種東西。相反地，它要抵禦人為的、正式的秩序的獨大，比如說我們今天巨大的科層制度，巨大的以利維坦為中心的系統的問題，其壓力反而要完全由有限而脆弱的個人來承受，這曾經被馬爾庫塞（Herbert Marcuse）視為現代個人神經官能症病理的社會根源。而在莊子那個時代，在某個程度上已經有抵抗儒家的名教秩序的傾向，但這遠不足以應對現代的狀況。在現代社會，兼具神性與魔性的「利維坦」全方位地把權力的毛細血管延伸到整個生活世界的每一個角落，甚至人的每一個毛孔，每一個意識的無意識深處，組織化社會對人的動員達到最大化，這就造成了生命政治在其中展開的社會場景，生命的全部構成幾乎都被納入政治與治理的議程，無所逃於天地之間。莊子思想的潛能就是引導我們思考另一種可能性，那種非社會化的道德，跟天道相關的道德，那樣的一個由人而天的生存論機制，才是解放落到世界與個體性深處的唯一可能。我以為，如果不落實到這一層面，一切體制性的解放，一切從系統當中的解放，最終只能造成自由和平等的條件，而不能造成自由和平等本身。

這就涉及到下一個問題，也就是志桓的問題，解放的程序需要不需

要修身的參與？如果沒有修身的參與，政治就不是面向每一個人敞開的政治，而且我們所造成的、所獲得的就僅僅是一個自由和平等的社會條件，而不是自由感、平等感的受用本身。我們今天面臨的問題在哪裡呢？一方面我們的自由的（關聯著名相秩序的）政治形式可以講是前所未有的深化，但是另一方面卻是每個個人生命深處的自由感的極大萎縮。汪暉所講的社會形式的民主與政治體制的民主在當代的深層斷裂也與這一狀況有關：現實生活中的不平等、不自由，跟那種政治形式上的平等自由的激化，構成了一個鮮明的對比。為什麼會有這個對比？就是因為今天的政治主體、文化主體，它已經是去教養化的，它需要的是一個被動員的人、被組織起來的人，被作為社會和機制的構成元件，作為巨大的利維坦系統機制的一個單位的個人，而不是一種自己開放自己潛能的個體。所以這一種被發明出來的個人，本質上是一個現成的、平均化了的人，社會與政治體系所生產、所消耗的都是這種個人，它以極為大眾化激進方式熱衷於自由民主的形式，但卻不知自由民主的內容。這種意義上的個人與機制、體制、系統的結構互相構成，它們都指向自由平等的名相和表層，而不是自由平等的內裡。章太炎在寫《齊物論釋》之前，曾在獄裡生活了一段時間，他講其實我在獄裡是最自由，感到最平等。這個自由平等，是一種存在意義上的平等，不是一種生存意義上的平等，存在意義上的平等是生存上的平等的深層背景與成立的條件。如果我們沒有那種存在意義上的平等的話，那麼我們無論擁有政治、文化上多少自由、平等的條件，都不能使我們擴展、深化我們的內在自由感和平等感。這是章太炎自己在監獄中讀唯識學當中獲得的經驗。正是這種經驗，可以回答為什麼必須要穿透名相，為什麼要超越社會政治的層次，自由和平等才能真實地發生。這就是要調動每一個人的參與，因為自由和平等都是在於我們的一個自得性當中，由於我們自己的狀況，因而具有不同的內容，它無法被固定與單一的形式所固化、所穿透。汪暉老師的論述，強調的是社會批判，強調的是中國革命的遺產，強調的是社會化的過程。這也與馬克思對人的如下認識

相關：在其現實性上，人是一個社會關係的總和。這也是汪暉所凸顯的層面。但畢竟從社會和國家的凝固價值及其解構方面，還不足以上升到個人的自我安頓、自我構成上，這就導致了自由平等就只能作為一個條件、作為一個政治文化的邊界，作為一個人修養的可能性的條件而存在，但是它卻必須通過每個人的修身實踐，否則就不可能發生。

當然，規範性的秩序是拿不掉的，志桓說的是對的。但問題在於，今天我們的規範性秩序很多，你比如說民主國家，比如說美國對伊拉克的戰爭都是通過規範性的民主程序來支持的。此外，由於美國的意識形態之傳播，它要求人們認識到世界上存在著如同伊拉克那樣的邪惡國家，因而對之的戰爭是正義的要求。然而這個邪惡本身就是一種意識形態，這種意識形態把伊拉克的每一個具體的個人刪減抽離，將之變成一個集體名詞。但這並不能掩蓋，攻打伊拉克，受傷的是每一個具體的個人、家庭。回過頭來，美國如何使其戰爭正當化？這就是借助名相與規範性秩序對具體個人及其生存的化簡、刪除，日本侵略中國的戰爭也有冠冕堂皇的正當理由，否則它無法動員民眾的參與，然而這種動員都是犧牲個體而利用名相達成的規範性秩序。所以規範性秩序的合理性是有限度的。所以我非常贊同賴老師剛才提到的自我轉化、自我構成的問題，這是內在於莊子的「外化而內不化」的問題，這是汪暉老師沒有開發出來的主題，這也不是一個以社會批判和政治批判為重點的議程中能夠被開發出來的主題。但是，在古典傳統來講這個主題卻無法回避。

至於紀霖教授所講的，其實是以普遍性來拯救中國，而普遍性正是名相秩序，最後是要落實到認同政治與承認政治中去的東西。虛懸的普遍性之內裡，其實本質上是深深彌漫著的虛無主義氣息，一切對人為價值的執取與迷戀，都無法脫離這種氣息。跟汪暉的構想正好相反，中國的經驗被省略了，那這個普遍性到底是什麼？其實，最後就是融入西方主導的一個世界體系當中，骨子裡還是「是西方之所是，非西方之所非」。在這種普遍性的邏輯中，無法開採前名相化與後名相化的個人，它從概念開始最終

又歸於概念，至於豐富複雜無法被化約和還原的經驗，則是其刪減、化約的對象。所以，普遍性跟特殊性這樣一個對立，實際上是我們現代秩序理解的最大問題，這是最不能夠成立但事實上卻因成為生存處境而無法回避的問題。自由主義者，如同一切其他意識形態一樣，不可能產生莊子那樣的個體，它提供的被「主義」所名相化了的自由，恰恰是對章太炎所謂的絕對自由的顛覆。如果剝離了人與人的之間處境，如果剝離法權性要求，自由主義的自由將不復存在，但莊子與章太炎的自由才剛剛開始。莊子與章太炎關注的「獨」，是人與天道的關聯，是人的主動維度與他的被給予的深層自我的關聯，但在自由主義者那裡，人只是一個社會人，而非天地人，因而莊子與章太炎所說的那些連合法性都沒有。這就意味著自由主義的自由本身內蘊著一種既是權利也是權力的要求，它不會承認也無視於莊子與章太炎在「立於獨」、「大獨」中所表達的東西，因為它將自己降格為「主義」，所有「主義」都是可以為名相的機制所穿透的東西。關於「一帶一路」的問題，我覺得汪暉是在引導意義上說，而不是在認同的意義上來說，作為一個學者，其責任是要把經濟、產能、地緣政治意義上的跨社會體系引向文化、文明的多樣性上。

　　這是「一帶一路」尚未被充分開發的議程。反過來，哪怕是在資本和地緣政治融入的情況下，文化和文明的多樣性，不同人們的共居性也一定會被帶出來，只不過它遇到的最大的障礙，不是來自於「一帶一路」的人們，而是來自於「一帶一路」挑戰了來自「全球帝國」為中心的霸權，所以汪暉強調革命遺產，意味著世界秩序的革命仍然沒有完成，它在當代語境下關聯著轉化現有霸權性的世界秩序的可能性。我們不能夠在政治合法性的論證、政策的辯護等方面，來看汪暉對一帶一路的討論，正如其西藏論述那樣，它攜帶著對轉化現實的理論動能。

賴錫三：今天邀請陳贇來做這場報告跟導讀，我個人收穫很大。他在很短的時間內，幫我們把汪暉的複雜性給展示了出來。我們也看到了他深入

而坦然地回應了對目前兩岸知識分子來說，略帶敏感性的問題。此時此刻的臺灣，面對兩岸的複雜性，需要冷靜下來地思考這些問題，不要停留在西方世界的角度做外部性批評而已，也要嘗試理解百年大變局下的中國複雜境遇，以及思考大陸知識分子如何看待世界的歷史、世界的未來？畢竟兩岸關係是臺灣命運的重中之重，對於臺灣的關係性定位以及如何回應未來，十分迫切。謝謝陳老師非常坦誠地把這些問題剖開來談，打開了一個很好的對話平臺。

從這個禮拜的陳贇報告，到下次的石井剛報告，再到中島隆博（Nakajima Takahiro）的訪談，將一再觸碰到東亞視域、世界哲學的大視域，也會將「共生哲學」推向一個更開闊的思考界面。大家可以看得出來，我們的討論有了一個重要的轉折，也就是把長期以來「去政治化」的〈齊物論〉，重新把它帶回東亞政治、現代政治場域，來開發它的回應潛力，而章太炎對〈齊物論〉的創造性解讀，在中國現代性的關鍵性轉折扮演了關鍵性角色。

而陳老師在後半部分的回應，也補充了他對《莊子》的看法。陳老師所描述的《莊子》，我很有共鳴，尤其《莊子》不只是純粹的「破」，不只是純粹的解構、純粹的批判，它也在批判中同時進行創造性更新，在結構中活化結構，在名言中活化名言，帶有文化更新與創發的動能。

莫加南：非常感謝陳老師今天那麼完整的報告、回應跟補充，真的非常有啓發性，我相信今天報告的五點，其實每一點都可以都好好討論，所以要再一次感謝陳老師完整的回應跟導讀，謝謝！

陳贇：我來插一句，剛才關於「一帶一路」，實際上汪暉的一個要點，我還沒有講。就是說，「一帶一路」恰恰就是結束海洋時代的霸權，重新思考海洋與陸地關係的革命性思想，在汪暉看來它蘊含這種可能性。另外我非常感謝錫三老師的邀請，讓我有機會溫習汪暉老師的相關著作，也非常感謝加南老師的評論，他的問題給我帶來啓發，感謝各位線上的朋友的

提問和參與，非常感謝。

賴錫三：兩岸的知識分子是應該多做這種深層、深度、坦誠、坦然，而且自信、自在的對話，我們搭建這個共生平臺的用意也是如此而已。意見愈不同，愈需要相互理解和對話。我也期待汪暉對「一帶一路」的理想性的解讀或期待，能眞的被實踐出來，而不只是一套理想說辭。畢竟一個文明大國的復興對全世界的意義，不應只被框架在強國跟強國的力量競爭與利益對抗，它對全人類應該產生可大可久的文明意義。而在這種關鍵時刻，中國哲學所保存的重要文化資產，需要能夠被重新地價值重估與激活起來。例如老莊的共在與共生思想，在當前強國與強國對抗的剛強年代，特別迫切需要被開採出來，以提供人類剛強爭鬥的失控危機思考。最後感謝陳贇，謝謝莫加南，謝謝各位朋友的參與。

第八講

章太炎《齊物論
釋》「天籟怒號」
對國家民族、語言
文化的超克意義

時　間：2021年8月6日（週五），早上9:30-12:00

導讀人：石井剛（Ishii Tsuyoshi，日本東京大學UTCP）

與談人：莫加南（Mark Frederick McConaghy，臺灣高雄中山大學中文系）、
　　　　賴錫三（臺灣高雄中山大學中文系）

逐字稿整理：陳曉妍（臺灣高雄中山大學中文所碩士）

文字編校補注：李志桓（臺灣高雄中山大學中文所博後研究）

莫加南（Mark Frederick McConaghy，臺灣高雄中山大學中文系）：我是中山大學中文系的莫加南老師，今天非常榮幸可以歡迎石井剛老師跟我們一起討論〈齊物論〉或者齊物的哲學。我稍微講一下今天的流程，等一下賴老師會做一個更詳細的介紹，介紹石井剛老師跟他的著作。然後，石井剛老師開始他的報告，之後，由賴老師和我進行回應，討論〈齊物論〉的哲學以及章太炎對〈齊物論〉的解釋。最後，我們再開放Q&A的時間，讓線上的朋友提問。現在我就先邀請賴老師介紹石井剛。

賴錫三（臺灣高雄中山大學中文系）：謝謝加南。很榮幸今天邀請到東京大學石井剛教授來幫我們導讀，這是我第二次見到石井先生，第一次「見面」是在成功大學的online會議，楊儒賓老師委託成功大學舉辦的儒學講座。我是去年才讀到石井教授那本《齊物的哲學：章太炎與中國現代思想的東亞經驗》[1]，其實它已經發表一段時間了，當我讀到的時候，感到非常驚喜。這本書的每一篇文章對我來說，學術價值都極高，打開了我對清代學術思想史的新理解。在臺灣，因為當代新儒家的深遠影響，對於清代學術其實評價不高，甚至極低。我從石井先生的著作裡面看他對戴震的討論，尤其從戴震到章太炎的異同的討論，然後連接到〈齊物論〉，處處有開人眼目的新論。對於章太炎，以前我約略知道，從劉紀蕙老師那邊

---

[1]　參見石井剛：《齊物的哲學：章太炎與中國現代思想的東亞經驗》（上海：華東師範大學出版社，2016年）。

看到怎麼跟法國當代哲學的連接，同時把《莊子》跟政治論述結合起來。我很驚喜，石井先生做的學術工作其實跟臺灣《莊子》學這十年來做的工作，在「核心精神」上有許多可以對話的地方，他很扎實地處理清代的學術史，並放在整個東亞架構和眼光下來反省相關問題。所以他的學術工作，對於理解現在的中國以及東亞思想，乃至東亞面向世界的格局，可能扮演的未來角色或潛力，提供了相對廣闊的視野，有著鮮活的思想生命力。

　　中島隆博（Nakajima Takahiro）和石井剛在東京大學已有相當多年的思想耕耘，我最早接觸到「共生哲學」這個概念，就是從中島先生的著作裡面看到，當時我也意識到這跟道家可能蘊含的共生思想，可能可以產生很多相干的對話可能性。所以當我看到石井剛對於章太炎的重新處理，而他也是汪暉著作的日文翻譯者（莫加南是汪暉著作第三冊的理學部分的翻譯者）[2]，我就發現有很多的思想線索可以連接起來。上個禮拜陳贇導讀了汪暉的「齊物平等與跨體系社會」，以及這個禮拜石井剛要深入討論章太炎的思想內涵，我想對於臺灣的學術界來說，絕對不只是一個學術專業的議題，可能是臺灣重新把自己放在整個東亞的思想脈絡，而東亞進一步連接著世界史、世界哲學的角度來看，通過章太炎的案例，可能可以打開一個非常鮮活的學術潛力出來，所以我很期待石井先生將來有機會多到臺灣，把對照於京都大學的東京學派的批判性特色，以及非常重視啟蒙理性知識的反省批判，介紹給臺灣學術界。我期待將來能有更進一步的雙向深入對話。我現在就把時間交給石井先生。

石井剛（Ishii Tsuyoshi，日本東京大學UTCP）：非常感謝賴錫三教授對我的過分的介紹，我覺得很慚愧。聽了賴教授的介紹，我也知道這個系列活動的緣起，可以說和日本學者、日本學界之間有密切的關係，彼此之間

2　在這裡指的是汪暉的著作：《現代中國思想的興起（四卷）》（北京：生活‧讀書‧新知三聯書店，2015年）。

原來有學術思想上很深的共鳴，而這造就了今天這個活動，讓我甚感榮幸。

第一節 《齊物的哲學》與共生實踐

今天的題目是：章太炎《齊物論釋》「天籟怒號」對國家民族、語言文化的超克意義。這是賴錫三教授給我提出的作文命題，我想對命題做我的努力來回應賴老師，我希望跟莫老師還有賴老師，和其他的參與的各位老師們、同學們，進行一個有意義的討論。我來簡單介紹一下今天導讀的對象——《齊物的哲學》。這已經很多年了，2016年出版。它其實也不是第一次出版。現在你們看到的是《齊物的哲學》的目錄，目錄頭條就寫著〈中國版序文〉，也就是說原來有日本版的，2013年出版。這個出版的過程我待會再說。今天主要是圍繞本書第二章：〈「言」和「文」的真理表述：章太炎的語言實踐，或者哲學話語方式〉，以及第三章：〈敢問「天籟」：關於章太炎和劉師培兩人哲學的比較研究〉，還有第五章：〈《莊子‧齊物論》的清學閱讀：反思啓蒙的別樣徑路〉，這三篇論文來展開我的報告。

剛才聽了賴教授介紹之後，我覺得有必要跟大家交代一下這本書產生的過程。剛才我說它原來有日本版，不是日文版，而是日本版。原來就是用漢語寫下來，由UTCP（University of Tokyo Center for Philosophy）出版，即東京大學以共生爲目的的國際哲學研究中心（東京大学共生のための国際哲学研究センター）。UTCP的名稱裡面包含了「共生」兩個字，就像剛才賴教授介紹，中島隆博教授是UTCP建立以來的領導人之一，他的著作裡面也有一本叫做共生的Praxis《共生的實踐》，所以說「共生」是我們UTCP研究團隊共同的主題。[3]

---

[3] 《齊物的哲學》日本版是《敢問「天籟」：中文哲學論集》（東京：UTCP，2013年）。另外，中島隆博已經出版的中文著作是《解構與重建：中國哲學的可能性》（東京：UTCP，2010年）。

　　但是，什麼是「共生」也是個問題。「共生」概念在日本由來已久，一九八○年代，著名建築家黑川紀章（Kurokawa Kisho）大力提倡此概念。與之相應，這個概念成了日本知識界廣泛使用的名詞。比如，我自己1992年向早稻田大學政治經濟學部提交的本科畢業論文主題也是「共生」。這裡的「共生」主要是政治哲學和法哲學意義上的含義。井上達夫（Inoue Tatsuo）應該是在此意義上使用這個概念的代表性學者，他的主要的著作叫做：《共生的作法》。在這個論域中，「共生」議題成了羅爾斯般的自由主義政治哲學範疇，具體來說，討論的重點在於「國家內部的再分配的問題」。後來在較長的時間裡，日本知識話語多以多文化主義的理念來使用「共生」。但今天在全球性的各種危機情境之下，「共生」早已經不能侷限在這個意義，我們已經到了全面反思人類和其他物類之間的「共生」問題，我理解本次系列活動就是立足於這種考慮之上的。

　　我的書，沒辦法顧及到其他物類的問題，主要的問題仍然是人類的問題，正如中國版的序文裡面，第二頁：「人類要共生，第一步要與他者邂逅，為此我們絕不應該光坐在母語圈中自足。」UTCP歷來奉行的一個原則可以說是，我們的哲學對話不應該封閉在日語的內部，所以說我們叫做「國際哲學研究中心」。中心主任小林康夫（Kobayashi Yasuo），經常用法語進行交流；中島隆博的話，法、英、漢都通。那麼，我主要是用漢語來跟漢語圈裡的學者進行交流。總之，我們要打破語言的壁壘，來進行廣泛的交流。或者是反過來說，不同的語言之間肯定會有一些，沒辦法回避的差異，或者是理解的區別。這些不能簡單地說都是錯誤的。每一個語言系統都有自洽的一個邏輯和文化。所以說如果把它翻譯成另外一個語言的時候，肯定會有一些隔閡，但隔閡本身在我們要追求「共生」議題的時候非常重要，這種差異的存在本身非常寶貴。如果泯滅差異的話，沒辦法共生，這是一個考慮。

　　上海的華東師大出版社要出版《齊物的哲學》的時候，要我為中國讀者重新寫一篇序文。當時我是在哈佛燕京學社。哈佛大學的王德威

當時比較投入Sinophone literature（華語語系文學）的領域。在他的影響下，我也思考Sinophone studies的延伸和發展，才想到了「Sinophone philosophy」這麼一個概念。臺灣很早以前就有何乏筆先生提出來「漢語哲學（Chinese philosophy）」。相對而言，我的「Sinophone philosophy」更是從Sinophone literature那裡提取一些營養。

　　我在中國版的序文裡面這麼寫的：「使用這個語言的人群散布在世界的各個角落，所以這個新的批評範疇相對於『中國文學』的提法，具有非常明確的後現代的意味。我想，非中華民族血脈人群以第二語言習得中文之後，用中文從事人文創作工作，是否也算Sinophone的例子？隨著中國在國際社會上的影響增大，學會嫻熟運用中文者越來越多，使用中文已經不是『炎黃子孫』的專利了……所以Sinophone的內涵完全可以進一步擴大，即非中華族裔的個體用中文表達自我的話語亦可納入其範圍中去」，「將『中國哲學』綁定在現有的國民國家框架中，在歷史上不正確，在今天的全球化的情景下亦是資源的浪費。我們能否在對普遍性的關懷和渴望下，將『中國哲學』放到開放的公共知識話語當中……」，「Sinophone Philosophy是不是能為此提供一個行之有效的方法基礎？為此，從現代國民國家框架的外部介入到用中文進行的哲學思想論域中去，應該是一個可行的步驟」。[4]

　　Sinophone Philosophy幫助我們發現「華語內部聲音的多樣性」。這個多樣性，不是說特定族群內部的多樣性，而是說像我這樣作為第二語言來學說漢語的人，也可以介入到漢語圈裡的學術話語當中去。這樣可以豐富漢語的整個話語，我們也可以想像不同的人的不同的氣息，以及其所發出來的不同的聲音。由此，我們在內部多樣性以及內外流動的開放性當中逐漸學會如何與他者相處好，一步步走向「共生」的理想。

　　我們想像Sinophone Philosophy的時候自然會聯想到《莊子‧齊物論》

---

[4] 參見石井剛：〈中國版序文〉，《齊物的哲學》，頁3-4。

的天籟寓言。再次引用一下序文:「真理不在語言能夠表象的範圍中,但是,人只能依靠語言來進行思考,而人的語言永遠是『雜糅萬變』的,像『萬竅怒號』的地籟喧囂一樣。雖然如此,這種『吹萬不同』才是每一個個體謳歌其生命的如實寫照,我們在這種多聲並存的世界當中,依靠有限的語言,尋求可能的真理表述。這是章太炎的哲學實踐,也是他從《莊子·齊物論》中的『天籟』寓言得到的重要觀點。在此,『天籟』是指能使每一個生命各自發出不同的聲音的作用。也就是說,哲學做為多聲共存的語言實踐得以成立的基礎乃是我們彼此之間互相尊重對待的共生關係,而『天籟』就是這種關係平台。」[5]這是關於天籟寓言的一種闡釋,也是透過章太炎的思想來加以闡釋的一種理解。

第二節 不齊之齊:章太炎對公理的批判

接下來進入正題了,今天要導讀的第一篇論文是〈「言」和「文」的真理表述:章太炎的語言實踐,或者哲學話語方式〉。我把章太炎的哲學叫做「齊物哲學」或者「齊物的哲學」,是因為我認為章太炎的哲學當中,「齊物」這兩個字最關鍵,當然,他的《齊物論釋》也是其中的最集中的表現。《齊物論釋》第一版出版是1910年,之前章太炎在東京從事革命活動,同時也和魯迅他們一起閱讀諸子學以及《說文》等書。他對「齊物」概念的闡發是在東京的這些時間和講學活動當中形成出來的。魯迅說章太炎是「有學問的革命家」,是很恰當的。比如說,1908年的〈四惑論〉裡出現「齊物」方面的一些比較重要的解釋:「莊周所謂齊物者,非有正處、正味、正色之定程,而使萬物各從所好,其度越公理之說,誠非巧歷所能計矣。」[6]他提到莊子所謂「齊物」的時候,他還是有他的批判的對象的,就是:「公理之說」,他把「公理」和「齊物」對舉,對公理

---

[5] 參見石井剛:〈中國版序文〉,《齊物的哲學》,頁5。

[6] 章太炎:〈四惑論〉,《章太炎全集(四)》(上海:上海人民出版社,1985年),頁449。

加以批判，用齊物概念來克服公理缺陷。但是這個過程不是那麼簡單，因為章太炎他自己也並沒有完全否定公理這一概念。他認為公理有它自己的意義和價值所在。〈四惑論〉裡面引了韓非子：「背私謂之公」。從這裡開始，章氏開始講「公理」是什麼。首先說「今以為眾所同認之稱」是對「公」字的詮釋。他接著說：「『治玉謂之理』，引申為腠理條理，今以為界域之稱。公理者，猶云眾所同認之界域。」[7] 在這裡又加了一個「界域」。總而言之，公理是「眾所同認的界域」，這是章太炎對公理的定義。但實際上這不是他的原創發明，而應該說是他從戴震《孟子字義疏證》裡面對「理」的闡發來發展的，或者是說，他所說的公理實際上和戴震在《孟子字義疏證》裡面所講的「理」是完全一樣的東西。我再解釋一下，首先，大家都知道，「治玉謂之理」是來自於《說文解字》對「理」字的說解：「理，治玉也。」段玉裁《說文解字注》對此進行了詳細的注解：「《戰國策》：鄭人謂玉之未理者為璞。是理為剖析也，玉雖至堅，而治之得其腠理，以成器不難，謂之理。凡天下一事一物，必推其情至於無憾而後即安，是之謂天理，是之謂善治。此引申之義也。」段玉裁接著引用戴震：「戴先生《孟子字義疏證》曰：『理者，察之而幾微，必區以別之名也。是故謂之分理，在物之質曰肌理，曰腠理，曰文理。得其分則有條而不紊，謂之條理』，鄭注〈樂記〉曰：『理者，分也』，許叔重曰：『知分理之可相別異也』，古人之言天理何謂也？曰：理也者，情之不爽失也。未有情不得而理得者也，天理云者，言乎自然之分理也。自然之分理，以我之情絜人之情，而無不得其平，是也。」[8]

　　段玉裁解釋《說文解字》「理」字的時候幾乎全部借了戴震的闡釋來對此加以解釋的。我再引來一句，《孟子字義疏證》裡面的有關「理」的一些說法：「心之所同然，始謂之理、謂之義；則未至於同然，存乎

7　章太炎：〈四惑論〉，《章太炎全集（四）》，頁444。

8　〔清〕段玉裁：《說文解字注》（〔清〕經韻樓嘉慶二十年刊本），頁15、16。

其人之意見，非理也，非義也。凡一人以爲然，天下萬事皆曰『是不可易也』，此之謂同然。」⁹也就是說，戴震的「理」，首先是「察之而幾微，必區以別之名也」，而這種理，無論「肌理」也好，「腠理」也罷，都是公然在目，不容主觀臆斷。所以說，「心之所同然，始謂之理」。也就是說，天下所有的人都認爲，或者都得到一致的見解的時候，才可以把它叫做「理」，否則這個只是「意見」。所以說「天下萬事皆曰：『是不可易也』」。這樣可以說是「同然」。「心之所同然」是「理」所呈現的條件。那麼，從這個角度來說，章太炎所說的：「公理者，猶云眾所同認之界域。」實際上就是和戴震所說的「理」一樣的。也就是說，「心之所同然」是戴震所認爲的「理」成立的條件，而章太炎以「眾所同認的界域」來界定「公理」，這兩個幾乎是相同的。我相信大家都可以贊同。所以說，章太炎是借用了戴震「理」的概念來解釋他的公理概念。

　　章太炎似乎對「公理」持很嚴厲的批判態度。如在〈四惑論〉裡說：「宋世言天理，其極至於錮情滅性，烝民常業，幾一切廢棄之。而今之言公理者，于飲食男女之事，放任無遮，獨此所以爲異。若其以世界爲本根，以陵藉個人之自主，其束縛人，亦與言天理者相若。彼其言曰：不與社會相扶助者，是違公理；隱遁者，是違公理；自裁者，是違公理。其所謂公，非以眾所同認爲公，而以己之學說所趨爲公。然則天理之束縛人，甚于法律；而公理之束縛人，又幾甚于天理矣。」¹⁰在晚清時期，「公理」概念與西方現代科學一起普及開來，「公理」被認爲是猶如科學規律一般，誰都不能不遵循的準則，於是，人們都以「公理」之名講倫理問題。章太炎認爲那些以「違公理」來說人的指責和宋代以「天理」之名束縛人民的邏輯相同。我們要注意「其所謂公，非以眾所同認爲公，而以

9　〔清〕戴震：《孟子字義疏證》，收於《戴震全書（六）》（合肥：黃山書社，1995年），頁153。

10　章太炎：〈四惑論〉，《章太炎全集（四）》，頁444。

己之學說所趨爲公」這句話。從這一句讓我們知道，他所批評的不是「公理」觀念本身，而是以「公理」的名義對人的自主行爲進行臧否的態度。他的意思很清楚，就是：那些說「違公理」的主張其實都是以己之見冒充爲「公」的，都違背於「以眾所同認」爲「公」的定義。如果借戴震的話來解釋：不能把自己的意見當成理。章太炎實際上完全依照戴震的主張來對「今之言公理者」進行了批判。因此，我們可以知道，章太炎並沒有否定「公理」本身的價值，但他承認的只是「眾所同認的界域」意義上的「公理」。換句話說，章太炎反對的是「公理主義」，而不是「公理」概念。這和戴震的批判邏輯相同：戴震提出「理」的訓詁界定來對天理主義進行批評。章太炎進一步認爲公理主義比戴震所批判的天理主義還要嚴重，爲什麼呢？他說：「言公理者，以社會常存之力抑制個人，則束縛無時而斷。言天理者，謂臣子當受君父抑制，而不謂君父當抑制。君父以不道遇其臣子者，非獨天理家非之，一切社會亦非之。故見屈於一人，而常受憐於萬類，是尙有訟冤之地。言公理者，以社會抑制个人，則無所逃於宙合。然則以眾暴寡，甚於以強陵弱。」[11]天理只關乎君臣、父子等關係，還有逃脫出來的希望，但公理是社會性的，「以社會常存之力抑制個人」，故「無所逃於宙合」。公理主義的批判只能以「以眾暴寡」的形式出現，這個可比君臣、父子的「以強陵弱」恐怖。

　　那麼，符合章太炎之「公理」的道德準則爲何？「有人焉，于世無所逋負，采野稌而食之，編木槿而處之；或有憤世厭生，蹈清泠之淵以死，此固其人所得自主，非大群所當訶問也。當訶問者云何？曰：有害於己，無害於人者，不得訶問之；有益於己，無益於人者，不得訶問之；有害於人者，然後得訶問之。」[12]這種自由主義的準則才符合它。這才是「齊物」：「若夫莊生之言曰：『無物不然，無物不可』與海格爾所謂的『事

---

[11] 章太炎：〈四惑論〉，《章太炎全集（四）》，頁449。

[12] 章太炎：〈四惑論〉，《章太炎全集（四）》，頁445。

事皆合理，物物皆善美』者，詞義相同。然一以爲人心不同，難爲齊槪；而一以爲終局目的，藉此爲經歷之途，則根柢又絕遠矣。」[13]這樣，章太炎從「公理」跳躍到了「齊物」概念。

　　下面，我們看一下《齊物論釋》裡面如何講「齊物」。〈篇題〉云：「齊物者，一往平等之談，詳其實義，非獨等視有情，無所優劣，蓋離言說相，離名字相，離心緣相，畢竟平等，乃合齊物之義。……齊其不齊，下士之鄙執；不齊而齊，上哲之玄談。自非滌除名相，其孰能與於此。」[14]也就是，萬物都是平等，做到這個需要「滌除名相」。章太炎借用《大乘起信論》來解釋「齊物」的絕對的平等。「齊物平等」要求「不齊而齊」，不是所有的東西都是因爲一樣才是平等，而是說不一樣才是平等。這是章太炎齊物哲學的基本主張。

第三節　敢問天籟：波是環樞的環中結構

　　在第二篇文章〈敢問「天籟」：關於章太炎和劉師培兩人哲學的比較研究〉裡面，我進一步解釋有關「天籟」的概念。章太炎的「天籟」和他的盟友劉師培講「天籟」有一點點區別，雖然比較微妙，但是從這個微妙的區別可以看出來，他們在哲學觀念上其實有很大的分歧。最近我也在想，劉師培也許比我原來講的還要重要，但是今天可能就是要略過了，如果大家感興趣的話，我們也可以稍後在討論的環節裡面再討論。《莊子·齊物論》中有關「天籟」的故事出現在其開頭處：

　　南郭子綦隱几而坐，仰天而噓，嗒焉似喪其耦。顏成子游立侍乎前，曰：「何居乎？形固可使如槁木，而心固可使如死灰乎？今之隱几者，非昔之隱几者也。」子綦曰：

13　章太炎：〈四惑論〉，《章太炎全集（四）》，頁449。

14　章太炎：《齊物論釋》，《章太炎全集（六）》（上海：上海人民出版社，1986年），頁4。

「偃，不亦善乎而問之也！今者吾喪我，汝知之乎？女
聞人籟而未聞地籟，女聞地籟而未聞天籟夫！」子游曰：
「敢問其方。」子綦曰：「夫大塊噫氣，其名為風。是唯
无作，作則萬竅怒呺。而獨不聞之翏翏乎？山林之畏佳，
大木百圍之竅穴，似鼻，似口，似耳，似枅，似圈，似
臼，似洼者，似污者；激者，譹者，叱者，吸者，叫者，
譹者，宎者，咬者，前者唱于而隨者唱喁。泠風則小和，
飄風則大和，厲風濟則眾竅為虛。而獨不見之調調、之刁
刁乎？」子游曰：「地籟則眾竅是已，人籟則比竹是已。
敢問天籟。」子綦曰：「夫吹萬不同，而使其自已也，咸
其自取，怒者其誰邪！」

　　世界上的萬物，風通過裡面之後，發出各種各樣不同的聲音，那是地
籟。人籟是人吹笛的那個聲音，地籟就是「眾竅」發出的聲音，那麼天籟
是什麼？「夫吹萬不同，而使其自己也」現在大家都知道「已」被校正為
「己」。章太炎認為這個應該是「己」字，所以應該「夫吹萬不同，而使
其自己也。咸其自取，怒者其誰邪！」才對。

　　那麼，章太炎如何運用這個「天籟」的圖景？他在更早以前的〈駁
中國用萬國新語說〉裡面是這麼說的：「視五土之宜，以分其剛柔侈斂，
是故『吹萬不同，使其自已』，『前者唱喁，後者唱于』，雖大巧莫能齊
也。」[15]這篇文章涉及語言學的問題。章太炎也接著戴震講究音韻學，也
專門研究方言問題。中國的語言有各種各樣的方言，不應該把它們都統一
起來，更不可能用《萬國新語》來替代這個方言。在《莊子解故》裡面則
說：「九流繁會，各於其黨，命世哲人，莫若莊氏。〈消搖〉任萬物之

---

[15] 章太炎：〈駁中國萬用新語說〉，《章太炎全集（四）》，頁337。

各適，〈齊物〉得彼是之環樞，以視孔墨，猶塵垢也。」[16]《莊子解故》這一文本並不是專門講語言的問題，所以更容易看得到章太炎對「齊物」為什麼產生了興趣。他注意到〈齊物論〉裡面的「彼是環樞」的問題。有趣的是，他在《莊子解故》裡面對「彼是環樞」的關注問題，實際上對他方言的研究，或者是中國的語言的研究有非常大的幫助。《齊物論釋》裡面也講語言的問題：「《齊物》本以觀察名相，會之一心。故以地籟發端，風喻意想分別，萬竅怒呺，各不相似，喻世界名言各異，乃至家雞野鵲，各有殊音，自抒其意。」[17]這是《齊物論釋》初刻本的篇題。《齊物論釋》還有另一個版本叫做定本，是1919年成型的。定本裡面已經沒有這句話。初刻本是1910年的，所以凸顯了章太炎辛亥革命之前的思想。那麼，「彼是環樞」問題最集中的體現在章太炎對方言「變轉」的問題。這是六書「轉注」的一個運用。不同的聲音，不同的發音之間的關係是互為「轉」的關係（「旁轉」、「對轉」等），而其中對韻母的互相轉變，章太炎設想出了一套機制，稱作「成均圖」。「成均圖」的形狀，中間是懸空的，像是莊子裡面的「環中」。圍著環中有很多「韻」，互相變轉。所以說，漢語的不同方音雖然有很豐富的多樣性，但是它們互相變轉，且其中心是一種空。章太炎在《文始》裡也說：「夫語言流轉，不依本部，多循旁轉、對轉之條」[18]，這就像律呂學當中的「七音轉以旋宮」的相對性質。還有，他也在《國故論衡》裡面說：「得環中以應無窮，比合土訓，在其中乎。」[19]

　　他對方言的觀念其實也是從戴震過來。順便說一下：章太炎從戴震的繼承的關係並不是簡單的挪用，其實，劉師培更是戴震非常忠實的擁護者

16　章太炎：《莊子解故》，《章太炎全集（六）》，頁127。

17　章太炎：《齊物論釋》，《章太炎全集（六）》，頁8。

18　章太炎：《文始》，《章太炎全集（七）》（上海：上海人民出版社，1999年），頁163。

19　章太炎：《國故論衡·正言論》，《章氏叢書》（北京：學苑出版社，2016年，浙江圖書館1919年刊本影印本），第4冊，頁385。

也是繼承者。章太炎創造了成均圖，應該說是改寫了戴震當時的有關轉語方面的一些理論，可以說是創造性的發展。

《莊子・齊物論》：「是亦彼也，彼亦是也，彼亦一是非，此亦一是非，果且有彼是乎哉？果且無彼是乎哉？彼是莫得其偶，謂之道樞，樞始得其環中，以應無窮。」很像章太炎以成均圖為核心的聲韻變轉機制。地籟的萬竅怒號，即那些自然界中的萬物所發出來的不同的聲音提供想像的出發點，使得章太炎發展了他自己整個的「語言觀」。有一個很有意思的地方是：他的天籟是對單向的時間觀的拒絕，「雖假設泰初者，亦隨順言說已，彼物不生，彼理不成，烏得有泰初？夫未成乎心，無是非。未成乎心，亦不得有今故。故曰天籟者：『吹萬不同，而使其自己』。」[20]「隨順」也是章太炎非常重要的一個詞，是從《大乘起信論》裡面過來的一個概念，以前有一次政治大學的林鎮國老師舉辦的研討會，我專門分析過「隨順」的問題[21]。章太炎在這裡所提到的「泰初」也是一個隨順語言，也就是說，為了思考的方便來設置的假設性概念，其實不存在這樣的起源。成均圖的「環中」結構一直在旋轉，在「變轉」當中，無始無終。這是章太炎的語言發生觀。在這一點，章太炎和劉師培之間的區別其實是很大的：劉師培還是有一個非常明確的目的論想像。

第四節　莫若以明：章太炎對清學啓蒙閱讀的反思

第三篇〈《莊子・齊物論》的清學閱讀：反思啓蒙的別樣徑路〉沒有專門講章太炎的問題，應該說和章太炎齊物哲學之間，有某種緊張的關係。不一定構成強烈的批判，但是有緊張的關係。我試圖要從啓蒙的角度閱讀《莊子・齊物論》。但這並不是要在《莊子》文本中發現類似於西方現代以及受其影響而在東亞曾經流行一時的啓蒙主義之思想，而是通過文

20　章太炎：《國故論衡・明見》，《章氏叢書》，第5冊，頁59-60。

21　石井剛：〈「隨順」的主體實踐：《大乘起信論》與章太炎的「齊物哲學」〉，收於《漢語佛學評論》第6輯（上海：上海古籍出版社，2018年），頁49-64。

本詮釋的分析嘗試對啓蒙概念本身提出一些反思。特別是要把啓蒙觀念的形成和發展的歷史追溯到清代，從清代考據學的角度重新看待《莊子・齊物論》。

　　章太炎在《齊物論釋》中對帝國主義的吞併發出抗議的聲音。〈齊物論〉有這樣一段話：「故昔者堯問於舜曰：『我欲伐宗、膾、胥敖，南面而不釋然。其故何也？』舜曰：『夫三子者，猶存乎蓬艾之間。若不釋然，何哉？昔者十日並出，萬物皆照，而況德之進乎日者乎！』」章太炎對此闡釋說：「齊物之用，將以內存寂照，外利有情，世情不齊，文野異尚，亦各安其貫利，無所慕往。……然志存兼并者，外辭蠶食之名，而方寄言高義，若云使彼野人，獲與文化，斯則文野不齊之見，爲桀跖之嚆矢明矣。」[22]所以說「野」和「文」都有不同的價值，不應該只是從「文」的角度來評判「野」。說這是對帝國主義的控訴並沒有錯。但不止如此，他也對無政府主義進行批評，「文野之見，尤不易除，夫滅國者，假是爲名，此是檮杌、窮奇之志爾。如觀近世有言無政府者，自謂至平等也，國邑州閭，泯然無間，貞廉詐佞，一切都捐，而猶橫箸文野之見，必令械器日工，餐服愈美，勞形苦身，以就是業，而謂民職宜然，何其妄歟！（**石井剛：也就是說，無政府主義者的話，說要達到最高的平等，那麼國家都沒有了，但他們還是囿於這種文野之見。什麼意思呢？用機械化來改造勞動，從「野」的生活方式解放出來，要提高到「文」的生活，這是無政府主義的主張。所以說章太炎對此是進行反對。**）故應務之論，以齊文野爲究極。」[23]當時的無政府主義者（包括劉師培在內）認爲，要用機械化來改造勞動，使勞動人民從「野」的生活方式解放出來，並提高到「文」的生活。章太炎並不贊同這種見解。因爲「文」也好，「野」也好，都有對自己的獨特價值，所以，章氏主張文野這種區分本身是要克服的對象。

22　章太炎：《齊物論釋》，《章太炎全集（六）》，頁39。

23　章太炎：《齊物論釋》，《章太炎全集（六）》，頁40。

　　那麼，如果再看一下郭象對剛才〈齊物論〉裡面的那一段解釋的話，也可以看章太炎的一些問題出來。郭象說：「夫物之所安無陋也，則蓬艾乃三子之妙處也」[24]、「夫日月雖無私於照，猶有所不及，德則無不得也。而今欲奪蓬艾之願而伐使從己，於至道豈弘哉！故不釋然神解耳。若乃物暢其性，各安其所安，無遠邇幽深，付之自若，皆得其極，則彼無不當而我無不怡也」[25]，章太炎對郭象的解釋是表示贊同：「子玄斯解，獨會莊生之旨」[26]。我剛才也說了，章太炎和《莊子》的啓蒙閱讀之間會有一定的張力，其實，這種張力的一個表現就在他以及郭象的閱讀和清學閱讀之間。

　　我爲什麼以「啓蒙」這兩個字來重新閱讀《莊子‧齊物論》？那是因爲《莊子‧齊物論》裡面有一個非常重要的詞叫做：「莫若以明」。啓蒙的原話就是Enlightenment。當然歐洲十八世紀以來的啓蒙思想有它自己的內涵，但從字面意義來講，無非就是「以明」來觀照它，用光來照亮它、明亮它，就是說enlighten的一個過程。在〈齊物論〉「十日並出」的那段話說的是：堯來對蓬艾之間的那些「野」的群體進行啓蒙的故事。無論郭象還是章太炎，都認爲照亮（enlighten）本來就是不應該的，因爲他們也有他們自己的生活，各安其分是最好。但是，清學的閱讀，不一定是這麼讀的。

　　　有儒、墨之是非，以是其所非，而非其所是。欲是其所非
　　　而非其所是，則莫若以明。物無非彼，物無非是。自彼則
　　　不見，自知則知之。故曰：彼出於是，是亦因彼。彼是，
　　　方生之説也。雖然，方生方死，方死方生；方可方不可，

24　〔清〕郭慶藩：《莊子集釋》（〔清〕思賢講舍光緒二十年刊本）卷1下，頁26。

25　〔清〕郭慶藩：《莊子集釋》卷1下，頁26。

26　章太炎：《齊物論釋》，《章太炎全集（六）》，頁39。

方不可方可；因是因非，因非因是。是以聖人不由，而照
之于天，亦因是也。是亦彼也，彼亦是也。彼亦一是非，
此亦一是非。果且有彼是乎哉？果且無彼是乎哉？彼是莫
得其偶，謂之道樞。樞始得其環中，以應無窮。是亦一無
窮，非亦一無窮也。故曰「莫若以明」。

諸如是和非，彼和是、彼和我之類都是相對峙的關係，且是在圍繞
環中「以應無窮」。那麼，聖人對這種是和非的對待，或者是和非的區別
怎麼看待？《莊子》說：「是以聖人不由，而照之於天。」也就是，聖人
不一定就是要偏袒某一端，而要「照之於天」。因此，可以知道聖人是從
超越的地位，或者是借天的普遍光照的立場來照耀對待關係的。但果然如
此嗎？《莊子》說：「聖人不由，而照之於天，亦因是也。」這個「亦因
是也」怎麼去理解？這是一個問題。不管怎麼樣，我們先看最後：「樞始
得其環中，以應無窮。是亦一無窮，非亦一無窮也，故曰莫若以明。」是
也是無窮的，非也是無窮的，所以說「莫若以明」應該把這種無窮的運動
的關係照亮一下，明明白白地揭示出來。一方面說，聖人「照之於天，亦
因是也」，但在另一方面又說，「莫若以明」。所以說，就算聖人企圖做
到中庸，但是也只能在某種「是」（「因是」的是）的地方來觀照是非旋
轉的世界。因此，我的解釋是：哪怕是聖人，其實也「囿於一隅之見」，
不可能站在普遍的、超越的立場來看待一切。就是說，他「照亮」或者
enlighten的這種具有「光」，還是有一定的方向性的，所以說還是會出現
一些影子的。

十九世紀後期，郭嵩燾對郭象提出了異議：「今觀墨子之書及孟子
之闢楊墨，儒墨互相是非，各據所見以求勝，墨者是之，儒者非焉。是非
所由成，彼是之所由分也。彼是對待之形，而是非兩立，則所持之是非非
是非也，彼是之見存也。莫若以明者，還以彼是之所明，互取以相證也。

郭注誤。」[27]郭嵩燾說「郭注誤」，是因爲「莫若以明」就是「還以彼是之所明，互取以相證也」。我們回顧一下郭象對此「儒墨之是非」問題怎麼看？他是說「今欲是儒墨之所非而非儒墨之所是者，乃欲明無是無非也。」[28]郭象認爲最終的目的還是要「無是無非」，也就是到達「玄同」境界。郭象在別處也提到「與物冥」，而「玄」、「冥」都與「莫若以明」的「明」相悖。不知是不是這個原因，郭象對「莫若以明」並沒有給出具體的闡釋。相對而言，郭嵩燾則依據「莫若以明」四個字來貫穿對《莊子》文本中「是非之辨」相關討論的詮釋。

　　郭嵩燾的這種詮釋取向並不是孤立的例子，早在明末清初，傅山已經做過類似的解讀，對郭象「玄同」說提出了明確的異議。[29]包括當代學者樓宇烈在內，他們皆不慊於郭象以「玄」、「冥」等昏暗意象克服是非問題的思路。歸根結柢，這種思路不合乎「莫若以明」的意思。同時，「莫若以明」並不等於給聖人提供某種超越性的觀照地位，而是要說明即使是聖人也無法逃脫「因是」的地平線。正如郭嵩燾說「於此累十日焉，皆求得萬物而照之，則萬物之神必敝。」[30]神會必敗的，照亮出來（啓蒙）的結果，「神」是要必敗的。

　　但是，我們在這裡可以看到很深刻的一種弔詭。日照是一種啓蒙之光，也可以理解爲一種「理性」的力量。但此理性的力量如果用得過多，人會反而陷入更嚴重的困境。接在上述「萬物之神必敝」之後，郭嵩燾還加了如下幾句話：「日之照，無心者也。德之求辯乎是非，方且以有心出之，又進乎日之照矣。人何所措手足乎！」世界要照亮起來，但同時也要拒絕將一切都揭示在光天化日之下的強烈光能。Enlighten看來有其侷限

27　〔清〕郭慶藩：《莊子集釋》卷1下，頁13。

28　〔清〕郭慶藩：《莊子集釋》卷1下，頁12。

29　詳情請參看石井剛：《齊物的哲學》，頁160。

30　〔清〕郭慶藩：《莊子集釋》卷1下，頁27。

性，是過猶不及的。如果說清代學術史進程是一個啓蒙的過程，啓蒙之後得到的一個結果又是什麼？那就是一個非啓蒙或者是反啓蒙的結論，這是一個非常有意思的一個過程。也可以跟章太炎從「公理」到「齊物」的跳躍，結合起來想這個問題。

　　我們回到今天的主題了，章太炎的「齊物哲學」對國家民族、語言文化的超克意義何在？今天我並沒有特別強調國家的問題，民族的問題，更沒有講超克的問題。但是我分析了章太炎有關「語言方面的闡述」以及《莊子》「彼是對待」等的問題，政治思想背後一定要有形塑世界觀的語言以及結構的問題關懷。所以，我分析這些問題一定有助於我們思考「共生」的政治議題。我先講到這裡。非常感謝。

莫加南：非常感謝，石井剛老師非常精彩的報告，讓我們進一步了解「齊物哲學」有許多不同的理論潛力。我先讓賴老師來回應。

第五節　對談與回應㈠：「一中心」與「去中心」的兩種齊物解讀

賴錫三：石井先生很客氣，時間很節制，本來想讓石井先生能夠有更多時間講這三篇文章。這三篇都是大文章，需要時間闡述，裡面除了文獻的解讀之外，石井剛有很多很獨到的見解。他今天已經把核心的看法點了出來，我底下不敢說是提問，而是嘗試做一些描述，看看是否能夠理解石井剛的觀點，或許可能觸及一些他剛剛來不及談的部分，勾勒一些接下來可以對話的脈絡。

　　石井剛一開始的時候，就談到「共生哲學」的追溯。這個追溯不只是東京大學的UTCP（The University of Tokyo Center for Philosophy 東京大学大学院総合文化研究科・教養学部附属　共生のための国際哲学研究センター）成立時的核心精神，甚至在九〇年代，日本學者已經意識到這一個問題的重要性。石井剛提到他在本科畢業論文的時候，曾從John Rawls的政治哲學liberalism脈絡，回應過這個議題。而從現在的角度來看，共生的

議題可能比當時候liberalism那個脈絡下的語境，更複雜、更豐富，比如環境的問題、跨人類中心主義的物類問題，當然還有很重要的跨文化、跨語言的問題，這就連接到他這本書的中文版序言的觀點。一開始談到共生的時候，一定要涉及到「遭遇他者」，也就是共生必須走出中心。他提到必須跨出自己母語的舒適圈，跨出自以為母語就是世界中心，比如說中國哲學在當今世界哲學中的處境，今天的報告也就涉及到「中」、「中心」這些概念，他就特別提到Sinophone philosophy這個概念，已經具有跨語言、跨文化那種「非中心」的混雜性。

　　石井剛作為日本學者，面對所謂「漢語哲學」的問題，已經把它放在一個多重語境、多重文化的跨界角度，這對於把中國哲學視為單一或者唯一中心，以「華夏中原文明」為中國哲學的典範標準有一種顛覆效果。長期以來，何乏筆和我所推動的「跨文化漢語批判哲學」、「跨文化莊子學」，就是想讓中國哲學跨到跨文化處境的非單一中心，這樣中國哲學才能夠突破一種國族或文化中心主義，進入到世界哲學的平臺來重估它的當代潛力，同時讓中國哲學放在一個跨文化的世界哲學平臺裡，重新被多語境的跨文化學者所開採。在臺灣，包括何乏筆、彭小妍等學者，也都不斷強調Cross-culture或者Trans-culture，就是為了要解放文化的本質主義、中心主義。[31]在臺灣或中國大陸的學術界朋友們，在討論中國哲學的時候，由於直接使用「中文」的社群很龐大，形成一個夠大的學術機制，有時候未必意識到怎麼跨出中文的語言中心主義，使得漢語哲學能具有更豐富的聲音多樣性。石井先生在中文序文特別談到「天籟」這一概念，他對於「天籟」的理解，一方面注意到「彼／是」相待的「共構性」是不能夠取消的，也就是「彼／是」或所有的二元對立的相待關係，沒有辦法完全被取消，甚至「是／非」也沒有辦法完全取消。可是「天籟」在他的理解裡

31　參見〔德〕何乏筆：〈跨文化批判與中國現代性之哲學反思〉，《文化研究》第8期（2009年6月），頁125-147。彭小妍：《浪蕩子美學與跨文化現代性》（臺北：聯經，2012年）。

面，如果能夠跟「共生」連接起來，就應該不會掉入純粹的文化相對主義，因爲「天籟」還有一個很重要的思想面向，也就是和「環中」或「天鈞」的關聯，如此才能在彼是相待之中卻又能夠相轉相化。他在這幾篇文章不斷提到對「天籟」的理解，那個聲音的多樣性並不是多元差異、不相關的雜音而已，其實是有共鳴、共振、共化的交互性。彼此之間，有相待又相化的「動力結構」在。

他特別分析到：章太炎用「齊物」來超克「公理」，或是說他要讓「齊物」跟「公理」這一組概念形成共生／互轉的關係。對章太炎來說，公理涉及到：人作爲一個語言的存有者，透過語言形成某種共識和規範的界域，所謂「言者有言」。儘管章太炎非常注意〈齊物論〉「齊物」的聲音隱喻，可是章太炎同時也很重視石井剛所提到的「言」之外的「文」這一概念。而「文」這個概念涉及到書寫，書寫則涉及到文字視覺化，使得人類文明有相對穩定的客觀性軌跡，形成一種共識或者具有「公理」的規範性，而不只是個人的意見。可是「此亦一是非，彼亦一是非」的是非之見，往往會被普遍化爲公理，比如由儒墨之是非而來的意見鬥爭，也可能各自都以「公理」自居。在這個地方，石井剛就特別談到章太炎繼承戴震以及段玉裁：這個「理」並不是形而上的「普遍超越的理」，而是必須在具體的情勢、歷史等等情境脈絡下所談的「具體的理」。通過共同的語言使用，具體的理就可以形成暫時性的規範意義。同時，章太炎用〈齊物論〉平等的「不齊之齊」去批判公理，也就是說，公理作爲語言的產物，它不宜隨名取執，使得暫時性的共同約定或規範，變成普遍恆常性的統一性規範，如果是這樣，它就會壓抑了差異、多元的聲音。因爲「齊物」這個概念，是一個聲音的隱喻，具有流變性、差異性的特點，每一個人都有各自的聲音，各有「咸其自取」、「使其自己」的自適其性及絕對他異性，不可以被抹平消除。這裡面就有「齊物」跟「公理」的差異與統一的辯證關係。有時候需要用「齊物」來拯救「公理」，有時候又告訴我們人不可能完全離開語言，但也不可以流於個人意見，必須要有公理，才能夠

形成一個暫時性的共同體。可是公理又不能夠過於壓迫差異性，需要在兩端不住的動態歷程中來尋求辯證圖像。

石井剛也談到章太炎跟劉師培對於方言或語言文化的觀察跟〈齊物論〉的關係。因為這裡面涉及到很專業的聲韻學、語言學、包括文字學的問題，超出我的專業能力。基本上他做了一個很重要的區分，就是章太炎跟劉師培，儘管當時候他們都共同努力想要保留方言，所以他們有許多的共通點，比如都強調保留方言。保留方言也可以說是想要維護聲音的多樣性，因為文化是透過語言來傳承，語言的多樣性、聲音的多樣性，象徵著文化不能夠完全被統一化，不能被國家以同一的國語或同一的聲音來統一所有的聲音。可是他們兩人也同時注意到，如果是所有的人都各自講各自的方言，聲音無窮的差異造成彼此聽不懂對方的阻隔。我們必須成為一個共同體，要有一個共同的溝通基礎產生，所以他們也要找一種「可溝通」的聲音，或是某一種「共通性」、「客觀性」的文字，這裡面就有方言的「言」跟「文」的辯證張力在。

有趣的是，石井剛對於劉師培的音韻的考察，發現他背後有一個單一中心的思維模式。也就是劉師培認為：方言會演化出千差萬別的聲音，可是愈往古老的源頭回溯，其實它們都是從一個原初性的共同聲音，在地理文化的差異推擴過程中，慢慢演化出千差萬別的聲音，正是這些千差萬別的聲音，讓我們的溝通出現困難。對於劉師培來說，他要回溯到「本源的中心」，也用「本源的中心」去解釋從中心發展到邊緣的過程中，所產生的差異與雜多。可以說，劉師培是用「同一」來解釋「差異」。相對來說，章太炎有一個很重大的突破，就是對〈齊物論〉的解讀，這也是兩人差異的關鍵所在。對於章太炎來說，並沒有一個預先存在的單一中心，然後再由此發展出差異化的聲音，也就是說，多元聲音的背後並沒有一個「怒者」，並沒有「真君」、「真宰」，並沒有「泰初」。並沒有「形而上的本原」作為「一」，然後再從「一」發展出「多」。而文化並不是從中心再擴展到邊緣的分布關係，或者目的論式的發展關係。章太炎的這種

說法也就承認了「多中心」，甚至承認了「非中心的中心」。石井剛舉章太炎的「成均圖」爲例，非常有意思，成均圖跟等韻圖的差別到底在哪裡？爲什麼用成均的「均」？我們立刻就會想到〈齊物論〉的「天鈞」，因爲「天鈞」跟「環中」是同一種概念，而且成均圖周邊是四方，中心是圓，也是「天圓地方」的概念。「方」代表有相待，可是圓一直轉動。而那樣的中心可以說是「去中心的中心」，或者「無中心的中心」，不是形上實體的中心。中心同時反應在千差萬別的聲音上，每個聲音都是中心，每個聲音也是邊緣，每一個聲音也同時跟其他的聲音能相互變轉。

這代表什麼？代表「天籟」呼應著〈齊物論〉所質疑的「怒者其誰耶？」在天籟眾聲喧嘩的背後，並沒有第一因的推動者、形而上的超越者，這就代表對於語言或者文化的理解，去除了形上學的思考方式，而且解構了從形上學思考方式來看待多語言、多文化，它們不斷在空間上面發生關係的混雜化，既是互轉共生，同時也會有衝突矛盾，可是在過程中也不斷地衍化出更多的可能。這代表了成均圖、天鈞的「圓轉」，是讓韻、讓聲產生更多的聲音，而不是要回溯到一個根源來終結多元差異的聲音。這個地方，石井剛做了很重要的分析，從方言角度、從言跟文這個角度比較了章太炎跟劉師培，讓我們理解到當時他們作爲小學專家，處理的不只是技術性的音韻問題，背後還有更深刻的對於文化、國家的理解跟想像，而〈齊物論〉不約而同地成爲他們重要的思想資源，他們解讀〈齊物論〉的重大差異，打開了很不一樣的思維圖像。我想石井剛的立場當然是更爲欣賞章太炎。對成均圖這個圖示的解說，比較少看到石井剛提到莊子「兩行」的概念，我希望等一下多聽聽他描述「兩行」這個概念。

最後連接到他對〈齊物論〉清學的解讀，他所謂的啓蒙的閱讀。在談這個問題的時候，他進行了聲音的隱喻跟光的隱喻的對比。因爲啓蒙向來跟視覺很有關係，啓蒙跟enlightenment，跟light有關係，而道家也有「光」跟「明」的這些意象。比如〈齊物論〉談到「莫若以明」、「葆光」，《老子》也提及「和光同塵」、「不自見故明」等等。石井剛在文

章裡面特別闡發了「葆光」，對於那種「光」以爲自己可以照亮一切，
把自己的enlightenment當成絕對的公理，可照亮一切，提供絕對超越是非
的、普遍眞理的理解，或者啓蒙的絕對化現象，他透過「葆光」、「莫若
以明」進行了批判反省。他有一個很重要的提醒：不能把《莊子》當成
神祕主義。《莊子》或是佛教的「空」、「無」這些思想資源，長期被
視爲東方哲學可以超克西方現代性、理性的限制、啓蒙的限制。面對現
代性的暴力或是理性過分的規範所產生的啓蒙自我神話化，也就是阿多
諾（Theodor W. Adorno）批評的啓蒙自我變成了控制的牢籠。很多中外
學者都認爲西方的現代性必須要超克，而東方有《莊子》、有禪佛學這
些思想資源可以提供超越憑藉，可是石井剛在這篇文章告訴我們說，他從
清代郭嵩燾到章太炎的思想發展歷程，看到一條很重要的「啓蒙解莊」的
路線，也就是去掉過分神祕化，去掉形上學化的理解，對〈齊物論〉裡聖
人的「因是」、「莫若以明」、「照之以天」、「得其環中以應無窮」等
表達，並不代表聖人完全可以變成無限心，獲得一個絕對超然的立場，觀
照一切而且弭平一切，自己可以完全無是無非地超然物外，而別人都落在
「此亦一是非，彼亦一是非」之中。如果是神祕主義式的理解方式，「莊
學」就變成反啓蒙或是超啓蒙。如此一來可能會掉入「虛玄」，不一定可
以恰當解讀〈齊物論〉，而且也難以回應整個東方如何辯證地面對西方現
代性的問題。我們已經完全處在無所逃於西方現代性的全球化命運中，而
西方的現代性難題早已經不是純屬西方的問題，它也已經成爲了我們近代
東亞的內部性問題了。所以我們必須要吸收現代性、轉化現代性，同時也
要把東方的思想資產放在跨文化語境裡，才有辦法再度打開思想的活力。

　　石井剛對於清學思想以及〈齊物論〉「因是」的解讀，把整個東方
所謂的聖人、境界、「無是無非」的那種超越性想像，落實到一個非常平
實的土壤上，這個土壤可以說是有限性，聖人必然即於有限性，甚至也必
須即於是非。但是如何即於是非又不落入「儒墨是非」的意見鬥爭？如何
不把自身的「是」當成「果是」？要回應這些問題，也就涉及到了「天

鈞」、「兩行」、「環中以應無窮」等等相待又相因的圓轉不住之轉化意象。我想石井剛等一下也可以再多加闡述。

　　最後，石井剛提到〈齊物論〉裡的一個寓言，寓言談到「堯」有一天想要攻伐南方三小國，但是心中悶悶不樂。堯、舜代表了華夏中原文明的「文」，對於堯或者對於黃帝來說，他當時看四方，看「他者」的時候，有一個自詡爲文明的中心跟高度，而四方只是文明落後的「野」。像南方三小國處於蓬艾之間，或是像吳越之國的「斷髮文身」，都暗喻著落後、邊緣、有待「文明」去治理拯治它。《莊子》那個寓言就質疑了堯「自以爲」擁有了絕對的光明，自以爲可以照耀天下。可是「十日」的比喻，代表堯不能把自身絕對光明化，必須要意識到：他的光同時是有陰影的，可能沒有照到自己是以單一的中原文明作爲中心，出於文化「拯救」之名而對他者進行攻伐的暴力。《莊子》也談到黃帝在建構華夏中原文明的時候，發動了很多所謂的「義戰」，血流成河，最明顯的就是黃帝跟蚩尤的戰爭。統一四方部落，建構中原文明的過程中，也是不斷進行戰爭的過程。這就會涉及到《莊子》對「中」這一概念的反省，對於中原文明、華夏文明自以爲是文明中心、世界中心、母語中心，《莊子》很早就意識到「中」必須自我虛化、空化、無化。連繫到今天的「中國哲學」或者「中國文化」，剛好也是以「中」爲名，如果可以有一個方法論的突破，《莊子》就提供了一個很好的思想資產，它很早就在思考「中」不能視爲實體的中心，也不能成爲形而上的本原。事實上，我們跟不同的語言文化、種族同時「並生爲一」共在共生在這個世界上，而在不同區域文明在互相流通的過程中，也是混雜交織的變化過程，所以「中」也會不斷流動。因此，「中」必須以「虛」爲中心，能夠意識到自身處於不斷互轉的過程中，凸顯中國哲學原來共生的意義，而不致使偉大的文化復興又重新回到了「一中論」。而《莊子》天籟的「非中心的中心」，是可以提供「虛室生白，吉祥止止」的敞開平臺，讓各種不同聲音在這個「去中心」的共生平臺上，演出「遍中心」的天籟交響而生生不息。我上述的回應，比較像

是讀了石井剛文章後的呼應，同時也做些梳理，看看能否有助於帶出底下
的對話脈絡。

莫加南：非常感謝賴老師，很完整的回應。賴老師提了很多值得討論的
議題，石井剛老師，你要不要先回應一下賴老師。

石井剛：首先，非常感謝賴老師非常準確的概括。賴老師比我懂得更深
（笑）。說實在的，我對《齊物論釋》的理解是非常粗淺的。近些年來，
中國大陸出現了很多對《齊物論釋》的研究，其中有一些訓詁方面的功
夫，造就了很重要的作品。大概這十年來，大陸學者對章太炎的思想，以
及對《齊物論釋》的理解有突飛猛進的提高。跟他們相比，我或許已經
沒有資格討論《齊物論釋》裡面的思想問題。我覺得章太炎的齊物哲學
裡面也有看似「文化相對主義」的面向。他對賴老師提到的「天鈞」、
「兩行」這個問題的討論表現出這個面向。但更重要的是他的「文化本質
化」。我以前跟劉紀蕙教授也討論過，我很難認同章太炎的部分，一個問
題，就是他對歷史的一個觀點，但是這個歷史也是一種「環中」，或者是
中間是空的歷史主體，或者是歷史認同的中心是空的。所以說，其實歷史
認同和民族認同可以不一致。從理論上來講，因為中間是空的，很多人可
以說是「路過這段歷史」、「路過這段文化」，也可以在某種意義上、一
定意義上可以當歷史或者文化的主體。但是因為在他們是空的，沒有一個
可以站主流位置的人。但是，章太炎同時也是非常強烈的民族主義者，他
反對無政府，為什麼要反對？因為建立民族是有當今的必要性，迫切的必
要性。我們也可以理解，為什麼章太炎在二十世紀初的情境之下要提升民
族主義，尤其是它是一個被侵犯的民族。但是他還提到愛國的問題，愛國
心的來源是歷史，這是一個同一反覆的問題。歷史如果是空的話，如何去
敘述歷史？也是一個非常空泛的，或者是說很難決定哪一個歷史是屬於自
己的歷史。但是章太炎說，看歷史自然會生發出愛國心來。所以說，首先
有一個：激起人們「愛國心」的歷史敘述的一種故事，或者有趣事，否則

都很難產生愛國心。所以說章太炎在非常具體的政治問題上，還是會掉入某一種民族中心主義。這個怎麼看，怎麼去評價是非常大的問題。其實，我後來不怎麼做章太炎研究的原因，大概也跟這個問題有關係。

再回到「兩行」，其實，《齊物論釋》相關的論述比較難解。章太炎自己也對他自己在初刻本中的講法似乎不太滿意，在《齊物論釋定本》中做了一些修改。在《齊物論釋定本》上，他說：「『和以是非』者，則假天鈞爲用，所謂隨順言說。『休乎天鈞』者，則觀天鈞自相，所謂性離言說。一語一默，無非至教，此之謂兩行也。」[32]自「隨順」這一說法可以看出，他將語言層面的理解和超過語言層面的「玄旨」分開來看，並認爲「狙公賦芋」、「朝三暮四」是執迷於語言的表現。但章太炎的高妙之處在於，他並不認爲後者是錯誤的，而是人要「隨順」的。因此，語言和語言的翻譯的問題變得很重要。他說不同的語言，比如西方的英語或者是德語，那些語言之間有不可轉譯性。所以說，我們又碰到一個問題：不同的文化之間，我們能不能做到跨文化思想的交流？如果從章太炎的角度來說，不能說是做不到，但是有一定的難度。我們今天重新討論章太炎的時候，不可轉譯的一種「文化相對」思想是繞不開的。他對郭象的「各安其所分」表示認同，看似章太炎是站在弱者的立場來保護他們的地位，但是實際上可能有一個問題。

反過來講劉師培，他的思想中有很強烈的「目的論」的色彩，是無法否認的。劉師培的歷史敘述方式，完全照搬了黑格爾。但是他的最終目的還是在全球範圍實現無政府，沒有一個支配者，沒有一個統治者。所以說是非常荒唐的。但是我們也不應該太小看劉師培的思想。雖然他在政治上和章太炎的立場比較一致，但同時他也吸收康有爲的「大同思想」。所以說，我們把兩個人有關「天籟」的哲學闡發，並列討論、並列思考，是非常有意思的問題。

32　章太炎：《齊物論釋定本》，《章太炎全集（六）》，頁83。

　　最後我再說說「中」。這是一個很棘手的問題。章太炎似乎比較成功做到了較好的詮釋而主張彼是相化、彼是相待這麼一個非中心的,或者是無中心的思想。但是剛才我也說了,現實的運用上可能章太炎也不一定貫徹到了他自己的《齊物論釋》裡面的思想。二十一世紀的種種事件,包括現在Covid-19的襲捲之下,國家的主權力量受到考驗,或者是說得到了強化。在這麼一個複雜的過程,複雜的現實裡面,「中心」的問題太棘手了。我們不能簡單的說中心可以否定掉。這個中心是一個力量的凝聚所在,而力量的凝聚是沒辦法避免的。最近我也在想,「中心」或者是「力量的凝聚」不可避免的情況之下,我們如何要保護我們自己的每一個個體的生存,而且每個個體的生存當然是「共生關係」上的生存,這是我最近的想法,這是我很簡單的回應,謝謝!

第六節　對談與回應㈡:齊物哲學與華夷之辨

莫加南:非常感謝石井剛老師的回應。我會利用大概10-15分鐘的時間,做我自己的一個非常簡單的回應,我就跟大家分享一下我的螢幕。螢幕上的段落,是從石井剛老師《齊物的哲學》的第一章節,第一章石井剛老師今天沒有討論,但是我覺得這個章節也非常有意思,這個章節提供石井剛老師「齊物哲學」的一個基本的定義,「齊物思想」所表現的世界觀:
「就在所有的個體之間絕對平等關係之上,成立的多元化的世界圖景。在這裡,『絕對平等』並非僅指否定人類社會內部等級區別的自然權利的平等。毋寧說是世界中的每一個個體自安於自足範圍而互不干涉的多元存在論。」石井剛老師對章太炎的分析,其實跟汪暉老師很像,我們星期二討論汪暉老師對〈齊物論〉的分析,石井剛老師跟汪暉老師都強調〈齊物論〉有一種否定的力量。章太炎透過〈齊物論〉要否定人類社會內部等級區別的不平等,所以它有一種很明顯的否定力量,對既有的價值規範也好,一個霸權的政治體制也好,一個帝國主義的體制也好,都表示否定,否定不公平的權利支配。

　　石井剛老師在這裡進一步說明：「他認爲『齊物』的平等是一種『一往平等』、『畢竟平等』，這種平等是通過『滌除名相』之後才能達到的一種境界的。換句話説，諸如『文明』、『野蠻』之類的外在概念，一旦套在了每一個個體身體上，這些個體就被安排在這一個概念範疇所規定的序列當中，也便失去其所本有的獨一無二性。」我覺得其實跟汪暉的分析很像，汪暉也強調章太炎的「滌除名相」的面向，我們要否認名相，我們要絕對的反對任何的用文明、野蠻等等的詞彙套在人的身上。你用這些概念，你一下子就有範疇上的一個可以說不公平，或是不平等的思維方式。這個部分是涉及到章太炎的很強烈的反帝國主義的思想，因爲他確實是很反對西方的帝國主義，它們用這樣的一個「文明」、「野蠻」的邏輯，來爲了他們的帝國主義提供藉口，把他們的帝國主義合理化。

　　我第一個要提問的是，我一直覺得我們有兩種章太炎，一種是「齊物論」的章太炎，強調對所有名相的否認，強調這個「絕對的平等」，就是absolute equality，不應該用「文明」、「野蠻」這些概念來進行帝國主義。但是章太炎在討論中國歷史的時候，他主張民族主義的歷史，他非常明顯地強調「華」跟「夷」的差異。他在1910年發表的《齊物論釋》是反對一個等級性的思維方式，但是他在清末的文章當中有一種很強硬的等級性的思維方式，華跟夷分得很清楚。

　　我們星期二，就是上一節課，已經開始討論這個問題，有一些線上的朋友就說：章太炎從1903年到1906年坐牢了，然後他就離開中國，他去日本發展、教書等等，從那個時候開始，他因爲有機會接觸到更多元的學術環境，跨文化的環境，所以他有所改變，改變他在十九世紀末所表現的比較極端的民族主義，他有機會反思，然後他就發表了《齊物論釋》。所以，有一個說法是：早期的章太炎是比較絕對的，比較本體論的，自我與他者分得很清楚，有國粹的章太炎，跟後來《齊物論釋》的章太炎不一樣，這個是他個人學術發展的過程。但是我不知道章太炎在中華民國建國之後，也就是他回到中國之後，有沒有完全的否認他的大漢民主義，或者

他對國粹的重視。章太炎的思想體系裡面有很多不同的層面，我們怎麼去了解這些不同的層面的內在關聯，齊物思想與華夷思想，這是一個問題。

　　第二個問題是石井剛老師，你強調章太炎的思想是無目的論，所以章太炎在《齊物論釋》反對任何一個目的論，任何的時間線性，就是Linear Time的思維方式。章太炎說：「莊周明老聃意，而和之以齊物。推萬類之異情，以爲無正味正色，以其相伐，使並行而不害。」（《國故論衡・原道》）並行不二不害，就是不應該有任何的正味、正色等等。沒有目的論、一切就是各自發揮，以「不齊」爲「齊」。我們怎麼把這樣的〈齊物論〉的論述跟章太炎強調的法家思想與民族主義融合起來？章太炎也經常強調：要鞏固中華文明，要保護中華民國，要復興中華，光復國家等等，在這樣的思想裡，華人有一種歷史上的目的，就是要復興國家，不能以自己狹窄的娛樂爲主，要有集體的目的，集體的意識。這樣的想法跟章太炎強調「無正味正色」非常不一樣。我們怎麼面對章太炎思想體系裡的這兩種不同的面向？

　　石井剛老師在你的第一章你寫了這個段落，我覺得這個段落寫得很好，這個段落是我一直在思考的問題。你在《齊物的哲學》的第32頁寫道：「『非目的論』爲他（章太炎）的「齊物」思想的多元主義提供了一個基礎，但我們不禁要問，這會不會使人墜入相對主義？在否定了線性時間觀念，完全順任萬物生化之自然的消極自由思想，如何能夠成爲一個帶有批判意義且包含某種建構實質的政治哲學？」這個「相對主義」的問題，我覺得是非常重要的。如果我們真的「因是因非」，如果我們真的以「不齊爲齊」，各自發揮了，當然一方面是提供多元主義的思維方式，這是它的正面，但是也有一個負面，可以說你如果面對很保守的思想，很暴力的政權，很暴力的思維方式等等，〈齊物論〉可以給你什麼樣的資源，來反抗、來反對？所以我要問石井剛老師同不同意王汎森老師的說法，王汎森老師是臺灣中研院的院士，也是很有名的中國思想史的專家，他是這樣寫的：「太炎的齊物思想之優點是提醒人民同情其他文化傳統與價值的

多元性，但是他的缺點是他爲所有保守現狀的要求提供了理據……『野者自安其陋，都者得意於嫻』。」（王汎森：《章太炎的思想：兼論其對儒家傳統的衝擊》）所謂的「野者」就是保守的人，你不要試圖改變他們，你不要啓蒙他，你就是讓他們各自發揮，野者自安其陋。我不知道石井剛老師，你同不同意王汎森對章太炎的齊物哲學的一種批評，即「它爲所有保守現狀的要求提供了理據」？

如果我們可以說〈齊物論〉本來就是有這個缺點，它很容易變成一種道德上的相對主義，那麼我們需要認眞思考這個問題。在二十一世紀，不管在美國黑人的運動，比如「Black Lives Matter」的運動，或者在臺灣後殖民的本土化運動，又或者臺灣的同志運動，也就是支持同性戀的權利……參與這些運動的成員都不會接受保守的觀點、種族主義的思想、歧視性的論述。如果說你就各做各的，你就各自發揮，社會可以有進步的思想，也可以有保守的思想，大家各做各的，沒有是沒有非，沒有仁沒有惡，大家都不齊，那我們不就是墜入相對主義嗎？以上的社會運動是要挑戰保守的思想，他們不可以「以不齊爲齊」，不能讓保守的思想自由發揮，讓保守的思想傳承到下一代，他們不要以「不齊爲齊」，他們還是有一種啓蒙的動力在，他們要停止保守思想的傳播。所以，我的第三個問題，大概是相對主義的問題，您是怎麼面對這個問題？

我知道1914年到1915年發表的《齊物論釋》是作品的第二個版本，章太炎被袁世凱誘禁的時候，他有機會修改他的著作，好像進一步地思考了這些問題。他特別討論「心」這個概念，還有「心死」這個概念。在1914年的《齊物論釋》的重訂本，章太炎這樣寫：「莊周復懼人以輾轉受生爲樂，故《田子方》篇復舉仲尼對顏回語，稱：『哀莫大於心死，而人死亦次之。』夫心體常在，本無滅期，而心相波流，可得變壞，此所謂心死也。」章太炎很重視「心」與「心死」的概念，可以從這個角度進一步思考〈齊物論〉的相對主義問題，如果各自發揮了，人民好好的享受當下，好好的開心，沒有一種改變現狀、反對霸權的動力，沒有向更平等的未來

的動力，沒有目的論，那這個是不是對「心死」是一種投降？一種接受？心死比人死還重要的，人死不是重點，重點是你的心已經死掉了，你沒有了同理心，沒有了進步的動力，在日常生活中變得可以接受惡了。我的第四個問題就是關於「心死」的這個部分，我們怎麼看待這個概念？怎麼面對相對主義之下的「心死」？

　　我覺得我先到這裡，因為時間的關係，我要給同學們，還有線上的同仁機會去跟你對話，所以我就把時間留給石井剛老師，謝謝！

石井剛：謝謝莫先生，您提的問題都非常好，可能回應起來要講很多。但是一些問題可以結合起來講。首先「等級秩序」的問題，這是跟「歷史民族」的問題相關的。那麼，民國建立之後，或者是在他的晚年，章太炎的民族主義思想還保留多少？他到了晚年做國學。辛亥之前叫「國故」，後來就改稱國學了。所以我認為他對「國」方面的立場，基本上沒有變化。但是從不同的角度來講，這裡還是有很重要的意義。對華和夷的等級性秩序，或者是華的重要性的強調怎麼看？我認為這也是針對日本學界來做的一種批判，也是一個很弔詭的問題。剛才賴老師也強調：章太炎的沒有中心的中心，會導出這麼一個想法，也就是說：中華性本身的無中心性。而有趣的是，中華本身的無中心性這麼一個思想，恰恰是1910年代前後，日本有一些學者提出來類似的想法。最典型的例子是內藤湖南（Naitō Konan）。

　　眾所周知，內藤湖南應該說是當時在日本最厲害的漢學家，他對清代學術有著非常深刻的了解。他從漢學專家的角度，說華夷秩序相對性的問題，那就是：華夏文化中心「轉移」假設。華夏文明的中心從最初的中原開始，逐漸往南轉移，晚清的時候，雖然政治中心在北京，但是經濟中心已經轉移到廣東一帶。所以內藤認為，華夏文明是隨著經濟和文化的力量轉移的，並不是由某一個地方的某一個特定族群所壟斷性佔有。他說，從這個邏輯來講，日本也可以成為「中國」。這樣就有問題了。內藤主張：

中國軍閥割據，沒辦法統一，而日本保留中華文化的精髓，經濟上也好、政治上也好、民族文化上也好，他的優越地位沒辦法否定，因此，日本可以當「中國」。[33]近些年來，在中國大陸流行「天下體系」有關的討論，華夷問題也納入到他們的議題中來了。在此之際，比如「華夷之辨」、天下「無中心性」之類的提法重新被提出來。有一些論者，而且是中國的論者，無意之中重複內藤湖南的觀點。我都不知道這個現象怎麼去解釋。那麼，反過來再看章太炎，他貫徹他的民族主義立場，是有他的道理的。而這個道理，我還是能理解的。再說下去的話，章太炎有一個很重要的概念是「隨順」。他深諳語言的臨時性特點。語言沒辦法捕捉到眞理，眞理永遠是語言的彼岸，所以我們只能是用有限的語言來努力靠近眞理。努力靠近的過程體現爲「隨順」：明明知道語言表達的侷限性而依靠於此語詞來進行表述。對於章太炎來講，「民族」和「國家」都不是眞存在。民族一旦崛起了、國家一旦強盛了，那個時候，國家要自我否定。這是他的「隨順」的想法。當然，對從中得出的一個結果，我們自然會有所質疑：因爲誰來判定自己的國家強盛達到了可以自我否定的程度？所有的國家都說我們要有軍事力量，是因爲我們要保護我們自己，防衛我們自己，我們永遠是在軍事方面的弱者。這麼一來，國家更不可能廢除，我們的國際現實就是如此。章太炎的想法倒是非常有魅力的，但是如何做到？這是很大的問題。

　　王汎森先生的提法，我非常贊同。我導讀的最後部分，談到郭象和章太炎的問題，我是用郭嵩燾來批判，也是這個意思。所以說，我完全贊成王汎森先生非常精闢的觀察。「哀莫大於心死」這個問題非常有意思，《齊物論釋》定本和初刻本之間的最大的區別，就是在於定本對「心」的發現或者是對「心」的闡發。爲什麼章太炎開始注重這個問題？這是比較

---

33 石井剛：〈反思日本現代「中國認識」與歷史的「內在理解」〉，《開放時代》第283期（2019年第1期），頁138-149。

中國的文化和印度的文化之後得出的一個結論。他陷入了一個困境：如果
真正要做到「齊物」的精神，做到「畢竟平等」，那麼這種齊物共生的基
礎應該說是物和物之間的某種共鳴，或者是共在。章太炎研究佛學發現這
種共鳴或共生的基礎，應該說是一種「輪迴」的思想。但是輪迴的觀念一
傳到中國文化中來，卻是變調了。為什麼？中國人喜歡享受現世的生活。
輪迴不是很好嗎？我們還可以再生。我們又可以再過一個生死輪迴，這個
跟印度人的想像是完全不同的，印度人心目中，輪迴是一種苦，所以想解
脫，要做菩薩行。章太炎想到此，才提出了「哀莫大於心死」這一說法。
「哀莫大於心死」，最重要的還是一種「道德的關懷」。沒有這個的話，
入世主義的生活方式沒有多少意義，這就是章太炎主要的意思。所以說，
這個拿到今天的語境來講非常重要。我們東京大學有一個生物學家，他研
究生物多樣性的問題，說現在全球面臨的最大的問題不是氣候變動。他說
氣候變動只是人類的問題，更重要的問題應該是：由於人類的活動，整個
生物界瀕臨危機，也就是生物多樣性在受到嚴重的損傷，所以在地球上最
麻煩的問題是人類的生存，人類生存的結果給其他的物種帶來了很大的生
存壓力。在所謂的Anthropocene（人類世）的時代裡面，物種消滅的速度
非常快，很多生物現在已經是滅絕了。在這種時候，我們可能要思考和其
他物種之間如何共生的問題。這是一個難題。也許我們也需要去想人類滅
絕的可能性的問題。所以說「哀莫大於心死」這個提法，還是人類生存下
去的欲望之下才能成立的一種道德訴求。但是人類作為「類」生存的欲
望，也許會給地球或者自然界帶來很大的壓力和隱患。那麼，我們是不是
換一種角度來看待我們的生存和全球的問題？考慮到這裡，我覺得《齊物
論釋定本》可能很重要。也就是說，我們也許到了該從整個生物多樣性而
不是人類的生存的角度，來重新建立新時代條件下的「心」。

莫加南：非常感謝石井剛老師很精彩的回應。我看賴老師舉手了，我們
給賴老師機會補充一下。

賴錫三：對「兩行」的討論帶出了相對主義，或是說怎麼超越相對主義的問題，「特殊」跟「普遍」這個問題也會被帶進來。章太炎對〈齊物論〉的理解，以及處在那樣的歷史時空處境下，他到底在實踐〈齊物論〉的時候，是不是存在矛盾？或是說，其實是策略性地利用了國家民族作爲暫時性的統一中心的必要性，這是很專業的問題，要做歷史文獻的研究。如果回到〈齊物論〉本身，王汎森對於章太炎的評論能不能夠擴充到對〈齊物論〉的評論？我比較保留。〈齊物論〉的「兩行」不宜被理解爲「文化相對主義」，在我看來，這是預設了「文化本質主義」，就是說表面看起來我尊重你，你尊重我，我不應該比你高，你不應該比我低，我不應該強加給你，你不應該強加給我，彼此互相尊重、不分高低、也不對彼此強加干涉，可是這種說法好像預設了兩個文化可以不發生關係，「不必」產生關係。我認爲，「兩行」概念是建立在「天籟」的基礎上，若依照前幾個禮拜任博克（Brook A. Ziporyn）談到的「萬有互在論」，對「天籟」解讀就是：徹底的關係論。沒有一個本質的「我」可以構成獨立的自我，「我」一定跟各種歷史情境、天地萬物共在，處在跟差異性的他者不斷產生關係變化的歷程當中。在這樣的情況下，「天籟」或「天鈞」、「兩行」預設了在不斷緣起之中發生關係性，你的中心不是有一個自己構成的、不跟他人發生關係的本質性、實體性存在。但也不是沒有中心，例如石井剛不斷談到的，沒有中心根本沒有辦法行動，所以《莊子》「吾喪我」並不是完全取消了「我」，反而是去實體化、去形上化的「無我之我」，成爲跟「天籟」交響不斷發生關係而且需要不斷回應的行動中心。不斷行動的中心，就是「隨順」，對我來說，「隨順」就是佛教講的「方便」。《莊子》不只是批判的力量，同時是重構的力量。也就是說，「空」不可以離開「緣起」，「無」不可以離開「有」，「虛」不可以離開「實」。解構中心只是解構了我們自以爲固而不化的中心，事實上，中心不斷在凝聚，也跟周邊不斷產生回應性的、創造性的關係，這樣就不是文化相對主義，或者文化保守主義的立場。「兩行」不斷地帶向文化的

更新，是跟他者不斷遭遇的隨順而化的過程。我想石井剛剛剛對章太炎的
解釋，一方面對章太炎可能的限制、複雜性做了揭露跟批判，同時也提醒
我們，對章太炎的理解必須要有更歷史、更同情的理解，回到具體的歷史
時空和處境，類似我們理解四〇年代的Heidegger，可以對他的政治立場
進行強烈深刻的質疑，但可能也必須同時去思考：他處在那樣的時代下，
被很大的「歷史時空的因緣」所帶動，產生了非常複雜的歷史的命運與困
難。我再把時間交給加南。

第七節　問題與討論

莫加南：非常感謝賴老師的補充，非常重要的兩個提醒。第一個，我們
當然要把章太炎脈絡化，在具體的時空當中了解他的複雜性。第二個，王
汎森對章太炎的批評不一定可以用在〈齊物論〉上，因為〈齊物論〉的自
我是一個不斷行動的自我，不是一個保守，或者一個道德上的一個相對主
義的自我，是在萬物當中一直不斷行動的自我。我看到已經有兩位朋友舉
手要提問，我們先邀請許慧玲提問。

許慧玲（臺南大學中文系兼任助理教授）：老師好。首先感謝石井剛老
師今天能夠提出成均圖，韻圖這麼多，找到這個圖讓我們看，我心中非常
愉悅。這個圖，我也是跟賴錫三老師一樣，直覺就是「環中」。「環中」
轉到「天均」，我個人是這樣理解的：我把「環中」的圓的直徑把它畫出
來，有n條直徑，把每一條直徑取出來，再取出它的兩條半徑；取出來的
兩條半徑，就好像我們所看到的天平一樣，它有「均平」的道理，有一個
「均平」的內涵在，這是我對於「環中」跟「天均」連繫的一個理解。

　　再來，石井剛老師提到清代學術，我的碩士論文的指導教授，就是
我們中山大學的鮑國順老師，他是研究戴震的；關於章太炎在《齊物論
釋》取材於戴震，我的想法是這樣的：其實戴震的思想有某種程度是取材
於王船山的人性論、理欲論，船山也有講到「公理」。至於「天籟」的部
分，清代中期的戴震，基於當時的學術風氣，他比較沒有機會把〈齊物

論〉研究得那麼仔細，船山他是明末清初的思想家，他對〈齊物論〉的解釋可以非常細膩，譬如從〈齊物論〉這題目的名字開始，它的斷句是「齊／物論」：「物論」是指學者們各自發表的言論，例如我們今天的現場，或者是其他研討會，每個學者都說出各自的想法，等「不齊」的聲音止息了之後，「虛竅」沒工作了，就「齊」了。船山訂的這個題目，可以說是充滿「聲響」的一個題目，除了題目之外，從《莊子》原文〈齊物論〉一開始，「天籟、地籟、人籟」這段，船山就提出「化聲」這個詞，一直到〈齊物論〉的最後，「莊周夢為胡蝶」這段，《莊子》原文並沒有提到聲音，可是船山仍舊以「化聲」來詮解這段。以莊子學的視野來看，船山的《莊子解·齊物論》從頭到尾就是充滿聲響的一個詮釋。因此，如果要在清代學術的思想家中找一位來討論〈齊物論〉的「天籟」，我個人認為船山可能比戴震更適合，不論是「公理」或充滿聲音的內容。

　　最後，我想提出一個有關於「目的論」的問題，莫加南老師他也想更進一步討論章太炎思想是否反對目的論。剛才賴老師有提到「徹底的關係論」，學生想要請教所有老師們：康德他在提出「合目的性」的理論的時候也有以「關係範疇」來討論「形式的合目的性」，如果「目的論」沒辦法詮釋〈齊物論〉的話，康德的「形式的合目的性」是不是能夠詮釋？好，以上。謝謝老師！

莫加南：非常感謝許老師的問題，因為時間的關係，我要給線上的朋友多一點這樣的提問。

賴錫三：加南，是不是沒有發言過的朋友優先提問？

莫加南：對！好的，我看蔡瑞霖老師有舉手，還有李志桓也有舉手，所以我們邀請蔡老師跟李老師提問，但請在兩分鐘之內提問。

賴錫三：對了，日本現在可能已經快要一點鐘了！我們可能要考慮石井先生的時間。

石井剛：沒關係，這沒問題的。

莫加南：好的，那麻煩蔡老師發言。

蔡瑞霖（臺灣警察學校）：好，我直接切入問題。我有兩個問題，第一個是關於聲音，請讓我接續許慧玲剛剛提及的聲音問題。我認爲在莊子〈齊物論〉裡面，有兩段描述了有關聲音的哲學，都從天籟、地籟、人籟說起，但恰恰是在最後面結尾的時候，講到「和之以天倪」，這才是莊子眞正要解決的問題。所以，章太炎《齊物論釋》的後段對此做了解釋，我們似乎不宜避開這一段。他提到「化聲之相待」，如剛剛說到：「若其不相待，和之以天倪」則「所以窮年也」，我認爲這些都是階段性的，是要放在歷史脈絡之中去看的。因此，要「應病與藥」，不能爲了治「人病」而落入「法病」。就是說不能將洗澡桶連嬰兒一起丟到馬桶去。換言之，章太炎怎麼解決這個問題？他最後說要連「天籟」跟「天倪」都要化掉，境界上都不要的。這就是「忘年忘義，振於無竟，故寓諸無竟」，沒有止盡、無竟，那個才是「前後際斷」的意義。這也正是《大乘起信論》裡面說的「遍照法界義」，而不是在彼此的相對相中。依此倒推回來，不能不面對的問題癥結，就是我們一直繞在一個問題上：是否在歷史當中有一樣東西需要啓蒙：誰來啓蒙？啓蒙誰？如何啓蒙？當然，道家說的強跟弱總是相對的，我認爲另一個觀念是重要的，即老子所說的「襲明」。侵襲的「襲」，日月明的「明」。「襲明」就跟莊子「莫若以明」是相應的。「莫若以明」是四個字不能分開來講。如果只有「以明」不夠，「莫若」是指不得已的狀況之下。如此，我們才說「莫若以明」，但眞正用意在「襲明」。人所掌握的「明」是氛圍情境，並不是眞正的光照本身，因此並非「明」之自照、自覺也，根本沒有「永恆之光」，有的只是在歷史之中的「唯明」而已。這是勢之所明，一種歷史趨勢所造成的敞亮。當然，這裡面並不是像基督教所說的「救恩史」出現在人類歷史中，而且也不是佛教所講的生成壞空的「緣起史」，而是中國文化史的現世歷史觀，這是

否就是中國的民族性？或者如石井教授說的，當時候日本的「海洋世紀」的歷史趨勢，會不會也是日本民族性的歷史的勢之所明呢？我認爲這些都是相對的，只能用「莫若以明」來看待。我認爲，這都是由時勢之所至造成的。當然，我們會提到王船山歷史哲學的趨勢爲依據。簡單講，在「相待」當中，都落在歷史共業之所趨所勢中，但相應的我們還有「願」、只有「願之所共」才勉強可以說是一種擬似的永恆之光！眞正的永恆之光是沒有的。

　　最後我提出的問題，要請教石井剛先生，我們可不可能在聲音哲學或審美聆聽中保持沉默？就像現象學家說的，有一種phenomenological silence？這也是德希達（Derrida）所提到及的緘默態度，就是說，他的緘默是爲了讓剛好處在形勢中的角色能夠呈現聲音，而相對地作爲聆聽者的我則願意在這個時候暫時沉默。所以，沉默相對重要，尤其在了解莊子時若要跟上老子的哲學智慧，非得面對這個問題不可。我以上所提的問題非常簡略，希望能夠獲得一些學習，謝謝！

莫加南：非常感謝蔡老師，邀請李志桓提問。

李志桓（臺灣高雄中山大學中文所博士後）：我有兩個問題。第一個問題是，我想知道石井剛老師怎麼看待汪暉提的「跨體系社會」跟「共生」的關係？你是那本書的翻譯者，作爲一個日本學者，你怎麼看待一個中國學者這樣的提案？第二個問題是，我很喜歡石井剛老師使用的一個詞語「隨順有邊」，意思就是說，民族主義可以不是本質的。今天我們一直碰到章太炎的民族主義問題，但在思考共生哲學的時候，或許我們不必停在章太炎，如果章太炎沒有把問題想完，我們可以幫他接著想下去。謝謝！

莫加南：非常感謝志桓的提醒，對的，我們不一定要完全照著章太炎走。現在我們讓石井剛老師回應。

賴錫三：最後請許家瑜簡單提問，再請石井剛一併回應。請儘量把握時間。

許家瑜（芝加哥大學神學院博士後）：石井剛老師你好，我很開心，今天可以參加賴老師和莫加南老師主辦的活動。其實我在去年就讀到你這個文章了，我現在在在芝加哥大學做博士後研究。關於您對章太炎跟劉師培比較的那個文章，我還轉給了任博克教授，跟他討論了一下，所以我今天非常期待跟您提問。我很欣賞您最後提到一個問題：一個無限接受變化的主體，如何成為一個抵抗的主體？變化萬端的主體的背後是不是還存在另外一種metaorder去維持人的主體性？我對這個問題的思考就是說，在《齊物論釋》裡面，章太炎究竟在思考什麼樣的「本體」？在這篇論文裡，您提到，郭嵩燾對「道樞」的解釋「是非兩化，而道存焉」，兩化之後，「環中」作為一個空體，以空體無際來討論。[34]我對照去看，在《齊物論釋》裡面，所謂的一個本體跟實際是相關的，也就是說，在變化無際的思維裡面，如果我們原先就找不到所謂的「實在」或「實際」，那根本也就沒有辦法區分所謂的「本體」到底是什麼。以章太炎的話來說，「今究竟名中本體字，於所詮中，非有執礙，不可搏挚，云可何說為本體？」[35]換而言之，在變化的流變中，我們找不到一個邊際，既然沒有邊際，那麼在主體跟主體之間，我們也找不到本體。從這個角度來說，如果主體跟本體是被解消的，我們是不是可以重新去看今天提出來的問題？就是說，無限接受變化的主體，其實這個主體已經不算真的存在了，其實也就不會真的出現，作為一個主體而去壓迫另外一個主體的情況產生。這是我對於您在討論章太炎，主體跟變化，還有本體跟物與物之間的關係的疑惑，希望您能幫我做一些澄清，謝謝！

---

[34] 針對〈齊物論〉：「彼是莫得其偶，謂之道樞。樞始得其環中，以應無窮」一語，郭慶藩的注解是：「家世父曰：是非兩化，而道存焉，故曰道樞。握道之樞以游乎環中，中，空也。是非反復，相尋無窮，若循環然。游乎空中，不為是非所役，而後可以應無窮。慶藩案，唐釋湛然《止觀輔行傳弘決》引莊子古注云：『以圓環內，空體無際，故曰環中。』」

[35] 章太炎：《齊物論釋定本》，《章太炎全集（六）》，頁87。

莫加南：非常感謝許老師的提問，我們把時間留給石井剛老師，辛苦你了。

石井剛：非常高興收到各位老師們這麼好的提問，給我提供了很多以前我沒有專門關注過、思考過的問題和視角。比如王夫之的有關討論，以後我會好好去讀一下，肯定特別有意思的。蔡瑞霖老師所提到的「天倪」的問題非常重要，以前我對這個問題關注的不太夠。然後「明」的問題，當然「莫若以明」四個字應該連讀，這是肯定的，而蔡老師的重點就是提出「襲明」的重要性。我想以後再去慢慢分析章太炎的文本。感謝您提出來這麼一個重要的角度。至於蔡老師所提到的沉默的問題，我沒有足夠的知識去回應您的關切。但如果讓我去回顧章太炎文本中有關聲音以及沉默的論述，還是可以找出一些線索來。我剛開始是比較喜歡章太炎對「文」，或者écriture，即書寫文字的思考。他跟康有為最不同的地方是如何看待「聲音」的問題。因為康有為是今文學派，作為古文學派的章太炎來講，今文學派是沒辦法承認的。為什麼沒辦法承認？今文經根據口口相授的文章整理而成，而章太炎認為聲音有「興會神旨」的作用，好像有一種神祕的力量促使人們發話。章太炎對此反感很大，所以一定要訴諸以「文字」為中心的文本承受的方式。這也是他的文章除非是演講稿都很古奧，不讓人容易音讀的原因，連他的學生魯迅都抱怨說「讀不斷，當然也看不懂」。其實，章太炎同時也知道聲音在作文上的重要性，而最重視的一個面向我認為是：聲音和聲音之間一定會出現的沉默。他在《齊物論釋》中也引了《莊子·寓言》「言無言，終身言，未嘗言；終身不言，未嘗不言」這句話，來闡明「不言」作為言語行為中的重要性。[36]所以，在這一點上，正如蔡老師所指出的，「天倪」的確是個關鍵詞。感謝蔡老師提醒。

很多老師們都發現我和汪暉之間的相似性。是的，正如李志桓老師說，我翻譯過他的一些著作，不僅如此，自從1990年代他做《讀書》雜誌

---

36 參見石井剛：《齊物的哲學》，頁76。

編輯的時候，我一直喜歡讀他的文章。他的「跨體系社會」、「跨社會體系」等獨特的區域想像會涉及到很多複雜問題，我也沒辦法展開。我有在中國少數民族地區生活過幾年的經歷，對區域問題和族群問題的複雜性，不無一定的生活心得。但是，這種心得並沒有學理的支持。也因為有這種特殊經歷，我更沒有辦法做到一個單純的「日本學者」立場。實際上，汪暉的區域思想背後有一個重要的理論，那就是說「齊物平等」以及其與「資本主義」之間關係的問題。如果從「齊物平等」的角度來看，我們必須要重新思考每一個物的「價值」如何去評估它？「齊物平等」是「不齊而齊」的平等，因此我們早已經習以為常的以個人的所有權為基礎的人權觀念，與這種平等觀之間會出現矛盾。在「齊物平等」觀念下，每一個物皆有其獨特的價值，拒絕與其他物衡量比較，所以，「價值」的意義自然就不能等同於資本主義交換模式意義下被理解的「價值」。所以說〈齊物論〉和《齊物論釋》都可以當作對資本主義進行反思的資源。在這個意義上，我也覺得汪暉的論點比較重要。

聽到許家瑜博士所提出的問題之後，我發現章太炎的問題在哪兒。他認為「環中」是空，而恰恰是這個空的概念，是非常有問題的。空好像就是讓你做到無中心的中心性，但弔詭的是，中心還是沒辦法去否定的。中心肯定會有，剛才我也說，力量所凝聚的地方是中心。「空」處也不能說那裡沒有力量。日本京都學派的學者曾經提出「近代的超克」，還有「世界史哲學」。暫且不論他們的真正用意何在，但現實上，他們藉著這些理論實際上把以天皇為中心的帝國秩序正當化。這個時候他們不約而同地強調了日本文化的「空」和「無」。這個提法和章太炎的思想還是有一些相近的部分。所以說，我們如果要對這個力量進行一種權衡的時候，中心要以「空」的方式來思考，還是是非的相化、是非的相待、是非的旋轉那樣，不停的論辯，不停的思想的鬥爭的這麼一個「鬥技場」、arena的角度來想像所謂的中心？我認為如果要把章太炎的思想，發展成為我們以「共生」為目的的政治哲學的時候，我們可能需要一種想法：要如何去激

活政治的場，而不是說要「空」、要「無中心」。

莫加南：非常感謝石井剛那麼精彩的回應，有那麼多複雜的問題，可以留給我們很珍貴的想法，我相信今天在線上的朋友收穫非常多。朋友們，我希望大家可以用手上的按鈕，用很熱烈的掌聲，來感謝石井老師。

賴錫三：石井剛今天最後的回應非常精彩，把很多問題給結合起來了，有四個部分，我提醒線上的朋友們，將來可以繼續思考。

第一個，就是「聲音」跟「沉默」的關係。「沉默」是在聲音跟聲音之間，並不是離開聲音之外，在聲音之上有獨立的、絕對的沉默。這裡面包括：對佛教強調超越戲論的「不二」境界的理解，「不二」的沉默不是再回到一個形而上的超越性，事實上只有在聲音與聲音之間，沉默才能夠發揮「言無言」的動能。具體論述，大家可以回去再讀石井先生的文章。

第二個，他提到汪暉對於〈齊物論〉「物化」的討論，可以批判資本主義。也就是說，對於反省人類中心主義，以及人對於物的宰制等問題，〈齊物論〉有很強的齊物平等的思想資源，值得再開探。

第三個，就是重讀章太炎的必要性。我們今天雖然也觸及到章太炎思想的限制，可是從石井剛的文章裡面，恐怕我們未必想的比章太炎更複雜，章太炎當時所面對的問題，到現在依然是一個困難重重的問題。我們必須接著章太炎去思考，不要輕易認為我們已經超越了章太炎。章太炎是不是都能夠讓我們滿意？這依然有待深入討論。

第四個，石井剛再三提醒我們說，「中心」恐怕不宜被思考為完全的空無，而是要放在「是非相待」、「一分為二」的辯證性當中來思考。它需要激活政治場域，而不是去政治。我想這裡也間接觸及到了東京學派跟京都學派，非常關鍵性的論辯或立場差異。也許下星期我們對中島隆博進行訪談的時候，這個問題會更加顯題化。

莫加南：非常感謝賴老師總結。下個星期二，我們很期待中島隆博的活動，中島在東京大學那麼多年，思考共生哲學，已經把共生哲學推到世界哲學的地步了，所以，我相信那個活動會非常的精彩。也歡迎大家再回到線上來。

第九講

共生哲學對當前世
界、兩岸處境的迫
切性——與中島隆
博教授的對談

受訪人：中島隆博（Nakajima Takahiro，東京大學UTCP）
訪問人：賴錫三（臺灣高雄中山大學中文系）、**莫加南**（Mark Frederick McConaghy，臺灣高雄中山大學中文系）
英文逐字稿整理：賴奕偉（臺灣高雄中山大學中文所碩士）
英文翻譯中文：李志桓（臺灣高雄中山大學中文所博後研究）

前言

　　「共生」是自然界的存在事實，也是生物界演化不歇的基本道理。無奈當前國際政治，被迫走向剛強鬥爭剛強，不斷上演著各種意識型態之爭，甚至規模不一的殺傷性戰爭。眼下時局，再再呈現人類剛強手勢下的征用景觀：生物滅絕、溫室效應、環境荒蕪、種族衝突、美中強抗、俄烏戰爭……而臺灣也挾縫在「強─強」對抗中，成為地理政治布局下的凶危之地。中山大學文學院，發起並推動「漢學之島與共生哲學」一平臺，嘗試將古典漢學放在跨文化與全球性的時局處境下，來進行價值重估。在2021年的7月到8月，我們邀請了來自芝加哥、聖凱瑟琳斯、東京、北京、上海、香港、臺北、高雄，各城市的學者們，尤其針對老莊思想與共生哲學，進行一系列對話與闡發。我們希望在跨文化視域下，積極開發各種回應時勢危機的「共生哲學」之思想資源。由於東京大學的中島隆博教授，在東亞文化圈是倡議「共生哲學」的前行者，因此我和莫加南（Mark McConaghy）教授，邀請他進行這場訪談對話。原對話用英語進行，先由賴奕偉碩士進行英文稿逐字整理，再由李志桓博士進行中文稿翻譯，最後由我進行譯稿潤修。在此一併感謝中島隆博、莫加南、賴奕偉，以及李志桓。

賴錫三　誌於高雄西子灣

賴錫三（臺灣高雄中山大學中文系）：在訪談開始之前，我想要對中島

教授表達感謝。特別是，明年我們會有一個關於「共生 co-existence」的國際會議。我自己很好奇，中島先生過去怎麼翻譯漢語裡頭的「共生」？我自己使用了「co-existence」，但是「共生」這個中文詞語的意涵遠比 existence 還要豐富。對此，或許您能夠提供我們新的翻譯？

中島隆博（Nakajima Takahiro，日本東京大學藝文書院）：能夠和你們一起舉辦這次共生的國際會議，是我們的榮幸。另外，石井剛教授跟我說，他很期待參加這個會議！

莫加南（Mark Frederick McConaghy，臺灣高雄中山大學中文系）：對我們來說，能夠跟東亞藝文書院一起舉辦明年的活動，是件非常開心的事情。同時，也要感謝您和石井剛教授願意促成這件美事。

中島隆博：好的，也謝謝你們。

莫加南：時間差不多了，我們開始今天的活動吧！今天，非常榮幸可以在線上跟中島隆博教授一起見面，他將和我們一起討論 co-existence、mutual co-existence（共生哲學）等一連串議題。圍繞著「共生」，我們也會探討道家哲學如何幫助我們思考這些課題。中島先生研究、發展「共生哲學」這個概念很多年了，他是東京大學東洋文化研究所的教授，也是東亞藝文書院（East Asian Academy for New Liberal Arts, EAA）塾長級的人物（稍後，我們會提到這個藝文書院，它來自一些很有意思的構想），所以中島老師可以算是日本哲學界和亞洲學術界非常重要的聲音。有機會跟一起他討論「共生哲學」，我們感到非常榮幸。

中島隆博：謝謝！很榮幸參加這次的會議。

第一節　「co-existence」到「human co-becoming」：對「共生」的解構與更新

賴錫三：今天非常榮幸可以訪問中島隆博教授，由我向您提出第一個問題。首先，我們想問說，你怎麼定義「co-existence」或者「a philosophy of mutual co-existence」？在過去，你曾經討論過這些概念，那時你強調說：一方面，交互共生的哲學不能完全脫離政治；另一方面，卻又不應該等同於政治。這個說法是什麼意思，你可以幫我們展開說明嗎？

中島隆博：首先，我想要對組織起這一整個訪問活動的所有人表達感謝，我感到非常榮幸可以回答你們的問題。但坦白說，比起做為回答問題的人，我更喜歡做一個提問者，因為底下的問題非常深刻而且複雜。不過，我會盡力回答這些問題。

賴教授問道，在英文裡頭，要怎麼翻譯「共生」？是譯作「co-existence」，還是譯作「symbiosis」好呢？確實，對於中文或日文的使用者來說，如何將「共生」翻譯作英文，這個問題有一點棘手。從字面上來看，「共生」就是「co-living」，對吧？如果在日本語境內部，追溯「共生」這個概念史的使用情況，我們可以發現早在明治和大正時代，已經出現對於具體生活和生命的重視[1]。那個時候，在日本的語境中，「共生」已經成為一個被複雜討論的概念。

比如說，現代日本哲學的第一位哲學家，西田幾多郎（Nishida Kitaro, 1870-1945）教授，他對於具體的生活或生命問題，已經有著非常深刻的關注。西田相信哲學應該要聚焦在具體的生命問題上，這可以說是現代日本哲學的起點。在我看來，「共生」是在這樣的背景下，逐漸被鋪陳與詮釋出來的。怎麼說呢？在某種程度上，西田所談論的那個「生」，和今天我們所思考的「共生」問題，兩者是相關涉的。在那個時代，「生」這個概念也與政治密切相關。特別是在二戰期間，日本政府會強調全體國民「共死共生」這樣的主張。也就是說，「共生」在當時候是一個被高度政治化使用的概念。而我想要做的事情則是，在不同脈絡底下，去解構「共生」這個概念的政治性格，特別是在二十一世紀的今天。

這就是為什麼我敢於提出以「co-becoming」或「human cobecom-

1　原文使用的是life，在這裡，我們隨文譯作：「具體生活」、「生命」或者「生」。

ing」來重新譯解「共生」的原因。在英語的脈絡裡，人類（human being）這個概念必須連繫到一個本質存在的being來理解，但是在東亞的脈絡底下，卻很難找到這種以歐洲中心的思考習慣做爲範疇的存有論概念。相較之下，becoming（流變、生成）這樣的想法，能夠更有效地幫助我們以哲學的方式思考其棲身環境。與其繼續使用human being，我們不妨重新思考human becoming。我們一直是在流變生成中，才不斷成爲一個個活生生的人，這是一個從東亞視角出發的新起點。

　　如此一來，「共生」就可以被翻譯成「human co-becoming」或者「mutually becoming human」。當然，這只是翻譯「共生」的其中一種可能性，如同上文已經提及的，「共生」具有豐富而複雜的意涵，包括生命（life）。

　　另外，在你們後面即將要提出來的問題裡，會邀請大家從生命政治（bio-politics）的角度來思考當前Covid-19的處境。這個提法意味著，生活（或者生命）是從那些我們可以發現生命政治之運動軌跡的脈絡之中，一再被考慮或者調整起來的結果。

　　總而言之，我想說的是：「共生」有一個概念史的發展過程，在今天的語境底下，我們或許可以將「共生」翻譯成「human co-becoming」。而在政治方面，特別是在戰前的日本社會氣氛裡，「共生」是一個被高度政治化的概念；但是，做爲一個哲學術語，它也有機會超出過往那種被高度政治化閱讀的意涵。因爲它可以向我們展現一種嶄新的關於人類如何交往的形態。這是我對於您的問題的快速而簡略的回答。

賴錫三：謝謝您對於「共生」問題的詳細回答，事實上，我們自己也不滿意「co-existence」這個翻譯。我們的一位朋友何乏筆（Fabian Heubel, 1967-），他就傾向於用「co-living」來翻譯「共生」。另外，中島先生您所使用的「human co-becoming」，這個用法讓我想起了安樂哲（Roger Ames, 1947-）教授。他使用「way-making」這個用語來翻譯老子的

「道」，就像你會特別強調事物有一個流變的生成過程。所以，我認爲這是一個蠻好的翻譯，我們可以從中獲得新的語意。

中島隆博：是的，你說的對。在思考「共生」的時候，透過詞尾「-ing」來表述其中的過程意涵，這件事情是非常重要的。「共生」是一個固定的狀態嗎？當然不是！它是一個變遷或者轉化的過程，對吧？或者說，它就是一個不斷成爲人的過程。我在想，如果安樂哲已經將人視爲human becoming，那我們不妨再做一些改動，將人視爲human co-becoming。又或者，如果我們想要強調「共生」有一個「-ing」的過程意涵在，將其翻譯作「human co-living」也是一個不錯的選項。

賴錫三：我的第二個問題是：在過去，您曾經討論過「東亞的開放哲學」這個主張。我記得，你在北京大學開過這個課，課名就是「An Open Philosophy in East Asia」。在這個脈絡底下，哲學意味著什麼？中國哲學，或者使用漢語進行思考的哲學，它能夠扮演什麼樣的角色？在這個命題裡的「東亞」指的是什麼？你所謂的開放哲學，是試圖想像一個新的東亞的命運共同體嗎？又或者，它是那種促使自身擁有更普遍性意義，從而能夠超越東亞地域觀點的世界哲學？

中島隆博：這個問題很細膩，而且它不好回答。不過，我願意接受這個挑戰。我在北京大學和韓國延世大學都講過「開放哲學」這個概念。後來，也在韓國的期刊上，把它發表出來了。其實，我的想法非常簡單。在國際間，有一種「開放城市」（open city）[2]的倡議，對吧？所謂的「開放城市」就是卸除了武裝的城市。城市所以是開放的，其前提是奠基在武裝的卸除。所以，我的想法就是：在過往，我們所理解的「哲學」其實是被「being」這樣的思考習慣，事先給武裝起來了。而現在，我們必須改變

2　open city可以翻譯成「開放城市」或者「不設防城市」，前者強調它的敞開性格，後者強調這個開放奠基於卸甲的動作，而「設防」正好呼應下文會提到的：捍衛主體性、衛生、不可能不武裝。

武裝性的哲學，使其卸甲開放，這樣一來，我們才有機會更眞實地對他者開放。

　　正是在這樣的構想下，我提出了「東亞的開放哲學」這個命題。然而，爲什麼要在東亞思考開放哲學？這就涉及了你的問題的核心。這些年來，我一直在推廣「世界哲學」或者「世界哲學的歷史」這類觀點，闡述「世界哲學」這樣的講法。我眞正想說的，不是世界上有很多種不同的哲學（比如，中國哲學、日本哲學、韓國哲學等等），不是這個意思！我眞正試圖思考的是，把它們都視爲哲學中的發展過程。這就是我前面說的，所有的事物都處在發展的過程當中。在這種將一切事物都視爲發展過程的想法裡，必須進一步說明的是，如何看待出現在每一種地方哲學內部的原生概念。我們確實可以在中國哲學、日本哲學、韓國哲學內部找到一些它們各自發展出來的原生概念，但接受這件事情，並不等於說，跟著要去強調每一種地方哲學內部有其不可被挑戰、不能被轉化改變的獨特性。事實上，這種對於獨特性的信念，反而強化了我們原先所欲避開的普遍性框架。與此相反，我恰恰是要將各種地方哲學內部的原生概念都視爲哲學的發展過程，藉以改變那個由西方中心觀點而來的普遍性框架。所以說，「東亞」既是一個原生的、土著概念的起點；但同時，「東亞」也必須是一個世界性的過程。否則的話，我們很容易陷在中國哲學或漢語哲學的獨特性裡頭。我一直在想的是，中國哲學的遺產或傳統不能被一些特定的地方或特定的人士所壟斷，它是世界上來自每個不同地方的人們共同享有的遺產，這就是爲什麼像我這樣的日本人，也可以認眞地思考和使用中國哲學的原因。如果這樣來看，「東亞」的意涵就只是一個名字，一個走向世界哲學之發展過程的起點。而「開放哲學」則可以打開一個空間，幫助我們思考如何從地方性的原生概念走進世界哲學的發展過程。這是我的回答。

賴錫三：當我向你問起「東亞」的意義時，我同樣認爲，對你而言，

「東亞」不只是地域性的意涵或部落式的思維。東亞是一個起點,同時也向世界開放。「東亞哲學」的意涵,不只是字面上的意思。它不只有那個獨特的在地視野,它同時有一個開放性的含義,一種能夠為世界發展出普遍意義的潛能在。

中島隆博:是的,你的描述比我還要準確。我同意你的想法。

莫加南:哇!請讓我參與進來。來自不同傳統的人們的共同遺產,我很喜歡這個說法。舉例來說,我們可以討論中國哲學、日本哲學、印度哲學,但我們不會將它們本質化,視為特定的人群或者特定的時代專屬的思想。相反地,這些思想傳統是開放的,做為全體人類的共同的遺產,我們每個人都可以去研究、去學習。就像我一樣,我是後來才學習中文的,但我也可以嚴肅地使用中國哲學的概念進行思考,甚至跳出來檢視它——這件事情就證明了,那些在地的傳統,可以以一種開放而且有利的方式重新被思考與使用。我們必須避開對於各種傳統的本質化思考,因為它會帶來民族主義並衍生出其他相關的麻煩;但我們也必須把每個傳統都視為共同的遺產。我真的很喜歡這樣的想法!

中島隆博:是的!本質化的哲學思考會排斥像我和加南這樣的外來者。在中國哲學的框架裡,莫老師和我都是被邊緣化的。而我想做的,就是去改變這個結構。中國哲學,對於我們所有人來說,都具有深刻而且開放的特點。如何繼承中國哲學的共同遺產,這才是我們要認真思考的任務。

莫加南:是的,絕對是這樣。真正能夠被稱作「思想」的那個東西,它就發生在你從中國大陸外部(臺灣、日本、菲律賓、美國等等)思考中國哲學的時刻。一旦你在中心之外啟動這些語言和概念,就能夠產生出不同的觀點、看出不同的事物關係。這就是我們一直在闡述的問題,一個傳統、一個思想遺產必須在不同的歷史空間中進行連結與流動,如此一來,它才能夠以開放的方式,將某些理念向前推進。

中島隆博：太好了，比起我的說法，你的論述更加細膩！

莫加南：謝謝你，我想這也跟第三個問題相關。圍繞著哲學研究、哲學文本和翻譯，中島教授可以說是一個跨文化合作的開拓者。我認為，在這種跨文化合作的模式裡，其中一個讓人家感到驚豔的成果是2015年出版，你和安樂哲教授合編的一個論文集 *Zhuangzi and the Happy Fish*。[3]我強力建議本文的讀者，如果你們還沒看過，可以去找這本書。安樂哲和中島隆博邀請了一系列來自於不同地域、歷史、語言文化的學者，一起思考莊子哲學，特別是那個著名的故事「濠梁之辯」。這個故事被眾多不同的學者進行分析，所有的學者都各自帶出了不同的解讀，並共同促成了更有意思的解讀。我想讓你談一談這本書，和在這樣一個跨文化、跨語言的合作平臺上的工作過程，以及《莊子》在其中的角色。

中島隆博：謝謝你。安樂哲是我很親近的老朋友。他邀請我一起編輯 *Zhuangzi and the Happy Fish* 那本書，對我來說這是一個很挑戰性的計畫。我們兩個人，邀集一些學者來認真地思考「濠梁之辯」的難題。對我們來說，那是一個迷人的合作經驗。可以這麼說，它就是東亞開放哲學的一個具體實踐案例。就我個人而言，在完成這個合作之後，我也出版了關於《莊子》的日文寫作。

　　在《莊子》文本中，「他者」的問題非常重要，只是「如何看待他者」的設定與西方的模式不太一樣。在我的文章裡，我特別看重「物化」的意義，「物化」的意思就是：變成他者，或者變成另一物。在「濠梁之辯」的故事裡，莊子力圖闡述體會「魚之樂」是可能的。乍看之下，這個命題很像是當代分析哲學所要處理的問題，但我不打算從分析哲學的框架去解讀這個故事。我試著在東亞哲學的脈絡裡，考慮這個故事的可能含

3　參見Ames, Roger, & Nakajima, Takahiro (EDT), *Zhuangzi and the Happy Fish* (Honolulu: University of Hawaii Press, 2015).

義：魚之樂不是外在於莊周的客體，不是彼、我兩不干涉，主、客各自獨立的兩物。應該這樣來看，在這裡頭，有著「物化」在其間作用，一種彼此相互轉化的能力，橫亙在魚和莊周之間。所以，問題的核心是：兩個看似不同的物類，他們如何共享這個世界？這才是「濠梁之辯」所蘊含的深刻哲學問題。在我看來，正是在「物化」當中，世界本身同時也跟著發生變化，因為我們正是通過相互轉化的可能性來分享這個世界。對於這個共享的世界，我們有一種感受的能力，在「濠梁之辯」的故事裡，莊子想要凸顯的就是這種共享著世界性的感受力。可以說，我們身處其中的世界，一開始就是被這種感通之樂所覆蓋與穿透的。這樣一種愉悅就體現在《莊子》文本裡，同時也是一個迷人的概念。

莫加南：是的。我能夠理解你所描述的那種愉悅感、轉化為他者（becoming other），或者所謂世界在於自我與他人之間分有。對中島先生來說，「物化」是一個非常重要的概念，它意味著事物能夠持續地變形轉化，或者說，自我是一個動態的結構，它以向著世界敞開的方式不斷地改寫其自身的構成，面對這樣的「自我」，不能以靜態的、固定的或本質的想法來加以界定或描述。而就我所知，「物化」也是賴錫三老師在他的《莊子》閱讀中反覆強調的概念。先前在討論老子、莊子和共生哲學的時候，我們也一再碰觸到相關的描述。所以，我想說關於物化或濠梁之辯，賴老師是不是也有一些想法要加進來？

賴錫三：對我來說，「物化」這個概念幾乎是《莊子》最重要的主張。它可以超越西方有關於主客二元對立的思維，同時表明我們就生活在同一個世界裡。當然，這不是說，有一個現成穩定的「世界」；所謂的「世界」其實是一個變化生成的過程。每個人都生存在同一個世界裡，同時我們也共同生活在一個不斷變化的世界裡。我們總是彼此遭遇、相互構成，無法從中徹底地切割出來，成為那種想像中的孤島式主體。正如中島教授所言，我們一定會與他人打交道。所以，您打開了一個很大的思想潛力，

將「世界」視爲人類交互共生共存的過程。不知道，這樣的描述能不能掌握中島先生的意思？

中島隆博：我完全同意你的講法。在《莊子》中，「物化」指的就是我們所面對的相互轉化過程，而且這個過程沒有固定的終點。在「物化」的變形轉化裡，我們可能前往任何一個方向。相較之下，在儒家哲學的設想底下，人們可以用自己確信的方式，將自身確立在一個方向上，藉以成爲更好的人。那麼，現在的問題是：儒家這種帶有目的論的變化設定，是不是比《莊子》的「物化」來得好？這是我們從事中國哲學研究不得不思考的問題。從某方面來說，莊子的思想是非常危險的，因爲「物化」不預定任何的倫理設準，它似乎超出了我們一般對於倫理的設想，相較之下，儒家的講法則是非常符合倫理想像的。爲此，我們被要求重新去思考：所謂的「倫理」究竟是怎麼樣一回事？在這一點上，我認爲莊子和儒者之間的論難，是非常重要的。

賴錫三：我也注意到，你曾經批評《莊子》的限制，特別是說，莊子哲學似乎缺少了對於倫理的表述。但是，在臺灣，我們有些朋友一直試圖挖掘《莊子》的倫理潛力。所以對我來說，這是一個開放性課題。

中島隆博：我認爲答案就是在「濠梁之辯」裡，那種瀰漫於人我之間的相悅感受。那種能夠體會「魚之樂」的感受能力，與莊子對於倫理問題的設想是相關聯的。這種朝向世界敞開的基本情緒是其思考倫理問題的基底。在這一點上，能夠體會「魚之樂」的那種能力，在倫理現場，扮演起重要的角色。

賴錫三：我完全同意你的論點。你特別強調「魚之樂」的感受能力，而我自己則注意到《莊子》裡的幽默感。對我來說，「幽默」經常可以替生活現場另外打開一個具有倫理意涵的向度。

中島隆博：是的，當然是這樣！

莫加南：在前面幾個講次裡，賴老師經常強調幽默感是很重要的概念，當你在閱讀《莊子》時，經常會碰到那種讓人無法克制的笑點。這是構成《莊子》文本的很大部分，而且它們真的非常有趣。我讀柏拉圖（Plato, 427-347 B.C.）不會笑，但閱讀《莊子》卻經常發噱。就像你說的，似乎有一種充滿力量的東西，藏在字裡行間，促使讀者歡笑，而這種歡笑也使得文字有了色彩。當我們試圖思考莊子或者道家的倫理學，這裡所描述的幽默感是非常重要的。而我知道，賴錫三教授正在思考要怎麼講清楚出現在《莊子》文本裡的這種幽默。

中島隆博：是的！幽默在《莊子》裡起著很重大的作用。我認為，它可以切斷現狀，讓原先受窘的現場重新連結為另一個樣態。幽默之所以重要，就在於它能夠起切斷與重新連結的作用。

第二節　否定政治學與共生哲學

莫加南：太好了，我們談出了很多關於《莊子》的重要課題。稍後還可以再展開來談，現在先讓我們朝第四個問題前進。說到幽默，這可能是很不幽默的問題。我們即將要探討的是「否定政治學」（the politics of negation），我讓賴錫三老師來發問。

賴錫三：接下來的問題，就有一點嚴肅了。在你的著作裡，曾經將「否定政治（消極政治，politica negativa）」和「共生哲學（a philosophy of co-living or human co-becoming）」相互比較，你批評了前者所呈現的思維模式（也就是消極政治的那種模式），在東亞，這種思維模式指向牟宗三（1909-1995）和西田幾多郎的哲學形態。你對他們進行了深刻而強烈的反省，這兩人的哲學論述可能都掉入了「自我否定（the negation of the self）」或者「自我無化（the nothingness of the self）」的陷阱。對你來說，他們仍屬於思辨哲學的案例，從而帶著形上學的特質，因此很難產生對於現狀的批判，而且常常會掉入保守的傾向。有鑑於此，你主張我們

應該透過「共生哲學」來克服否定政治的侷限。你強調：透過人與人之關係的重新著力，或者對他者問題的處理，生活現場的另類可能性可以一再地被開闢出來。而這其實也就是，在不同地方，你曾經提出的那些具體做法：與他人打交道、進行對於現狀的徹底批判、重新去定義那些定然的概念。我的問題是，這些說法是什麼意思？你企圖解構一些既有的觀念，同時賦予舊觀念新的意涵嗎？可以仔細說明你對於「否定政治」的理解與批評的理由嗎？就我所知，你曾經追溯「否定政治」的歷史起源，並且認為這樣的思維方式與佛教思想脫不了關係。而就你的理解，《老子》和《莊子》的思維是不是也趨向於否定政治學？又或者，道家哲學具有潛力，能夠為「共生哲學」作出貢獻？我想，這些問題也跟前面我們所討論的課題相關。

中島隆博：這個問題很複雜而且不好回答，我試著答答看。在思考「否定政治」的時候，我總是將其與西方脈絡底下的「否定神學」（theologia negativa, negative theology）連繫起來看待。簡言之，「否定神學」是一種以更高明或者更強力的方式，來重申自我或上帝的思想運動。我試圖去批判這個「自我」或者「上帝」獲得重申的過程，與此同時，我發現西田和牟宗三的哲學也屬於這種類型。他們都倡議一種自我否認的修養工夫，然而這種「虛己」的修養，最終要引出的卻是一個更崇高的自我。在我看來，這樣的講法隱含著一個很大的問題：我們如何從消極政治或者否定神學的框架裡逃脫出來？比如說，西田在他晚期的著作裡，以一種鄭重的態度，重申了「皇道」的重要性。西田肯定了當時候日本社會強調全體國民「共生共死」的現狀。對現代日本哲學而言，這是一個令人感到沮喪的故事。我們有沒有辦法擺脫這樣一種構想？如果我們對否定神學或消極政治在中國的發展，有一種概念史的溯源與認識，就有可能找到逃脫的出口。

在中國哲學內部，否定神學和消極政治來自於兩種不同的思想資源：老莊哲學和佛教。我會以王弼（226-249）做為老莊哲學裡倡議消極政治

的代表人物。當王弼提出「貴無」或者「本無」這類思想的時候，實際上，他創造了一種深刻的、能夠肯定現狀的形上學模型。這是非常典型的否定神學式的思考。儘管這幾年下來，我稍稍改變了對於王弼哲學的觀感，或許「無」的主張不必受限於否定神學的思路，甚至可能對生成與流變抱持著開放的態度。

　　拋開王弼不看，老子，特別是莊子，其實道家在闡述「無」的時候，也蘊含著其他不同的詮釋可能性。對於「無」的解讀，不必限制在否定神學或消極政治的語境底下。近來，我是這麼想的：「無」，尤其是出現在《莊子》文本中的「無」，對於我們重新反省與批判否定神學，有著很重要的作用。至於佛教哲學，我確實也認為它有一種重新思考「空」（或者「無」）的可能性，使其足以抗衡否定神學與消極政治。這是我晚近的想法。

賴錫三：您的回答可以連結至石井剛（Ishii Tsuyoshi, 1968-）教授對於「環中」的討論。石井先生指出，在明末到清代，出現了兩種關於莊子之「無」的不同詮釋。通過郭嵩燾（1818-1891）、章太炎（1869-1936）這些人的注解，莊子哲學出現了一個「轉向」，從形上學的詮釋返回到大地與人際之間的關係裡。也就是說，「環中」這個概念自始至終不曾離開過人際、是非相因、彼是相偶。如此一來，「環中」所產生的政治意義便可以去批判那些看似具有先驗性格的規則、原理，或者所謂的公理、天理，它可以打開詞語間的縫隙，重新釐定出文化的形狀，並賦予其新的意義。

中島隆博：一定是這樣子，沒錯！《莊子》所欲凸顯的那種自由，是從一種人既成的狀態裡解放出來的自由。它必定與我們的身體和具體感受有關，畢竟我們都是血肉之軀。也就是說，「無」的真正作用是要改變我們的感受，替人類的生活帶來全新的體驗。

賴錫三：中島先生，今天你給了我們一種重新看待「宗教」的啟發。而我認為，雖然你批判了佛教的思維，但同時你也指出「空」或「無」具有

重新詮釋的創造性潛力。

第三節　資本主義與共生哲學

莫加南：太好了，我認為，你們兩人做了非常有意思的交流。之後我們
會有更多的時間，討論莊子和佛教，現在因為時間的關係，我們必須往第
五題前進。這個問題是我寫的，它和我自己的專業訓練有關。我是一個研
究中國現代文學與左派革命及其與文化之關係的歷史學者，我花了很多時
間閱讀魯迅（1881-1936）、茅盾（1896-1981）和毛澤東（1893-1976）
的作品。所以，我很自然地對於一切與「革命」相關的問題保持著敏銳和
興趣。比如說，在當前中國的語境底下，「革命」意味著什麼？或者，現
下在文學思想、文史哲領域、漢學研究這些學科裡的文化權力關係是什
麼？那現在我想問的問題是，研究馬克思主義的學者，在看到「共生」這
個字眼的時候，首先會想到：這種交互共生的哲學能不能幫助我們思考或
處理資本主義內部的對抗關係？很明顯地，資本主義社會所生產的財貨，
並不分享與共有。而思考這個問題的難處在於，它其實是結構性的問題。
它不是個人的教養問題，很多剝削勞動者的資本家，他們的人格相當獨
立，有著很好教育水平，甚至是道德的敏感性。問題的癥結點在於，處在
系統的結構位置上，就會使他們去剝削勞動者，正如馬克思（Karl Marx,
1818-1883）所言，如果資本家不從工人手上拿走剩餘價值，他們就沒辦
法獲利。所以，問題不是我不想對我的員工好一點，而是在整個結構裡
頭，我常常只能這麼做。故此，我想要知道：中島先生，您在發展相互共
存的哲學的時候，怎麼思考或回應資本主義的問題？馬克思主義可以和共
生哲學對話嗎？在雙方對話之中的潛力是什麼？這是我現在很想要思考的
問題。

中島隆博：謝謝莫老師的問題。之後，我打算出版一個書籍*Capitalism
for Human Co-becoming*（《人類共生的資本主義》）。邀請經濟學者和
哲學家一起對話，從人類共生的角度，重新思考當前的資本主義。比如

說，你大概知道以色列歷史學家赫拉利（Yuval Noah Harari, 1976-），在其《未來簡史》裡，提出了一個發人省思的觀察：無用的階級（useless class）。無用的階級，跟馬克思所設想的「無產階級」不一樣。無產階級如能掌握著勞動的成果，還能夠團結起來，替自己說話；然而，無用的階級卻不可能集結起來，因為他們毫無生產力。他們不被需要，沒有任何的工作機會，也就沒有任何談判、發言的資本。如果我們承接赫拉利的思考，無用的階級，這樣的現象將成為未來人類社會的夢魘。[4]

進一步來說，我認為，資本主義也有它自己發展成為現在這個樣貌的歷史過程。二十一世紀的資本主義完全不同於二十世紀的資本主義。現在的狀況是，1%的超級有錢人擁有全世界二分之一的財富。而這就意味著，這1%的人不再能夠真正地進行投資與發展，擁有太多的財富，反倒促使他們想要壟斷或者控制資本的流動。弔詭地說，他們才是真正阻礙資本主義發展的人。如何才能回到資本主義的原先構想，它的基礎是在於促成事物之間的彼此流動與發展，這才是當前問題的核心所在。在過去，這件事情是這麼的自然，我們願意投資在一切的人事物身上。我認為，這是資本主義的基礎，它奠基於物，從而肯定各樣事態的發展、更多的嶄新經驗、各種事件的遞迭轉化。問題在於，後來的資本主義對「物化」這件事情，做了一個微妙的、不太一樣的解釋。這就是為什麼我說，資本主義原先是由「物化」而來的，而且是朝向轉化中的事件的特殊性而思考的。我們現在的任務是重新去思考人類共生的資本主義。「投資」這件事情將被考慮為如何促成人類社會的共生。這就是我的想法。我們要怎麼說服那些投資者或企業家嚴肅地思考所謂的「共生」或者「共同生活」的基本事

---

[4] 參見Yuval Noah Harari, *Homo Deus: A Brief History of Tomorrow* (New York: HarperCollins Publishers, 2017). 中文譯作《未來簡史》或《人類大命運》，簡體版可參考尤瓦爾・赫拉利著，林俊宏譯：《未來簡史》（北京：中信出版社，2017年）；繁體版可參考哈拉瑞著，林俊宏譯：《人類大命運：從智人到神人》（臺北：天下文化出版社，2017年）。useless class指的是因為不具有生產力，從而被資本主義拋棄的人。

實？從這方面來說，共生哲學也能夠為當前的資本主義提出洞見。

莫加南：太棒了！這真是令人耳目一新的想法與回答。現在我很想要趕快讀到那本新書，其中的觀點聽起來很接近，在我開始思考「共生」與「交互共存」這樣的課題以後所衍生的想法。在此，我想要呼應你的觀察：在如何看待無產階級這件事情上，十九、二十世紀的資本主義和二十一世紀的資本主義確實有著歷史脈絡的差異。在過去，曾經有一段時間，當我們使用休戚與共（團結、工會，solidarity）這樣的階級語言時，就會馬上想到工人階層。這顯然來自左派運動在歷史階段中所取得的成功與突破，然而，「無產階級」這個概念在整個歷史過程中，也是非常複雜的。正如你所觀察到的，在今天的社會組織與狀態裡，已經很難再使用休戚與共的階級語言進行號召。我們面對的問題不再是被剝削的工人階層，而是那些潛在的無用的階級，他們是被拋出勞動體系的一群人。當然，我們還有其它諸如國家、家庭或種族，這一類似乎仍然具有凝聚力的概念，是嗎？所以，全世界的勞動者可以團結起來、一同合作，像是「無產階級萬歲」這樣的想法，將不再具有號召力。而如果我們還想要一個具有倫理意涵的資本主義社會，那就必須將思考轉向「共生的投資意味著什麼」，而不是將目光停留在簡單的對象或利潤上頭。我認為這是一個非常有力量的重新勾勒，「無產階級」這樣的詞語終究屬於十九、二十世紀的資本主義，在今天，我們必須面對二十一世紀的難題。

中島隆博：我認為，現在我們的社會面臨的最核心也最困難的問題是孤獨（solitude）。我們每個人都是被割裂的，被分派進一個個彼此孤立的處境裡。要如何修復這已經受損的「社會關係資本」（social relational capital）是最為關鍵的問題。近來，在年輕世代裡出現一種想法，一種取徑晚期馬克思主義思考超越資本主義而來的組織運動，他們認為是時候該告別資本主義了。而我則認為，真正的關鍵還是得去思考孤獨的問題。

莫加南：我想，在這裡具有反諷意義的是：即便我們想要超越資本主

義，我們也不知道那將會是什麼。因爲我們所擁有的、我們唯一見識過的歷史經驗只有社會主義的蘇聯和中國。然而，早在上個世紀八〇年代，中國便已經轉向市場經濟的模型。所以，我完全同意您的講法，想要超越資本主義，這是一種很模糊的想法，因爲我們不知道可以超往何處。所以，重新思考「社會關係資本」，或者將那些從事社會運動的組織溯源地視爲市場經濟背後不可分割的凝聚性，又或者重新定位能夠促成事物生長的投資、構想基於休戚與共而來的生活形式、探討不平等的成因等等——我認爲，這才是值得我們重新去思考與討論的問題。

中島隆博：所以，關於solidarity（團結、工會、休戚與共）這種左派語言，共生哲學同樣可以提供一種新的理論視野。這是我的想法。

第四節　後殖民理論與共生哲學

莫加南：謝謝你，中島教授！我相信，在明年會議的時候，我們會一起聊更多這樣的話題。現在，我們繼續往第六個問題前進。這個問題大概也跟你剛才談到的孤獨有關。讓我們想一想，那些出現在美國、加拿大和臺灣的社會運動。舉例來說，「Black Lives Matter」是爲了維護非裔美國人在過往所受到的壓抑、傷害而發聲；在加拿大，原住民和國家之間關係，最近成了重要話題。就在上個月，我們在一所已經廢棄的寄宿學校裡，發現原住民孩童的集體墓塚。這些寄宿學校，由加拿大政府設立，其目的是爲了教育原住民，其本質可以說是具有殖民作用的監獄。現在竟然在裡頭發現了集體的無名墓塚。這樣的歷史惡行，促使我們重新思考曾經出現在加拿大、美國和臺灣的殖民歷史。就後者而言，近幾年來，臺灣原住民和漢人的關係也成爲了被反思與批判的課題。另外，我還要加上那些發生在加拿大、美國、歐洲和臺灣的LGBTQ＋運動，他們正在爲爭取不同的性別權利而努力。而我很好奇，在日本的情況，那些被邊緣化、被冷落的群體，能不能向檯面上的社會要求承認與正視？

　　一方面，這些運動至關重要，它們要求恢復在過往生活裡被邊緣化

對待的群體的尊嚴。我們必須正視殖民的歷史。另一方面，我們也必須思考如何建立起一種新的團結，對嗎？不管是自身或是少數派，不能只是停留在孤獨狀態裡。所以，我的問題是：「共生哲學」如何與後殖民理論對話？上面提到的這些運動，「Black Lives Matter」、加拿大的原住民正義、在臺灣的LGBTQ＋運動，它們都與後殖民的思維有關，企圖挑戰業已根深蒂固的歷史霸權。對此，「共生哲學」如何幫助我們反思「殖民」的歷史，又同時設想「後殖民」的未來生活？我們有可能既承認少數人的存在地位，同時又保持整體社會的團結嗎？這是我的兩個問題：「共生哲學」怎麼跟殖民的歷史對話？後殖民時代如何重新建立團結？謝謝！

中島隆博：這也是一個重要而複雜的問題。對此，共生哲學同樣可以提出它的洞見。對於少數群體的運動來說，話語權和生存權是非常核心的概念。運動的參與者，嘗試透過話語和生存權利的宣告，恢復其生活中所應有的平等對待。我們如何在話語和生活的維度上，還予少數族群其正義與公道，這是非常關鍵和重要的。在這一點上，共生哲學完全贊同少數族群的運動。但與此同時，我們必須思考的是：如何在少數與多數之間建立起橋樑？舉例來說，在我們思考中國的話語權的時候，出現了「天下體系」這樣的講法。這是一種對過往以西方為中心之世界觀而來的批判。然而，這種講法也有其自身的危險，因為它很可能會變成以中國為中心的另一種主張。我們必須避免出現這樣的錯誤，因為在以往的相似處境底下，日本也做過相同的主張「大東亞共榮圈」。為了避免重蹈覆轍，我們需要進行少數與多數之間的對話。在這樣的背景下，我倡議：在共生哲學中的相互批判，藉以引導我們走進彼此的相互轉化。這樣的相互轉化是通過對現狀的批判來運作的：如何批判多數所處身的現狀？如何批判少數的運動轉身成為另一種多數的危險？對此，必須通過相互批判，才能建立起跨越兩者的橋樑。當然，很多時候，這種相互批判未必是對稱的，處身於現狀之中的多數，他們應當負擔起更多的責任。

莫加南：中島教授您提出以「相互批判」做爲「相互共生」這樣的想法，正如你在前面已經說過，所謂的「共生」應該被理解成co-becoming（共同的生成演化）。我完全同意，當我們試圖在少數與多數之間建立橋樑時，這座橋樑的基礎必須建立在對話，而且也是一種相互的批判上。而對於多數而言，這樣的對話未必是平等的，因爲現下我們企圖重新思考與調整的乃是：過往那些虧欠於少數的公道問題。以加拿大的背景來說，我出生在1980年代，那時候我還年輕，我們很相信政府。在學校裡，我們被教導，加拿大是一個多元文化的國家，我們曾經爲了對抗法西斯主義挺身而出，繼而在戰後建立起一個多元文化的社會。我們一直不知道那些寄宿學校的黑歷史、不知道政府對原住民做了什麼，也不知道原住民孩童被迫離開家園、強迫學習英語和法語，甚至那些原住民的宗教活動與文化都是被取締與禁止的。現在我們正面對這個問題：會不會在故事開始的時候，加拿大這片土地，就是奠基在殖民的暴力手段上，一步步組建起來的？但問題是，我們還是要生活下去，對吧？沒有人會因爲這樣，就說我不要加拿大了，我要回去歐洲。所以，眞正的關鍵是：當多數人開始發現他們現在所擁有的特權，其實是國家通過暴力手段給予他們的，在這之後，要如何在多數派與少數派之間建立起相互批判與轉化的橋樑？這是一種非常重要的對話，我希望這種批判性的相互對話與轉化，以後會出現在美國、加拿大和臺灣。您所倡議的，相互批判、相互共生，學會一起生活、一起成長，是非常具有力道的講法。

中島隆博：事實上，這個相互批判或者批評的講法，源於日本政治哲學學者丸山眞男（Maruyama Masao, 1914-1996）。他一直在思考沖繩問題。在過去和現在，對日本社會而言，沖繩一直是被高度邊緣化的問題，「沖繩縣」的出現，遭受著日本政府的殖民暴力。從日本大陸出發，我們要如何重新思考沖繩？在這個背景底下，丸山藉由強調多數必須負擔起來的責任，提出了「相互批判」這樣的想法。所以，近代以來，日本也出現

了如何思考少數人之權利的歷史。

莫加南：太好了！對了，關於「天下體系」，賴老師有沒有想法？或者，任何要加進來的討論？

賴錫三：我只想強調一件事情，中島教授所說的「相互批判」是一個非常重要的想法。在這一系列的線上會議以來，我們總是強調相互轉化（co-transformation）、共存（co-existence）、共生（co-living），而今天我們也描述這個動態過程內部的一個新的向度，也就是「相互批判」（mutual critique）。藉由相互的反思、相互的批判，人們得以打開彼我視角之外的第三空間，正是在那裡，我們才能夠繼續再一起生活、彼此相互轉化。所以，這個相互批判的維度，對我來說，是很重要的。

第五節　東亞文化視野下的共生議題：日本、中國、臺灣、世界

莫加南：好的，我想這是一場很棒的對談，但因為時間的關係，我們得繼續往下走，底下還有三個問題。中島教授對我們非常好，他很有耐心地回答了這些困難的問題。接下來的問題，可以說也跟中島老師所談到的沖繩問題相關。

　　基本上，現代的日本經歷過令人難以置信的複雜經驗。我注意到，中島教授在過去這兩年的英語著作裡，思考了很多有關於日本現代性的問題，包括：國家的問題、憲法的問題、主權、日本社會中的儒家作用、宗教，以及稍後我們會討論的東亞藝文書院和交互共生之哲學的制度化。

　　而現在，我想要問中島教授的是，當您在探討現代日本之歷史與思想的時候，是什麼樣的資源，促使你提出「共生」這個想法？在思考「共生」問題的時候，近代以來的日本歷史，能夠帶給我們什麼樣經驗或啟發？每個國家都有它自己的殖民歷史，對吧？正如你已經談到的沖繩問題，做為一個國家，日本也必須去處理過去的殖民歷史，就像加拿大、美

國和臺灣一樣。那麼，透過「共生」這個概念，你會怎麼看待近代以來的
日本歷史與思想之發展？

中島隆博：謝謝你閱讀了我這幾年的寫作。在這些英語文章裡，我試圖
思考日本的現代性與當代性。你很容易就可以想像，在日本的現代性裡，
有著很多複雜的層次。日本當然有其殖民的歷史，但是在戰後的日本社會
裡，日本人被要求忘記這樣的殖民歷史，取而代之的是，去認同日本是由
四個島嶼所組成的單一民族國家。這是一個忘記殖民歷史的戰後情景，但
我不認為這是跟近代以來、戰前的日本說再見的好方法。相反地，我們必
須去面對日本的殖民歷史，才有機會真正地去克服它，這是我的基本想
法。在這一點上，我特意選擇「沖繩問題」做為面對日本殖民歷史的焦
點。這也就是為什麼我會將丸山真男，特別是他的「相互批判」，引入共
生哲學的原因。

　　從沖繩的經驗來看，我們怎麼可能繼續將「主權問題」視為某種單
一而強力的宣示？對此，我提出「共享的主權」這個想法。問題是，要如
何劃分並分享主權？在這裡，共生哲學可以同時提供關於「切割」與「連
結」的不同想像。我們需要進行所謂的「切割」，也就是從「主權」和
「文明」這類主要概念的既有設置中分離出來，與此同時，我們也需要進
行所謂的「連結」，也就是一再去重構出「主權」和「文明」的嶄新內
容。我們不能訴諸一種簡單的做法，就要徹底擺脫主權和文明。正因為它
們的缺席與在場同樣都會造成困擾，我們必須學習以一種更好的、更加寬
容方式來面對它們。

莫加南：確實，如你所說，「共享的主權」這個概念非常重要。這不
是一個要逃避現代性、主權、文明的問題，而是一個相互生成（mutual
becoming）、相互批判（mutual criticism）的問題。也就是說，一個社會
如何以相互共享的方式來思考主權問題，而不是以一種奠基於霸權的殖民
模式來看待主權。

　　我認為，當我們想起臺灣的歷史，以及漢人與原住民之間所應該共同分有的義務與責任，「共享的主權」這樣的想法，便顯其意義深遠。此外，我們也知道做為島嶼的臺灣，其主權地位也是一個相當棘手的問題。現在，以一種新的方式來思考所謂的「主權」，這確實是意味深遠的想法。

賴錫三：我有一個問題。我想問你，有關於「儒家立憲」的想法？我們可以發現，像蔣慶（1953-）這樣的中國大陸學者，因為想要推動政治的儒學，便嘗試將儒家與憲法結合起來。你怎麼看待這類出現在中國大陸內部的思想運動？

中島隆博：是的。實際上，我寫過一些文章討論中國大陸內部的儒學運動。也因此，我總是感覺到，這與日本戰前社會的氣氛非常相似。當時的日本，也是一個高度儒家化的社會。嚴格來說，那是一種儒家對神道教的混合產物，儒家在這樣的串聯中起著很大的作用。那麼，如何使戰後的日本社會「解─儒家化」（de-confucianize），這便成為了關鍵的課題。在中國，有一種趨勢是去質疑儒家的價值或者政治的儒學。這種趨勢或者態度，被解讀為整個世界在走向所謂的「後世俗社會」的一種表現。然而，我卻不認為這類儒學在中國大陸可以得到多數人的支持，因為他們知道曾經有過一個負面的經驗就發生在日本。也許這麼說吧，他們還需要對其政治儒學的思想做出更多細緻的闡述和調整。尤其，他們可以從戰前日本在政治儒學的糟糕與失敗經驗裡，學習到一些東西。

賴錫三：我也認為這樣的做法很難成功，因為過於極端地拒絕來自西方的價值與形式。他們強調，曾經有過一個輝煌的時代（比如漢朝，當時的儒家哲學與政治的主權是結合在一起的）。在那個黃金年代裡，政治和道德理想完美地結合在一塊，政治儒學相信，只要能復刻那個年代，便可以幫助我們超克西方現代性所帶來的種種麻煩。

中島隆博：我的觀察和你稍有不同。其實，他們還是使用了非常現代的框架，比如憲法。他們很清楚必須要打造一部儒家憲法。在我看來，它其實是一種很具有當代特色的現代化儒家思想。這就是刺點所在：對我來說，他們即使回到了漢朝，那也是一個非常現代的漢朝。

莫加南：在這裡，我想要加入討論。任何一種將政治儒學放在中國語境下進行討論的當代試驗，都還必須尋找一種話語來解釋改革與開放，如此一來，才能夠對眼下的中國社會提出一種連貫的、合理性的描述，對嗎？我的意思是說，在毛澤東時代，對於社會主義的解釋與階級鬥爭是相互連貫的敘述。而現在，中國是一個非常明顯的、被市場經濟驅動的資本主義社會。它很難再回到那個階級鬥爭的話語裡頭了，執政者也不會想再回到那裡去。他們真正想要的是維穩，對吧？所以，什麼樣的話語能夠替中國過去三十年來的發展，提供一種連貫性的合理解釋，才是重點所在。我認為，類似像政治儒學這樣的思想運動，某種程度上，一個最大的任務是要去回應當前中國的意識型態問題：不再是毛主義，不再是反資本或者反市場的那種社會主義。我想，這是一個非常複雜的問題。

中島隆博：如果我們在中國大陸討論這個話題，會變得非常敏感。因為相關的討論很難與舊時代的共產主義清楚地切割開來。然而，你的判斷是對的。現在的中國不再是共產主義的中國，甚至也不是朝向資本主義發展的中國。他們企圖離開現狀，返回到儒家的傳統裡，但是，具體的想法與做法，又與蔣慶或者其他政治儒家的支持者不盡相同。儘管共產黨政府企圖使用與政治儒家相似的語言，但我不認為它的效果會太好，特別是對年輕世代來說。這些年輕人對儒學不會有想要投身其中的想法。這很像是日本的戰後情境。現在如果你問日本人，你是儒家嗎？他們全都會跟你說，我們不是儒家。然而，戰前的日本社會，在每一個意義上，都可以說是一個儒教國家。就像是現在的日本--樣，當下的中國社會也逐漸失去了那種繼續支持儒家話語的基礎。所以，我認為這幾乎是不可能實現的提案。在

戰前的日本，我們還有天皇做爲象徵，向社會大眾召示儒家話語結構所提供的生活形態，而現在的中國並沒有這樣的象徵。

莫加南：這眞是一個很有意思，而且欲罷不能的話題。但因爲時間的關係，我們得往下一個問題前進。我在想，先讓賴老師來問第九題，之後我可以連結第八題和第十題一起提問。這是一個有關於東亞藝文書院的問題，我讓賴老師來發問。

賴錫三：因爲時間的緣故，我將會縮短問題。談到「東亞藝文書院」，就我所知，中島教授您是建立起這個教育、文化和學術，同時也促成北京大學與東京大學合作之特殊機構的關鍵人物。這個書院的想法來自於你年輕時候的夢想。在你年輕的時候，想要打造一個特殊的教育環境。現在看來，太好了！你的夢想已經落實了。對我來說，你在中國與日本之間建立起一座橋樑，眾所周知，中、日兩國存在著很大的矛盾，但你卻達成了一個很重要的努力，促使兩間大學一起合作，讓兩邊的年輕學生能夠一起思考「轉化」與「共生」。你能夠向臺灣的朋友介紹這個機構嗎？另外，我也想問你，怎麼看待現在的臺灣處境？特別是我們現在正面臨一個很嚴重的中、美對抗關係，臺灣被夾在中間，遭受很大的壓力，被要求選邊站。這也是一個被殖民化的問題。您對臺灣的學者或朋友，有什麼樣的建議？這是我的最後一個問題。謝謝！

中島隆博：謝謝你。故事是這樣的，首先UTCP（東京大学大学院総合文化研究科・教養学部附属共生のための国際哲学研究センター，University of Tokyo Center for the Philosophy）的運作，已經超過十年了。在這段期間，我們和來自世界各地的大學有過很多不同的合作，包括中國、臺灣、韓國、東南亞、歐洲、美國等等。在這個平臺上，我們試圖在教育和研究的領域裡，落實「共生」這個想法。但同時，我又感覺到UTCP的整個運動好像還缺少了什麼？我想，就是制度化吧！在過去，UTCP有著非常活躍的表現，但這些表現也僅僅是學術上的活動而已。要

如何將「共生哲學」的理念融入大學的系統當中？現在就變成了我們所思考的關鍵問題。我對於這種將理念給體制化的想像是，我們將會有一所東亞大學，其中包括來自日本、韓國、臺灣與中國大陸的不同師生。那時候，我就是這樣想像或作夢的。在這方面，後來很幸運能夠成立「東亞藝文書院」，它是北京大學和東京大學之間的體制化平臺，也就是我對於「共生」如何體制化的一部分實現。所以，我也想邀請臺灣和韓國的朋友一起加入這個平臺。我是怎麼想像這件事情的呢？在參與今天的訪談之前，我和東京大學的同事有一場對話與交談，在我所提交的報告裡，我談到了相關的想法。我說道，是時候開始在不同的大學之間，共享老師與學生了！現在，東京大學有著它自己的教授與學生，東大的老師教東大的學生。但是，如果讓來自不同大學的老師來教東大的學生，情況將會發生很大的改變。反之亦然，東京大學的老師也可以在臺灣的大學教書。這是我對「共生」如何在大學系統裡落實的想像。

對東京大學或日本來說，「東亞藝文書院」可以看成是一個歷史性的事件。因爲它是一個在中、日之間搭起橋樑的全新理念。現在，我們兩所學校有著相似的課程，一起分享我們的學生與老師。當然，我不知道這會不會只是一個微不足道的改變，因爲我們只是彼此共享十位學生。或許這樣的改變，在日後會帶來很大的影響，又或許不會，但它已經是一個全新的嘗試了。兩個國家的大學，一起共享老師與學生。在未來，我也想要繼續把這種「共生」的體制化想像，推展到其他的大學裡，包括臺灣和韓國。然後，我在想，因爲挾在美、中之間，現在臺灣的情況可能非常複雜和困難。但如果從學術的立場來說，做爲學者我們仍有可能對現在的處境，造成一些好的影響。我希望，東亞藝文書院的故事和做法可以爲臺灣朋友提供一些想像。

賴錫三：對臺灣和韓國的學生來說，這是個好消息。我想要表達對您的最大感謝。對我來說，你充滿想像力，相較之下，現在大多數的學者因爲

必須花上大把的時間專注在其專業細項上，故而也經常缺少靈活的想像力。您和東亞藝文書院正在開啓新的想像，並藉此新意象來打開「東亞」的新的可能性。最後，我也要向你表達感謝，因爲你和石井剛教授同意我們使用「東亞藝文書院」的名義，協同舉辦明年關於共生哲學的國際會議。這是我們莫大的榮幸。非常謝謝你！

莫加南：謝謝你，中島教授。能夠跟「東亞藝文書院」一起合作，這絕對是最棒的消息！另外，我想要回應中島老師剛才有關於學術與知識空間的見解。確實，我們有老師、有學生、有一些組織、一些機構，在我們面對這樣一個複雜的政治處境的時刻，比如處在美、中關係之間的臺灣，或者中、日之間的矛盾，做爲一個學者，仍然有一個作戰空間存在於學術寫作，或者書院的精神與活動裡。在書院裡頭，你會遇到來自不同背景的人，但卻可以在一個自由的文藝傳統裡頭，相互合作、彼此理解、豐富對方。我認爲，這才是最重要的！未來，我們期待能夠參與更多東亞藝文書院的活動，同時也去推廣這些活動，讓東亞藝文書院在臺灣成爲家喻戶曉的機構。

中島隆博：隨時歡迎你們參加，謝謝你們。

莫加南：現在我們來問中島教授最後一個問題。這個問題，我肯定這一年半來每個人在心裡面都曾想過。中島教授最近在《世界思想》這個刊物上，發表了關於Covid-19的文章。[5]整個世界經歷了一年半的時間，日本又剛剛舉辦過奧運，而我們卻仍然在努力控制疫情。我的問題是：你認爲Covid-19的流行，對哲學來說，意味著什麼？它是不是四處撬動那些以往被我們視爲理所當然的思想與分類模式？在這之前，我們從沒有想過，眞的會有一種全球性、不分你我的挑戰，會造成這麼大的創傷，甚至還會繼

5　〔日〕中島隆博：〈わたしたちの共生 ──パーソナルなものをめぐって〉，《世界思想特集：共生》第48號（京都：世界思想社，2021年），頁94-97。

續流行下去。做爲哲學家，要如何回應這個問題？當然，這些描述都只是我和賴老師的簡單勾勒，我們想聽聽你對Covid-19的想法，即便只是一些初步的思考也可以。

中島隆博：謝謝你的問題。我想，Covid-19再一次向我們揭示了那些古老的問題，比如像是：不平等、孤獨這樣的問題。其實在Covid-19發生之前，我們也不得不面對這些問題，只是現在我們無法再以同樣方式來處理。Covid-19的出現，等於再次顯示出了這些老問題依然迫在眉睫。另外，我的想法是這樣：Covid-19要求我們再次思考所謂的生命政治（bio-politics）。健康是每個人的核心所在，然而，所謂的「健康」總是被解釋成「爲民族而持有的健康」。比如說，保持健康是我們的義務；接種疫苗是爲了保護整個國家，而主要不是爲了我們自己。藉此，我們得以重新檢視那些爲了國家和保存生命而有的現代保健觀念。這是由Covid-19所喚起的關鍵性問題。在今天的訪談的第一個部分，我曾提及二十世紀的日本如何看待生命（life）的問題。現在，我們又碰了相同的問題。二十世紀的日本在思考「生命」這個概念的時候，總是習慣與國家（民族，nation）拉上關係：爲國家、爲民族而生。然而，現在我們也可以採取另一種方式來看待生活（living）或者生命（life）。舉例來說，我們可不可以引入「養生」這個概念，來取代中文裡的「衛生」或者日文所說的えいせい（Eisei，衛生）？「衛生」是一個現代語境底下的治理觀念。所以，我在想，或許在Covid-19的處境底下，我們最終有機會從現代生命的治理形態裡，重新跳脫出來。

莫加南：是的，中島教授在這個問題上，提出了非常有意思的想法。Covid-19喚醒我們再次關注那些一直擺在那裡、不曾離去的古老問題。現代社會認爲我們再也不會遭遇傳染病的大流行，孤獨、疾病、髒亂都是舊有的危機管理模式所導致的問題。我們擁有現代化的醫療體系，傳染病的大流行已經是一百年前的軼事。然而，Covid-19的出現迫使我們去面對那

些自始至終都無法被徹底解決的古老問題。它們一直都在，而這樣的經驗也可以幫助我們思考彼此相互的脆弱性。我使用的詞語是vulnerability，一種脆弱性。

臺灣是一個很好的例子。在Covid-19的控管上，臺灣做得相當不錯。我們是一個島嶼，所以能夠保護好自己的邊界。然而，問題是：不管你在自己的國境之內做的多好，它都不是「世界」。在某些時候，我們需要與世界的其他地區交流，並且對它們開放。這就意味著，你不能只是以國家（nation）的角度來思考問題。相當有趣的，即使在你自己的國家內部取得勝利，它也不能真正地保護你。你可以一直關閉邊境，但最終我們還是想要生活在一個具有流動性的世界裡。所以，Covid-19挑戰了民族國家的邏輯。你可以在自己家裡戰勝流行病，但疾病還是在世界之中流竄，隨時準備再次襲擊你的村莊。也就是說，我們必須學習以全球的眼光來思考問題，「養生」不能只是某個國家的養生，對嗎？在中文裡，這樣的情狀可以稱之為「互相依賴的脆弱性」。我們是如此地脆弱，Covid-19這件事情證明了，我們的身體以一種深刻的方式彼此相互連繫起來。而這正是我們思考「養生」或者「共生」的起點。賴老師，你對這個問題，有什麼想法嗎？

賴錫三：對我來說，我們並不真的擁有孤獨。我們總是在此在（Dasein）之中與其他人共在。我們也與其他的物類共存。我們共享著空氣、陽光和土地。我們住在同一片土地上，而我們也只擁有這一個地球。所以，沒有人能夠徹底封閉自己，這是不可能的事。對我來說，Covid-19展示了這個事實：我們總是與他者生活在一起，包括病毒。所以，我們必須與病毒共生。對我來說，這樣的思考方式就是遭遇絕對他者。亙古以來，人類從來沒有真正從風險裡逃脫出來。我們始終碰到各種大小不一的麻煩問題，不只有現在，對吧？

中島隆博：是的。你的說法完全正確！病毒就是我們的他者，沒有人可

以徹底避開他者。我們必須與病毒合作。這就是關鍵所在。有一種說法是，人類的思想就像是身體上的病毒。因此，我們一直是以自己生活方式與他者生活在一起。面對病毒，真正要做事情是，去發明一種能與病毒共存的方式。在今日Covid-19的處境之下，這是我們所面臨的挑戰。我認為你的觀察是全然正確的。

莫加南：在這一系列的講座裡，我們討論過《莊子》和「共生哲學」，賴老師一再提醒我們，「自我」絕不是封閉起來的。我們所擁有的是一個開放性的自我，它是動態的，它一直在與他人進行協調和互動。我想Covid-19所展現的，就是這個事實。所以，我也很明確地告訴那些生活在美國和加拿大的同事，儘管疫苗的接種率已經達到70%，不要想說Covid-19已經結束，因為你們和我們一樣對「世界」都是開放的。你們還有責任，不只是對自己的國家，也要對全世界提供所需的疫苗與醫療資源。如果我們的世界真的可以繼續往前走，那將是因為我們已經克服了民族主義的邏輯。病毒有一天會捲土重來，就像賴老師所說的，它其實一直與我們共在。我們必須學習那種能夠超越地域觀點的「養生」，這既然是一種全球性的危機，也就需要一種全球性的回應。

中島隆博：是的，確實如此。

莫加南：謝謝中島老師和我們一起討論這些問題。我認為，今天開啟了很多領域，也探討了很多議題。事實上，今天談論到的每一個話題，都可以為其開闢專屬的研討會。現在，我們就給線上的朋友開放問答。

第六節　問題與討論

蔡瑞麟（臺灣警察學校）：中島教授，你好。我是蔡瑞麟。你的討論非常精彩！請讓我問你一些問題。你如何看待大江健三郎（Oe Kenzaburo, 1935-）？大江是1994年諾貝爾文學獎得主，他的文學報導深刻地批判了「沖繩事件」，然而，最終他卻不得不對抗政府，以捍衛他在這件事情上

所投入的努力。沖繩問題和大江健三郎是不是您提出「交互共生」這類主張的關鍵理由？日本社會怎麼看待您這樣的主張？最後，您認爲像大江這種報導人類苦痛經驗的寫作對於社會成員之間的相互理解是必要的嗎？我們如何恰當（properly）理解這類作品的功能？那種集體性的創傷，要怎麼平撫？在《莊子》內心深處，會不會也有一條無形的、看不見的，不眞的那麼快樂無瑕的魚？

中島隆博：謝謝你的提問。第一個問題是關於大江健三郎，特別是他在1970年出版的《沖繩札記》。[6]大江是1994年的文學獎得主，在《沖繩札記》裡，他呼籲日本政府必須正視殖民的歷史，並思考如何在沖繩與日本大陸之間建立橋樑。在1972年，沖繩回歸日本之前，《札記》在當時成爲極具煽動性的著作，引起了很大的討論。但現在，大江年紀太大了，他已經無法回應沖繩的現狀，特別是美軍基地的問題。大江的任務已經結束，現在該輪到我們認眞思考「沖繩問題」了。這就是我爲什麼要寫那些討論沖繩的文章，並且提出相互批判與共享主權的原因。這是我對你第一個問題的回答。

　　第二個問題是，在日本社會裡，如何推廣「共生」的想法？感謝那些非營利組織的投入和參與，現在，「共生」在日本成爲了一個熟悉且受到歡迎的想法。舉例來說，日本政府在其政治議程上，也開始使用「共生」這樣的語彙。我認爲，「共生」這個想法，在現代的日本社會裡，確實是有效地被推廣出去的。儘管如此，我們還是必須觀察日本政府，在哪些政治化的語意下，使用「共生」這個詞語。觀察「共生」在哪些政治場合裡被使用，並提出批判，這才是關鍵所在。

　　你的第三個問題，提到了《莊子》和其他文學寫作類型的「恰當」

6　繁體版可參考，〔日〕大江健三郎著，陳言譯：《沖繩札記》（新北：聯經出版，2009年）；簡體版本可參考〔日〕大江健三郎著，陳言譯：《沖繩札記》（北京：生活・讀書・新知三聯書店，2010年）。

（proper）閱讀。我的感覺是，恰當（或者正確、適當）是具有爭議而且危險的想法，當然我的意思不是說，我們要毫無保留地接受所有的閱讀方式。不是這樣的，根據文本自身的脈絡，閱讀本身就會有一些限制。在某種程度上，我們的閱讀一定受限於文理、概念結構、歷史背景等等。所以，面對《莊子》和其他文學寫作，我們能夠找到的不是某種正確的讀法，而是根據上述情境條件而來的，可能比較好的讀法。

莫加南：謝謝中島教授和蔡老師，你們談到了一些很有意思的問題。現在，我看到賴奕瑋舉手了，他是我們的會議助理，我讓他來提問。

賴奕瑋（臺灣高雄中山大學中文系）：中島教授，很高興再次見到你。我們知道東京奧運剛剛閉幕，在這過程中，我發現一個相當有意思的隊伍，它叫做Refugee Olympic Team（奧運會難民代表團）。所以我在想，你所倡議的human co-becoming或者co-living確實是有效的，因爲就在奧運裡，我們可以找到這種類似爲「共生」理念而設計的參與方式。我的問題是，我們如何邀請所有人一起加入共生體系？他們之中，可能是沒有國籍的，也可能來自於不同的文化。所謂的「亞洲」是一個複合的文化概念，除了您所提到的日本、韓國、臺灣、中國大陸外，東南亞和中東也組成了「亞洲」，但亞洲人卻有著極大差異的身分認同與文化背景。如何讓每個人都加入「共生」的議程？這是我的問題，我認爲讓每個人都能夠參與進入「共生體系」，這會是最重要的事情。

中島隆博：謝謝你的提問。根據阿倫特（Hannah Arendt, 1906-1975）的說法，國際難民是當時候二十世紀的當代特徵。現在是二十一世紀了，我認爲她的觀察依舊有效。國際難民不是外來者，他們是我們所屬結構的一部分。在「共生」的理念中，我們必然要求（也邀請）這些人進到這個平臺來。你的想法完全正確。職是之故，如何解構國家的邊界或者國家的主權，這將成爲關鍵問題。直到今天，我們仍然生活在十九世紀的主權觀念和民族國家的體系裡。我不認爲，這是一個生活在二十一世紀的合理情

況。臺灣是一個很好的例子。我們必須克服十九世紀的主權體系。我認為，若能觀察臺灣的經驗，可以獲得很多的啓發。所以，我想要更多地了解臺灣經驗。謝謝你。

莫加南：謝謝中島教授，做爲一個每年都在臺灣教書的學者，我可以說，我的學生確實教會了我很多東西。這是一些很豐富的經驗，尤其當我們在思考好客、對他人的義務、民族國家的界線等問題的時候，「臺灣經驗」給予了我很多的啓發。非常謝謝你的回答。我看到賴老師舉手了。

賴錫三：我想用中文問中島老師一個問題。對我來說，您跟石井剛教授開啓了所謂東京學派（Tokyo School），我一直會把它跟京都學派（Kyoto School）做對比。在西方的哲學界裡面，一講到東洋哲學可以走到世界的舞臺，具有世界性的哲學高度的時候，就會想到京都學派的西田幾多郎、鈴木大拙（Suzuki Daisetsu, 1870-1966），他們跟歐陸哲學、現象學、海德格哲學的關係都是蠻密切的。而您所帶領的東京學派感覺更具有批判性和解構的面向，特別是批判形上學的傾向。可不可以請您對照京都學派，談一談東京學派的思想運動，它的核心特色在什麼地方？

中島隆博：好的，謝謝你，這是個很棒的問題。這四年來，我一直在思考「東京學派」。「京都學派」在國際學術的舞臺上，已經成爲一個被高度重視的語彙。有著大量的論文研究西田幾多郎先生的哲學，但卻很少有人關注東京學派。京都學派以西田做爲核心，它是一種高度形上學化，同時具有民族或者國家色彩的哲學系統。那麼，東京學派的特色是什麼呢？在戰前的情勢底下，東京學派也曾與日本的國家政治有著高度的連結。在當時，它也是一種高度政治化的哲學，但是到了戰後的情境，東京學派試圖批判以往那種與政府同構的高度政治化哲學態度。東京學派一直試圖擺脫戰前的日本語境。所以，我們努力追隨一種精神，它被稱爲東京學派的戰後思考。這種戰後的東京學派思想就體現在，坂部惠（さかべ めぐみ，1936-2009）、廣松涉（Hiromatsu Wataru, 1933-1994）、大森荘蔵

（おおもり　しょうぞう，1921-1997）等學者身上。他們都是東京大學，特別是駒場校區的教授。對於住在駒場的人來說，比起東京學派，他們更喜歡被稱作「駒場學派」。其特色是具高度的批判性思考，尤其針對京都學派和戰前的東京學派。這是我的回答。

賴錫三：我非常期待東京大學的思想運動，不只是純粹的學術性的speculative philosophy，它是具有很強的經世的關懷，對於整個社會政治以及人的存在處境，回到一個ground，這個ground不是建構在一個形而上學的基礎上，而是回歸人類的具體處境來重新面對他者、恢復學問和學術責任，也就是把宗教性的或終極性關懷帶回到對於人的真正感受，我覺得這是一個非常值得關注的思想運動。

中島隆博：我完全同意你的觀察，謝謝你。

莫加南：現在聊天室有兩個問題。第一個問題是，前面談到後疫情的「衛生」問題，「衛」字有保衛、對抗的意思。生物學哲學裡面的主體性問題，免疫系統如何對抗外來者而保衛自己，其分辨敵我的功能有可能被挪用至「如何實現自我之主體」。也就是說，現在問題就變成了：我們要保衛誰的生？一個族群能不能被視為具有主體性？再者，前面您提到一種disarmed的哲學構想，也就是卸下武裝的哲學，但我們是否能在任何情況都沒有衛生，又可以維持生存的需要？

中島隆博：公共衛生是保衛誰的生？這就是問題的重點所在。這是一個值得推敲的問題。衛生的思考方式，試圖去保護一種具有主體性的生命。但是，這樣一種主體性的生命，經常被定位、定向在民族和國家裡頭。而我的思考，和這種衛生的思考方式不太一樣，我們不可以捍衛這種隸屬於國家的主體性。只要我們生活在與他人相關的情境裡，我們的生活（our living）就不會被自身的主體性所壟斷，因為我們的生活總是與他人共享。所以，「養生」這個傳統的、看起來有點過時的概念，或許真的可

以提供一些洞見，幫助我們思考相互關聯的生活或者彼此相關的主體。這是我對你的問題的回答。而所謂的卸下武裝、開放哲學，意思就是說，要關聯到（要進入到）與他人共生的情境裡。

莫加南：第二個問題是，「金錢做為媒介，開啓了資本主義的運作。然而，在你所討論的社會資本裡，好像沒有市場的流動性。在『共生』和『共享』裡頭，社會資本是可以被預測的，還是不可以被預測的？」所以，第二個問題要問的應該是，構成社會資本的媒介是什麼？我們是用什麼媒介來組成社會資本？

中島隆博：我會認爲，現在「金錢」這樣的概念已經變得非常不可靠了。舉例來說，日圓（日本円，Japanese Yen），一個看似擁有主權的貨幣，它可以在人爲的操作下大量貶值。所以，我們怎麼能夠依賴貨幣呢（亦即，我們不能用貨幣的計量方式，來設想所謂的「社會關係資本」）？當我提到「社會關係資本」的時候，我所設想的是一個比貨幣還要有力量、還要更普及的概念。這是我的簡單回答。

莫加南：是的，非常有意思。讓我先回到「衛生」的那個問題，也就是思考我與他人的關係，而不要去壟斷我們一起生活在其中的空間。我們通過他人而與他人共存，這是Covid-19教會我們的事。即使在臺灣內部可以控制住新冠的流行，我們仍然居住在一個與他人共在的世界裡，因此我們必須與他人一起合作。養生，意味著滋養彼此的生命（to nurture their lives），這裡講述的是一種能夠釋放彼此緊張狀態的相互關係性（it's a kind of mutual relatedness into clear relief）。我們不能夠有一種想要壟斷（monopoly）或者置身事外（independence）的幻想，這種想要支配或者獨存的想法，反而是很例外的，我會說它是一種美國式的想像。

中島隆博：所以，打破這樣的幻想是很重要的。這正是關鍵所在。現在我們必須學會另一種有關於社會組成的想像。

莫加南：絕對是這樣，沒錯！我們還有五分鐘，李志桓提了一個問題。民族主義是一個我們無法真正擺脫的問題，因為我們都擁有語言和文化差異。所以，或許存在著兩種民族主義：養生的民族主義和衛生的民族主義？[7]

中島隆博：這是一個不好回答的問題。我不認為，在語言和文化之間的差異會消失。這些個性或者特色是非常重要的。不過，回到根柢上來說，我們不需要特意去建立民族主義，對吧？民族主義這件事情，完全不同於語言和文化，或許我們可以發現另一種接近語言和文化的方式（不必跟民族主義綁在一塊）。這是我的想法。至於，如何去解構民族主義，在這方面，「養生的民族主義」大概可以發揮很好的作用。

賴錫三：我想要回應「養生」的問題。養生這個概念，出自《莊子》第三章〈養生主〉。《莊子》使用了一個非常有意思的「解牛」隱喻。對我來說，「解」具有與他人發生互動的象徵意義：既是阻礙，也是切割，又是傷害。有阻礙，才需要「解」，所以它意味著自然生命狀態原本就不能離開牛、不能離開與他人的關係。但關係也就意味著有麻煩，因為每個人都習慣按照自己的心意做事，就像一把鋒利的刀子一樣。人們彼此相遇，又彼此切割、彼此傷害，但又總還是朋友與家人。有些學者主張《莊子》想要逃避關係，藉以保存他的適性逍遙。但是，對我來說，「庖丁解牛」的隱喻意味著，我們總是在尋找可以相互轉化的藝術，需要跟牛、跟關係合作，這才是真正的養生之道。也是「解」的另一個語意，彼此釋放。

中島隆博：是的，關於養生之道，我們需要共同轉化的藝術（we need some art of co-transformation）。在相互轉化的生活背景底下，怎麼發明讓

7　讀者可以留意的是，其實「衛生」一詞同樣出自《莊子・庚桑楚》有一段文字：「行不知所之，居不知所為，與物委蛇，而同其波，是衛生之經已。」〔清〕郭慶藩編，王孝魚整理：《莊子集釋（下）》（臺北：萬卷樓，2007年），頁860。然而，正如中島隆博教授所言，在現代漢語的使用習慣裡，「衛生」的語意已經和「捍衛主體性」這樣的意涵掛勾在一起。

彼此共存、共生的創造性做法？這是最重要而關鍵的問題，在這一點上，《莊子》可以給我們一些啓發。

莫加南：是的，確實如此。而且，這也就涉及剛才所說的「社會關係資本」，對吧？我很期待閱讀您關於資本主義和共生哲學的著作，對我來說，那是一條重新思考資本主義的嶄新道路。經濟被想成是不斷發生下去的，它必須去聚集、去生產、去滋養，藉以實現彼此的共生、共存與共榮。資本主義爲人所詬病的地方在於，裡頭存在著不平等，但它可以被重新設計，對吧？可以朝向促使彼此的共同繁榮來設計。這樣也就可以減少眼下我們正在經歷的各種衝突與對抗。我認爲這種想法非常有趣，這種講求繁榮和共生的語彙，已經不再是傳統馬克思的詞語了。而這也就是，共生哲學和馬克思主義可以進行對話的地方：可能是藝術的問題、養生的問題、共生的問題，或者是不再奠基於傳統無階級理論的另一種思考方式。這是一個複雜而引人入勝的想像。

中島隆博：確實如此，很謝謝你這麼說。

莫加南：我想，我們已經超時了。對我個人來說，今天非常特別，而且飽受啓發。一路以來，我們觸及很多問題，從Covid-19到莊子，從資本主義到少數運動，同時也談到了東亞藝文書院如何落實共生哲學的理念。所以，今天眞的非常精彩而豐富。我要感謝中島教授所展現的耐心與洞察力，他幫助我們思考了很多重要的課題。

中島隆博：也謝謝你們舉辦這麼有意思的訪談，從你們的問題和討論裡，我也學到了很多東西。非常謝謝你們。

賴錫三：我很期待，中島教授和石井剛教授早日來臺灣跟我們碰面和討論。這肯定會是我們非常榮幸而開心的事情。我要再說一次，非常謝謝你們願意參加這一系列的線上討論，以及明年的會議。

An Urgent Philosophy for our Times and our Strait: Discussing Mutual Co-Becoming with Professor Nakajima Takahiro

共生哲學對當前世界、兩岸處境的迫切性 ——與中島隆博教授的對談（英文稿）

受訪人：中島隆博（Nakajima Takahiro，東京大學UTCP）

與談人：賴錫三（臺灣高雄中山大學中文系）、莫加南（Mark Frederick McConaghy，臺灣高雄中山大學中文系）

英文逐字稿整理：賴奕瑋（臺灣高雄中山大學中文所碩士）

賴錫三（高雄中山大學中文系）：Before the interview begins, I want to express my appreciation to Professor Nakajima. Especially, next year we will have an international conference on the topic of co-existence. I don't know how you would translate this word, the Chinese term would be "Gongsheng 共生". It's much more meaningful than "existence". We want to think of the trans-cultural complexities of this tem. So maybe you can give us a new translation about "Gongsheng".

中島隆博（Nakajima Takahiro，東京大學UTCP）：Yes, definitely.

賴錫三：I'll say on next year we have international conference, thank you for promising us to use the name EAA（East Asian Academy for New Liberal Arts, 東アジア藝文書院）to support our conference in National Sun Yat-sen University, Kaohsiung, Taiwan.

中島隆博：Yes. It's our honor to co-host this international conference that Professor Ishii is very eager to join.

莫加南（Mark Frederick McConaghy，臺灣高雄中山大學中文系）：And we are very honored to be able to co-host with EAA and to have the support of both Professor Ishii and yourself to make it a wonderful event.

中島隆博：Yes.

莫加南：So I see it's about 9:30. I think we can begin and I'll just do a brief introduction of Professor Nakajima and I'll do it in English and Chinese. 線上的朋友，非常歡迎大家參與我們今天共生哲學的訪談活動，今天的活動是雙語的，我們會使用英文跟中文。訪談的部分，以英文為主。So, the interview will use English primarily, but of course, when we do Q&A and we can also have our listeners use Chinese to ask questions.

Today we are truly honored to have Professor 中島隆博, Nakajima Takahiro, to meet with us online to discuss issues surrounding the philosophy of co-existence, mutual co-existence and 共生哲學. And we will go into a host of topics around this issue of co-existence and how Daoism, in particular, can help us think through that question. Professor Nakajima comes to us from the University of Tokyo and he is at the University of Tokyo's Institute for Advanced Studies on Asia. He is also the director of EAA, the East Asian Academy for New Liberal Arts at the University of Tokyo, which is a very interesting initiative that we will also discuss today. And so we are very honored to be able to conduct this interview. I'll just remind our friends online that if they could just mute their microphone. We won't have any noise to disrupt, and today's forum will be about 90 minutes to 2 hours. Professor Lai Hsi-San and I will engage in dialogue with Professor Nakajima. In the last half an hour, we will open the form up for Q&A. We'll have English and

Chinese questions on the PowerPoint. So our friends online can follow our conversation. We will be also very honored to have Professor Lai Hsi-San, ask our first question and I'll first give over the time to Professor Lai, and then we can begin our program.

賴錫三：Okay. Thanks, Mark. It's my turn I want to ask the first question to Professor Nakajima, we are honored today to have the opportunity to interview you. First, we would like to ask you, how do you define "co-existence" and "a philosophy of mutual co-existence"? You have discussed these concepts in the past, emphasizing that philosophy of "mutual co-existence" on the one hand cannot extricate itself completely from "politics", but on the other hand should not be equated with "politics". Could you expand upon this idea for us?

中島隆博：So, thank you so much for your very elaborated question. First of all, I'd like to say thank you for all of this organization, I am very honored to reply to your questions. But frankly, or honestly speaking, I like to become a questioner instead of a replier, because these questions are very profound and very complicated. However, I'll do my best to try to reply to them. Professor Lai asks about the translation of "Gongsheng" into English. Is it co-existence or symbiosis? Such a translation is somehow tricky for the Chinese or Japanese meaning of "Gongsheng". "Gongsheng" is literally a "co-living", right? So if we trace back by using a conceptual history of "Gongsheng" in Japanese context, we are facing the emphasis on life in Meiji and Taishō era（明治和大正時代）. At that moment, "Gongsheng" became an elaborated concept in Japanese context.

For example, Professor Nishida Kitarō（西田幾多郎）, the first philosopher of modern Japanese philosophy had a very profound concern on the life. He believed philosophy should be focusing on this concept of life.

That is a starting point of modern Japanese philosophy. So "Gongsheng" is also folded and interpreted in this background. How? This is somehow relevant to your question. However, this concept of "life" was closely relevant to the politics at the time. So Japanese government especially during the war period emphasized the notion of co-living and co-dying altogether〔Gongsheng Gongsi 共生共死〕. That means, "Gongsheng", co-living was highly politicized at that time. I'd like to deconstruct such a highly politicized concept of "Gongsheng" in different contexts, especially in the 21st century. That's why I dare to propose the translation such as co-becoming and human co-becoming. For example, in English context, human being is regarded as something being relevant to "being", but in East Asian context, it is very difficult to find such a Europe-centered concept of being. In comparison to it, "becoming" would be much more effective to think of a philosophical milieu. Instead of human being, we could think of human becoming. We are human becoming to be human. This is a very starting point of the perspective from east Asia. If that is the case, "Gongsheng" can be translated to human co-becoming or mutually becoming human. That would be one possibility of the translation, but, as mentioned above, "Gongsheng" has many different ways, including "life". In the last half of your questioning, we are invited to think of the current situation of Covid-19, especially of the bio-politics. Life should be reconsidered in our actual context in which we can find some moves to bio-politics. In sum, I'd like to say "Gongsheng" has a conceptual history and maybe we change our term of translation into human co-becoming for the "Gongsheng". And as for the politics, "Gongsheng" is a highly politicized concept in the prewar Japanese situation, but it is also a term having a chance to go beyond such a politicized situation. It can show us a new type of human association. That's my very quick reply to your question.

賴錫三：Thank you for your reply and re-translating this term "Gongsheng", actually we are also not satisfied with this translation. We have a friend 何乏筆 (Fabian Heubel) who told us he would like to translate to co-living. I think if you use a new translation as you say, human co-becoming, this word makes me recall the Professor Roger Ames（安樂哲）. He also translated the Dao 道, Laozi's Dao, he used "way-making", but you also want to emphasize the process of becoming. So I think it's a good translation for us and get new meaning from this term.

中島隆博：Yes, you are definitely right. So "ing" as a process is very important to think of "Gongsheng". Is "Gongsheng" a fixed condition? No, it is a process for us to become something different, right? It is a process of becoming human. I imagine Roger Ames' definition of human becoming in my mind and I'd like to a little bit change that definition into human co-becoming. Human co-living would be fine as well, if we are focusing on "ing" as a process in "Gongsheng".

賴錫三：The second question I'm going to ask you, in the past you have discussed the notion of "An Open Philosophy in East Asia". I remembered you'd given a lecture at Peking University. The title is an Open Philosophy in East Asia. Within this context, what does philosophy mean? What kind of role can Chinese philosophy or the philosophy in the Chinese language play? What can "East Asia" mean? Does this open philosophy seek to imagine a new "Community of Common Destiny for East Asia"? Or does it seek to transcend the regionalism of "East Asia", imbuing itself with a more universal sensibility as a "world philosophy"?

中島隆博：Thank you so much. This is also a very elaborated question and very hard to reply to it, but I try my best to reply to it. As for open philosophy,

I used this concept at PKU (Peking University) as well as at Yonsei University （延世大學）, Korea. It was published as an article in a Korean journal. My idea is very simple. There is a notion like an open city, right? The open city is a disarmed city. Its opening is supported by disarmed conditions. So my thinking is that philosophy has been armed with some concepts like "being". Maybe we had better change this armed philosophy into disarmed philosophy, which makes us truly be open to the others. In this framework, I dare to think of "Open Philosophy" in East Asia. However, why do we think of East Asia for Open Philosophy? This is the core of your questioning. In recent years, I have been publishing a "World Philosophy" or "History of World Philosophy". By trying to elaborate the notion of World Philosophy, we come to think that it is not philosophies in the world such as Chinese philosophy, Japanese philosophy, Korean philosophy in the world. No! We try to think of the universalizing process in philosophy too. This is also ing-process. From this process of universalizing, we have to pay good attention to the indigenous notions in each local philosophies. Maybe we can have some indigenous notions in Chinese philosophy or Japanese, Korean philosophy, but that is different from an emphasis on the uniqueness of such philosophy. Such uniqueness has been used to strengthen the universal framework. Rather, I'd like to change this western-centered universal framework by elaborating indigenous notions in each philosophy into the universalizing. So East Asia is a name of this starting point of indigenous notions. But it must be entering the process of universalizing. Otherwise, we're easily falling into a uniqueness of Chinese philosophy or uniqueness of Chinese language philosophy. I have been thinking that the legacy or tradition of Chinese philosophy is not monopolized by some specific places or people. No, it is a common legacy for the people everywhere in the world. That is why, for example Japanese people like me can seriously think of

Chinese philosophy. If this is the case, East Asia is a name of the starting point for the universalizing process of the World Philosophy. An Open Philosophy is a name to make such a room to think of the universalizing process from the indigenous notions. That's my answer.

賴錫三：When we think of the concept of East Asia, for you, it's not just a local concept or local expression or tribal thinking. East Asia is a starting point, but it's also opening to the world. The meaning of East-Asian philosophy is not just derived from a series of simple words. It's not just a unique vision, it has an open meaning, it has the potential to develop a universal global meaning for the world.

中島隆博：Yes, your discourse is much better than mine. Yes, you are definitely right.

莫加南：Yeah, I just always jump in and I love this idea of the common legacy of different traditions that for example, we can talk about Chinese philosophy or Japanese philosophy or Indian philosophy, but we are not essentializing these to be monopolized by one specific people or one specific era, but that these traditions are open and a common legacy for all of us which I study and learn and that, for example, that someone like me who learn Chinese later in life, but who can seriously think in these philosophical categories is a testament to the fact that these indigenous traditions can be thought in an open way in an enabling way. We avoid that the kind of essentializing of tradition, which produces nationalism and all kinds of other things. But we can see tradition as I use the word common legacy. I really love that idea.

中島隆博：Yeah, essentializing of philosophy avoids people like us. Mark and I are always marginalized in Chinese philosophy framework. But I'd like to change this structure. Chinese philosophy has many profound and open characteristics for all of us. How can we inherit the common legacy from Chinese philosophy? This is our task to think of seriously.

莫加南：Yeah, absolutely. And I think that's also what happens when you think about Chinese philosophy from, let's say, a space outside of mainland China, either Taiwan or Japan or the Philippines or America. But once you start mobilizing these languages and concepts outside of a center, then it's a different relationship because it's a question of how does this legacy, this tradition, gets mobile in different historical spaces and yet retains that openness for us to push forward certain ideas.

中島隆博：Again, your discourse is much better than mine.

莫加南：No. I think actually this relates to our third question. Because Professor Nakajima has been really a trailblazer in cross-cultural collaboration around philosophical inquiry, philosophical text, and translations, one of the really amazing I think products of that collaborative model in efforts is a 2015 volume that was published by Roger Ames who mentioned today, the volume is entitled in *Zhuangzi and the Happy Fish* and this is really an amazing volume. I recommend all of our friends online to look at it, if they haven't read it. Professor Ames and Professor Nakajima invited a range of scholars operating in different geographic historical spaces, linguistic spaces to think about Zhuangzi and particularly this famous story about the happy fish, in Chinese we call the Haoliangzhibian（濠梁之辯）. And this one story was analyzed by a dozen of scholars. All of the scholars produce different readings, and different interpretations are really pushed in Zhuangzi text to come up with a really interesting interpretation. My first question is I just thought you could talk a little bit about this volume and the process of working collectively in a platform that is cross-cultural, translingual, and on a specific for example, the Zhuangzi.

中島隆博：Thank you so much. Roger Ames is my close and old friend. He invited me to edit this volume of *Zhuangzi and the happy fish*. This was a very challenging project for me. We, two of us, invited some other scholars to seriously think of this problem of the debate of the Hao River. That was a fascinating collaboration for us. We can say that this is a kind of example of Open Philosophy in East Asia. For me, following this edition, I published one book in Japanese on the *Zhuangzi*.

In the *Zhuangzi*, I think the problem of the other is very much important, but the setting of the other is somehow different from the western type of setting. In my article, I dare to emphasize the meaning of wuhua（物化）, i.e., becoming others, becoming another thing. In the debate of the Hao River, Zhuangzi tries to elaborate the conception of the happy fish. It is very close to contemporary problems in the analytic philosophy, but I do not want to analyze it from the analytic philosophical framework. I try to analyze it from the East Asian philosophical context. Happy fish for Zhuangzi is not just an object outside of Zhuangzi as a subject, but in some context, there is a possibility of "Wuhua", transformation ability, lying between happy fish and Zhuangzi. So the core question is as follows: how can two seemingly different things share this world? This is a profound question in this Hao River debate. In my thinking, in the "Wuhua," the world itself is also transformed simultaneously, but all of us share this world through the possibilities of mutual transformation. We have a sensibility of this sharing world, and in the debate of the Hao river, I think Zhuangzi emphasized this sensitivity of sharing this worldness. Our world is covered by this happiness. Such an enjoyment is embodied in the text of the *Zhuangzi*. That is a fascinating idea in the *Zhuangzi*.

莫加南：Yeah, absolutely. I agreed with this happiness and this notion of becoming other or this world in a share between self and other. Professor Nakajima, I know wuhua is a very important idea for you and reading the *Zhuangzi* and this idea of transformation, this idea of a dynamic self constantly changing open to the world that can't be thought of in a static or fixed or（本質）terms. This is also that has come up quite frequently in our discussions on this online platform. The wuhua（物化）, this is also something that Professor Lai has emphasized in his reading of the *Zhuangzi*. This is our 9th meeting where we've talked about Laozi, Zhuangzi, and Gongsheng philosophy. I don't know if Professor Lai wanted to add anything about wuhua or the Haoliangzhibian.

賴錫三：For me, the concept of wuhua is almost the most important notion in the *Zhuangzi*. It can transcend western thinking about a subject/object dualism and also signify that we are living in the same world. It's not the steady world, and it's a world defined as a process of becoming. What this concept asserts is that everyone exists in the same world of existence, we are co-living in the transforming world. We always encounter with each other. We can't divide ourselves from another and have an isolated subjectivity. So we also encounter the others as Professor Nakajima said. So, you can open an important potential possibility to think about the world as a mutual process of co-becoming.

中島隆博：I totally agree with you. In wuhua in the *Zhuangzi*, we face the mutual transforming process, but this process in the *Zhuangzi* has no fixed end. We can go in any direction in wuhua transformation. In the Confucian setting, they tried to fix the direction to become human in their own way. Do we think if the fixed end in the Confucian setting is better than the *Zhuangzi*'s thinking?

That is what we have to think of in the history of Chinese philosophy. At some point, Zhuangzi's thinking is very dangerous, because it does not pretend any ethical presupposition. It seems to be going beyond some ethical setting, while the Confucian setting is a very ethical one. We are asked to rethink of the meaning of this ethical setting. At this point, I think the dialogue between the *Zhuangzi* and the Confucian thinkers would be important.

賴錫三：I also noticed that you have a criticicism about Zhuangzi's limitation, especially Zhuangzi's lack of an ethical approach, but in Taiwan, we have some friends who try to dig Zhuangzi's ethical potentiality. So for me, this is an important question.

中島隆博：I intentionally give it to the happiness in the debate of Hao river, so this happiness probably would be relevant to the ethical setting of the *Zhuangzi*. The basic feeling to all the world would be a basement of the ethical setting in the *Zhuangzi*. So happiness could play a role of ethics at this point.

賴錫三：I totally agree with you. You emphasize the enjoyment and I also noticed that the sense of humor of Zhuangzi, so for me, humor can also open another dimension of ethical meaning.

中島隆博：Yes. This is definitely so.

莫加南：In some of our previous sessions, Professor Lai has emphasized the sense of humor as a crucial idea because when you read the *Zhuangzi*, it's so funny. There are parts of it that are really fun. I don't read Plato and laugh, but I read the *Zhuangzi* and laugh. There's something powerful about as you said, the happiness that kind of seems through the text or that colors the text. This kind of humor is really important when we try to think of a Zhuangzi in ethics or Taoist ethics. This is something I know, and Professor Lai has been working on the humor in the *Zhuangzi*.

中島隆博：Yeah! Humor in the *Zhuangzi* plays a very great role. I think it is somehow cutting off the *status quo* and re-connecting it again in a different mode. The humor lies in this cutting and re-connecting movement.

莫加南：That's wonderful and I'm sure we'll speak more about the *Zhuangzi* a little later and perhaps in Q&A, but we should probably move on to the 4th question. And speaking of humor, this is probably the least humorous question. We're going to talk about the politics of negation or the fodingzhengzhixue（否定政治學）, so I'll let Professor Lai ask the question.

賴錫三：The next question is much more serious and a little bit long. In the past, your writings have compared the concept of "politica negativa" and "a philosophy of co-living or human co-becoming", arguing that the mode of thought presented by the former, so called negation politics, including that of Mou Zongsan（牟宗三）and Nishida Kitarō（西田幾多郎）. You've given a profound and strong reflection to Mou Zongsan and Nishida, maybe they fell into the traps of "the negation of the self（自我否定）" and "the nothingness of the self（自我無化）". For you, these examples of speculative philosophy, which carry with the metaphysical qualities, have such difficulty in producing critiques of the present, and often fell into conservative tendencies. As such, you have advocated that we use a "philosophy of co-existence" to overcome the limitations of "politica negativa", emphasizing that new possibilities can be opened up by working through the relations between people; by dealing with the question of the other. You mentioned before, "encounter with the other"; "by producing a thoroughgoing critique of the present"; and "by re-defining certain concepts". Could you discuss in further detail your understanding of "politica negativa" and your critique of it? And I know you've discussed the historical origin of this concept, it connects with Buddhist thinking. Also, as you understand them, does Laozi and Zhuangzi trend towards a mode of thought in line with "politica negativa"? Or are they opening a potential for contributing to a "philosophy of co-existence"?

中島隆博：Thank you so much. This question is also very complicated and difficult, but I'll try to reply to your question. When I think of a politica negativa, I always compare it to "theologia negativa, negative theology" in the western context. Negative theology is a movement to reaffirm the self or the god in a much higher and stronger way. I tried to criticize this process of the reaffirmation of the self or of the god, for example, in Nishida or Mou Zongsan. Both of them refer to the self-negation, and that negation is supported by the reaffirmation of the greater self. That's a big problem. So how can we escape from such a framework of negative politics and negative theology? For example, Nishida especially in his later writing reaffirmed huangdao（皇道）(the emperor's way) in a very serious mode. He affirmed the status quo at the time in Japan. That's a very depressing story for Japanese philosophy. How can we escape from such a process? If we have some insight in the conceptual history of "thelogia negativa or politica negativa" in China, we would have some exit. In China, maybe we have two different resources, such as Laozhuang（老莊）, and Buddhism. I pick up Wang Bi（王弼）in the series of Laozhuang as the representative of this process of "politica negativa." When Wang Bi elevated the Wu（無）, the notion of nothing, I think, it created a very profound metaphysics by reaffirming the status quo. This is a very setting of theologia negativa. Nonetheless, in recent years, I slightly changed my mind that Wang Bi's notion is not limited to this theologia negativa, but it has also a very open idea to the process of -ing. Being Wang Bi put aside, Laozi, especially Zhuangzi has many profound possibilities of the nothingness. The nothingness is not limited to the theologia negativa or politica negativa. In my recent thinking, especially nothingness in the *Zhuangzi* would be much more important to criticize the theologia negativa. As for the Buddhism, I think Buddhism also has a similar possibility of the nothingness, which is different from theologia negative or politica negativa. That's my current thinking.

賴錫三：Your answer could also link to the Professor Ishii Tsuyoshi has discussed about the Zhuangzi's *huanzhong*（環中）. He mentioned that from the pre-Qing dynasty to the Qing dynasty, there are two types of interpretation of Zhuangzi's nothingness. About *huanzhong*, through Guo Songtao（郭嵩燾）and Zhang Taiyan（章太炎）, he talked about there's a turning point from the metaphysical interpretation coming back to the ground, the earth, the human relationship. So *huanzhong* cannot get out of the relationship between humans, or between "shifei（是非）(Right or Wrong)", "bishishifei（彼是是非）(the right or wrong of each other)". It can generate some political sensibilities to criticize some rules or some principles, like "gongli（公理）(axiom)", generating new meanings for human culture.

中島隆博：It must be true. The *Zhuangzi* emphasized a kind of liberation which is free from the settings of human beings. It must be relevant to our human body or feelings, which is an important part of our body. So, nothingness would play the role to transform our feelings and to have new experiences for human beings.

賴錫三：Today you provide me with a new mode of thinking about religion. I think you criticize Buddhist thinking, but also mention to Buddhists empty or nothingness as possessing some potential.

莫加南：Wonderful. Thank you very much for this wonderful exchange. And I'm sure we'll have more time to discuss, particularly on Zhuangzi and Buddhism, but we'll just move on to the 5th question now, just because the time is limited. So, this question was written by me. It's a question that pertains more actually to my own training. I'm a historian of modern Chinese literature and the process of the Chinese revolution in its relationship to culture. So I spent a long time reading Luxun（魯迅）and Maodun（茅盾）and Mao Zedong（毛澤東）. I'm thinking through revolution, right? What did "geming（革命）(revolution)" mean in the modern Chinese context and what did it mean for culture right in relation to "wenxuesixiang 文學思想 (literary thought)", "wenshizhe（文史哲）(literary, historical and philosophical tradition)" and "hanxue（漢學）(sinology tradition)"? And I think when scholars particularly Marxist scholars see the term "gongsheng", the first thing they would think of is the question of capitalism. So, how can a philosophy of mutual co-existence deal with or think about the kind of antagonisms that exists within capitalism? Because the means of production are not owned collectively. Capitalism is an interesting thing. It's actually a structural question, and it's about the structure of economy; it is really not a question of individual moral edification, for example many capitalists, who exploited workers, are very individual. They have a very high moral education or moral sensibilities, but it's their place within the structure of the system that makes them exploit their workers. And as Marx told us, if they don't exploit their workers, then they can't produce surplus value and they can't make more money. So it's really not a question of whether I want to be nice to my workers or not. It's a question of structure. I was just wondering as you have developed the philosophy of co-existence, or a mutual becoming, how have you thought about this in relation to the economy, in relation to capitalism? Is there a dialogue between Marxism and human co-becoming? Is there a potential for dialogue there? I think that's really what I wanted to think about with this question.

中島隆博：Thank you so much for your questioning. I will publish a book entitled *Capitalism for Human Co-becoming*. This is a dialogue between philosophers and economists. How can we think of capitalism today from the angle of human co-becoming? For example, you must know Harari in his *Homo Deus* to show us a very shocking notion like "useless class". Useless class, it is different from Marxist thinking of proletariat. The proletariat can unite themselves if they have some labor goods, while the useless class has no possibility to unite themselves, because they are just useless in working. They have no opportunity to work. This would be a nightmare in the future, if we follow Yuval Noah Harari's thinking. I believe that capitalism has its own history. 21st century capitalism is completely different from the 20th century capitalism. Right now, 1% super rich people share 1/2 of the wealth in the world. That means 1% people can not invest their wealth again, because they have too much wealth to invest. Ironically speaking, they are opposite against the capitalism. How can we get back to the idea of capitalism, whose basement is the investment. That's a crucial point at this moment. In the past, it is very simple. We invest for the commonalities. That was a capitalism based upon things. But after that, capitalism went to the happenings, experiences, or events. The capitalism created a subtle difference in events. That's why I say capitalism for things, characterism for events. Well, now we are asked to think of capitalism for human co-becoming. The investment would be directed to human co-becoming. That's my thinking. How can we persuade the investors or businesspersons to think of human co-becoming seriously or human conditions of living together? In this aspect, "gongsheng" would propose some insight to the capitalism as well.

莫加南：That's a wonderful thought and answer. I can't wait to read the new work as it sounds exactly like what I've been thinking about, for since we began thinking about "gongsheng" and mutual co-existence or co-becoming. I just wanted to echo that issue, for example, the historical difference between 19th and 20th century's capitalism versus 21st century's capitalism, as well as how the traditional theory of the proletariat was. There was a time when you could think of solidarity in class terms as a working class. There were obviously historical successes and breakthroughs, and yet it seems that this notion of the proletariat is very historically complicated. It's very hard to think of solidarity in class terms in our current configuration as you said. We now have not even a working class but potentially a useless class, a classic is not even part of the labor system. Of course, we have other solidarities of map nation or family or ethnicity that seems to still have a real poll, right? So the idea of working people of the world that unite, like "wuchanjiejiwansui（無產階級萬歲）(long live the proletarian)", this idea of the proletariat may not have the force. And potentially, if we want a more ethical capitalism, we need to move our thinking towards something like what does an investment for co-existence mean, opposed to simple objects or profit or things. I think that's a very powerful re-articulation, because ultimately the proletariat corresponds to 19th and 20th century's capitalism. We have to face the 21st century.

中島隆博：Now one of the most critical and profound problems in our society is solitude, I think. We are separated, we are divided into a very solitary situation. How can we recover so called social relational capital, shehuiguanxiziben（社會關係資本）in Chinese? This is a very highly crucial question. There arises an idea in the younger generation, saying that it's time to say goodbye to capitalism itself by referring to later Marxist thinking of association going beyond the capitalism. It is somehow relevant to this solitude problem.

莫加南：And it's ironic because even if we were to attempt to go beyond capitalism, we do not actually have it yet have any idea of what that could be. We only have the historical experiences of the Soviet Union and China as state socialism. And of course, China moved towards a market model in the 1980s, so I completely agree the idea of just a simple leap beyond is unclear what we would be leaving beyond. Thinking about this shehuiguanxiziben is absolutely crucial or an association is a solidarity within a market economy, and how to redirect investment towards producing, those forms of solidarity, any inequality ...... I think, it's worth thinking about.

中島隆博：So in this aspect of solidarity, "gongshengzhexue（共生哲學）" can provide a new insight to the capitalism too. That's my thinking.

莫加南：Thank you, Professor Nakajima. I'm sure next year at our conference, if we can go for coffee, we'll have a lot more to talk about. Finally, move on to our 6th question. This question actually is related to the issue of solitude that Professor Nakajima just mentioned, at least if we think about some of the social movements that have emerged so forcefully in Canada, the United States, and Taiwan. For example, Black Lives Matter to assert the human dignity of African Americans are given the historical repression, for the injured in the United State; in Canada, the relationship of indigenous to the Canadian state has recently been a very important topic. Just last month, there has been discovered the mass graves of indigenous children at residential schools, which were set up by the Canadian state to teach the aboriginal students. These schools were essentially colonial prisons. Now we've found mass graves, so these historical atrocities have made us think about this question of the colonial histories of a place like Canada, America, or in the Taiwanese context. Of course, the relationship between Taiwan's indigenous people（原住民）and Han people（漢人）has also been rethought and criticized in recent years. So this speaks to this question. And, I would also add the LGBTQ+ movement for their rights, which has exploded in Canada, America, Europe, and Taiwan. I'm not sure about Japan, but this again is a marginalized community that is demanding that society recognizes its dignity.

On the one hand, these movements are absolutely crucial to restoring dignity to historically marginalized peoples. We must reckon with our colonial past. On the other hand, we have to think about how to build a new solidarity, right? Not to stay in our solitude, whether of self or of minoritarian in the grouping, and I guess the first question would be how does "gongshengzhexue （共生哲學）" a dialogue with postcolonial theory, because all of those movements, whether it's Black Lives Matter or the fight for First Nations rights in Canada or LGBTQ+ rights in Taiwan, are all related to a kind of post colonial thinking, a challenging of a historical hegemony. How can gongshengzhexue help us think about the colonial past and the post colonial future? How can we, on the one hand, recognize the human dignity of the minoritarian group, at the same time try to keep a sense of social solidarity? So, two questions, how does gongshengzhexue dialogue with post colonial period and how can we build the solidarity in a post colonial moment? Thank you.

中島隆博：This is also a very important and complicated question. Gongshengzhexue probably provides an insight to this question. Right of discourse and right of living would be very crucial ideas for the minority movement. So they are trying to recover their dignity by declaring their right of discourse and right of living. How can we return justice to them in the dimension of discourse or living? This is very crucial and important. At this point, gongshengzhexue totally agrees with the minority movement. At the same time, how can we build a bridge between the minority and the majority? For example, when we think of the right of discourse in China, right now there's a tianxia（天下）movement. It is a criticism against the west-centered notion of the world. Nonetheless, it has its own danger by becoming a China-centered notion. We have to avoid such a mistake, because, in previous Japanese situation, Japan did the same declaration such as Daitoakyoeiken（大東亜共栄圏）. We do not need to repeat such a mistake, we need a dialogue between the minority and the majority. In this context, I dare to propose a mutual criticism in gongsheng philosophy which leads us to mutual transformation. But mutual transformation should be proceeded by criticism to the status quo. How to criticize the status quo of the majority and how to criticize the danger of minority declaration becoming another majority: we must build a bridge over two of them by referring to the mutual criticism. However, this mutual criticism is not an equal one, because the majority should owe much responsibility in this mutual criticism.

莫加南：Thank you very much for those really wonderful thoughts and this idea of a mutual criticism as a part of mutual becoming, as you said, the gongsheng can be described as a co-becoming. I think, as we try to build a bridge between majority and minority, I completely agree the bridge needs to be based on dialogue, but also a kind of mutual critique. And yet it's not an equal one in the sense of the majority clearly owes some kind of justice in a minority group. Just speaking in the Canadian context, for example, when I was young, I was born in the 1980s and we believe that Canada. We were taught in schools that Canada was a just multicultural nation that fought fascism and contribute to the defeat of Germany and World War II and that we built a multicultural society in the post war period. We were never taught the history of these residential schools and what the state did to aboriginal people and the way they forced aboriginal children away from their homes and forced them to learn English or French and outlawed their religious practices and their culture. So now we're having a reckoning with that, and the question is if we say that Canada was a colonial project, based on violence from the beginning. The problem is Canada has to continue to go on tomorrow in the next day, right? Because we're not all going to go return back to Europe, or we can't deconstruct this saying completely. So that bridge of what would you build that relationship between the majority and the minority, when the majority now knows that they had the privilege of a violent state that produced this country for them. That is really a very important dialogue and I hope it's happening in the United States, in Canada, in Taiwan. I think, this idea of a mutual criticism and a mutual co-becoming, we have to learn to live together and grow together, is really powerful.

中島隆博：Actually, this notion of mutual criticism or critique derives from Maruyama Masao（丸山眞男）, a Japanese scholar of political philosophy. He thought of the Okinawa problem. Okinawa was and is highly marginalized in Japan and suffered from a Japanese colonial violence. How can we think of Okinawa from mainland Japan? In this context, Maruyama proposed a mutual critique by emphasizing much responsibility of the majority. Japan had such a history to think of the minority right.

莫加南：Absolutely. Professor Lai, if you wanted to talk about tianxia or anything that you wanted to jump in?

賴錫三：I just want to emphasize that Professor Nakajima said mutual critique is a very important idea. In the series of our reading online, we always emphasize the co-transformation, co-existence, and co-living, but today I think there's a new dimension about mutual critique, because it is a dynamic process. So, from mutual reflection, mutual critique, people open the third space, where can live together and transform with each other. Critique for me is a very important dimension.

莫加南：Absolutely. Thank you so much. That's a wonderful dialogue, and just in the interest of time will move on. We have three more questions. Professor Nakajima has been so kind to us too. He patiently answered these very difficult questions. Actually the following questions, I think we can make a link to what Professor Nakajima just mentioned about Okinawa in Japan.

Basically, the modern Japanese experience is incredibly complicated. I noticed that Professor Nakajima in his English writings over the last two years has kind of thought a lot about and written a lot about the question of you could say Japanese modernity, including issues of the state, issues of constitutionalism, sovereignty, the role of Confucianism in modern Japan, religion, et cetera. In a moment, we're going to talk about EAA and the institutionalization of the philosophy of mutual co-existence.

But now, I just want to ask Professor Nakajima about, when you think through modern Japanese history or modern Japanese thought, how does that act as a resource for you to think about co-becoming and what can modern Japanese history offer us as we think about co-becoming? Every country has its colonial history, right? As you said, as a country in Japan has to deal with a colonial past as well, just like Canada, America, Taiwan, So how do you think through gongsheng in relation to modern Japanese history and thought?

中島隆博：Thank you so much for your reading of my articles in recent years. In these English articles, I tried to contemplate Japanese modernity and Japanese contemporaneity. As you can easily imagine, there are many complicated layers in Japanese modernity. There is a colonial past in Japan, but in postwar Japanese society, Japanese people were asked to forget such a colonial past by saying that Japan is just a single ethnic country with four islands. This is a postwar scenario to forget the colonial past, but I don't think this is a good way to say goodbye to the previous Japan. Rather, we have to face the meaning of the colonial past in Japan to overcome it. That's my basic thinking. At this point, I intentionally picked up Okinawa as a focusing point of the Japanese colonial past. That is why I use Maruyama Masao, especially his mutual critique, to be introduced into gongshengzhexue.

For example, from Okinawa, how can we think of sovereignty as a single highly powerful notion? I dare to ask a "shared sovereignty." How can we divide and share the sovereignty? Gongshengzhexue provides us some movement of cutting and connecting at the same time. We need some cutting i.e. separation from the major conceptual settings like sovereignty and civilization, but at the same time, we also need to ask to reconstruct the meaning of sovereignty and civilization. We cannot escape from sovereignty and civilization in an easier way. They have been haunting us. We had better treat them in a much better and more tolerable way.

莫加南：Absolutely. And the notion of shared sovereignty is really important like you said. It's not a question of escaping from modernity, sovereignty, and civilization, but it's a question related to a mutual becoming, mutual criticism. How does a society think about, for example, a question like sovereignty in a shared mutual manner as opposed to a colonial model that was based on the hegemony? I think that issue of shared sovereignty is certainly one that has many meanings, when we think of Taiwanese history and our shared commitment to the island between Han and aboriginal peoples in Taiwan. And, the sovereign status of the island is a very vexed question. So, to think about sovereignty in new ways, I think it's actually very meaningful.

賴錫三：I have also another question. May I ask a keyword about Confucianism in the constitution? As you know, we can find a Chinese scholar, like Jiang Qing（蔣慶）. They want to emphasize a political Confucianism, so they went to combine Confucianism and the constitution. How do you think about this kind of movement in mainland China?

中島隆博：Yeah. Actually, I wrote some essays on the current Chinese Confucian movement. By doing so, I always felt that we Japanese had a very similar situation in prewar Japanese society. It was a highly confucianized society. It's a kind of amalgam of Confucianism on the Shintoism, but the Confucianism played a very great role in this tandem. So how can we de-confucianize Japanese society? That was a crucial questioning in postwar Japan. Now in China, there is a tendency to interrogate the Confucian values or political Confucianism. It can be interpreted as a fragment of the so-called post-secular society in the world. Well, I do not think Confucianism will get a popular majority in mainland China, because they know a bad example in Japan. Maybe they need some elaborations or some shifts in their own thinking of political Confucianism. Especially they can learn some experience from Japanese bad and failing experience in political Confucianism.

賴錫三：I also feel this method will have difficulty in succeeding, because there is this tendency to want to completely oppose Western forces. They want to emphasize there is a glorious age, like the Han dynasty; there is a glorious

Confucianism and totally combined with the sovereignty of the Han dynasty. They thought it was a golden age, because politics and morals were combined completely. They believed it can overcome the western modernity.

中島隆博：My feeling is somehow different from you. They also use a very modern framework like the constitution. They need a Confucian constitution. It is a very contemporary modernized Confucianism. That's the point. Even going back to the Han period is also very modern to me.

莫加南：And the only thing I would add is one way of putting this political Confucianism into context in China, there is still a search for some kind of discourse to explain the reform and opening to have some kind of coherent narrative about China, right? During the Maoist period, it was the coherent narrative with socialism in class struggle; but we discuss now that China is a clearly capitalist society, a market-driven society. It is very difficult to go back to a discourse of class struggle, because the party does not want class struggle. They want stability, right? So, what discourse can be used to produce a coherent understanding of the state of China's development over the last 30 years? I see things like political Confucianism as in some way trying to respond to this ideological question of what is China now. It's not Maoist, nor is it traditionally Marxist in the sense of demanding the means of production be controlled by the working class, and the state certainly has not whithered away. It's a very complicated question.

中島隆博：This is a very dangerous question if you use it in mainland China, because it is very difficult to differentiate from the old communist discourses. However, you are right. It is not communist China, neither more than the development of China. They try to leave it, and go back to the Confucian tradition, but that is somehow different from Jiang Qing and some others who advocate the political Confucianism. Although the communist party tries to use something similar to their discourse, I don't think it works very well, especially for the younger generation. They have no engaged idea about Confucianism. It is very similar to the Japanese postwar situation. If you ask Japanese people, "Are you Confucianist?" All of them would say that they are not Confucianist. In the prewar Japanese situation, Japan was a Confucian state in every meaning. But like Japan now, China has no foundation to support the Confucian discourses. It is almost impossible. In prewar Japan, we had the emperor as a symbol to remind some Confucian discourses to the society. Now China does not have such a symbol.

莫加南：That's very fascinating, very interesting. We'll have to continue to think about this question, and in the interest of time, we will move on to the 8th question. I actually think why don't we move onto the 9th question, and then I will link questions 8th and 10th. So, it's a question that Professor Lai wanted to ask Professor Nakajima, particularly about the East Asian Academy for New Liberal Arts. So, I will let Professor Lai speak.

賴錫三：Our time is limited, so I will just shorten my question a little bit. When it comes to the EAA, Dongya Yiwen Shuyuan（東亞藝文書院）, as I know, Professor Nakajima is a key person to establish this special institution about the educational, cultural, and academic institution and collaborate with Peking University and Tokyo University. It comes from your dream. When you were young, you would like to establish a special educational environment. Now congratulations! Your dream comes true. For me, it's like you've established a bridge between China and Japan, as we know, there is a big contradiction between the two countries, but you reach a certain way to make an important effort to let universities cooperate and let young students rethink the transformation or co-existence. So, can you introduce this institution a little more for Taiwanese friends, also I would like to ask what do you think of the situation in Taiwan? In recent, especially now we're facing a serious problem between America and China, because these two superpowers each have their intentions, Taiwan now is forced to take sides, this is also a question of colonization. What would you suggest for Taiwanese scholars or friends? It's my final question.

中島隆博：Thank you. Over 10 years, I run UTCP, University of Tokyo Center for the Philosophy, in which we had many collaborations with other universities, including China, Taiwan, Korea, Southeast Asia, European and American universities. In this framework, we tried to realize the idea of "gongsheng" in education and research. But at the same time, I felt that something was lacking in this UTCP movement. That is an institutionalization! So UTCP had a very active performance at that time, but they were just research activities. How can we institutionalize "gongshengzhexue" in the university system? That became our crucial question. My institutional imagination was that we would have an East Asian university, including Japan, Korea, Taiwan, and Mainland China. That was my imagination or dream. In this respect, it was very lucky to launch EAA, East Asian Academy for New Liberal Arts. It is an institutionalized platform between PKU and UTokyo. It is a partial realization of my institutional imagination. So, I would like to invite Taiwanese and Korean friends to this framework as well. What is the background of my imagination? I just had a conversation with colleagues at the University of Tokyo, that was realized in my report. In this report, I said it's time to share professors, share students among the different universities. Right now, University of Tokyo has its own professors and its own students, UTokyo professors teach UTokyo students. But, if professors from every university teach UTokyo students, the situation would be drastically changed. Vice versa, UTokyo professors teach in Taiwanese universities. That's my imagination.

EAA is a kind of historical event at the University of Tokyo or in Japan. This is a totally new concept to build a bridge between China and Japan. Now we, the two of us PKU and UTokyo, have similar curriculums and share our students together. And we share our professors. So, I don't know if this is a very tiny project or not. We share just ten students with each other. I don't know if this impact will need some big influence or not, but this is a totally new project. Two national universities came to share professors and students. I do want to enlarge this institutional imagination to other universities, including Korea and Taiwan in the future. I think the Taiwanese situation is very complicated and difficult. But from the academic side, there are some possibilities for us to make some good influence to this difficult and complicated situation. Hope that EAA can provide a kind of example to Taiwanese friends.

賴錫三：It's good news for Taiwanese and Korean students. I want to show my greatest appreciation to you. For me, you have a great imagination because so many contemporary scholars pay so much attention today to professionalization and professional details, but they lack imagination. You and EAA are opening a new imagination and using this new image to open up possibilities. Finally, I would like to express our appreciation, because you and Professor Ishii Tsuyoshi agree with us to use your EAA title to cooperate with the international conference about co-transformation in the next year. So, it's our greatest honor. Thank you very much.

莫加南：Thank you. It's a very wonderful honor, absolutely. I just wanted to echo Professor Nakajima's insight on the academic and intellectual space, that we have professors, students, that we have these organizations, these institutions. When we are faced with such a complicated political situation, such as Taiwan, or the relationship between Japan and China, as scholars, there still is a space within academic work and the spirit of Shuyuan（書院）, where you have people coming from different back to collaborate on a liberal arts tradition to understand and enrich it. I think that is very important. Wonderful! We are looking forward to participating in more EAA events and to publicize more EAA events, and to make it really well known throughout Taiwan.

中島隆博：You are always welcome. Thank you.

莫加南：I think we'll ask our final question for Professor Nakajima. This is a question I'm sure that is on everybody's minds and I know Professor Nakajima just recently in shijiesixian（世界思想）in global thought or world thought printed, they have published a piece addressing the Covid-19 pandemic. Really, this question is about the world has been through so much over the last year and a half and Japan has been through so much and just having hosted the Olympics and still working to control the pandemic. So, this is a big question, what do you think the Covid-19 pandemic has meant for philosophy? How does it challenge those modes of thoughts or categories that we took for granted before, that we weren't really thinking of something as global challenges, as deeply traumatic, as the pandemic has been and continues to be? As philosophers, how do we respond to it? And of course, these are just initial thoughts as we're all thinking about these, but any initial thoughts you have in relation to this moment of the pandemic would be wonderful to hear.

中島隆博：Thank you so much. Covid-19 showed us again old problematics, such as inequality, solitude, and so on. And we had to face such problems before the Covid-19, but we could not do that. So Covid-19 showed us such an old problematic was still at stake. Another moment is as follows: Covid-19 asks us to think of biopolitics once again. Jiankang（健康）, health, is a core for us, but such a health is always a health for the nation. Health is our obligation. We have to have vaccinated for the protection of the nation, not primarily for ourselves. We are asked to rethink of such a modern concept of health for the nation and our life. This is a very critical questioning from Covid-19. In the first part of today's session, I referred to the life in 20th century's Japan. Once again, we are asked to rethink of the concept of life in 20th century, which was somehow relevant to the nation. Life for the nation. But at the same time, we are asked to have an alternative way of thinking for living or life. For example, can we reintroduce yangsheng（養生）(nutrition life) instead of weisheng（衛生）in Chinese, Eisei（衛生）in Japanese? Weisheng is a modern concept. So, maybe we have a chance to escape from the modern biopolitics finally in this Covid-19 situation.

莫加南：Yeah, and I really appreciate Professor Nakajima's very interesting way into this question, which is Covid-19 has reminded us of old problematic. A modern society thought we won't ever have a pandemic, that older mode of crisis around solitude, disease, and hygiene things. We have modern medical systems, and the pandemic is just something that happened 100 years ago. But, Covid-19 has forced us in some ways to understand that these older problems can't be solved. They are still with us in such an event like this, and also help us to think about our mutual vulnerability. I used the term vulnerability or a kind of "cuiruoxing（脆弱性）". In Covid, Taiwan is a very good example, right? Because Taiwan has done a very good job of managing Covid-19. Taiwan is an island, that it's been able to secure its borders. However, the problem is whatever you do within your own national borders, it's not the world. We're at some points still going to do the commerce with the rest of the world and open to the rest of the world. It means that you cannot think in national terms. So, it's funny, because even a victory in your own national space does not protect you. You may keep your borders closed and forever, but we would like to live in a world where we have some mobility. So it challenges the logic of the nation-state. You can defeat the pandemic at home, but if it's certainly around the world, it's going to come again. Right? We have to think in global terms and yangsheng cannot just be the national yangsheng. Right? In Chinese, we wrote this xianghu yilai de cuiruoxing（互相依賴的脆弱性）, interdependence vulnerability. We are so vulnerable, and Covid-19 is that we are interconnected in this deep way in our bodies, and it should be a starting point for our thinking about yangsheng or gongsheng. Professor Lai, I don't know if you want to have any thoughts about this.

賴錫三：For me, we have no solitude; we're always in Dasein with the other people; we also exist with other beings; we share the air, the water, the earth here; we just live on the same earth and we just have one earth. So, we can't close ourselves too long, that's impossible. And now for me, Covid-19 just shows the fact, that we are always existing with others, including viruses. Also, we must co-living with the virus. This kind of thinking, for me, is the absolute other. In fact, from ancient times, we have never actually been free from risk. We always faced various complex problems larger and small, not just at this moment, Right?

中島隆博：Yes. You are absolutely right. Yes, the virus is our other, but we cannot avoid it totally. We have to cooperate with the virus. That's a crucial point. Someone says our mind is somehow similar to the virus of the body. So, we are already living with others in our own way of living. We have to invent a new way of living with the virus. That's our challenge in this Covid-19 situation. You are totally right.

莫加南：From these series of classes and talks we've had on Zhuangzi and the gongshengzhexue, Professor Lai has repeatedly reminded us that the self is never closed. It's an open self: it's dynamic; it's quite constantly in negotiation and interaction with the other. Covid-19, I think, has just shown that. So explicitly I told my colleagues, in America and Canada, reached 70% of the vaccination level, don't think that the Covid-19 pandemic is over, because you are open to the world as we are. You have a responsibility not just to your own nation, but to the entire world to make those drugs available. If the world can truly move on, it will be because we've overcome the nationalist logic. The virus will come. As Professor Lai said, it's with us. We have to learn to yangsheng has something that transcends the local and is really truly a global crisis and thus demands a global response.

中島隆博：Yes. Absolutely.

莫加南：Thank you so much for this opportunity to discuss these questions. I think we have today really opened up a lot of territories and discussed a lot of questions. Actually, every question we asked could be its own seminar, its own conference. Now we are opening up questions for all of our friends online.

蔡瑞麟（臺灣警察學校）：Professor Nakajima, I am Raylin Tsai（蔡瑞霖）. Your speech is very brilliant! Please allow me to ask you a little question. What do you think about Ōe Kenzaburō（大江健三郎）, the Nobel Prize winner in literature 1994, his work, a literary report with deep criticism on to the Okinawa Event, but eventually he has to protest against the government to defend his efforts on that event? Is it a key-functional part of your idea of mutual co-becoming that can help us to understand Ōe Kenzaburō's motivation? How does Japanese society agree with you? And finally, according to Zhuangzi, do you think the so-called disaster writing is necessary for social reciprocity? How do we read properly the disaster literature in mutual interaction of human beings? How to pacify the collective trauma? I mean that could there be an unhappy fish intangible in Zhuangzi's mind?

中島隆博：Thank you so much for your questions. The first one is about Ōe Kenzaburō, especially his idea embedded in his 1970 book entitled Okinawa nōto沖縄ノート, *Okinawa Note*. Ōe Kenzaburō, 1994 Nobel Prize winner in literature and published an *Okinawa Note*, in which he emphasized that he faced the colonial past in Japan and how to build a bridge between Okinawa and Mainland Japan. It was a very provocative publishing at that time before Okinawa's reversion to Japan in 1972. Right now, Ōe is too old to reply to the current situation of Okinawa, especially the American military base problem. It's time not for him, but for us to think of Okinawa's problem seriously. That's why I dared to publish some articles on Okinawa by emphasizing the meaning of mutual critique and shared sovereignty. That's my reply to your first question.

The second one is on how to share our gongsheng idea in Japanese society? Thanks to some activities of NPO (nonprofit organization), gongsheng becomes a very popular concept in Japan. For example, the Japanese government also uses the notion of gongsheng in their political agenda. I think that gongsheng has now become a very effective idea in Japan. Nonetheless, we have to watch the governmental use of gongsheng as what is politicized. How we can criticize this direction of politicization of gongsheng is very crucial.

And your third question is on the "proper" reading of the *Zhuangzi* and other texts in some contexts. The "proper" is a very critical and dangerous idea, but I do not say we are open to every type of reading. No, there are some limitations of reading due to the text. Our reading is somehow limited from the way of texturing, the conceptual structure, or historical background. Maybe we can find not a proper, but a better way of reading the *Zhuangzi* by referring to the conditions mentioned above.

莫加南：Thank you very much, Mr. Tsai for these wonderful questions. I see Lai Yiwei（賴奕瑋）, our assistant has raised his hand, so I think will give Lai Yiwei a chance to ask a question.

賴奕瑋（臺灣高雄中山大學中文系）：Professor Nakajima, it's nice to see you again. So I would like to ask, because as we know, the Olympics in Tokyo just ended and I just found out there was an interesting team called Team Refugees. I would like to elaborate that at this human co-becoming or you can say co-living agenda really works, because it's kind of like building up an agency or institution for this human co-becoming project. So, my question would be how to invite all these people, maybe they are stateless. How this kind of people could enjoy or join our project or another kind of people, they are from different cultures or we can say in Asia is so multicultural, maybe Southeast Asia or the Middle East is of Asia but in different cultural identities or different cultural backgrounds. How to becoming or how to be in this part of this agenda? That would be my question, because I think the invitation to let everybody join the human co-becoming system will be the most important part.

中島隆博：Thank you so much. According to Hannah Arendt, refugees are our contemporary features in the 20th century. In the 21st century, I think her observation is still effective. Refugees are not just outsiders. No, they are our own features. In the idea of human co-becoming, we are asked to invite refugees into this framework. You are completely right. For that sake, how can we deconstruct the national boundary or national sovereignty? This is a highly crucial questioning. We are still living in the 19th century sovereignty or national state system. I don't think it is a plausible situation for the 21st century. Taiwan is a good example. We have to overcome such a 19th century system of sovereignty. I think there are many good things to learn from the Taiwanese experience. I love to learn much more about Taiwanese experiences. Thank you.

莫加南：Thank you, Professor Nakajima. As a scholar in Taiwan, who teaches Taiwanese students every semester, I can say my students also teach me the most about the Taiwanese experience. It is a very rich experience, if we're thinking about precise questions of hospitality and questions of the obligation towards other, as well as the limits of the nation-state. So thank you very much. I see Professor Lai has a question.

賴錫三：I would like to to ask a question of Professor Nakajima. For me, you and Professor Ishii have created the so-called Tokyo School, and I always have a tendency to compare it to the Kyoto School. Within Western philosophical discourse, when the questions emerged of how Asian philosophy can connect with the world, can create a discourse of worldly philosophical depth and meaning, Kyoto School scholars such as Kitaoro Nishida and D.T. Suzuki are always mentioned. Of course, their work is engaged deeply with European Continental Philosophy, Phenomenology, and Heidegger. The Tokyo School that you lead seems to have a more critical dimension, indeed a deconstructive one, particularly in its critique of metaphysics. Could I ask you to compare your school with the Kyoto school, discussing the former as an intellectual movement. What are its central characteristics?

中島隆博：Yes, thank you so much for your wonderful question. In these four years, I have been thinking of Tokyo school. Kyoto School is a term, which is highly popularized in international academia. There are many papers about Nishida Kitaro, but there is very little attention to Tokyo school. Kyoto School has Nishida as a core. It is a highly metaphysical and national philosophical setting. But what is the point of Tokyo School? Before the war, in the prewar situation, Tokyo School was highly connected with the Japanese national politics. It was a politicized philosophy at the moment, but in a postwar situation, Tokyo school tried to criticize the previous attitude of a philosophy highly politicized with the government. Tokyo School was trying to escape from the prewar Japanese situation. So, we try to follow this spirit of postwar Tokyo School thinking. This postwar Tokyo School thinking was embodied in, for example, Sakabe Megumi（坂部恵）, Hiromatsu Wataru（廣松涉）, and Omori Shozo（大森莊蔵）. They were professors at the University of Tokyo especially in the Komaba campus（東京大学駒場地区キャンパス）. Komaba people may want to say Komaba School（駒場學派）instead of Tokyo School. The characteristic is a highly critical thinking against the Kyoto School and prewar Tokyo School thinking. That's my answer.

賴錫三：I would like to use Chinese to respond to this question. I have a great hope that the thought movement promoted by the University of Tokyo is not just a speculative philosophy that is purely intellectual in nature, but that it also contains within itself a very strong sense of concern for issues of statecraft and governance, that it can speak to the difficult circumstances of the entire social-political sphere as well as the individual human within it, that it can return to a ground, and that this ground not be constructed upon a metaphysical base, but that it returns to the specific circumstance in which humanity finds itself in facing the other, returns to the sense of responsibility that academia and intellectual work must have, that is to say to bring a sense of ultimate concern, or even religious concern, and return it to the question of human experience. I think this is an intellectual movement that absolutely deserves attention.

中島隆博：I totally agree with you. Thank you so much.

There are two questions from listeners online. The first question regards the question of "hygiene" during the pandemic. One of the Chinese characters that make up the term "hygiene" is *Wei*（衛）, which can mean to protect（保衛）or to resist（對抗）. This is a question of the subject framed in terms of the philosophy of biology-how does the immune system combat outside forces and protect the self, and its abilities to distinguish between the self and the enemy perhaps can be used to reply to the question of "how does one realize the subjectivity of the self". This is to say, the question of the current moment is: whose life do we want to protect? Can a social group be understood to have a subjectivity? Also, before you raised the question of a "disarmed" philosophical conception, a philosophy that puts down its arms. But can we have at all times, regardless of circumstance, no protection, and in doing so, how do we maintain our ability to exist?

中島隆博：Whose live does public health protect? That is the point of this question. It's a very elaborated question. Weisheng thinking tries to protect a life of some kind of subjectivity. But this life of the subjectivity, zhutizhisheng （主體之生）is directed for the nation, or for the state. My thinking is somehow different from this weisheng thinking, because we cannot protect such a subjectivity for the nation. As long as we are living in a related situation with others, our living is not monopolized by our own subjectivity, but it is shared for living with others. So, yangsheng（養生）, this traditional and old-fashioned concept, however, would be realistic to give us some insights in this related living or related subjectivities. That's my reply to your question. The disarmed, Open Philosophy would be relevant to co-living with others.

莫加南：The second question is, "money as a media has operated the capitalism, however there's no such a market liquidity within social capital. In gongsheng and co-shared, is social capital predictable or unpredictable?" So the second question is about the media of establishing the social capital. What medium do we use to establish social capital?

中島隆博：I think right now the concept of money itself becomes very unstable. For example, sovereign money, like the Japanese Yen, is diminished by its intentional effort. So how can we rely on such money? When I refer to shehuiguanxiziben（社會關係資本）, I think it is so far powerful than the popularity of the money. That's my answer.

莫加南：Yeah, very interesting. Just going back to the question of the weisheng question and thinking about the relationality of ourselves with others, which is to say we do not monopolize the space we exist in. We exist with others, through others, so what Covid-19 has done, it shown even if Taiwan can control our own internal Covid-19 situation, we still live in a world with others, and so we must work with others too. Yangsheng, to nurture their lives in some ways, it's a kind of mutual relatedness into clear relief. We cannot have the fantasy of a monopoly or a fantasy of independence. That is particular, that I would say American fantasy.

中島隆博：So it is important to break out such a fantasy. That's a very crucial point. Now we are asked to have an alternative social imaginary.

莫加南：Absolutely all right. We have about 5 minutes left. Li Zhihuan（李

志桓）has asked a question. Nationalism is a problem that we can't really get out of, because we all have linguistic and cultural differences. So, maybe there are two kinds of nationalism: 養生的民族主義 (the nationalism of nurturing) and 衛生的民族主義 (the nationalism of protecting).

中島隆博：This is a very tricky question. I don't think the difference between languages and cultures would disappear. These characteristics are very important. On this basement, we do not need to establish the nationalism, right? Nationalism is completely different from language and culture, maybe we can find an alternative approach to language and culture. That's my thinking. How to deconstruct the nationalism, so in this sake, yangsheng de minzuzhuyi（養生的民族主義）would play a better role.

賴錫三：I want to correspond to nurturing life, yangsheng. We can originate this notion from Zhuangzi, the chapter three, "yangshengzhu"（養生主）. Zhuangzi used an interesting metaphor, "cutting and ups". And that for me is a symbolic meaning of the others and relationship. That means natural life cannot escape from the ox, cannot escape from the relationship. But the relationship also means trouble, because everyone, according to his ego centralism, is just like a sharp knife. So, people encounter each other which also means cutting with each other, hurting with each other, but sometimes they are friends. There are some people who will emphasize Zhuangzi wants to escape from the relationship to keep his living only. But for me, according to the metaphor of paodingjieniu（庖丁解牛）, we always want to have the art of co-transformation and cooperate with ox, with relationship, that is fully nurturing life.

中島隆博：Yes. For the way of the yangsheng, we need some art of co-transformation. So how can we invent this art of co-existence or co-living based upon co-transformation? That is a very important and crucial question and that the *Zhuangzi* will give us some insights for this direction.

莫加南：Yeah, absolutely. I think this also relates to this question of shehuiguanxiziben（社會關係資本）, right? I'm very excited to read your work on capitalism and co-existence, but it would seem to me that one way of rethinking capitalism is as regardless of how economic takes place, it has to generate this skill, this nurturing, for co-living, co-existence, and co-prosperity. One of the problems of capitalism is that, it does have this inequality goes into it, but can it be re-engineered towards co-flourishing? And so those antagonisms can be lessened. I think that's very interesting. This language of flourishing, or the art of co-living, is not a language that's traditional to Marxism, right? So, this is where gongshengzhexue（共生哲學）can really dialogue with Marxism. Maybe it's the question of art, of yangsheng, of nurturing, of co-living, and how to think through in those ways which are not just based on a traditional proletarian. That is a more complicated imaginary.

中島隆博：Absolutely. Thank you so much.

莫加南：I think we are out of time, today has been truly a very special and insightful event for me personally. We have touched on so many issues from Covid-19 to Zhuangzi, from capitalism to minoritarian movements, to build EAA and institutions around a philosophy of co-existence. So really such a rich event. I want to thank Professor Nakajima for his patience and his insights, as he has helped us think through these important issues.

中島隆博：Yes, thank you so much for having this wonderful opportunity. I learned many things from your questions and discussions. Thank you so much!

賴錫三：I hope someday Professor Nakajima and Professor Ishii can come back to Taiwan to meet us and discuss with us. It's our greatest honor. I want to say it again. Thank you very much.

中島隆博：Yes, thank you so much. Looking forward to seeing you again.

莫加南：Yes. We will see each other next year in July. At the conference in July and we are looking forward to having coffee on the beach at the Sun Yet-sen University, we can continue talking about these issues and continue enriching our dialogue.

中島隆博：Thank you.

第十講

《齊物論》的深度
歧見與調節之道

時　間：2021年8月13日（週五），早上9:30-12:00
導讀人：鄧育仁（中央研究院歐美所）
與談人：林明照（臺灣大學哲學系）、賴錫三（臺灣高雄中山大學中文系）
主持人：莫加南（Mark Frederick McConaghy，臺灣高雄中山大學中文系）
逐字稿整理：陳曉妍（臺灣高雄中山大學中文所碩士）
文字編校補注：李志桓（臺灣高雄中山大學中文所博士後研究）

莫加南（Mark Frederick McConaghy，臺灣高雄中山大學中文系）：正式開始今天的活動。今天是這個系列的最後一場活動，我們非常感謝六個星期以來，一直跟我們一起開會進行對話討論的朋友、教授、學生、同學，非常感謝大家。今天的活動，非常精彩，我們邀請到中研院歐美所的鄧育仁老師，他會討論〈齊物論〉的深度歧見與調解之道。接著，由林明照、賴錫三兩位老師，做鄧先生的對談人，最後半個小時左右，會開放Q&A的時間。現在我把時間交給賴錫三老師，謝謝！

賴錫三（臺灣高雄中山大學中文系）：謝謝加南。今天是一系列對話的最後一場，雖然是壓軸，我自己卻比較輕鬆了，因為連續十場好像做功課，每個禮拜兩次日課。但是每一場活動都從不同角度，對於「共生」的可能性與豐富性，打開了不同層面的思考與對話，很令人興奮。今天導讀人是鄧育仁，對談人主要是林明照。其實共生哲學這一平臺，從某個角度來說，也跟鄧老師即將出版的《公民哲學》所談的「深度歧見」，可以連結起來。幾年前他出版了《公民儒學》[1]，對於儒學在當代的公共化，將儒學放到公民哲學與民主憲政的場域來思考，這本書有它的獨特徑路。鄧老師長期做「隱喻」研究，他的哲學訓練跟分析哲學很有關係，但是在分析哲學的社群裡又有他的獨特性，對於故事、對於隱喻，尤其對故事敘述的情感給予相當重視，這使得他對分析哲學那種重理性、重邏輯分析，又

1　參見鄧育仁：《公民儒學》（臺北：臺灣大學出版社，2015年）。

有不一樣的補充。

鄧老師很快就會出版《公民哲學》這本專書了,去年我跟林明照讀了《公民哲學》的某些篇章,意識到書中最核心的概念,所謂「深度歧見」的看法,跟〈齊物論〉的「儒墨是非」、「成心自師」的批判分析,以及〈天下〉篇對諸子百家「各得一偏以自好」而「不能相通」的危機分析,可以產生深度對話。所以去年我們辦了一整年有關「公民道家與深度歧見」的讀書會,最後又在臺大哲學系辦了一場「公民道家與公民哲學」工作坊,在工作坊的總結座談時,我提到可以由「深度歧見」的分析,進入到「共生哲學」的建構。所以,我跟莫加南在思考教育部標竿計劃的總精神時,我們就希望可以爲臺灣內部的深度歧見、爲目前兩岸的深度歧見,搭建一個「共在又共生」的對話平臺,這也是我們這十場「共生哲學」對談的初心。接下來,我先把時間交給鄧先生。

鄧育仁(中央研究院歐美所):謝謝賴錫三的介紹。我今天大概會談一談我正在發展的一個哲學,就是剛剛賴錫三講到的《公民哲學》。因爲我今天講的主要會在怎麼想這個問題,還有大架構、大方向去講,細節的部分如果有需要我們在問答的時候再進去,或者未來還有機會再對談,需要談到細節時,我們再來談這個細節。

今天我主要會針對「薪傳智慧」,我把《莊子》的學問叫做薪傳智慧,用《莊子》裡邊「薪傳」這兩個字來代表它傳承下來的實踐智慧。現在我直接先說我怎麼讀《莊子》,我怎麼思考問題,爲什麼會跟《莊子》打上交道?

賴錫三:「薪傳」,剛好來自〈養生主〉最後一段的「薪盡火傳」。

鄧育仁:我在閱讀古典經典都有一種我慢慢調整出來的閱讀方式。各位可能知道我的背景,我長年以來受的訓練是語言哲學,還有心智、人的認知科學,還有分析哲學這一部分。最早我在臺灣做的是邏輯,從邏輯出發去探討一些根本的哲學問題。雖然我自己一直有在閱讀古典經典,但是其

實沒有像各位有受到長期的信念跟浸淫，我在閱讀的時候，就會想說怎麼
發揮自己的長處，又能夠讓古典經典裡邊傳承下來的智慧，像活生生的東
西一樣繼續成長，大體上是這個意思。我在閱讀古典經典的方式，大體上
是等於面對現在的問題以及對未來的想像。我們現在問什麼問題，從這些
問題出發，對未來有什麼想像，從這樣的角度來回顧過去。比如問《莊
子》說，我有這些問題，我對未來有這些想像，《莊子》你會告訴我什
麼？

　　用這樣問學的態度去閱讀《莊子》，當然，莊子是兩千多年前的人物
了，他怎麼能回答？那就自己來替他想像他會怎麼回答，莊子在他當年的
處境，他會怎麼思考這個問題，或者他能夠怎麼回答？即使他在當年的處
境裡，沒有辦法問出我要問的問題，但如果把他請到當代來，他能夠怎麼
回答？作爲讀者，我又能夠怎麼替《莊子》來回答或者反問？所以，這有
一大部分是在自問自答，可是這種自問自答，跟那種沒有想像力的自問自
答，效果是非常不一樣的。就今天的主題而言，我們要向《莊子》問的問
題，就是所謂的「共生」。

第一節　深度歧見與公民共同體

　　這是一個臺灣地圖（PPT顯示出地圖），不過它是橫著擺的，用意是
要求大家換一個角度重新看臺灣，來問臺灣、來想像臺灣的未來。在想像
臺灣的未來的時候，我抓住了兩個概念，一個是「多元價值」，等一下我
們會從多元價值談到「深度歧見」的問題。另一個是「命運共同體」，我
想把多元價值跟命運共同體結合起來，看看會得到怎樣的結果。這兩個概
念，在直覺上，大家都有一些基本的了解，但是眞要講清楚還是不容易
的。初步來看，這兩個概念，至少從分析哲學來看，是搭不起來的，因爲
「命運共同體」應該就是共同分享一個價值，怎麼會是「多元價值」？大
體上，我打算把這兩個看起來很不一樣的東西結合起來。

　　在看臺灣的時候，你不能只在臺灣看臺灣。我的觀點是這樣，至少要

從全球的局勢來思考我們現在的位置跟我們所面對的問題。眾所周知，臺灣被現階段的中、美關係拉到一個關鍵性的位置上。這個關鍵性的位置，不只是對於臺灣重要，對中、美關係重要，對全球也有它的重要性，我現在甚至覺得，對人類文明的未來發展也有它的重要性。

在這裡，中國跟美國之間有各種各樣的競爭關係，在哲學裡邊，我把這樣的關係描述爲價值觀點的衝突，從這個角度來看中、美的變局。各位看一看，這幅畫蠻有趣的（PPT顯示出一幅畫），這幅畫基本上是在下西洋棋，現在的國際秩序還是以美國爲主導的國際秩序在經營。中國要跟美國建立什麼關係，或在全球裡面扮演自己怎樣的角色，我認爲，現在還是美國爲主導的國際秩序，來下這一盤大棋。

再來，各位可以看到，在圖畫裡，中國的國旗這一邊，它是銀色的。各位都知道了，中國常年是用銀本位的金融制度在經營，它的傳統一直以來是銀本位。而美國，或者歐美世界，過去則是金本位。類似這種對比的例子很多，我就不提了，不過整體而言，我把它們都放在價值衝突的觀點裡，來看中、美的變局。而臺灣會怎麼被拉進去，我們在關鍵性的位置上，又可以對美、中、臺三方，甚至人類文明做出什麼樣的重要思考，這是我所關心的問題。

「多元價值」有很美好的一面，但是卻有一個大家一開始沒有注意到的問題，在良善的價值觀點之間，在各種具體的問題之中，實際上會發生劇烈的衝突。比如在美國社會，經常有很多議題發生激烈的衝突，而在今天的臺灣社會，也有幾個重要的、激烈的衝突出現。爲什麼會發生這些衝突？很高度簡化地來描述：我認爲這是理由，可是你看不出我的理由可以當做理由；我認爲這是重要的問題，可是你看不出我認爲重要的問題有什麼重要性；我認爲事實是這樣，可是在你看來是頭殼壞掉了，事實不是這樣，事實是那樣。類似這種很基本的衝突，就擺在那邊，我把它稱之爲源於「深度歧見」的衝突。甚至，在價值領域裡邊，不管是在東方的哲學傳統或西方的哲學傳統，你幾乎可以在每一個爭議性的議題裡，發現這種衝

突。每一個我們所秉持的價值立場背後都可以找到重要的、深刻的、嚴謹的哲學理論來支持，我們不是沒有理論，而是有太多理論，這些理論在具體的問題上會做出彼此衝突的選擇。所以，深度歧見的問題也是一種理論的衝突，怎麼面對這個理論的困境，我提出從公民的角度來重新思考這個問題。

在思考這個問題的時候，我提出「公民共同體」的觀念，我打算把公民共同體當做思考的新起點。大家不要太訝異，在臺灣，比如說我們自認為是一個國家，有些人不把我們當國家，不過仔細思考一下，「現代國家」這個概念其實是西方近兩、三百年來的事而已。我們現在所看到的各種國家，其實是在二戰以後，才開始以現在的方式出現，所以「國家」這種想法，其實是幾十年來的事情而已。在國際現實上，雖是以國家為參與聯合國的一個基本條件，但聯合國也是二戰之後的事，都很晚近的事情，那麼，在哲學的思考上，我們就不一定要限於現實來思考。所以，我把帝國、民族、國家、人民都畫一些「問號」，這些概念或想法，在現代的政治學、政治理論、政治思想或政治哲學裡邊，都不是理所當然的思考起點，雖然它是現實的起點。大體上是這樣，我在想，我們作為學者每天都在思考問題、研究問題，我能不能退一步？不必把自己限制在「帝國」的想法裡面，現在大概只有美國有資格稱帝國。帝國的意思，除了它自己的國家秩序之外，它還會把它的理想跟它想像中理想的國際秩序帶到全世界，並維持這個秩序。這樣的帝國跟殖民時代以掠奪方式為主的帝國不太一樣，現在的國家組成，常常是由很多民族結合在一起的，但有些地方是分離的，有些地方結合不下，於是就產生國家內部的各種民族問題，或者民族國家之間的各種衝突。後來，在哲學界裡邊，有一個人叫John Rawls，他重新從「人民」出發來思考問題，他不要用帝國，不要用民族，也不要用國家來想這個問題。

我個人嘗試邀請大家用「公民共同體」來重新思考這個問題，也就是從公民的視角出發，結合多元價值跟命運共同體來看。很大略地講一下

我的基本想法，如果從西方哲學史來看，在哲學出現之前，神的話語，在公共領域、在政治領域是非常重要的。神話退位之後，哲學追求一種神性般的智慧，探討一切存在背後的存在（being as being），那時候形上學是第一哲學，也是最基本的哲學。到了啟蒙時代，人開始享有人的身分，追求的是拓展人性智慧的種種可能，知識論反倒成為了第一哲學。第一哲學不必是最基本的哲學，它在面對時代的問題上，是一個重要的關卡，這個關卡如果沒有思考好，其他的哲學問題很難深入去探討，我把這種哲學叫「第一哲學」。到了現在二十一世紀，多數人不必爭取就有公民地位，比如說你有公民地位，我有公民地位，不是我們爭取來的，生下來就有了。如果不具有任何公民地位就會變成難民，幾乎每個人都有公民地位，只是有些人是民主憲政國家的公民，有些人主要是專制國家的公民。我的思考是放在民主國家的公民出發來思考，多數人不必再去爭取公民地位，相反地，生活在一起的公民，他們所遭遇的是價值觀點多元的紛爭。對此，我們需要從公民視角出發，同時重視在地智慧（儒家、道家、佛教、民間社會的人情義理等等）能夠提供什麼樣的實踐資源。也就是說，在面對各種價值觀點的衝突時，你的價值觀點跟我不一樣，我們得從公平的角度來試著了解彼此，或者用錫三兄所說的「共生」，這樣一種調節的方式，來思考現階段實踐的種種可能。

第二節　公民哲學視角下的〈齊物論〉

這樣一種調節多元價值與衝突的實踐，怎麼跟《莊子》接駁？我用《莊子・齊物論》裡邊一句話當作主軸來思考這個問題，就是：「六合之外，聖人存而不論；六合之內，聖人論而不議。春秋經世，先王之志，聖人議而不辯。」在這裡我很快的提出，我以前在讀《莊子》的時候，會去請教一些讀《莊子》的同仁，我一直有一個感覺，這個感覺不曉得對不對，「不辯」等於「不言」，莊子的不辯等於不說話，不言，我一直覺得不對。《莊子》明明說：「聖人論而不議，聖人議而不辯」，他有論的時

候、有議的時候，爲什麼還要說「不辯」？我大概從這個角度切進來。如果在《莊子》裡邊有所論、有所議，他在論什麼？他在議什麼？如果他有所論、有所議，會怎麼論、怎麼議？大體上，我在問這個問題，我認爲《莊子》有論有議，但他不辯，他這個不辯是不做什麼呢？等一下我們會嘗試給它講清楚。

　　如果把《莊子》這一個「有論」、「有議」但「不辯」放到當代。我在公民哲學裡邊，從公民的角度出發，在面對多元價值衝突的時候，會碰到一個特殊情況，我稱之爲「深度歧見」。這個時候，彼此的價值觀點基本上都是良善的，重點從來不在駁倒對方。我跟各位報告一下，我在英美哲學裡邊，常常會要花很多時間去爭取講清楚的地方。因爲在英美哲學裡邊，第一個要批判，就是要駁倒對方，駁倒對方提出自己的觀點出來。可是，如果對方的觀點基本上也是良善的，這樣子的觀點，在民主憲政裡邊，從公民的角度出發，大家都是具有自由平等的公民地位，你要尊重他的價值觀點，你要尊重他在這個價值觀點上是誠懇的、認真的做出了價值判斷跟實踐的選擇或者政治的選擇，你要尊重他這一點。所以，在這一點上從來不是要駁倒對方，重點不在駁倒對方，而是要找出對方的優點，抓住彼此爭議的要點到底在哪裡，然後重新框設（reframing）以拓展視野。我發現在講這一點的時候，多多少少有一點像明照跟錫三講到的《莊子》的「天均」，但是這中間還有一些不太一樣的地方，我等一下試著講看看。我大概要使用隱喻、重新框設、拓展自己的批判性的論述、在公民哲學裡邊找出優點，最後結論出「有論有議但不辯」的思考。

　　怎麼閱讀〈齊物論〉？我一開始跟各位提到，我在閱讀的時候，比較不會是回到那個時代去了解莊子自己在講什麼、不在講什麼，不是從這個角度出發，因爲事隔兩千年，中間還有工業革命，用的文字也不一樣了，莊子的時代用的文字比較接近圖像，我們現在用的已經是楷書，是比較抽象的文字，還有文言文變成白話文，這中間要閱讀它都有一些落差，所以我不太敢直接說《莊子》本來講的意思、本來是什麼樣子。我比較敢

說的是，面對這個文本，我們可以回到古代那些文字的圖像，思考它到底使用怎樣的意象？怎樣的譬喻？怎樣的聯想？從這個觀點來展開對它的認識。怎麼抓出這個觀點，我大概就是說在甲骨文、金文裡邊，〈齊物論〉它到底原來長什麼樣子。「齊」字的其中一種讀法是「眾多種子同時破土發芽」的意象，這種齊一的意象裡頭包含著內在的差異，因為每個種子、每個小芽日後都會各自長成不同的樣貌。「物」字是由一個「牛」跟一個「勿」組成，其中一種讀法是用刀宰殺牛的意象。當然，古代文字它是不是只有一個原意？我個人比較會覺得，它可以有很多種讓人家聯想的譬喻跟意象。這個情況跟讀英文的時候不太一樣，英文是拼音文字，讀古文真的會「望文生義」，當然我要講的是好的望文生義，你要去抓它的譬喻，抓它的意象，抓它的聯想，思考背後的可能觀點。這個「物」如果是這樣的話，古代人的「物」跟「牛」是很有關係的，因為是農耕文明，也跟祭祀天地的「犧牲」有關係。從這個角度來看，可以說人和牛一道走出了新生文明，從人牽著牛的農耕意象開始，彷彿可以拉開一整個天圓地方、斗轉星移、四季循環的天地圖像。我甚至覺得，〈養生主〉也要從這個人跟「物」的關係來思考庖丁解牛。再來是「論」，「論」字裡邊有一個「侖」，「侖」是一種樂器，一種排管樂器，它跟「言」合在一起，也就是說，「論」的構成一開始是跟樂器相關的。一般我們以為「言」、「論」跟表達有關，具有秩序和條理的抽象意涵，但現在看來，「論」好像可以解釋成：如音樂一般的言說，「論」其實就是像音樂一般展開來。這樣去讀的話，我也比較能夠理解為什麼〈齊物論〉要從地籟、天籟的故事開始。

再來的詮釋性假設是這樣，剛才提到「聖人論而不議」，還有「聖人議而不辯」，我想〈齊物論〉的那個「論」就是聖人論而不議，他在談六合之內的事，這種「論」，它是有條理的論述，但原則上不做價值評議。不過如果論及經世政務、歷史書寫等等議題，必須有價值評議，但仍然不做「我對你錯」的辯駁。在存、論、議、辯的語境裡邊，怎麼進一步了解

「論」和「議」，我用了「夫道未始有封，言未始有常，爲是而有畛也」
這句話當作存、論、議、辯的語境。另外還有一句話，也是在〈齊物論〉
裡邊，《莊子》提到：「道行之而成，物謂之而然」，用很淺白的話說：
道，是人走出來的。開始的時候，道沒有封，它是人走出來的，那爲什麼
有常？在開始的時候，還沒有一個常規、一個習慣。這件事情就像是，
在論述當中，「物」是怎麼開始出現的？至此，熟悉哲學思考的朋友，大
體上已經知道我要講什麼：路是人走出來的，同樣地，物會變成我們眼中
的物，是因爲在開始的時候，我們把它當作是關注點。開始有言論來對它
做分類，「爲是而有畛也」，這裡的關鍵是「畛」，畛有界限的意思，這
個界限原先的意思是田邊、田間的道路。「畛」字裡頭有一個「田」，這
樣的道路或者界線意象，跟農耕文明還是很有關係的。我大體上是這樣想
的，「爲是」的「是」其實就是上下文所提到的「彼是」跟「是非」。
「彼、是」的出現來自於「道行之而成」的行，或者說「言行」裡邊的
「行」，當我們走到了這裡，或者走到了那裡，跟著就形成了這邊和那邊
（彼與是、這裡和那裡）。另外，「是非」跟言行裡邊的「言」有關，我
們走到這裡，我們說了什麼？起初「道」沒有封界，也沒有常規，我們的
文明走到了這裡，道也進入了相應的封界，一路走來，我們言說有所肯
定，也就畫下我們文明裡邊的常規界限，這些常規界限就是「有左，有
右，有倫，有義，有分，有辯，有競，有爭，此之謂八德。」在這裡，
特別是「有辯」，我要集中來說明。

第三節　議而不辯：不辯之辯的實踐智慧

這裡對於「辯」的批評，就是前面我們所碰到的「議而不辯」，莊
子爲什麼要講「不辯」？有時候，莊子用了文學性的描述，比較難直接講
得簡單清楚，我就用當時候《墨經》怎麼談「辯」，來定位「齊物論」的
「不辯之辯」。從哲學史上來看，可能會有一點落差。《墨經》有人認爲
是在《莊子》之後，不過《墨經》也是有一個從墨子開始傳承下來的墨辯

傳統。底下，我就用《墨經》上比較清楚展現出來的一種「辯」，來說明《莊子》談的「不辯」。

《墨經》對「辯」的定位，簡單來講大概是這樣，辯是爭論，有勝有負，說話正確的人，就是勝。這是第一點，它的辯是有勝有負的。第二點是，勝是有條件的，這個條件是什麼？它有一個例子，我說這是犬，你說這是狗，我們開始辯到底是犬、還是狗？「謂辯無勝，必不當，說在辯」[2]，你以為「辯無勝」，其實這只是因為你沒有弄清楚「犬」跟「狗」是同一種動物，「辯」是可以有勝負的，只不過我們要先弄清楚辯的條件。第三點則是駁斥「言盡誖」的說法，你以為所有的言論都是荒謬、不可靠的，其實這句話本身才是悖論。[3]《墨經》展示了當時候對於「辯」的看法，辯是為了爭是非，辯是有勝負的，若說言論都是荒謬的，這種想法必定不正確。但《莊子》告訴我們，他不要做這種辯。

〈齊物論〉大概會這樣說，爭是非、計勝負的那種辯，其實得不到什麼實質的效果，反而讓我們看不到真正值得看到的東西。〈齊物論〉還會這樣講，如果你堅持辯下去的話，你會「其發若機栝，其司是非之謂也」。而且不只是這樣，《莊子》甚至說你不只看不到重要的東西，「辯」根本上就是一件荒謬的事。這種「言盡誖」的想法，顯然跟《墨經》的觀點不太一樣。在莊子那個年代，也就是戰國時代，是一個充滿各種爭論的時空環境，你要有所言，就不得不辯。可是《莊子》卻告訴我們，「言」有很多種，有論、有議、有辯，我們必須有論有議但不辯。如果只是將這個「不辯」直接等於「不言」，會有一個後果：對莊子本人而

---

[2] 《墨經·經下》：「謂辯無勝，必不當，說在辯。」鄧育仁的翻譯是「如果辯出現沒有勝負的情況，那一定有條件不當的問題，因為辯需要恰當條件才行。」完整討論，可以參考鄧育仁即將出版的新書《公民哲學》，〈道行之而成，物謂之而然〉一章。

[3] 《墨經·經下》：「以言為盡誖，誖。說在其言。」鄧育仁的翻譯是「主張所有的言論都是荒謬的，是荒謬的言論。理由就在該言論上。」完整討論，可以參考鄧育仁即將出版的新書《公民哲學》，〈道行之而成，物謂之而然〉一章。

言，他似乎不應該說這麼多話，不宜有所論，也不宜有所議，但整本《莊子》又有論又有議，說了好多話。可是，莊子也不像《墨經》的作者，對論、議、言說採取全然正面的態度，《莊子》經常說「果有言邪」，他自己都不曉得自己說了什麼話，甚至不曉得自己到底有沒有說話，或者只是像鳥一樣啾啾啾而已，沒有真正說出什麼話來。在這裡，我們遇到了《莊子》的悖論：如果不辯等於不言，莊子卻不是一個沉默的人；如果莊子總是言之有物，總是不得不言，他為什麼又要說自己「果有言邪」？

我相信，莊子認為他跟《墨經》那些論者不同，不辯不等於不言。在開始的時候，莊子就說，聖人是有論、有議的，但在大家都把言當成「辯」的時代裡，我要怎麼講話？「以卮言為曼衍，以重言為真，以寓言為廣」，這是莊子的語言策略，他用這種方式來面對他那個時代，他要用卮言、重言、寓言來論述評議，卻又不讓自己掉到辯駁的泥淖裡。從這個角度來看，我也比較了解〈齊物論〉的批判精神，因為「卮言、重言、寓言」就是前面所說的「言行」，「道行之而成，物謂之而然」，在這種言行的實踐與展開中，我們實際參與進入到吉凶禍福的「人間世」裡頭，而其中的批判性和養生性格就展現在「不敖倪於萬物，不譴是非，以與世俗處」。不論是墨家、公孫龍，或者惠施，言說對他們而言，都陷入了辯駁的鬥爭格局，相反地，莊子認為言說是一種實踐智慧，與其認為它是用來辯論、講道理的，不如說它更接近文學性的隱喻實踐，所謂「謬悠之說，荒唐之言，無端涯之辭」。

接著，如若思考公民哲學跟〈齊物論〉的對話，也就是說在價值論述裡邊，特別是我提到的民主憲政裡邊，爭論的雙方，彼此基本上都稱得上良善的價值，如此一來，便不適合用把對方駁倒、辯倒的方式來處理衝突。《莊子》用「不辯」的方式來對應人世，公民哲學則要求我們不要用理論競爭的方式，去駁倒對手、去取代他人。理論競爭和駁倒對手，是分析哲學的典型標準做法，有其施用範圍，但我不認為在公民哲學裡頭，可以用這個方式來處理價值衝突，特別是當我們發現，所謂的「衝突」往往

來自於「善」與「善」之間彼此不能溝通的衝突，而非眞正的善、惡對立。我一直認爲，這是一個關鍵，〈齊物論〉中的「不辯」不等於「不言」，莊子應該還是有論、有議的。等一下，我想要請教明照和錫三，「不辯」是不是眞的等於「不言」？因爲我遇到一些研究道家的朋友，確實告訴我，不辯要解作不言，但我一直覺得不是這樣。在公民哲學裡邊，只有肯定言與行，才能談出批判性。而所謂的「批判」，也不是要把對方駁倒，而是要找出對方的優點，更準確地講是找出彼此的優點，甚至抓出爭議的要點，再重新框設出可以拓展彼此的視野。

　　莊子曾感嘆「道術將爲天下裂」、「百家往而不反，必不合矣」，那是一個大爭的時代，你的言論有時候講錯話會被殺頭的，所以不得不去找一種「不敖倪於萬物，不譴是非，以與世俗處」的方式。公民哲學則認爲，身處在多元價值的時代裡邊，「必不合矣」是很正常的一件事。它在未來的社會裡邊將是一種常態，所以我希望打造一種能夠在多元情勢中，調節深度歧見問題的公民文化。如果越來越多人知道：事實上，我們就處在一個多元價值的時代，裡邊會有各式各樣的深度歧見與衝突；然而，追根究柢來說，這些分歧往往只是相互不能理解的「善善衝突」，這樣的話，我們日子至少會好過一點。

　　所以，我認爲《莊子》不只教我們不辯，他其實在「道行之而成，物謂之而然」中，帶我們走出這樣的道，在言論中，或者在論議中，可以肯定一些人間的基本秩序與範疇，而其中也同時隱含了對於吉、凶、禍、福的關係接應。這是《莊子》留給現代人的薪傳智慧。公民哲學要怎麼承接這種在地智慧？在即將出版的新書裡頭，我透過一種重新解釋自由意志與因果關係的連動觀點，來說明人是一種活在身境關係之中的言行存在者，凡舉：科技、宗教、文化風土、習慣、流行風尙、價值規範、文明秩序、歷史記憶、器物、飲食，乃至自然氣候等等，都是我們身在其中而無所逃的禍福處境。如此一來，《莊子》就可以被讀成一種實踐哲學。而其實不只是道家，先秦儒家也很重視言跟行。我們在《周易‧繫辭傳》可以看到

這樣的表達：「言行，君子之所以動天地也，可不慎乎。」言與行會把天地給動起來，這有一點神祕的意味，但如果你用「道行之而成，物謂之而然」來解讀的話，所謂的「動天地」，指的就是人在身境關係之中的相互連動。再一個例子是《老子》，「道可道，非常道，名可名，非常名」，我一直覺得「道可道，非常道」，這個道不是講話的意思，它應該是「行」的部分，「名可名，非常名」則是「言」的部分。從「言行」這個角度來解讀，「道」是人走出來的，而如果有人用那已經被走出來的「道路」，作為後人的引導約束，[4]就要小心謹慎些，因為它不是常道。同樣地，「名可名，非常名」的意思是，如果以《論語》那種正名的方式來談名，來規約名的話，就要小心，這不是常名。我大體上是這樣讀的。

最後，如果將《莊子》與西方哲學傳統做對比的話，我覺得可以這樣來看。西方古典時期的代表性哲學家，比如亞里斯多德，他對「存有之所以為存有」的注視跟沉思，確立了存有的基本範疇。而啟蒙時代的代表性哲學家，比如康德，他對於感性、知性跟理性的批判，確立了經驗世界的基本形式。相對於兩者，莊子關注的是「道行之而成，物謂之而然」，亦即在言行實踐中所參與、展開的人間世問題，或者說，就是我正在發展的「公民共同體」的文明秩序與規範問題。

然後，可以再補充說明的是，怎麼理解「存而不論」？這一句話，我會從「獨與天地精神往來」來解釋，《莊子》的原話是「六合之外，聖人存而不論」，它可能涉及宗教或天命這樣的感受，在這裡，我沒有辦法展開。但可以釐清的是，「命」的問題必須從前述的連動觀點掌握，它涉及到人身處在「事之變」與「命之行」當中的感受，而非純然的自律／他律（自己決定，或被超越者決定）的二選一問題。[5]而顯然《莊子》更為重

4　鄧育仁自注：《論語‧為政》謂「道之以政」、「道之以德」，正好是將「道」作為「引導」解釋。

5　參考《公民哲學》，〈連動視野〉一章。鄧育仁透過〈徐无鬼〉的一段話「足之於地也踐，雖踐，恃其所不蹍而後善博也；人之於知也少，雖少，恃其所不知而後知天之所謂也」，闡述

視的是，可論可議、可言可行的「六合之內」。「六合之內」就是天地，而「天地」所指的不是現代科學所講的宇宙，我把它理解為楊儒賓所說的「道體」，其實就是地球生命文明展開的場所與內涵。時間差不多了，我就講到這裡，謝謝大家。另外，我也在思考錫三與明照所講的「兩行問題」，公民哲學其實有另一種當代的兩行，等一下有機會再來說。

莫加南：非常感謝鄧老師，很精彩的報告幫我們思考〈齊物論〉跟公民哲學對話的可能性。現在我們請明照老師來回應。

第四節　對談與回應㈠：是非的潛轉互化

林明照（臺灣大學哲學系）：謝謝鄧老師。非常清楚的論述。如同剛剛錫三老師也提到，這一年來，透過鄧老師的公民哲學的平臺，把道家哲學，特別是《莊子》哲學放入公民哲學的脈絡來思考，其實也是回過來透過公民哲學的不同視角，來給出道家哲學在詮釋上的空間，我覺得這是相互的。公民哲學如同剛剛鄧老師一開始所言，其中包含了一個張力，此張力在於「多元」跟「共同」之間。當代社會是多元價值，但我們又是一個共同體，這種張力如何調節，或者如何去連接？鄧老師從公民視角來面對多元跟共同體的張力，多元價值背後有一個深度歧見的問題，而深度歧見的調節必須在公民共同體裡面展開。我覺得，在公民哲學的關懷中，這可說是凸顯了當代蠻重要的一個問題。

　　鄧老師從〈齊物論〉的角度帶進來，剛剛鄧老師已經對〈齊物論〉做了非常新穎的論述開展，尤其是語言的問題，我覺得有相當多的洞見。尤其是連繫到公民哲學，有一些可以進一步展開來討論的地方。從多元價值到共同體，在〈齊物論〉就能看到這種張力的連接：鄧老師已然隱約提到，〈齊物論〉談的這種共同體，不從「同」去談，它從「通」去談。當

「知」蘊於「不知」，「事之變」蘊於「命之行」，走路的時候，腳步實際所需的區塊很少，卻必須依待那些未被踩踏的區域，才能走出道路來。人生在世，有用與無用的依待，自我與身境的依待，莫不如此。

〈齊物論〉說：「恢恑憰怪，道通爲一」的時候，可以看到「通」代表的
是：建立在一種對立的前提，被以爲是對立的事物，然而這個對立事實上
可以用另外一種方式來擺脫絕對或靜態的對立關係，也就是說「論」跟
「論」之間是可以通的，而不是僵著的局面。用鄧老師的話來說，就是要
駁倒對方，如果我的論點是對的，你就是錯的，沒有辦法共同存在。可
是，《莊子》的「通」卻是可以共同存在的。互相矛盾的觀點如何共同存
在？「通」要如何通？對此，鄧老師提到「彼是」跟「是非」的關係，若
只從我的論點爲中心出發，你相反於我的論點，這中間的對錯關係就很明
顯了。但如果今天我不完全只從支持我的脈絡出發，用鄧老師的話來說，
我也可以去理解別人論點的某些脈絡。這種動態性就讓彼此的觀點有了共
存的時候，也就是說「是非」的評價不是單向度的，不是絕對的，不一定
是我對你錯，也可能是你對我錯。多元價值跟共同存在，在這裡可以獲得
協調。對莊子來說，「通」可以是彼此在彼此的論點之中，看到更多的可
能性，如果「通」是可能的，就會牽涉到剛剛鄧老師談的一個蠻重要的問
題，也就是最後鄧老師在比較公民哲學跟〈齊物論〉（或者《莊子》）的
時候所說的，公民哲學要去調節差異、調節論點。

　　「聖人不辯」、「聖人懷之」其間有一個張力在於，對《莊子》來
說，在面對「是非」的時候，《莊子》用的方式是方才鄧老師談到的「不
遣是非」，但「不遣是非」該怎麼去理解？如果連接鄧老師提到的「兩
行」，《莊子》所用的方法是「和之以是非」[6]，也就是說，「不遣是
非」並不是用「不言」的方式去面對「是非」，反而是要在「是非」之
中「和之以是非」。在「是非」之中，也同時包含著我進入到「是非」
的脈絡裡，把那看起來對立的「是非」給「通（導）」一番，好讓我們
看出來，整個論點的構成，不是那麼的絕對、衝突；或者說，這中間還
是有對話的可能在、有調節的可能。所以如果以《莊子》來看，「不遣

---

[6]　「兩行」的上下文是「是以聖人和之以是非，而休乎天鈞，是之謂兩行」。

是非，以與世俗處」，可能不只是不想爭辯而已，更多的是當面對「是非」問題時，深入到「是非」的脈絡之中。換句話說，《莊子》不是要解決「是非」的衝突，他其實是要去了解「是非」，或者去辨析「是非」，也就是「和之以是非」，因為只有透過「是非」，我們才有可能「和」或「通」。

如果對《莊子》來說，所謂的調節、變通，只能在「是非」之中「和」，那麼，我確實認為公民哲學想要討論的「重設框架」和道家說的「不譴是非」，有著相互呼應的地方。就像公民哲學要求我們不要停留在「是非」或者論點間的辯駁，《莊子》哲學同樣邀請我們深入到彼此是非僵持的脈絡裡面。之所以要面對「是非」的脈絡，顯然《莊子》要提醒人們去反思：為什麼會進入到「是非」的爭辯裡來？是不是自身或彼此限定在特定的框架裡，使得這個「是非」再也沒有辦法「通」了？如果能夠理解「是非」脈絡的構成，理解「物謂之而然」，或者「是非」來自於「彼是」的區別，我們便能夠明白彼此各自原各有其脈絡，不但能覺察到彼此原來的觀點或框架，而且有可能可以看到別人的觀點或框架，進而帶來自我挑戰或自我懷疑，這也就有了調整框架或重設框架的可能性。

所以，我覺得當《莊子》談「和之以是非」或「不譴是非」的時候，有一個很大的論點在於：不是說我不要進入「是非」，或者我不在「是非」的衝突裡面，反而是我要進入「是非」成立的脈絡裡，而且我也要理解我為什麼在「是非」之中。所謂的「進入是非」其實也就是要去辨析彼是之「是非」，去正視它而不逃避，甚至反身地理解自己也很難擺脫「是非」，唯有很真誠地去面對「是非」的脈絡，其間才有可能變通、才有可能調解，才有「恢恑憰怪，道通為一」。我覺得鄧老師談出了〈齊物論〉很重要的觀點，之前很少有人會這樣談。

另外，鄧老師也凸顯了「論」、「議」和「辯」在《莊子》文本中的可能意涵。在「論」跟「議」裡，莊子不是要否定言說，而只是不要「辯」，但這個「不要辯」也不是連說都不要了，而是一個「調節」的問

題，或者說，是一個進入到有關「是非」的脈絡的語言問題。我認為，
《莊子》的思考不是在說要不要使用語言，而是要反省語言的誤用。「六
合之外，聖人存而不論；六合之內，聖人論而不議。春秋經世，先王之
志，聖人議而不辯」，《莊子》的句法是「要什麼而不要什麼」，比如
說，存不要論，論不要議，議不要辯，這樣的表達都有「一個要」而「不
要另一個」。從這裡我們就可以發現，如果《莊子》只是要談他自己的主
張，就不需要使用這種複合的句法，他可以直接說：六合之外就是存，六
合之內就是論，春秋經世、先王之志就是議。換言之，莊子所說的這段話
（存而不論、論而不議、議而不辯），有一個反思的前提，他似乎有著對
話的對象，想像一下這個對話的對象：可能是當時候喜歡去論「六合之
外」的人，可能是當時候有人嘗試去議「六合之內」，也可能是說，關於
春秋經世、先王之志，人們大部分只限於「辯」而已。

　　所以問題在於，對於任何不該論的你去論，不該議的你去議，不該
辯的你去辯，結果就產生了語言的誤用。剛剛鄧老師的問題是：「不辯」
到底是不是不說話？我會覺得，論、議、辯（或者不辯）都是使用到語
言，只是使用語言的態度或方式不一樣。剛剛鄧老師談得很好，「論」其
理，「議」其宜，它們都涉及到對恰當性、規範性的理解。而「辯」就是
分（分辨、區別），而且「辯」有展示的意思，「眾人辯之以相示」，展
示自己認為對的脈絡。「論」、「議」、「辯」具有不同的語言特質，問
題在於：它們被誤用到不恰當的脈絡裡。《莊子》不是不用語言，而是語
言如何放在恰當的脈絡。「存」也有察的意思，對於六合之外，聖人是去
觀視它、去存察它，但是不進入「論」。對於六合之內，剛剛鄧老師的解
釋很好，六合就是天地四方，天地四方之內就是人與萬物共通存在的境
域。這個境域之內是可以論其理的，可以有條理地去「論」，但是當時候
的人卻要去議它的價值、去評價它。而春秋經世、先王之志是關於政治上
的、倫理上的問題，應該要去「議」，去談它的合宜性在哪，而不應該去
「辯」，不應該進入到一個特定的觀點裡、一個是非的對立裡面。但是當

時候的人，卻在春秋經世、先王之志的脈絡裡頭去「辯」，儒、墨自認其觀點是對的，對方的觀點是錯的。《莊子》認爲聖人應該去議，而不是落入是非的僵持，「議」是談出價值上的合理性，所以說「議而不辯」。剛剛鄧老師已經談出了「論」、「議」的不同意思，那我覺得，除了語言上的不同意義外，《莊子》也反思了語言的誤用，在不同的情境脈絡下，必須使用恰當的「論」跟「議」去談論不同的問題。

另外，有一個部分也很有趣。鄧老師最後談「道行之而成，物謂之而然」作爲所謂道家薪傳，從「行」去把「道」展現出來。但我覺得，這裡面有一個張力。當莊子說「道行之而成，物謂之而然」的時候，他的脈絡裡面也有「其成也，毀也」的狀態，也就是說成的東西，不是單方向的發展，成本身也有限制性在那邊。「道行之而成」，其實也在說明道成之後，它就可能有一些限定在那裡，當道有所成，有了明確的指引及方向性的時候，同時也會帶來一些限制。就像「物謂之而然」，當我們賦予一物一個特定意義的時候，物的意義的可能性也在「然」之中有所限制。所以《莊子》後面才會說「然乎不然」，物的「然」就是給予物一個意義，但這個意義可能只是特定的面向，還是可以從不同的角度給予不同的「然」。[7]

「道」裡面可能有一個張力，說道要行、要成，可是「成」也可能是個限制。這就構成了《莊子》的反思性，文化的內在發展具有某種自我批判，或者自我調整的能力，道要行之而成，可是這個「成」始終還有「其成也，毀也」這種反思，讓這個「成」不限制在某個文化發展的侷限或框架，而使得「道」的「成」可以一再展開，不斷地更新。這也就使得《莊子》所關注的「成」，不會變成是文化的某一種本位或某種道統，進而成爲一個絕對的力量；而是說《莊子》裡的薪傳，在其內部還可以包含著其

---

[7] 這段話完整的上下文是「道行之而成，物謂之而然。惡乎然？然於然。惡乎不然？不然於不然。物固有所然，物固有所可。無物不然，無物不可」。

他文化，使其自身具有再發展更新的可能性。

最後，回到一開始，鄧老師說他閱讀《莊子》的時候，總是會提出一些問題來問莊子，看莊子怎麼回答？而在這個自問自答的莊子回答裡，我們對於《莊子》的解讀或理解就有了新意的展開。當然，就具體的問題來看，莊子當時所面對的問題跟現在不太一樣，可是當我們以問題為導向去讀古典文獻時，就已經幫助我們自己面對問題，同時去思考問題背後的意義在哪。所以，我會覺得，鄧老師做了一件蠻重要的工作：當代的問題，包括社會的、政治的，它們背後有價值多元跟深度歧見的結構，常常地，要解開這些衝突，就不能停留在問題本身，而是要探索問題背後的脈絡。如果以這個方式進到《莊子》，問題就不再是儒墨的對立、諸子論點的對立，或是政治權力在君臣間的張力，這些不是我們要問的，我們要問的是《莊子》當時討論這些問題背後的脈絡。先秦的具體問題，可能跟當代的問題不一樣了，可是它們的問題的意義是什麼？當代的問題，對鄧老師來說，是多元歧見；先秦的問題，對〈齊物論〉來說，是儒墨爭辯，是人在是非之中浮沉。只要抓出這個脈絡，我們就可以向莊子提問，讓他一起來思考當代的問題。

另外，鄧老師的討論，也涉及到對「文化」的思考，不同於一些人談〈齊物論〉，將儒墨之爭背後的問題，聚焦在成心或自我。鄧老師的解釋，是從「齊」、「物」、「論」的字源下手，闡述一個文化或文明的必然展開。在這個展開裡，莊子相信「論」跟「議」可以發揮它的意義，但是不要進到「辯」之中。也就是說，一個文明的展開，一定要有言說。而在這個言說中，我們如何去面對言說的問題？這也就是「道行之而成，物謂之而然」所提供的思考方式。比方說，〈應帝王〉的混沌之死，常常被解釋為文明的展開，而在〈齊物論〉中，莊子會怎麼進一步去看這個問題？是不是文明的展開過程，其本身也是有危機的？「道行之而成」、「其成也，毀也」，莊子的意思是不是說：當文明找到方向，似乎走出方向的時候，同時文明也就包含了自我否定、自我毀滅的可能性？我覺得，

這裡頭已經有很深刻的連接。之前和鄧老師已有蠻多的對話跟啟發，簡單地做出回應，我先談到這邊。

莫加南：非常感謝林老師，非常完整的回應。現在邀請賴老師進行回應，謝謝！

第五節　對談與回應㈡：重設框架的莊子思維

賴錫三：鄧老師、明照、線上的朋友們，大家好。這一年來，我們跟鄧老師的對話，一直有種如切如磋的感覺，某個意義上說，就是在實踐《莊子》「兩行」的滋味。跟鄧老師的對話，一直有種生機感，而這個「生機」是建構在一年多來，我跟林明照都看到了《公民哲學》所要處理的「深度歧見」問題，可能和〈齊物論〉、〈天下〉篇所打開的反思，非常相應。鄧老師的《公民哲學》很大規模是透過英美哲學的論證跟分析，有它專業嚴謹的論述。但他也注意東方實踐傳統的「薪傳」智慧，例如《莊子》的成分、墨家的成分、《易經》的成分，但是相對來說，他在儒家的部分花了較多的心力。但我跟明照覺得他的「深度歧見」，其實鋪出了一條通向〈齊物論〉的道路，甚至他思考「深度歧見」的問題上，有可能暗含著〈齊物論〉的理解背景。鄧老師其實過去就寫過《莊子》的文章，上個禮拜中島隆博（Nakajima Takahiro）談到他跟安樂哲（Roger T. Ames）編輯了有關*Zhuangzi and the Happy Fish*的論文集[8]，裡面就收錄了一篇鄧老師討論「濠梁之辯」的文章。我一直覺得鄧老師強調的故事性思維，以及重設框架、擴展視野，具有和《莊子》類似的思維方式。

　　也就是說：不把自己的立場「固而不化」地住於一端，不把「一偏之見」、「不曲之見」當成是「果是」，並且對於人們很難避免的「成心自師」的「自是非他」，高度自覺而儘量避免掉入「是其所非而非其所

---

[8] 參見Ames, Roger T. & Nakajima, Takahiro (ed.), *Zhuangzi and the Happy Fish* (Honolulu: University of Hawaii Press, 2015)。

是」的「儒墨是非」之深度歧見。透過「莫若以明」的反思與覺察，不落入「儒墨是非」的理論論爭，讓不同立場可以透過圓轉不住的「道樞」來「重設框架」，以重新找到歧見對立之外的第三種可能。〈齊物論〉做了蠻有意思的分析跟論辯，例如林明照剛剛也談到的，它處理的就是先秦時代天下大亂後各種立場的分歧爭論：各種價值觀背後有各自成說的理論基礎，後來演變意識形態的互相鬥爭。對我來說，《莊子》先對「六合之外」給予「存而不論」的懸擱，然後邀請先秦諸子各家們嚴肅思考：我們要如何共同生活在「六合之內」？如何才能夠共在地生活在「人間世」這一共通體之中呢？對於《莊子》來說，既不宜走向完全超越言論的「絕對沉默」以投企到「六合之外」，也無法在「六合之內」將各種是非言論、價值立場，尚同在「唯一聲音」底下，那麼如何在承認是非歧見的不可全然消除的前提上，又不會掉入「儒墨是非」的「深度歧見」之鬥爭呢？這既是先秦「天下大亂」的時代危機，也是人類文明在「六合之內」必然要面對的普遍性、根本性難題。文明必然要走到「這裡」，而「這裡」就是「六合之內」，人作爲一個語言的存有者，甚至連「六合之外」也要透過「六合之外，存而不論」的言說方式去暗示它。做爲「言者」的文化人，語言是不能取消的，人必然要循著語言途徑而走出文明道路。走向人文化成，就是通過「語言」而鋪出道路來，同時人跟人之間爲了群性的共同生活，也必然走向更明確的「有封有常」的「規範性」道路。問題是，「路」跟「路」之間，如何並行不悖地相通相化，如何不被封閉成單行道，就非常關鍵了。

　　鄧老師一開始談「薪傳」的智慧，林明照剛剛也對此有所闡發。「薪傳」兩字，剛好來自〈養生主〉最後的「指窮於爲薪，火傳也，不知其盡也。」鄧老師從這個地方出發去思考：面對《莊子》這一古典文本時，重新去想像莊子會怎麼回答問題？作爲當代讀者，我們必須要有想像力，甚至是一種承擔。「古典」它不會回答所有的問題，因爲文本的閱讀還包括我們讀者的當前視域、當代向度，我們總是在當前時空的視域而遭逢文

本。人類的歷史文明總是不斷發生的「I-N-G」過程，永遠會有永遠的當代性、未來性，從讀者的腦中冒出而扣問經典。如果古典不只是過去的現成物，那麼古典之「薪」就必須不斷「火傳」下去。而這個火傳的「動能」，就是古典文本與讀者詮釋所共同啓動的「開放可能性」。作爲讀者的我們，心須點燃「薪盡火傳，不知其盡也」的能動想像力，對我來說，這便是古典文化、古典文本所隱含的「通古今之變」的詮釋學結構。上個禮拜，和中島隆博進行訪問對話的時候，也約略談到了這個問題。

鄧老師也提到「當前」的處境，點出很關鍵的「美中對抗」問題。而「美中對抗」就是眼前「六合之內」影響世界局勢的重大挑戰，它把全世界的人類命運都捲進去了，更何況僅有海峽一隔的臺灣命運。臺灣剛好夾在美、中之間，臺灣必然要在美、中的「是非」之間，思考它的關係性命運，生存在臺灣這塊所謂寶島上的人民，不管是「命運共同體」還是「公民共同體」，它其實無法不考慮關係處境而單單想要自己決定命運。雖然我們都這樣說：我們要自己決定自己的命運，可是什麼是「我們」？什麼是「我」？「我」總是在更大的關係脈絡之中，跟你周邊的「相偶性」關係之中，「我」才成爲了具體性的我。換言之，沒有獨我獨存的自由意志，我們是在徹底的關係性中，調節自我以能夠回應關係。在這樣的處境下，鄧老師問了一個：「命運共同體」如何轉化爲「公民共同體」的問題。而對我來說，「公民」一概念同時也要擴大反思：不再是帝國而已，不再是民主而已，不再是民族國家而已。「公民」之「公」，可以重新深化和擴大，到底它只是現在政治學範疇下的公民社會概念而已，還是可以透過道家反過來補充公民哲學的「公」，例如除了思考人與人之間的公共性之外，同時還要思考「人」也是活在天地萬物之中，所謂「天地與我並生，而萬物與我爲一」的大「公」。所以「公」對道家來說，對《莊子》來說，還必須思考到環境危機、物種危機等等超人類中心主義的「大公」議題。如果只是從「人類中心角度」來思考公領域問題，就會面臨汪暉所批評的西方談「平等」還是離不開人類中心主義的狹礙視角，也無法觸

及石井剛（Ishii Tsuyoshi）所提到的全球化視域下的氣候、物種之未來性挑戰。[9]公民哲學的「公」，公民道家的「公」，西方的政治哲學裡面的「公民」，或許可以產生豐富的對話可能性。我們過去在「公民道家與公民哲學」的讀書會裡面，多少也碰到類似的問題，鄧老師剛才也點到，這些後續問題都是有待持續拓展與開採的，我非常同意。

　　鄧老師今天花了很充沛的時間去解讀〈齊物論〉，我提醒大家注意幾點：第一就是對〈齊物論〉象形文字的解讀。象形文字大不同於拼音文字，具有語言多義性及圖形想像性等特質，因此古文字學家的字義解讀也有多種可能性。鄧老師對「齊」的古文字解讀，我特別喜歡：它象徵著三顆種子從土地冒出來。三顆種子就有「多」的意思，比如森林的森是用三棵樹來象徵眾樹成林，而《老子》也強調「道生一，一生二，二生三，三生萬物。」「三」其實通向了「萬」，通向了萬物千差萬別的「恢恑憰怪」。這樣來理解「齊」字，也就暗示著所有生命在天地之中，是以「不齊之齊」的方式，多元共在「六合之內」。「千差萬別」的生命，除了有矛盾、有競爭的衝突之外，一定也要有共在共生的交互關係，才能持續衍化下去。所以「種子」所隱喻的萬物多元、「不齊之齊」的共在共生意象，從鄧老師對「齊」的古文字想像裡面，被暗示了出來。他進而談到「物」與人類的關係，尤其走向牛耕的農業文明，「物」這個概念也促使我們不能停在純粹對「道」的形上想像，「道」一定要「無逃乎物」地回到具體的大地文明，也就是《莊子》所謂「天地與我並生，而萬物與我為一」，人存活在與天地萬物「並生為一」的命運共同體裡，物、我共在共生共榮。最後鄧老師也談到，「論」帶有「言」跟「音樂」的意象，這也

9　對此，讀者可以參考本書第七講〈汪暉「齊物平等與跨體系社會」的天下想像〉（p.275），刊在《商丘師範學校》第38卷第4期（2022年4月），頁1-19、第八講〈章太炎《齊物論釋》「天籟怒號」對國家民族、語言文化的超克意義〉（p.321），原刊在《商丘師範學院學報》第38第4期（2022年4月），頁20-30。

很有意思。因為〈齊物論〉一開始也出現了南郭子綦聆聽天籟的音樂隱喻。所以「論」也就能和音樂的想像連接起來，音樂雖然有共鳴的感通氣氛，但卻也不是雜亂無章，音樂有音樂的形式結構，暗示著「論」也必須有合宜的、清晰性的「條理」，它才能夠清晰合宜的表達，而促成公共性的相互理解。石井剛在討論章太炎時也談到「公理」這個問題，涉及到語言跟公理的關係，還有聲音跟公理的辯證性。當然音樂同時也能帶出流動性的「氣氛」，不能完全只停在「形式結構」裡面，音樂有其「流動性」，具有穿越結構的「非同一性」意味。這樣一來，〈齊物論〉的「論」，就帶出了既流動曖昧又清晰條理的弔詭性隱喻。《莊子》的「論」就不只是純粹清晰的表達而已，它不把清晰的表達、邏輯的論證當成「論」唯一的標準，比較好的「論」是讓多元的聲音也能流動地呈現出來，而且彼此之間可以共振共鳴。這樣一來，〈齊物論〉的「論」讓「結構」、「非結構」可以進行兩行轉化。

另外林明照剛剛談的比較多關於「辯」這個概念。鄧老師也注意到《莊子》明顯談到寓言、重言、卮言，而且《莊子》是一本十萬言之書，它是很善於用言的，講出那麼多幽默好玩的事，所以《莊子》怎麼可能純粹「不言」呢？〈天下〉篇對諸子重要流派，都能給出深刻的描述與評點，可以說是「有論」、「有議」，讓他們的觀點儘量各當其分地呈現出來；但也再三提醒諸家，大家不要把自己的「一曲之見」當成唯一的「是」（甚至「果是」），這樣的話，彼此就會住在各自的一偏一曲而不能相通，結果我們也就沒有辦法共同生活在社會共同體中，甚至掉入了「是其所非而非其所是」而造成天下大亂。所以我很同意鄧老師跟明照都談到：《莊子》的「不辯」絕對不是不言。事實上，臺灣《莊子》學已經做了十幾年的研究，把《莊子》的語言觀整個展開了，甚至特別強調《莊子》善於用言的文學力量。如明照所說的：不是用不用言的問題，而是怎麼用言的問題。或者說，《莊子》的重點不是否定語言，而是治療語言的同時活化更新了語言。本來「道未始有封，言未始有常」，但人們一旦習

慣於某條道路、習慣於某種言說方式，就很容易「爲是」地把它們給「有封」、「有常」地膠定了下來。把未封、未常的可能性，墮化爲唯一的現實性。一條道路的現實性有時空脈絡的合宜性，我們卻把它變成了絕對化的常規常道。《莊子》用諷刺性的反話說，這個叫做：「有左，有右，有倫，有義，有分，有辯，有競，有爭：此之謂八德」，這大概多少有諷刺先秦儒家的味道。

　　鄧老師也把墨辯的討論與〈齊物論〉做對照性，進一步去談〈齊物論〉怎麼跳出「辯」的框架，不落入「儒墨是非」的「成心」而「自是非他」。對我來說，〈齊物論〉對論辯的反省很豐富，尤其說明人跟人的關係走入了是非爭辯，帶來了對交互主體性的共在關係的傷害。也就是說，這可以連結到「養生」的問題，而養生是放在人跟人之間的「共在共生」之關係性成全來說的。然而「成心自師」卻將「立場差別」墮化成「深度歧見」，以造成是非的鬥爭，甚至正統與異端的不兩立。這種充斥殺伐之氣的「辯」，一不小心，一旦不斷掏空人跟人的關係性生機，硬想要統一差異性的「恢恑憰怪」，非得爭出唯一的「道統」、唯一的「果是」，這將會對多元共通體的生機，帶來根本性的傷害，也就是「儒墨是非」可能導致「相刃相靡」的問題。相對於墨辯強調透過「辯」來釐清是非，孟子感嘆「予豈好辯哉？」乃不得不闢邪說、衛道統，以爭得大是大非。〈齊物論〉反省儒、墨兩種當時影響最大的意識形態或價值觀點，都不免於「成心自師」而「自是非他」，因此辯之無休而彼此攻伐，而《莊子》則要走向「聖人懷之（眾人辯之以相示）」，反而強調「大辯不言」。

　　這裡當然有一個很關鍵的問題，就是「兩行」，正如明照剛剛的說明，我也強烈認爲「兩行」其實就是隱含了「重設框架」，能「擴展視野」而不斷打開第三種可能。「天均」跟「兩行」，是一個不斷變動的意象，我們所有自以爲「固而不化」的立場，其實都不可能一住永住地立住自己。你暫時站立的立場，同時必須立刻識到：你的「此」一定相對於「彼」，才使得你的「此」能夠暫時立於「此」，所謂「非彼無

我」。對此，任博克（Brook A. Ziporyn）曾在第五講做了蠻細緻的分析。[10]怎麼從自以為是的剛強立場，走向「因是因非」的「因循」，才有「遊」、「化」的可能。所以在解讀「天均」的時候，「環中」必然不能夠離開「兩行」；「兩行」就是有對立、有不同、有差異，甚至有爭執。可是不能停留在相對主義，不能把自己絕對真理化，所以必須「行」，必須在「環中」的轉動過程中「無所住」。在「化而不固」的「行」過程中，走向不同的新位址。而「天均」就是不斷「行之而成」的變化之道，「道」不應被「封」住而定「常」下來（所謂「夫道未始有封，言未始有常」），不宜走出一條道路之後，就只固定走這條道路，言說也不宜墮化成超穩定的符號系統，而是可以被重新「脈絡化」。「兩行」就是在看似兩端對立之間，不斷位移而走向對方的重新脈絡化過程。例如，國際政治的美、中之間，臺灣的藍、綠之間，或者全球化經濟的資本主義、社會主義之間，兩種對立的最極端，如果都只看到了自己的「是」，並將「自是」絕對化為「果是」，那麼如何看到對方的脈絡之「是」而引向「兩行」？如何透過「互為他者」而被對方轉化出第三種脈絡的可能性？若以鄧老師的概念來說，就涉及了「重新設框」：不要強用我的框架套加在對方的框架上。當我能了解他為什麼看到兔子，我為什麼看到鴨子，然後彼此提醒對方：看到兔子也對，看到鴨子也對。可是你不能把看到兔子或看到鴨子的「是」給「果是」，否則就會陷於一偏、一端、一曲之見。[11]如此一來，你我的「自是」就會因為「成心自師」的固定框架，而造成了「儒墨是非」的深度歧見，那麼「辯」甚至「爭」、「鬥」，就很難避免了。所以《莊子》強調「化」：「行年六十而六十化」，我們必須進行視

---

10 參見本書第五講〈〈齊物論〉的儒墨是非與兩行之道〉（p.187），原刊在《商丘師範學院學報》第38卷第2期（2022年1月），頁1-20。

11 兔與鴨的比喻，指的是孔恩（Thomas Kuhn）在討論科學發展肇因於觀看方式的典範轉移（paradigm shift）時，所引述的兔一鴨錯覺圖形（rabbit-duck illusion）。相關討論，參見〔美〕孔恩著，程樹德、傅大為、王道還譯：《科學革命的結構》（臺北：遠流出版，2017年）。

角的不斷「遊」動、不斷地轉「化」。六十歲的你可能否定了你五十九歲時候的認知，但這不必是簡單的昨是今非，而是因為你心胸更開闊了，你打開更大胸襟，更包容的視域了。

　　我想鄧老師跟我們的對話，有許多的基礎來自《公民哲學》那本書，而有關「公民道家」的討論，林明照跟我也將集結出一本論文集。如果說《公民哲學》主要想理解和面對的是「深度歧見」，那便不是要去「終極解決」深度歧見，而是要「不斷調節」深度歧見，其前提是承認歧見並生的事實，從而調節出更多可能性。「重設框架」不是要再訂出一個不變的框架，而是要讓大家反身覺察這個框架的脈絡，並讓我們敞開再對話、再生產的可能性，如此才能「不知其盡也」。如此一來，或許可以從「歧見並生」轉化到「兩行共生」，甚至生生不息地衍化出更多的「是非」觀點，但這種意味的「是非」不再是「果是」、「果非」的生死鬥爭，而是讓觀點更多元，意義更多面，生命更豐饒。這樣兩行共生哲學所打開的變化圖像，或許可以對「深度歧見」再推進一解。我先做上述的串聯與回應。下面的時間就交給莫加南。

莫加南：非常感謝賴老師很完整的回應。明照老師跟錫三老師提到了很多非常有意思的問題，所以我們就把時間交給鄧老師，他可以給出一些回應跟反思。

第六節　回應與對話：價值底線——對兩行之道的叩問

鄧育仁：我就先簡短地挑幾個重點回應，然後看看其他線上朋友有沒有什麼要問的或者要評論的。第一個是這樣，先從明照那邊提出來的問題，其中一個問題是「道行之而成」跟「成」與「毀」的問題。我大概是這樣來思考這個問題，雖然我不太願意用「必然」這個詞，但是「道」就是你不得不走出來，不得不有所限制的。而限制未必都是不好的，有些限制是在當下或那個時代是相當好的。特別我在讀《莊子》的時候，常常從〈天

下〉篇重新讀《莊子》，這篇到底在講什麼？如果我們現在關心的是政治哲學的問題，「政治」有一個很基本的動作就是劃界限，它就是得劃界限，而且不得不劃界限，這個意思上，每一條界線劃下去，我相信《莊子》會提醒我們：有「成」，但你也要注意它的「毀」。

　　我覺得莊子的智慧不限於《莊子》，比如說《易經》也很強調這一點，或者說儒家在一些先秦的文獻裡，也是很重視這一點，只是他們用不一樣的方式來表述出來：在言行中展開來的各種秩序（或者講文明）都是有成、有毀的。我在公民哲學裡邊，直接回應的對象是〈齊物論〉的論述方式、〈人間世〉的展開方式。在民主憲政裡邊，我認為「深度歧見」如果沒有調節好，會帶來民主自毀，民主自己毀掉自己的一種趨勢一直在那邊，「深度歧見」會帶來部民的反撲、會帶來民粹的崛起。這樣因素一直潛伏在那邊，如果不利的時機出現，它就會整個爆發出來，而且那是沒有辦法徹底解決的。這是我對明照剛剛提到「成」與「毀」的回應。

　　以這個角度來回應錫三剛才提到的「兩行」問題。其實，我一直不太願意直接來談論「兩行」或直接用「兩行」，我一直覺得《莊子》有一個不太對勁的地方。我大概是這麼想的，文明一直發展下去，不管它怎樣的成與毀，總是有一些底線在，當然之前我們已經討論過，比如說，當代文明裡邊，你如果以虐殺嬰兒為樂，這沒有什麼好說的，就是惡，要禁止，要把他抓起來，有些國家甚至要把他槍斃掉，也就是說，是有一些底線在那邊的。這些底線不是像「天均」、「兩行」這樣，可以一直調整、一直回覆修訂的。所以，我在思考《莊子》怎麼面對這一類很基本的底線問題，我認為這些底線是真正要去思考的問題。而「兩行」跟「天均」對於底線思考，不太凸顯，這是我對莊子「兩行」一直以來的疑惑，我看不到莊子怎麼直接面對這個問題。那第二個問題是說，「變」跟「通」當然很重要，但是在當代政治哲學裡邊，「穩定性」也是一個很重要的問題。命運共同體和穩定性在哪裡？一直處在多元價值裡頭，那很可能會撕裂掉共同體，潛在的因素一直在那邊，你若要徹底解決它，就會毀掉共同體，但

如果你不徹底解決它，就要一直去正視說，確實有著潛在的不穩定因素、有成有毀的因素，一直在那邊。這兩個問題，一直讓我覺得《莊子》更深刻的思考在哪裡？具體的例子是什麼？具體的例子，我在〈人間世〉可以找到一些，但我還是覺得要更深入去思考才行，這其實是很難誠心擁抱《莊子》的地方，我先回應到這裡。

　　最後，回頭過來，我不是直接回到古代去閱讀《莊子》，《莊子》文本到底它的原意是什麼？我不是這樣去閱讀的。我始終是帶著自己的問題意識，去向《莊子》請教，讓他來跟我一起思考。

莫加南：非常感謝鄧老師的回應。鄧老師提到一些非常複雜的問題。「底線」能不能被調節？有沒有底線？《莊子》會怎麼回答？我相信賴老師跟林老師都有想法。

賴錫三：這個問題在這個時候回應是最好的。我覺得跟鄧老師的對話，有很多的橋樑已經鞏固起來，但好像是一直沒有真正找到理解「兩行」的橋接點。鄧老師對於「兩行」概念，謹慎小心，有所保留，但今天更清楚表達了他對於「兩行」概念的擔憂，或者說他還沒有看到有關「兩行」詮釋，可以讓他比較放心的論點，尤其有關善、惡的倫理層面，他再三強調：一定有一些底線是要守住的。他甚至認為還是有一些本質性的「惡」，而「善」、「惡」終究是不可以兩行兩立的。比如說：虐嬰的行為、屠殺的行為，或者原住民在某個時代某種文化下的食人行為，而這些都是現代文明裡絕對不可被接受的底線。但我反而是這樣來理解「兩行」的，首先兩行不是相對主義，更不是縱容罪惡，反而「兩行」是我目前想像到的，比較能夠真正回應、處理，或者更正確地說，能「調節」善惡兩極的極端化衝突。雖然無法在這裡深論，但簡單來說，由於先不把自己所認定的善行給予本質化，也先不把某種行為太快給予本質化的惡之標籤，而是更深入去理解一切行事背後的脈絡故事，這樣反而更有機會化解某些看似令人匪夷所思的惡行。我認為「深度歧見」最困難的地方，就是要去

處理「善─惡」衝突，而不只是「善─善」衝突。要能把「善─惡」衝突，先不當成本質性的「善─惡」，這樣或許才有一點點機會「調節」我們道德直覺所厭惡的惡行，讓惡行也有機會被轉化。

　　鄧老師剛剛提到「虐嬰」，確實這裡面有許多層次，比如說：在現行的法律裡面，虐嬰必定會有刑法介入的處理方式，這個層次我沒有意見，我也同意。可是如果一個社會對這樣極端的行為，無法更深層、更複雜去思考它，只能透過法律把它視為「絕對惡人」而處理掉，我很懷疑這樣能夠終結類似的病態行為？我們能不能夠去理解任何行為背後都有無窮的故事，哪怕這個行為是多麼病態而令人作嘔，對於〈齊物論〉來說，它們只是被「行之而成」的暫時性「有封有常」之惡，而不是「固而不化」的先驗本質之惡。如果我們沒有進入到行為的故事脈絡裡，只是透過「懲惡揚善」的二元手段想解決所謂的惡，病癥反而沒有辦法被理解被疏理，而這個惡也有可能被迫更加本質化，結果很反諷地，惡反而可能更惡化，問題也會不斷地循環生產。

　　鄧老師提到〈人間世〉的問題，〈人間世〉確實是個好例子。從顏回的立場來看，衛君是暴君，殘殺百姓是很明顯的惡，怎麼可以跟他兩行呢？做個類比，衛君顯然是魔鬼代言人，一身正氣的上帝怎麼可以跟魔鬼和解而不設底線呢？當年美國打伊拉克也類似這種態度，以上帝之名去打伊拉克這邪惡的海珊政權。結果是，美國以正義善師之名，恐怕製造了更深的仇恨種子。典型的「以善之名」，卻愈治愈亂，傷害更大更深。我們可不可以反問美國，它是否「以善之名」而行了更大之惡？所以我認為〈齊物論〉從「儒墨是非」到「環中兩行」，隱含著回應「善─惡」衝突的潛力，而這也可以接軌鄧老師「深度歧見」將來勢必要面對的更艱難的善惡倫理問題。因為對我來說，「善─善」衝突和「善─惡」衝突，經常一體兩面而難分難解。我看鄧老師好像有話想要回應，是嗎？

莫加南：鄧老師你先回應一下，我會再邀請林明照老師發表他的想法。

鄧育仁：我很簡單回應，第一點，底線的要求不是本質化的動作，這是一個實際的文明的基本要求，這個要求不是要把對方本質化。第二點，也不是說對方背後沒有什麼故事，背後很多故事我們可以了解，但虐殺嬰孩就是不可以，需要制止，那制止的方式有很多種，不一定是像美國常常用很粗暴的方式去制止他們心目中認為的惡，但是在我看來不一定是惡的事情。我覺得，你舉的例子是不恰當的，沒有辦法為「兩行」做辯護。兩行最大的問題就是它容忍度高到讓我覺得難以置信，有些事是不能容忍的，不是說要去打對方，沒有這個意思。所以我們要想到妥適的辦法來限制它，或者來圍堵它，我第一個回應是這樣。

第二個回應是說，你可能低估「善—善衝突」的容易解決。很多人不曉得有「善—善衝突」這件事，比如在臺灣，或在美國內部的情形，他們都把對方當做惡，而這其實只是「善—善衝突」，他們卻彼此把對方當作「善—惡衝突」。我認為，這種「善—善衝突」本身就是民主政治最大的危機所在，講道理的人把對方當作不講道理的。在民主憲政裡邊，戰略的問題不是那麼大，因為我們一直有一套辦法處理「惡」的問題，但是卻沒有一種處理「善—善衝突」的方法，而且它經常被隱藏起來，只以兩極化的方式展現出來。

我先這樣回應，就是說剛才提到底線的問題，「兩行」讓我覺得不是一個好的觀點。第二個就是說，「兩行」似乎低估了「善—善衝突」，好像是有天均、有通就可以了。我這樣講，也許低估了《莊子》的兩行，但我總覺得狙公的例子，有一點把「衝突」給卡通化了，它過度低估了「衝突」本身的複雜性，[12] 大概是這樣的回應。

---

[12] 在〈齊物論〉裡，「兩行」這個概念是透過「狙公賦芧」的故事提出來的。它的原文是：「狙公賦芧，曰：『朝三而莫四。』眾狙皆怒。曰：『然則朝四而莫三。』眾狙皆悅。名實未虧，而喜怒為用，亦因是也。是以聖人和之以是非，而休乎天鈞，是之謂兩行。」在此，鄧育仁質疑「朝三暮四」的解決方式，是對於化解衝突的簡單思考。

莫加南：謝謝鄧老師，我先邀請明照老師發言。然後，我們也可以開放線上朋友提問。

林明照：我簡短回應一下鄧老師提的問題，其實這個問題在道家哲學，特別是倫理學的脈絡一直是被討論的，尤其剛剛鄧老師覺得「兩行」會帶來過度寬容的麻煩。我換另外一個方式來回應，鄧老師的問題就是說，「兩行」強調「通」的話，《莊子》沒有辦法去解釋那些不能被容忍的行為，比如說，我們很難思考「兩行」怎麼跟「虐嬰為樂」相容？那我會覺得，《莊子》可能是換了另一個角度來想這個問題：對《莊子》來說，當我們去質疑虐嬰這個事情是否為惡的時候，是不可思議的，這個問題對《莊子》來說，反而是非常奇怪的。為什麼我們對「惡」無感了？有些行為不用think too much，你就自然知道它是不對的。為什麼明明是顯而易見的惡，一個人卻不認為這是惡，比如說，傷害自己的小孩，為什麼有些人會去傷害自己的小孩？而且即使他覺得很痛苦，他還是去做了。又比如說，為什麼有些人會強制地去干涉別人？儘管對方已經表明不願意，你還是這樣做？

　　剛剛錫三提到〈人間世〉，顏回的例子，對《莊子》來說，反而不是去討論衛君的行為對不對？或者，顏回能不能證明衛君的行為是錯的？《莊子》企圖思考的反而是，為什麼衛君殘暴地對待人民而無感，他為什麼無感？然後，為什麼顏回對於自己一定要去教訓或者轉化衛君這件事情，認為是理所當然的？也就是說，《莊子》著重的問題反而是，為什麼我們對於惡無感，而不是在「兩行」裡面如何去畫一條惡的底線？《莊子》所想的問題是，為什麼我們明明對惡有感，但我們會think too much，這是什麼東西造成的？

　　我會覺得，這才是《莊子》要問的問題，不是用argument的方式去說「惡在哪裡」，他更想問的是：為什麼人們對於苦難沒有感覺了？明明痛苦已經存在那邊，明明痛苦是這麼明顯，為什麼我們還是無感，這是什麼造成的？所以我很贊成鄧老師說〈齊物論〉要進入到吉凶的生活、進入到

人的行為脈絡裡，而不是像儒、墨兩家只談「是非之辯」。進入了具體的
生活裡，我們才能體會「哀莫大於心死」、「近死之心，莫使復陽」，一
旦我們走向了理念、觀念，是非的爭辯，就會發現到最後連最基本的對善
惡的區別能力都沒有。所以，這個問題可能不在如何論證惡的存在及來
源，而是要「損之又損」地讓人們重新對他人的痛苦有感。

那「兩行」或者「休乎天均」的問題，或許就可以這樣來看。就是
說，我們有沒有可能更靈活、更彈性地看待事物，與世俗處，要了解人的
卑微，也就是要了解對方為什麼會對善惡無感，甚至為什麼會做出這樣罪
惡的事情來？比如說虐嬰，如果我們將它情境化，就會發現它不只是殘害
嬰兒，這個行為的加害者自己可能也是一個受害者，可能是一個被強暴的
少女，也可能是新聞裡常常看到的同居人，一旦我們去抓出這些不同的脈
絡，去觀察這樣人物和行為是怎麼被延伸出來的，去考慮事件發生的社會
條件，這樣一來，就會讓虐嬰行為背後的倫理意義變得很不一樣。《莊
子》的「兩行」要告訴我們的，不是虐嬰的行為本身對不對，而是為什麼
一個人會無感於嬰兒的痛苦，可能明明是自己的小孩，他卻可以加諸痛苦
在嬰兒身上而無感，社會在這個情境裡面扮演什麼角色、教育扮演什麼角
色，這些影響如何進入到加害者的生命脈絡裡？如果我們是執政者或者法
官，或者是一個道德批判者，在看待這件事情的時候，能不能不只是做是
非判斷，而可以去了解到，為什麼原先這麼清楚的東西，變得模糊了？

我以另一個方式回應鄧老師提出來的問題。對《莊子》來說，那條道
德的底線不是我們的腦子去畫的，也不是理論去畫的，而是我們應該有能
力可以感知的。而當然，我覺得在先秦哲學裡，這是共享的，孟子也談四
端，他也會認為一個道德問題，到後來為什麼變成think too much了，起先
我們其實是有能力去區別的。

賴錫三：我建議，我們另外再找平臺，來好好談這個重要的問題，才能
夠再度的把對話鋪出來，讓這個問題繼續「兩行」下去。

莫加南：我完全同意賴老師的建議，因為確實這個問題太重要了。剛剛林老師提到，為什麼明明是惡的行為，對有的人來講，卻是理所當然的，他們可以做、可以接受而無感。這讓我想起，漢娜鄂蘭（Hannah Arendt）一句很有名的話「The Banality of Evil」，惡變成理所當然的，一種很官僚的、行政上的問題。當時很多德國人參與了納粹的官僚體制，要把猶太人從一個地方移到另外一個地方，需要很多人的協助參與，當時候，一般德國的老百姓，為什麼看不到這是惡？為什麼把它變得很抽象？我覺得，我們可以把The Banality of Evil跟「兩行」連在一起談。好的，線上有很多朋友要提問，我們先邀請蔡瑞霖老師。

第七節　問題與討論

蔡瑞霖（臺灣警察學校）：我首先借這個機會謝謝主持人莫加南，還有賴錫三老師，在這麼多場次中容許我發言，非常感謝。今天因為看到老朋友育仁，還有明照的講述，啟發我很多感想，我只就重點講。剛剛主持人說到漢娜鄂蘭（Hannah Arendt）的「邪惡的平庸性」（The Banality of Evil），確實在處理艾希曼（Adolph Eichmann）的納粹行動所造成的世紀災難，這是人類必須去面對的罪行，最後可惜被鄂蘭描述為如此。可是，列維納斯（Emmanuel Lévinas）對這件事卻有完全不同的看法，他認為「惡」還是要受到懲罰，尤其對以色列建國以及平反猶太人所受到的犧牲，是必要去撫慰的。「撫慰」是指事後的補償，也就是剛才大家紛紛在說的──道家是否能夠處理「惡」？以及，這是儒家，還有關「兩行」亦即「善─惡」或「惡─惡」之間的問題。在現代司法救濟上，「寬容」是非常重要的，必須要善用之。所以，育仁兄提到的「公民平臺」確實要處理這個問題，就是當有不可處理的狀況出現的時候，要充分地理解「惡」的內容。這就是陪審官的角色，也就有一個「補償正義」的程序上的問題。因此，我的第一個提問是請教鄧育仁老師，的確以「春秋經世、先王之志」來解「薪傳」是正確的，但是其中有著相當大的艱苦。雖然，它是

一個框架，而您想要維持這個框架之長存並不容易。

若以今天的民主憲政爲大框架來看，我們都希望有政黨政治，在公民平臺上進行民主的運作。而且，此框架還可以調整並重新設定，這才是眞正的民主精神！因爲它就是遊戲規則，縮小一些就是議事規範，有時候，有一些問題在程序發言或程序委員會就吵起來了，不用說它的議題多高，是否觸及高層次的國家定位或意識形態，僅就基本的人民生活權利，都會吵起來。所以，我相信您提出調整框架的想法是非常好的，儘管現今已有國會選舉和修憲的問題，法律重新修改，就是在處理此問題之所在。但是，若我們現在面對的是人類集體的地球化災難，最嚴重的就是國際衝突的問題。顯然，國際衝突問題不是在民主程序發言或初步處理遊戲規則即可，那是直接互相衝突，甚至軍事衝突。所以，這當中就存在「世界公民素養」還未被養成的問題。世界公民之角色，就世界各國認定不同，我是比較悲觀的。但我認爲各國盡其本分將該國的公民素養提升起來，這方向總是正確的。除了公民素養，相對地，各國的政府官員也要有適任文官的職能被具體要求。簡言之，一方面是公民素養，另一方面是文官的職能！我從中國傳統文史哲的發展軸線一路看來，倒是會比較容易去想像，鄧育仁老師所想要找到傳統的智慧做爲薪傳是何種樣貌？若是落在《莊子》就會爲道家找不出可用的無所用而感到煩惱。若是專注力放在儒家又沒照顧到道家的智慧。所以，我想在《詩經》、《尚書》中都有很多對當代知識分子的啓發，雖然當時把君子視爲封建貴族，但其實公民素養就描述爲「豈弟（愷悌）君子」，後來就演變成儒家人格的「德行」要求，這也對文官有影響，被認爲有仕途的君子之觀點。

第二個問題，「遁天之刑」恰好是在「薪傳」的前一句，遁天之刑是歷史懲罰，這一點非常重要，時也，順也。若不遵照這一點，我們會專注在薪傳，卻沒有注意到「指窮於爲薪，火傳也」，可燃與火之間的關係，不知其盡就會很可惜。

賴錫三：蔡老師，要不要直接提出你的問題呢？

蔡瑞霖：那麼問題就是，對於文官還有一個「君子不器」也就是「在野」而不仕的觀點存在，您是否會因此把莊子當成是隱性的儒家？誠如過去有人也將莊子當成是孔子的學問之部分傳承，這是第一個問題。第二個問題……

賴錫三：暫時先一個問題就好。

蔡瑞霖：這個問題，因爲時間不夠，我就一句話「遁天之刑」結束之後，它恰好接在「薪傳」這段的前一句。遁天之刑就是歷史懲罰，這一點非常重要，「夫子時也」和「夫子順也」而「適來適去」！如果不知道這一點，我們就會專注在薪傳，而未注意到「指」（手指的指）也通於「脂」。它是可燃之指（脂）跟火之間的關係，所以才會不知其盡而可行。我簡單提問到這裡，謝謝您。

賴錫三：在鄧老師回答前，我看到李志桓舉手，聊天室上呂慧玲問的問題也蠻複雜的。是不是志桓把這個問題提出，呂慧玲也把問題提出，然後讓鄧老師一併回應。線上如果還有問題，我們收集一、兩個，讓鄧老師最後做比較完整的回應。

李志桓（臺灣高雄中山大學中文所博士後研究）：第一個問題是「兩行」。鄧老師一直談到「兩行」讓他不安的原因是基於規範性跟底線。先不管《莊子》能不能思考規範性，就我所知，鄧老師的學問背景有一個脈絡是從隱喻來的。在隱喻理論的脈絡裡，底線是可以被重新鬆動、調整的，也就是說，鄧老師自己就不採取「本質化」的思考。所以，我很好奇，爲什麼你對「兩行」不具有規範性會感到不妥？

　　第二個問題是，我很喜歡鄧老師談到「物」的字源，「物」就是「牛」被「刀」解開的意象。你在文章裡提到了「犧牲」。我會覺得，「犧牲」的意象是重要必須被發展的。因爲「共生」並不是並存，它有一個交換關係，你給出什麼或者你從別人那邊拿取什麼，這種交換不是理性規劃出來的，它可能是不情願的、不得不的。在你的文章裡，有一個很漂

亮的句子：在「犧牲」當中，人跟人才走進了文明的格局。我總覺得「共生哲學」背後還要談犧牲的問題，謝謝！

賴錫三：李志桓跟明照的回應，鋪陳了鄧老師可以連續回應的問題，最後請呂慧玲盡量簡短。

呂慧鈴（臺灣師範大學國文所博士後研究）：由於我現在視訊背景不那麼方便顯示，抱歉只出現聲音，對於鄧老師的精采演講，很謝謝。我目前沒有什麼特別的疑問，只是單純對於鄧老師剛剛最後他提到對於「道家的道體觀念」有興趣，我不確定我有沒有聽對，我在古代經典當中就找到道家對於道體觀念的一個文獻證據與詮釋，比如說：在唐代杜光庭的《老子注》（《道德眞經廣聖義》）中，他認爲道體是一個「無體之體」，無體之體這樣的一個名稱在唐代老子學中是相對比較高頻率地出現的。簡言之，它要反省與反思道體的實體性問題，「解消道體」之同時它還是要保留「體」這樣的一個說法，一方面解消道體，一方面保留道體式的思考，積極與消極兩面它都要講，這也許可以作爲道家之道體觀念的究竟思維方式的一個參考，暫時簡短這樣說，謝謝大會。

賴錫三：鄧老師，我給你設「底線」，十五分鐘以內（笑）。

鄧育仁：剛剛大家提的問題，我倒著順序回答，那個「道體」我會再繼續思考，謝謝！其實《莊子》裡邊有很多規範性的論述，但是我也很同意明照兄其實是在吉凶禍福中去思考《莊子》，這是《莊子》的長處所在，至少從我的角度來看，如果從「言行」這個角度切入閱讀《莊子》，從〈天下〉篇這個角度回頭去閱讀〈齊物論〉，我會覺得，這就比較能夠展現出《莊子》深刻的地方。

　　我一直把「兩行」裡邊，那個「行」當做很重要的一件事，我們要怎麼做？當我面對這種情況的時候，我要做什麼，或者我不做什麼，這倒不是在判斷善惡的問題而已。當我強調言行的這個「行」的時候，比如說，我看到有一個士兵要去虐殺嬰兒，在當場我要做什麼？我想說的，大概是

這樣的情境，在許多事情上，莊子會考慮的確實是與言行、身境連動的吉凶禍福，而不只是概念的判斷而已。但我也一直覺得，在心態上講包容是可以的，但「行」上你要做什麼？在這方面《莊子》提供的資源，好像比較少？比如，狙公那個故事，好像很簡單就可以化解衝突了。思考「兩行」的智慧，我後來是從吉凶禍福去抓它的意思，也就是從「言行」上去想這個問題。

回頭過來說，我一直覺得，臺灣「去中國化」是一件很不聰明的事情，中國文化傳承是臺灣很重要的資產，特別是現在美、中衝突的時候，我一直期待有一種東西，可以把中國文化傳承裡邊，不管是儒家、道家或者墨家，他們最好的智慧跟學問的精華，還有我所學到的這些英美哲學，把這兩種長處，在臺灣的處境當中，揉合成一個重新框設出來的新視野，我嘗試做這件事情。

臺灣處在兩個文明之間，中國是一個文明體，美國是另一個文明體，我們怎麼把這兩個文明體最精華的東西揉合在一起？這對臺灣面對中國是一件重要的事，面對美國也是一件重要的事，面對自己更是一件重要的事。這是我對瑞霖兄的回應。在臺灣處境裡邊，怎麼把兩邊，很好的東西揉合起來，重新框設出一個值得在言行上展開的一種文明的未來。我心目中想要做的事，大概是這個樣子。所以，其實我不太喜歡用「家」這個字，我比較喜歡「學」，道家、儒家或墨家，對我而言，都是重要的學問傳承。好的，沒有超過時間吧（笑）。

賴錫三：鄧老師，我們跟明照再討論看看怎麼樣把這個議題延續性地對話下去，這是很關鍵的問題，我很想深入再探討下去。

鄧育仁：有機會我倒是想聽聽兩位充分展開「兩行」的問題，讓我了解一下。

賴錫三：我覺得可能暫時沒有能力把它充分展開，其實任博克也一直很想深入探討這個問題，到現在我也覺得還沒有令人滿意的答案，還沒有把

它講清楚，這是我們接下來共同的功課。

　　作為活動的主辦人，最後就做一個總結。首先「兩行」這個概念其實已經有許多臺灣《莊子》學的相關研究成果。鄧老師目前有他自己的理解方式，但如果要對「兩行」這個概念，做更複雜化、更學術化的討論，還有許多的線索要鋪陳、要建立。其次，上個禮拜，中島隆博也曾提到「兩行」隱含著「共生」，可是「共生」也包含著雙向批判，並不是沒有批判，就能夠簡單地容忍對方。但我也要強調，批判除了指向對方，同時也要「反向」地指向自己。有時候，我們對中國大陸有一些批判性觀察，但同時也需要反過來反省臺灣目前流行的這種批判性眼光，會不會單向地變成了純美式的單一視角？目前臺灣似乎較少反過來提醒自己掉入「以美觀之」的一偏之見？我期待〈齊物論〉的「兩行」可以轉出雙向的反省批判，這樣或許有點機會面對「深度歧見」，進而打開「兩行交流」的共生可能性。

　　這十場「共生哲學」的對話活動，到今天就要暫告段落了，但我們希望它不是結束，而是變化的新開端。二○二二年，也就是明年七月，我們會有一個「跨文化漢學之島與共生哲學」的國際會議，希望能從各個角度，持續深化這些對話線索。我們也會整理出這些「對話錄」，希望促成兩岸的朋友們，持續關心兩岸的共生未來、人類的未來共生。

莫加南：非常感謝鄧老師跟林老師今天那麼有意思的精彩對話。下禮拜開始，我們有另一個活動，是要閱讀和討論楊儒賓老師的《1949禮讚》和即將出版的《思考中華民國》。

賴錫三：是的，這一系列活動的精神就是要思考中華民國、臺灣、大陸三者的辯證張力，以及共生共榮的可能性！這十場會議的發言，會刊發在《商丘師範學院學報》，因為河南商丘就是莊子的出生地，我們希望《莊子》的「共生哲學」能夠成為一個思想運動，幫助我們一起思考「兩岸」的新關係、新未來。謝謝大家，也謝謝助理們，辛苦了。

徵引書目

傳統文獻

《馬王堆帛書老子》，收入彭曉鈺校對：《老子四種》，臺北：大安出版社，1999年。

〔漢〕河上公注，王卡點校：《老子道德經河上公章句》，北京：中華書局，1997年。

〔魏〕王弼注，樓宇烈校釋：《老子道德經注校釋》，北京：中華書局，2008年。

〔魏〕王弼著，樓宇烈校釋：《王弼集校釋》，北京：中華書局，2019年。

〔隋〕智者大師說，門人灌頂記：《摩訶止觀》，收於《大正新脩大正藏經》，中華電子佛典協會CBETA，2016年，第46冊。

〔姚秦〕鳩摩羅什譯：《維摩詰所說經》，收於《大正新脩大正藏經》，中華電子佛典協會CBETA，2016年，第14冊。

〔唐〕陸希聲：《道德真經傳》，臺北：臺灣商務，1981年。

〔清〕郭慶藩：《莊子集釋》，〔清〕思賢講舍光緒二十年刊本。

〔清〕郭慶藩輯，王孝魚點校：《莊子集釋》，臺北：河洛，1974年。

〔清〕郭慶藩編，王孝魚整理：《莊子集釋（下）》，臺北：萬卷樓，2007年。

〔清〕戴震：《孟子字義疏證》，《戴震全書（六）》，合肥：黃山書社，1995年。

〔清〕段玉裁：《說文解字注》，〔清〕經韻樓嘉慶二十年刊本。

近人論著

〔日〕大江健三郎著，陳言譯：《沖繩札記》，新北：聯經出版，2009年。

〔日〕大江健三郎著，陳言譯：《沖繩札記》，北京：生活・讀書・新知三聯書店，2010年。

〔日〕中島隆博：《解構與重建：中國哲學的可能性》，東京：UTCP，2010年。

〔日〕中島隆博：〈わたしたちの共生　――パーソナルなものをめぐって〉，《世界思想特集：共生》第48號，京都：世界思想社，2021年，頁94-97。

〔美〕孔恩（Thomas S. Kuhn）著，程樹德、傅大為、王道還譯：《科學革命的結構》，臺北：遠流出版，2017年。

王中江：〈道與事物的自然：老子「道法自然」實義考論〉，《哲學研究》第8期，2010年8月，頁37-47。

王汎森：《章太炎的思想》，上海：上海人民出版社，2018年。

〔日〕石井剛：《敢問「天籟」：中文哲學論集》，東京：UTCP，2013年。

〔日〕石井剛：《齊物的哲學：章太炎與中國現代思想的東亞經驗》，上海：華東師範大學出版社，2016年。

〔日〕石井剛：〈「隨順」的主體實踐：《大乘起信論》與章太炎的「齊物哲學」〉，收於《漢語佛學評論》第6輯，2018年11月，頁49-64。

〔日〕石井剛：〈反思日本現代「中國認識」與歷史的「內在理解」〉，《開放時代》第283期，2019年第1期，頁138-149。

〔日〕石井剛、賴錫三：〈章太炎《齊物論釋》「天籟怒號」對國家民族、語言文化的超克意義〉，《商丘師範學院學報》第38卷第4期，2022年4月，頁1-19。

〔美〕任博克（Brook A. Ziporyn）：〈「終極無為宇宙觀」的重要性：無造物主主義初探〉，《中國文哲研究通訊》第30卷第3期，2020年9月，頁57-67。

〔美〕任博克（Brook A. Ziporyn）、林明照、賴錫三：〈〈齊物論〉的儒墨是非與兩行之道〉，《商丘師範學院學報》第38卷第2期，（2022年3月），頁1-20。

牟宗三主講，盧雪崑記錄：〈莊子〈齊物論〉講演錄〉（一）至（十五），刊布在《鵝湖月刊》319期，2002年1月至332期，2003年2月。

〔日〕尾關周二著，卞崇道譯：《共生的理想》，北京：中央編譯出版社，1996年。

〔德〕何乏筆（Fabian Heubel）：〈跨文化批判與中國現代性之哲學反思〉，《文化研究》第8期，2009年6月，頁125-147。

余英時：《歷史與思想》，臺北：聯經出版事業公司，1976年。

李零：《楚帛書研究（十一種）》，上海：中西書局，2013年。

汪暉：《現代中國思想的興起（四卷）》，北京：生活・讀書・新知三聯書店，2015年。

汪暉：《世紀的誕生：中國革命與政治的邏輯》，北京：生活・讀書・新知三聯書店，2020年。

汪暉：〈再問「什麼的平等」？——齊物平等與「跨體系社會」〉，《文化縱橫》2011年，第6期，頁98-113。

〔英〕彼得・沃森（Peter Watson）著、高禮杰譯：《虛無時代：上帝死後我們如何生活》，上海：上海譯文出版社，2021年。

陳榮灼：〈於一片「去中國化」聲中細懷蔣年豐的哲學精神〉，《鵝湖月刊》第550期，2021年4月，頁3。

陳榮灼：〈道家與晚期梅露龐蒂身體現象學之匯通〉，《鵝湖學誌》第66期，2021

年6月，頁35-58。

陳贇、〔加〕莫加南（Mark Frederick McConaghy）、賴錫三：〈汪暉「齊物平等與跨體系社會」的天下想像〉，《商丘師範學院學報》第38卷第4期，2022年4月，頁1-19。

許宏：《何以中國：公元前2000年的中原圖景》，北京：生活・讀書・新知三聯書店，2016年。

費孝通：《鄉土中國》，香港：香港中和出版，2017年。

章太炎：〈四惑論〉，《章太炎全集（四）》，上海：上海人民出版社，1985年。

章太炎：〈駁中國萬用新語說〉，《章太炎全集（四）》，上海：上海人民出版社，1985年。

章太炎：《齊物論釋》，《章太炎全集（六）》，上海：上海人民出版社，1986年。

章太炎：《莊子解故》，《章太炎全集（六）》，上海：上海人民出版社，1986年。

章太炎：《齊物論釋定本》，《章太炎全集（六）》，上海：上海人民出版社，1986年。。

章太炎：《文始》，《章太炎全集（七）》，上海：上海人民出版社，1999年。

章太炎：《國故論衡・正言論》，《章氏叢書》，北京：學苑出版社，2016年，浙江圖書館1919年刊本影印本，第4冊。

章太炎：《國故論衡・明見》，《章氏叢書》，北京：學苑出版社，2016年，浙江圖書館1919年刊本影印本，第5冊。

彭小妍：《浪蕩子美學與跨文化現代性》，臺北：聯經，2012年。

葛兆光：《宅茲中國：重建有關「中國」的歷史論述》，臺北：聯經出版，2011年。

楊忠譯注：《辛棄疾詞》，臺北：錦繡，1992年。

楊儒賓：《儒家身體觀》，臺北：中研院文哲所，1996年。

楊儒賓編：《自然概念史論》，臺北：臺大出版中心，2014年。

楊儒賓、林安梧編：《地藏王手記：蔣年豐紀念集》，嘉義：南華大學，1997年。

廖名春：《郭店楚簡老子校釋》，北京：清華大學出版社，2002年。

趙汀陽：《惠此中國：作為一個神性概念的中國》，北京：中信出版社，2016年。

劉笑敢：《兩極化與分寸感——近代中國精英思潮的病態心理分析》，臺北：東大，1994年。

劉笑敢：《老子古今：五種對勘與析評引論》，北京：中國社會科學出版社，2006

年。

劉笑敢：《詮釋與定向：中國哲學研究方法之探究》，北京：商務印書館，2009
　　年。

劉笑敢：〈析論《莊子》書中的兩種「自然」——從歷史到當代〉，《哲學動態》
　　第12期，2019年12月，頁39-45。

劉笑敢：〈「自然」的蛻變：從《老子》到《論衡》〉，《哲學研究》第10期，
　　2020年10月，頁50-64、129。

鄧育仁：《公民儒學》臺北：臺灣大學出版社，2015年。

賴錫三：《當代新道家——多音複調與視域融合》，臺北：臺大出版中心，2011
　　年。

賴錫三：〈《莊子》的養生哲學、倫理政治與主體轉化〉，《中國文哲研究集刊》
　　第47期，2015年9月，頁49-90。

賴錫三、〔德〕何乏筆（Fabian Heubel）、〔美〕任博克（Brook A. Ziporyn）：
　　〈關於《莊子》的一場跨文化之旅：從任博克的Wild card出發〉，《商丘師範
　　學院學報》第34卷第5期，2018年5月，頁19-44。

_____：〈莊子與天台的弔詭性思維：延續Wild
　　Card的跨文化對話〉，《商丘師範學院學報》第34卷第7期，2018年7月，頁
　　1-30。

蔣錫昌著：《老子校詁》，臺北：東昇出版，1980年。

蔣年豐：〈地藏王手記〉，收於楊儒賓、林安梧編：《地藏王手記：蔣年豐紀念
　　集》，嘉義：南華大學，1997年，頁3-86。

蔣年豐：《海洋儒學與法政主體》，臺北：桂冠，2005年。

蔣年豐：《與西洋哲學對話》，臺北：桂冠，2005年。

Sarah Allan, "The Great One, Water, and the Laozi: New Light from Guodian," *T'oung Pao*
　　89 Fasc. 4/5 (2003): 237-285.

Ames, Roger T. & Nakajima, Takahiro (ed.), *Zhuangzi and the Happy Fish*. Honolulu: Uni-
　　versity of Hawaii Press, 2015.

Carse, James. *Finite and Infinite Games: A Vision of Life as Play and Possbility*, New York:
　　The Free Press, 2011.（中譯本）〔美〕卡斯（James Carse），馬小悟、余倩
　　譯：《有限與無限的遊戲：一個哲學家眼中的競技世界》，北京：電子工業出
　　版社，2013年。

Diamond, Jared. *Guns, Germs and Steel: The Fates of Human Societies*, New York: W. W.
　　Norton & Company press, 2017.（中譯本）王道還，廖月娟譯：《槍炮、病菌與

鋼鐵：人類社會的命運》，臺北：時報出版，1998年。

Harari,Yuval Noah. *Homo Deus: A Brief History of Tomorrow*, New York: HarperCollins Publishers, 2017. （中譯本簡體版）尤瓦爾・赫拉利著，林俊宏譯：《未來簡史》，北京：中信出版社，2017年；（中譯本繁體版）哈拉瑞著，林俊宏譯：《人類大命運：從智人到神人》，臺北：天下文化出版社，2017年。

Scheffler, Samuel. "The Good of Toleration", in *Equality and Tradition: Selected Essays* New York: Oxford University Press, Inc., 2010.

Ziporyn, Brook A. *Zhuangzi: the essential writings with selections from traditional commentaries,* Indianapois: Hackett Publishing Company, Inc., 2009.

Ziporyn, Brook A. *Ironies of Oneness and Difference: Coherence in Early Chinese Thought; Prolegomena to the Study of Li,* Albany: State University of New York Press, 2012.

Ziporyn, Brook A. *Zhuangzi: The Complete Writings,* Indianapois: Hackett Publishing Company, Inc., 2020.

國家圖書館出版品預行編目資料

老莊思想與共生哲學／賴錫三主編. －－初
版.－－臺北市：五南圖書出版股份有限公
司, 2023.09
面；　公分
ISBN 978-626-343-913-9（平裝）

1.老莊哲學　2.道家

121.3　　　　　　　　112003249

1XMJ

老莊思想與共生哲學

主　　　編 ― 賴錫三

發 行 人 ― 楊榮川

總 經 理 ― 楊士清

總 編 輯 ― 楊秀麗

副總編輯 ― 黃惠娟

責任編輯 ― 陳巧慈

封面設計 ― 姚孝慈

出 版 者 ― 五南圖書出版股份有限公司

地　　　址：106台北市大安區和平東路二段339號4樓

電　　　話：(02)2705-5066　　傳　　真：(02)2706-6100

網　　　址：https://www.wunan.com.tw

電子郵件：wunan@wunan.com.tw

劃撥帳號：01068953

戶　　　名：五南圖書出版股份有限公司

法律顧問　林勝安律師

出版日期　2023年9月初版一刷

定　　　價　新臺幣650元

經典永恆・名著常在

五十週年的獻禮——經典名著文庫

五南，五十年了，半個世紀，人生旅程的一大半，走過來了。
思索著，邁向百年的未來歷程，能為知識界、文化學術界作些什麼？
在速食文化的生態下，有什麼值得讓人雋永品味的？

歷代經典・當今名著，經過時間的洗禮，千錘百鍊，流傳至今，光芒耀人；
不僅使我們能領悟前人的智慧，同時也增深加廣我們思考的深度與視野。
我們決心投入巨資，有計畫的系統梳選，成立「經典名著文庫」，
希望收入古今中外思想性的、充滿睿智與獨見的經典、名著。
這是一項理想性的、永續性的巨大出版工程。
不在意讀者的眾寡，只考慮它的學術價值，力求完整展現先哲思想的軌跡；
為知識界開啟一片智慧之窗，營造一座百花綻放的世界文明公園，
任君遨遊、取菁吸蜜、嘉惠學子！